:: 中華文化促進會主持編纂

:: 國家"十一五"重點圖書出版規劃項目

:: 中國社會科學院哲學社會科學創新工程學術出版資助項目

出品人 王石 段先念

今注本二十四史

三國志

晉 陳壽 撰　宋 裴松之 注

楊耀坤 揭克倫 校注

中國社會科學出版社

三

魏書〔三〕

三國志 卷七

魏書七

呂布（張邈）臧洪傳第七[1]

呂布字奉先，五原郡九原人也。[2]以驍武給并州。[3]刺史丁原爲騎都尉，[4]屯河内，[5]以布爲主簿，[6]大見親待。靈帝崩，原將兵詣洛陽。[一]與何進謀誅諸黃門，[7]拜執金吾。[8]進敗，董卓入京都，將爲亂，欲殺原，并其兵衆。卓以布見信于原，誘布令殺原。布斬原首詣卓，卓以布爲騎都尉，甚愛信之，誓爲父子。

〔一〕《英雄記》曰：原字建陽。本出自寒家，爲人麤略，有武勇，善騎射。爲南縣吏，[9]受使不辭難，有警急，追寇虜，輒在其前。裁知書，少有吏用。

[1] 呂布臧洪傳：百衲本、盧弼《集解》本作“呂布張邈臧洪傳”，殿本亦標有“張邈”。錢大昭《辨疑》謂《後漢書》張邈事即附在《呂布傳》中，故張邈之前，叙呂布事未完；張邈之後，

651

又仍叙吕布事；並且傳末之贊祇言吕布不言張邈，大略與本書同。蓋《後漢書》沿襲《三國志》之舊，標題不應列張邈。校點本蓋據此説刪"張邈"二字。今從之。

[2] 五原：郡名。治所九原縣，在今内蒙古包頭市西北。

[3] 并州：刺史治所晋陽縣，在今山西太原市西南古城營西古城。

[4] 爲：指兼任。 騎都尉：官名。屬光禄勳，秩比二千石，掌羽林騎兵。

[5] 河内：郡名。治所懷縣，在今河南武陟縣西南。

[6] 主簿：官名。漢代中央及州郡官府皆置此官，以典領文書，辦理事務。

[7] 黄門：宦官。

[8] 執金吾：官名。秩中二千石，掌宫外及京都警衛，皇帝出行，則充護衛及儀仗。

[9] 南縣：盧弼《集解》云："'南'字上下疑有脱文，兩漢地志無南縣。"

布便弓馬，膂力過人，號爲飛將。稍遷至中郎將，[1]封都亭侯。[2]卓自以遇人無禮，恐人謀己，行止常以布自衛。然卓性剛而褊，忿不思難，嘗小失意，拔手戟擲布。[3]布拳捷避之，[一][4]爲卓顧謝，卓意亦解。由是陰怨卓。卓常使布守中閤，[5]布與卓侍婢私通，恐事發覺，心不自安。

[一]《詩》曰：[6]"無拳無勇，職爲亂階。"注："拳，力也。"

[1] 中郎將：官名。東漢統兵將領之一，位次將軍，秩比

二千石。

〔2〕都亭侯：爵名。位在鄉侯下，食禄於都亭。都亭，城郭附近之亭。

〔3〕手戟：單手握持的短柄戟。胡三省云：“手戟，小戟便於擊刺者。”（《通鑑》卷六〇漢獻帝初平三年注）

〔4〕拳捷：胡三省云：“勇力爲拳，迅疾爲捷。”（《通鑑》卷六〇漢獻帝初平三年注）

〔5〕中閤：内室。

〔6〕詩：此《詩》指《詩·小雅·巧言》。

先是，司徒王允以布州里壯健，[1]厚接納之。後布詣允，陳卓幾見殺狀。時允與僕射士孫瑞密謀誅卓，[2]是以告布使爲内應。布曰：“奈如父子何！”允曰：“君自姓呂，本非骨肉。今憂死不暇，何謂父子？”布遂許之，手刃刺卓。語在《卓傳》。允以布爲（奮威）〔奮武〕將軍，[3]假節，[4]儀比三司，[5]進封温侯，[6]共秉朝政。布自殺卓後，畏惡涼州人，[7]涼州人皆怨。由是李傕等遂相結還攻長安城。〔一〕布不能拒，傕等遂入長安。[8]卓死後六旬，布亦敗。〔二〕將數百騎出武關，[9]欲詣袁術。

〔一〕《英雄記》曰：郭汜在城北。布開城門，將兵就汜，言“且卻兵，但身決勝負”。汜、布乃獨共對戰，布以矛刺中汜，汜後騎遂前救汜，汜、布遂各兩罷。

〔二〕臣松之案《英雄記》（曰）諸書，[10]布以四月二十三日殺卓，六月一日敗走，時又無閏，不及六旬。

[1] 司徒：官名。東漢時，與太尉、司空並爲三公，共同行使宰相職能，位次太尉。本職掌民政。　王允：字子師，太原祁縣（今山西祁縣東南）人。《後漢書》卷六六有傳。　州里：鄉里，同鄉。此同鄉指王允、吕布皆并州人。

[2] 僕射（yè）：官名。此指尚書僕射。東漢爲尚書臺次官，秩六百石，職權重，若公爲之，增秩至二千石。職掌拆閲封緘章奏文書，參議政事，諫諍駁議，監察百官。令不在，則代理其職。漢獻帝建安四年分置左右。　士孫瑞：見本書卷六《董卓傳》注引《三輔決録》。

[3] 奮武將軍：各本皆作“奮威將軍”。潘眉《考證》謂“奮威”當作“奮武”，《宋書·百官志》謂奮武將軍漢末吕布爲之。校點本即據《宋書·百官志》改。今從之。

[4] 假節：漢末三國時期，皇帝賜予臣下的一種權力。至晉代，此種權力明確爲因軍事可殺犯軍令者。

[5] 儀比三司：即儀同三司。指未任三公而享受三公的禮儀待遇。

[6] 温：縣名。治所在今河南温縣西南。

[7] 涼州：漢靈帝中平後，迄於建安末，涼州刺史治所冀縣，在今甘肅甘谷縣東。（本王先謙《續漢書·郡國志集解》引馬與龍説）

[8] 催：百衲本、盧弼《集解》本“催”上有“李”字。殿本、校點本無“李”字。今從殿本等。

[9] 武關：關隘名。在今陝西商州市西南丹江北岸。

[10] 英雄記：各本皆作“英雄記曰”。盧弼《集解》謂“曰”字疑衍。按，盧説是，《英雄記》下之言，乃裴松之的按語，非《英雄記》之説。今從盧説刪“曰”字。

　　布自以殺卓爲術報讎，欲以德之。術惡其反覆，拒而不受。[1]北詣袁紹,[2]紹與布擊張燕于常山。[3]燕精兵萬餘, 騎數千。布有良馬曰赤兔。[一]常與其親近成廉、魏越等陷鋒突陣,[4]遂破燕軍。而求益兵衆, 將士鈔掠, 紹患忌之。布覺其意, 從紹求去。紹恐還爲己害, 遣壯士夜掩殺布, 不獲。事露, 布走河內,[二]與張楊合。[5]紹令衆追之, 皆畏布, 莫敢逼近者。[三][6]

〔一〕《曹瞞傳》曰: 時人語曰:[7] "人中有呂布, 馬中有赤兔。"

〔二〕《英雄記》曰: 布自以有功于袁氏, 輕傲紹下諸將, 以爲擅相署置,[8]不足貴也。布求還洛,[9]紹假布領司隸校尉。[10]外言當遣, 內欲殺布。[11]明日當發, 紹遣甲士三十人, 辭以送布。布使止于帳側, 僞使人于帳中鼓箏。[12]紹兵臥, 布無何出帳去, 而兵不覺。夜半兵起, 亂斫布牀被, 謂爲已死。明旦,[13]紹訊問, 知布尚在, 乃閉城門。布遂引去。

〔三〕《英雄記》曰: 楊及部曲諸將, 皆受催、汜購募, 共圖布。布聞之, 謂楊曰: "布, 卿州里也。[14]卿殺布, 於卿弱。不如賣布, 可極得汜、催爵寵。"楊於是外許汜、催, 內實保護布。汜、催患之, 更下大封詔書, 以布爲潁川太守。[15]

[1] 拒而不受:《後漢書》卷七五《呂布傳》卻云: "（呂布）以卓頭繫馬鞍, 走出武關, 奔南陽。袁術待之甚厚。"

[2] 北詣袁紹: 沈家本《瑣言》謂《後漢書·呂布傳》載, 呂布離袁術後, 先投張楊然後投袁紹。與此所載不同。

[3] 常山: 王國名。治所元氏縣, 在今河北元氏縣西北。

[4] 陣: 校點本作"陳", 百衲本、殿本、盧弼《集解》本均作"陣"。今從百衲本等。

［5］與張楊合：按，《後漢書·呂布傳》所載，此爲呂布第二次投張楊。而《後漢書》又謂呂布第一次投張楊後，張楊及其部將皆有意謀害呂布，呂布遂投袁紹。此次呂布離袁紹後，又投張楊，於事理不合。本書所述較合情理。（參盧弼《集解》引黃山說）

［6］莫敢逼近者：《後漢書·呂布傳》於此句下謂呂布"道經陳留，太守張邈遣使迎之，相待甚厚，臨別把臂言誓"，然後下云"邈字孟卓，東平人"等等。從《呂布傳》附叙張邈之事言，《後漢書》如此叙述較合邏輯，本書所述顯得生硬脱節。

［7］時人語曰：趙幼文《校箋》謂《事類賦》卷二一引作"時人爲之語曰"，《通志》亦有"爲之"二字。

［8］擅相署置：指袁紹部下諸將之官職，未經朝廷任命。

［9］洛：洛陽。

［10］假：指官吏未授正式官銜，暫且代行職權。　領：兼任官職稱領。　司隸校尉：官名。秩比二千石，掌糾察京師百官違法者；並治所轄各郡，相當於地州刺史。

［11］殺布：趙幼文《校箋》謂《太平御覽》卷五七六、卷六九九引"布"字作"之"。按《太平御覽》卷五七六所引《英雄記》不獨"布"字作"之"，其他辭句異者甚多；又《太平御覽》卷六九九所引，題曰《魏志》。

［12］箏：古樂器名。爲弦樂器，似瑟，十三弦。《急就篇》三注："箏，亦小瑟類也，本十二弦，今則十三。"

［13］明旦：殿本、盧弼《集解》本、校點本作"明日"，百衲本作"明旦"。趙幼文《校箋》謂《太平御覽》卷六九九引"日"字作"旦"。今從百衲本。

［14］州里：潘眉《考證》："布五原人，張楊雲中人。五原、雲中皆并州郡。"

［15］潁川：郡名。治所陽翟縣，在今河南禹州市。

張邈字孟卓，東平壽張人也。[1]少以俠聞，振窮救急，傾家無愛，士多歸之。太祖、袁紹皆與邈友。辟公府，以高第拜騎都尉，[2]遷陳留太守。[3]董卓之亂，太祖與邈首舉義兵。[4]汴水之戰，[5]邈遣衛茲將兵隨太祖。袁紹既爲盟主，有驕矜色，邈正議責紹。紹使太祖殺邈，[6]太祖不聽，責紹曰："孟卓，親友也，是非當容之。今天下未定，不宜自相危也。"邈知之，益德太祖。太祖之征陶謙，敕家曰："我若不還，往依孟卓。"後還，見邈，垂泣相對。其親如此。

呂布之捨袁紹從張楊也，過邈臨別，把手共誓。紹聞之，大恨。邈畏太祖終爲紹擊己也，心不自安。興平元年，[7]太祖復征謙，邈弟超，與太祖將陳宮、從事中郎許汜、王楷共謀叛太祖。[8]宮說邈曰："今雄傑並起，天下分崩，君以千里之衆，[9]當四戰之地，[10]撫劍顧眄，亦足以爲人豪，而反制于人，不以鄙乎！今州軍東征，[11]其處空虛，呂布壯士，善戰無前，若權迎之，[12]共牧兗州，[13]觀天下形勢，俟時事之變通，此亦縱橫之一時也。"邈從之。太祖初使宮將兵留屯東郡，[14]遂以其衆東迎布爲兗州牧，據濮陽。郡縣皆應，唯鄄城、東阿、范爲太祖守。[15]太祖引軍還，與布戰於濮陽，太祖軍不利，相持百餘日。是時歲旱、蟲蝗、少穀，百姓相食，布東屯山陽。[16]二年間，太祖乃盡復收諸城，擊破布于鉅野。[17]布東奔劉備。〔一〕邈從布，留超將家屬屯雍丘。[18]太祖攻圍數月，屠之，斬超及其家。[19]邈詣袁術請救，未至，自爲其兵所殺。〔二〕

〔一〕《英雄記》曰：布見備，甚敬之，謂備曰："我與卿同邊地人也。[20]布見關東起兵，欲誅董卓。布殺卓東出，關東諸將無安布者，皆欲殺布耳。"請備于帳中坐婦牀上，令婦向拜，酌酒飲食，名備爲弟。備見布語言無常，外然之而内不説。[21]

〔二〕《獻帝春秋》曰：袁術議稱尊號，邈謂術曰："漢據火德，[22]絶而復揚，[23]德澤豐流，誕生明公。公居軸處中，入則享于上席，出則爲衆目之所屬，華、霍不能增其高，[24]淵泉不能同其量，可謂巍巍蕩蕩，無與爲貳。何爲捨此而欲稱制？[25]恐福不盈眥，禍將溢世。莊周之稱郊祭犧牛，[26]養飼經年，衣以文繡，宰執鸞刀，[27]以入廟門，當此之時，求爲孤犢不可得也！"[28]

按《本傳》，邈詣術，未至而死。而此云諫稱尊號，未詳孰是。

[1] 東平：王國名。治所無鹽縣，在今山東東平縣東。　壽張：縣名。治所在今山東東平縣西南。

[2] 高第：官吏考課成績爲第一，稱高第。《後漢書》卷一五《鄧晨傳》："晨好樂郡職，由是復拜爲中山太守，吏民稱之，常爲冀州高第。"李賢注："中山屬冀州，於冀州所部課常爲第一也。"

[3] 陳留：郡名。治所陳留縣，在今河南開封市東南。

[4] 太祖：百衲本作"太守"，殿本、盧弼《集解》本、校點本皆作"太祖"。今從殿本等。

[5] 汴水：即今河南榮陽市西索河。汴水之戰，指曹操與董卓將徐榮在汴水作戰，曹操失敗。（見本書《武帝紀》初平元年二月）

[6] 紹使太祖殺邈：盧弼《集解》謂《後漢書》卷七五《吕布傳》作"紹既怨邈，且聞與布厚，乃令曹操殺邈"。按《通鑑》卷六一《漢紀》獻帝興平元年作"邈正議責紹。紹怒，使操殺之，操不聽"。則"紹"下當有"怒"字或"怨"字。

[7] 興平：漢獻帝劉協年號（194—195）。

［8］從事中郎：官名。東漢三公府及將軍府均置從事中郎，秩六百石。職參謀議，位在長史、司馬下。

［9］君以千里之衆：《後漢書·呂布傳》作“君擁十萬之衆”。

［10］四戰之地：《後漢書·呂布傳》李賢注：“陳留地平，四面受敵，故謂之四戰之地也。”

［11］州軍：指曹操之兗州軍。　東征：指曹操征徐州陶謙，因徐州在兗州之東。

［12］若權迎之：《後漢書·呂布傳》無“若權”二字。

［13］牧：百衲本作“收”，殿本、盧弼《集解》本、校點本作“牧”，《後漢書·呂布傳》作“據”。今從殿本等。

［14］東郡：郡名。治所濮陽縣，在今河南濮陽縣西南。

［15］鄄城：縣名。治所在今山東鄄城縣北。　東阿：縣名。治所在今山東陽穀縣東北。　范：縣名。治所在今山東梁山縣西北范城。

［16］山陽：郡名。治所昌邑縣，在今山東金鄉縣西北。

［17］鉅野：縣名。治所在今山東鉅野縣東北。

［18］雍丘：縣名。治所在今河南杞縣。

［19］斬超：錢大昭《辨疑》：“《武帝紀》云‘雍丘潰，超自殺’，則超非爲魏武所斬也。”

［20］邊地人：胡三省云：“布五原人，備涿郡人。五原、涿郡皆邊地。”（《通鑑》卷六一漢獻帝興平二年注）

［21］說（yuè）：盧弼《集解》本作“悦”，百衲本、殿本、校點本作“說”。按，二字通，今從百衲本等。

［22］火德：秦漢間方士以金、木、水、火、土五行相生相克之理來附會王朝之命運，稱爲五德。漢人以爲漢爲火德。《漢書·律曆志下》云：“漢高祖皇帝，著《紀》，伐秦繼周。木生火，故爲火德。天下號曰漢。”

［23］絶而復揚：指西漢被新莽取代，漢光武帝劉秀又恢復漢王朝。

　　〔24〕華、霍：皆山名。華山與霍山，爲五岳之二。《爾雅·釋山》：“泰山爲東岳，華山爲西岳，霍山爲南岳，恒山爲北岳，嵩山中岳。”華山即今陝西華陰市南華山。霍山一名衡山，即今安徽霍山縣南天柱山。

　　〔25〕稱制：此指稱帝。

　　〔26〕犧牛：祭祀用的純色牛。

　　〔27〕鸞刀：祭祀割牲用的帶鈴刀。

　　〔28〕求爲孤犢：《莊子·列御寇》：“或聘於莊子，莊子應其使曰：‘子見夫犧牛乎？衣以文繡，食以芻叔，及其牽而入於太廟，雖欲爲孤犢，其可得乎？’”

　　備東擊術，布襲取下邳，[1]備還歸布。布遣備屯小沛。[2]布自稱徐州刺史。[3]〔一〕術遣將紀靈等步騎三萬攻備，[4]備求救于布。布諸將謂布曰：“將軍常欲殺備，今可假手於術。”布曰：“不然，術若破備，則北連太山諸將，[5]吾爲在術圍中，不得不救也。”便嚴步兵千、騎二百，馳往赴備。靈等聞布至，皆斂兵不敢復攻。布於沛西南一里安屯，遣鈴下請靈等，[6]靈等亦請布共飲食。[7]布謂靈等曰：“玄德，布弟也。弟爲諸君所困，故來救之。布性不喜合鬭，[8]但喜解鬭耳。”布令門候于營門中舉一隻戟，[9]布言：“諸君觀布射戟小支，一發中者諸君當解去，不中可留決鬭。”布舉弓射戟，正中小支。諸將皆驚，言“將軍天威也！”明日復歡會，然後各罷。

　　〔一〕《英雄記》曰：布初入徐州，書與袁術。術報書曰：“昔董卓作亂，破壞王室，禍害術門户，[10]術舉兵關東，未能屠裂卓。將軍誅卓，送其頭首，爲術掃滅讎恥，使術明目于當世，死生不愧，其功一也。昔將金元休向兗州，[11]甫詣（封部）〔封丘〕，[12]爲曹操逆所拒破，[13]流離迸走，幾至滅亡。將軍破兗州，術復明目於遐邇，其功二也。術生年已來，不聞天下有劉備，備乃舉兵與術對戰；術憑將軍威靈，得以破備，其功三也。將軍有三大功在術，術雖不敏，奉以生死。將軍連年攻戰，軍糧苦少，今送米二十萬斛，[14]迎逢道路，非直此止，當駱驛復致；若兵器戰具，它所乏少，大小唯命。"布得書大喜，遂造下邳。

《典略》曰：元休名尚，[15]京兆人也。[16]尚與同郡韋休甫、第五文休俱著名，[17]號爲三休。尚，獻帝初爲兗州刺史，東之郡，[18]而太祖已臨兗州。尚南依袁術。術僭號，欲以尚爲太尉，不敢顯言，私使人諷之，尚無屈意，術亦不敢彊也。建安初，尚逃還，爲術所害。其後尚喪與太傅馬日磾喪俱至京師，天子嘉尚忠烈，爲之咨嗟，詔百官弔祭，拜子璋郎中，[19]而日磾不與焉。

《英雄記》曰：布水陸東下，[20]軍到下邳西四十里。備中郎將丹楊許耽夜遣司馬章誑來詣布，[21]言"張益德與下邳相曹豹共爭，[22]益德殺豹，[23]城中大亂，不相信。丹楊兵有千人屯西白門城內，[24]聞將軍來東，大小踊躍，如復更生。將軍兵向城西門，丹楊軍便開門內將軍矣"。布遂夜進，晨到城下。天明，丹楊兵悉開門內布兵。布于門上坐，步騎放火，大破益德兵，獲備妻子軍資及部曲將吏士家口。[25]建安元年六月夜半時，[26]布將河內郝萌反，將兵入布所治下邳府，詣廳事閤外，[27]同聲大呼攻閤，閤堅不得入。布不知反者爲誰，直牽婦，科頭袒衣，[28]相將從溷上排壁出，詣都督高順營，[29]直排順門入。順問："將軍有所隱不？"[30]布言"河內兒聲"。順言"此郝萌也"。順即嚴兵入府，弓弩並射萌衆；萌衆亂走，天明還故營。萌將曹性反萌，與對戰，萌刺傷性，性斫萌一臂。順斫萌首，牀輿性，送詣布。布問性，言"萌受袁術謀"。"謀者悉誰？"性言"陳宮同謀"。時宮在坐上，面赤，傍人悉覺之。布以宮大將，不問也。性言"萌常以此問，性言呂將軍大將有神，不可擊也，不意萌狂惑不止"。布謂性曰："卿健兒也！"善養視之。創愈，使安撫萌故營，領其衆。

［1］下邳：縣名。治所在今江蘇睢寧縣西北。

［2］小沛：即沛縣，治所在今江蘇沛縣東。胡三省云："沛國治相縣，而沛自爲縣，屬沛國，時人謂沛縣爲小沛。"（《通鑑》卷六一漢獻帝興平元年注）

［3］徐州：刺史治所本在郯縣（今山東郯城縣北），東漢末移至下邳。

［4］紀靈等：趙幼文《校箋》謂《太平御覽》卷七四六引《英雄記》"等"字作"率"。

［5］太山：即泰山，郡名。治所奉高縣，在今山東泰安市東。諸將：指泰山人臧霸、孫觀、吳敦、尹禮等。當時諸將在臧霸的統率下屯於開陽（今山東臨沂市北）。見本書卷一《武帝紀》建安三年及卷一八《臧霸傳》。

［6］鈴下：報警人員。胡三省云："鈴下卒也。在鈴閣之下，有警至，則掣鈴以呼之，因以爲名。"（《通鑑》卷六二漢獻帝建安元年注） 請靈等：趙幼文《校箋》謂《太平御覽》卷七四六引《英雄記》"等"下有"饗飲"二字。

［7］共飲食：《後漢書》卷七五《呂布傳》云："布屯沛城外，遣人招備，并請靈等與共饗飲。"據此，共飲處在呂布屯兵地，並有劉備參與。

［8］合鬭：促使戰鬭。

［9］門候：官名。漢代，諸將軍軍營門皆置門候，負責警衛。戟：古代主要的五種兵器之一。戟是將戈的鈎、啄和矛的直刺功能結合爲一體的兵器。其鈎、啄部分稱爲援，直刺部分稱爲刺，並隨着時代的發展，其形制也有所變化。至西漢時，戟成了"卜"字形

的鐵兵器，並且側出的小枝漸向上彎曲，東漢以後則變爲硬折向上，更增強了前刺的功能，而援的鈎、啄功能則逐漸消失。下面所說的“戟小支”，即戟的側出小枝。

[10] 禍害術門户：袁紹起兵討董卓後，董卓殺袁術叔父隗及術兄基等二十餘人。（見《後漢書》卷四五《袁安附逢傳》）

[11] 兗州：刺史治所昌邑縣，在今山東金鄉縣西北。

[12] 封丘：各本作“封部”，錢大昭《辨疑》云：“‘封部’當從范書作‘封丘’。”校點本即從錢説改。今從之。封丘，縣名。治所在今河南封丘縣。

[13] 逆所：趙幼文《校箋》謂《册府元龜》卷四五三引無“逆”字。

[14] 斛：量器名。漢代以十斗爲一斛。

[15] 尚：盧弼《集解》據陶淵明《群輔録》所引《三輔決録》，謂“尚”當作“敞”，金敞字元休，杜陵（今陝西西安市東南）人。

[16] 京兆：即京兆尹。西漢在京都長安所在之郡置京兆尹，不稱郡。東漢都城雖在洛陽，而京兆尹之名仍不變，治所即長安，在今陝西西安市西北。

[17] 休甫：盧弼《集解》據陶淵明《群輔録》所引《三輔決録》，謂“休甫”當作“甫休”，方與“三休”之説合。

[18] 東之郡：錢大昭《辨疑》云：“‘郡’當作‘部’。”惠棟《後漢書補注》卷一七則云：“兗州刺史治山陽昌邑，所云之郡，謂之山陽郡也。”

[19] 郎中：官名。秩比三百石。東漢時，分隸五官、左、右三署中郎將，名義上備宿衛，實爲後備官吏人才。

[20] 布水陸東下：胡三省云：“布去年奔備，蓋屯於下邳之西。”（《通鑑》卷六二漢獻帝建安元年注）

[21] 丹楊：郡名。東漢丹楊郡治所宛陵縣，在今安徽宣州市。章誑：同“章狂”，倉皇，慌張。

　　[22] 張益德：張飛字益德。　　下邳：王國名。治所下邳縣。相：官名。王國相，由朝廷直接委派，執掌王國行政大權，相當於郡太守，秩二千石。

　　[23] 益德殺豹：本書《先主傳》注引《英雄記》則云：“陶謙故將曹豹在下邳，張飛欲殺之。豹衆堅營自守，使人招呂布。布取下邳，張飛敗走。”

　　[24] 西白門城内：百衲本、殿本、盧弼《集解》本均作“西白城門内”。趙一清《注補》云：“白門，下邳之城門，即布受擒於曹公處也，‘城’字誤在下。”梁章鉅《旁證》亦謂“城”字當在“門”字下。校點本即作“西白門城内”。今從之。

　　[25] 士家：兵家。漢末魏晋時期世代爲兵之家。

　　[26] 建安：漢獻帝劉協年號（196—220）。

　　[27] 廳事：官府辦公的地方。　　閣：門。

　　[28] 科頭：結髮不戴冠。胡三省云：“科頭，不冠露髻也。”（《通鑑》卷六二漢獻帝建安元年注）　　袒衣：上身未穿衣。

　　[29] 都督：東漢末軍事長官或領兵將帥的官名，領兵多少和職權大小不定。

　　[30] 隱：吴金華《校詁》云：“謂揣度之也。《廣雅·釋詁一》：‘隱，度也。’”

　　術欲結布爲援，乃爲子索布女，布許之。術遣使韓胤以僭號議告布，并求迎婦。沛相陳珪恐術、布成婚，[1] 則徐、揚合從，[2] 將爲國難，於是往説布曰：“曹公奉迎天子，輔讚國政，威靈命世，將征四海，將軍宜與協同策謀，圖太山之安。今與術結婚，受天下不義之名，必有累卵之危。”布亦怨術初不己受也，女已在塗，追還絶婚，械送韓胤，梟首許市。珪欲使子登詣太祖，布不肯遣。會使者至，拜布左將軍。布大

喜，即聽登往，并令奉章謝恩。^[一]登見太祖，因陳布
勇而無計，^[3]輕於去就，宜早圖之。太祖曰：“布，狼
子野心，誠難久養，非卿莫能究其情也。”^[4]即增珪秩
中二千石，^[5]拜登廣陵太守。^[6]臨別，太祖執登手曰：
“東方之事，便以相付。”令登陰合部衆以爲內應。

〔一〕《英雄記》曰：初，天子在河東，^[7]有手筆版書召布來
迎。布軍無畜積，不能自致，遣使上書。朝廷以布爲平東將
軍，^[8]封平陶侯。^[9]使人於山陽界亡失文字，太祖又手書厚加慰勞
布，説起迎天子，當平定天下意，并詔書購捕公孫瓚、袁術、韓
暹、楊奉等。布大喜，復遣使上書於天子曰：“臣本當迎大駕，知
曹操忠孝，奉迎都許。臣前與操交兵，今操保傅陛下，臣爲外將，
欲以兵自隨，恐有嫌疑，是以待罪徐州，進退未敢自寧。”答太祖
曰：“布獲罪之人，分爲誅首，手命慰勞，厚見褒獎。重見購捕袁
術等詔書，布當以命爲效。”太祖更遣奉車都尉王則爲使者，^[10]
齎詔書，又封平東將軍印綬來拜布。太祖又手書與布曰：“山陽屯
送將軍所失大封，國家無好金，孤自取家好金更相爲作印，國家
無紫綬，^[11]自取所帶紫綬以籍心，^[12]將軍所使不良。袁術稱天
子，將軍止之，^[13]而使不通章。朝廷信將軍，使復重上，以相明
忠誠。”布乃遣登奉章謝恩，并以一好綬答太祖。

[1] 沛：王國名。治所相縣，在今安徽濉溪縣西北。
[2] 徐揚：徐州與揚州。漢末，揚州刺史治所壽春，在今安徽
壽縣。當時袁術在揚州，呂布在徐州，“徐、揚合從”，即謂袁術、
呂布聯合。
[3] 無計：趙幼文《校箋》謂《太平御覽》卷七一〇、《册府
元龜》卷九五二引“計”字俱作“謀”。
[4] 莫能究其情：趙幼文《校箋》謂《册府元龜》卷九五二

引無"能"字，"情"下有"僞"字。

　　[5] 中二千石：爲漢九卿之秩，而郡國守相之秩爲二千石。陳珪爲沛相，秩僅二千石，今增爲中二千石，則與九卿之秩同等。

　　[6] 廣陵：郡名。東漢時治所廣陵縣，在今江蘇揚州市西北蜀岡上。據本書卷四六《孫策傳》注引《江表傳》，陳登爲廣陵太守治所在射陽縣，在今江蘇寶應縣東北射陽鎮。

　　[7] 河東：郡名。治所安邑縣，在今山西夏縣西北禹王城。

　　[8] 平東將軍：官名。漢獻帝建安初置，後與平西、平北、平南將軍爲四平將軍。皆領兵征伐。

　　[9] 平陶：縣名。治所在今山西文水縣西南。

　　[10] 奉車都尉：官名。秩比二千石，掌皇帝車輿，無定員，或爲加官。

　　[11] 紫綬：紫色絲帶，用作印組。

　　[12] 籍（jiè）心：藉以表心意。

　　[13] 止之：盧弼《集解》引陳景雲説，"止"當作"上"。

　　始，布因登求徐州牧〔不得〕，[1]登還，布怒，拔戟斫几曰："卿父勸吾協同曹公，[2]絶婚公路；[3]今吾所求無一獲，而卿父子並顯重，爲卿所賣耳！卿爲吾言，其説云何？"登不爲動容，徐喻之曰："登見曹公言："待將軍譬如養虎，當飽其肉，不飽則將噬人。'[4]公曰："不如卿言也。譬如養鷹，饑則爲用，飽則揚去。'其言如此。"布意乃解。

　　術怒，與韓暹、楊奉等連勢，遣大將張勳攻布。布謂珪曰："今致術軍，卿之由也，爲之奈何？"珪曰："暹、奉與術，卒合之軍耳，策謀不素定，不能相維持，子登策之，比之連雞，[5]勢不俱棲，可解離

也。"布用珪策，遣人説暹、奉，使與己并力共擊術軍，軍資所有，悉許暹、奉。於是暹、奉從之，勳大破敗。〔一〕

〔一〕《九州春秋》載布與暹、奉書曰："二將軍拔大駕來東，[6]有元功於國，當書勳竹帛，萬世不朽。今袁術造逆，當共誅討，奈何與賊臣還共伐布？布有殺董卓之功，與二將軍俱爲功臣，可因今共擊破術，建功於天下，此時不可失也。"暹、奉得書，即迴計從布。布進軍，去勳等營百步，暹、奉兵同時並發，斬十將首，殺傷墮水死者不可勝數。

《英雄記》曰：布後又與暹、奉二軍向壽春，水陸並進，所過虜略。到鍾離，[7]大獲而還。既渡淮北，留書與術曰："足下恃軍彊盛，常言猛將武士，欲相吞滅，每抑止之耳！布雖無勇，虎步淮南，一時之閒，足下鼠竄壽春，無出頭者。猛將武士，爲悉何在？足下喜爲大言以誣天下，天下之人安可盡誣？古者兵交，使在其閒，告策者非布先唱也。[8]相去不遠，可復相聞。"布渡畢，術自將步騎五千揚兵淮上，布騎皆于水北大哈笑之而還。時有東海蕭建爲瑯邪相，[9]治莒，[10]保城自守，不與布通。布與建書曰："天下舉兵，本以誅董卓爾。[11]布殺卓，來詣關東，欲求兵西迎大駕，光復洛京，諸將自還相攻，莫肯念國。布，五原人也，去徐州五千餘里，[12]乃在天西北角，今不來共爭天東南之地。莒與下邳相去不遠，宜當共通。君如自遂以爲郡郡作帝，[13]縣縣自王也！昔樂毅攻齊，[14]呼吸下齊七十餘城，唯莒、即墨二城不下，所以然者，中有田單故也。布雖非樂毅，君亦非田單，可取布書與智者詳共議之。"建得書，即遣主簿齎牋上禮，貢良馬五匹。建尋爲臧霸所襲破，得建資實。布聞之，自將步騎向莒。高順諫曰："將軍躬殺董卓，威震夷狄，端坐顧盼，遠近自然畏伏，[15]不宜輕自出軍；如或不捷，損名非小。"布不從。霸畏布（引還）鈔暴,[16]果登城拒守。布不能拔,[17]引還下邳。霸後復與布和。

[1] 不得:各本皆無"不得"二字。盧弼《集解》謂《後漢書》卷七五《吕布傳》有"不得"二字。趙幼文《校箋》謂《太平御覽》卷三五二引亦有"不得"二字,疑此脱,當據補。按,《太平御覽》所引乃《英雄記》,而《藝文類聚》卷九一引《魏志》亦有"不得"二字。今從盧、趙説,據《藝文類聚》增補。

[2] 曹公:《後漢書·吕布傳》作"曹操",較真實。

[3] 公路:袁術字公路。

[4] 不飽則將噬人:趙幼文《校箋》謂《藝文類聚》卷九一、《事類賦》卷一八、《草堂詩箋》卷四引俱無"飽""將"二字。

[5] 連雞:用繩連縛的雞。謂互相牽制,行動不能一致。《戰國策·秦一》:秦惠王謂寒泉子曰:"諸侯不可一,猶連雞之不能俱止於棲亦明矣。"高誘注:"連,謂繩繫之。"繆文遠《新校注》:"'俱止於棲',姚宏云:李善引作'俱上於棲'。王念孫曰:作'上'者是也。凡居於高處謂之棲,因而所居之處亦謂之棲。雞之棲必自下而上,故曰'上於棲';若連雞,則互相牽制而不得上,故曰'不能俱上於棲'。"

[6] 拔:錢大昭《辨疑》云:"'拔'當從范書作'扶'。"盧弼《集解》又謂《後漢書·吕布傳》何焯校本"扶"改"拔"。

[7] 鍾離:侯國名。治所在今安徽鳳陽縣東。

[8] 告策:百衲本作"告策",殿本、盧弼《集解》本、校點本作"造策"。殿本《考證》云:"'造策'元本作'告策'。"今從百衲本。

[9] 瑯(láng)邪(yá):王國名。治所本在開陽縣,在今山東臨沂市北。

[10] 莒:縣名。治所在今山東莒縣。

[11] 爾:盧弼《集解》本、校點本作"耳",百衲本、殿本作"爾"。二字雖通,今仍從百衲本等。

〔12〕五千：盧弼《集解》謂“五”字當爲“三”字之訛。

〔13〕如自：吳金華《校詁》謂“如自”疑當作“如何”，隸書“何”字與“自”字形近易訛。

〔14〕樂毅：戰國時中山國人，爲燕將，燕昭王以之爲亞卿。昭王二十八年（前284），樂毅率燕軍擊破齊國，先後攻下七十餘城，僅莒與即墨（今山東平度市東南）堅守未被攻下。即墨大夫戰死後，城中推田單爲將軍，繼續堅守。不久燕昭王死，惠王立。田單遂用反間計，燕惠王即用以騎劫代樂毅，樂毅出奔趙國，田單遂敗燕軍，收復七十餘城。（見《史記》卷八〇《樂毅列傳》、卷八二《田單列傳》）

〔15〕伏：校點本作“服”，百衲本、殿本、盧弼《集解》本均作“伏”。按，二字義同，今從百衲本等。

〔16〕布：各本“布”下有“引還”二字。趙一清《注補》謂何焯云“引還”二字衍。校點本即據何説刪。今從之。

〔17〕拔：殿本作“救”，百衲本、盧弼《集解》本、校點本作“拔”。今從百衲本等。

　　建安三年，布復叛爲術，遣高順攻劉備於沛，破之。太祖遣夏侯惇救備，爲順所敗。太祖自征布，至其城下，[1]遺布書，[2]爲陳禍福。布欲降，陳宮等自以負罪深，沮其計。〔一〕布遣人求救于術，（術）自將千餘騎出戰，[3]敗走，還保城，不敢出。〔二〕術亦不能救。布雖驍猛，然無謀而多猜忌，不能制御其黨，但信諸將。諸將各異意自疑，故每戰多敗。太祖塹圍之三月，[4]上下離心，其將侯成、宋憲、魏續縛陳宮，[5]將其眾降。〔三〕布與其麾下登白門樓。[6]兵圍急，乃下降。遂生縛布，布曰：“縛太急，小緩之。”太祖曰：“縛虎不得不急也。"布請曰："明公所患不過於布，今已服矣，天下不足憂。明公將步，令布將騎，則天下不足定也。"太祖有疑色。劉備進曰："明公不見布之事丁建陽及董太師乎！"[7]太祖頷之。布因指備曰：[8]"是兒最叵信者。"〔四〕[9]於是縊殺布。布與宮、順等皆梟首送許，然後葬之。〔五〕

〔一〕《獻帝春秋》曰：太祖軍至彭城。[10]陳宮謂布："宜逆擊之，以逸擊勞，無不克也。"布曰："不如待其來攻，蹙著泗水中。"[11]及太祖軍攻之急，布于白門樓上謂軍士曰："卿曹無相困，我（自首當）〔當自首〕明公。"[12]陳宮曰："逆賊曹操，何等明公！今日降之，若卵投石，豈可得全也！"

〔二〕《英雄記》曰：布遣許汜、王楷告急于術。術曰："布不與我女，理自當敗，何爲復來相聞邪？"汜、楷曰："明上今不救布，爲自敗耳！布破，明上亦破也。"術時僭號，故呼爲明上。術乃嚴兵爲布作聲援。布恐術爲女不至，故不遣兵救也，以綿纏女身，縛著馬上，夜自送女出與術，與太祖守兵相觸，格射不得過，復還城。布欲令陳宮、高順守城，自將騎斷太祖糧道。布妻謂曰："將軍自出斷曹公糧道是也。宮、順素不和，將軍一出，宮、順必不同心共城守也，[13]如有蹉跌，將軍當於何自立乎？願將軍諦計之，無爲宮等所誤也。妾昔在長安，已爲將軍所棄，賴得龐舒私藏妾身耳，今不須顧妾也。"布得妻言，愁悶不能自決。

《魏氏春秋》曰：陳宮謂布曰："曹公遠來，勢不能久。若將軍以步騎出屯，爲勢於外，宮將餘衆閉守於內，若向將軍，宮引兵而攻其背，若來攻城，將軍爲救於外。不過旬日，軍食必盡，擊之可破。"布然之。布妻曰："昔曹氏待公臺如赤子，[14]猶舍而來。今將軍厚公臺不過於曹公，而欲委全城，[15]捐妻子，孤軍遠出，若一旦有變，妾豈得爲將軍妻哉！"布乃止。

〔三〕《九州春秋》曰：初，布騎將侯成遣客牧馬十五匹，客悉驅馬去，向沛城，欲歸劉備。成自將騎逐之，悉得馬還。諸將合禮賀成，成釀五六斛酒，獵得十餘頭豬，未飲食，先持半豬五斗酒自入詣布前，跪言："聞蒙將軍恩，逐得所失馬，諸將來相賀，自釀少酒，獵得豬，未敢飲食，先奉上微意。"布大怒曰："布禁酒，卿釀酒，諸將共飲食作兄弟，共謀殺布邪？"成大懼而去，棄所釀酒，還諸將禮。由是自疑，會太祖圍下邳，成遂領衆降。

〔四〕《英雄記》曰：布謂太祖曰："布待諸將厚也，諸將臨急皆叛布耳。"太祖曰："卿背妻，愛諸將婦，何以爲厚？"布默然。

《獻帝春秋》曰：布問太祖："明公何瘦？"太祖曰："君何以識孤？"布曰："昔在洛，會溫氏園。"太祖曰："然。孤忘之矣。所以瘦，恨不早相得故也。"布曰："齊桓舍射鉤，[16]使管仲相；今使布竭股肱之力，爲公前驅，可乎？"布縛急，謂劉備曰："玄德，卿爲坐客，我爲執虜，不能一言以相寬乎？"太祖笑曰："何不相語，而訴明使君乎？"[17]意欲活之，命使寬縛。主簿王必趨進曰："布，勍虜也。其衆近在外，不可寬也。"太祖曰："本欲相緩，主簿復不聽，如之何？"

〔五〕《英雄記》曰：順爲人清白有威嚴，不飲酒，不受饋遺。所將七百餘兵，號爲千人，鎧甲鬭具皆精練齊整，每所攻擊無不破者，名爲陷陳營。順每諫布，言"凡破家亡國，非無忠臣明智者也，但患不見用耳。將軍舉動，不肯詳思，輒喜言誤，誤不可數也"。布知其忠，然不能用。布從郝萌反後，更疏順。以魏續有外內之親，[18]悉奪順所將兵以與續。及當攻戰，故令順將續所領兵，順亦終無恨意。

［1］城下：盧弼《集解》謂指下邳城下。

［2］遺：校點本 1982 年 7 月第 2 版誤作"遣"。

［3］自將：各本"自將"上有兩"術"字。殿本《考證》謂下"術"字疑衍。校點本即從《考證》説删去。今從之。

［4］圍之三月：本書卷一《武帝紀》謂建安三年冬十月曹操率軍至下邳，大破吕布軍，吕布遂入城固守，曹操"遂決泗、沂水以灌城。月餘，布將宋憲、魏續等執陳宫，舉城降，生禽布、宫，皆殺之"。《通鑑考異》曰："范書《布傳》云'灌其城三月'，《魏志（布）傳》亦曰'圍之三月'，按操以十月至下邳，及殺布共在一季，不可言三月，今從《魏志·武紀》。"（《通鑑》卷六二漢獻帝建安三年）

［5］宋憲：百衲本、殿本作"宋慮"，盧弼《集解》本、校點本作"宋憲"。今從《集解》本等。錢大昭《辨疑》云："《武帝紀》作'宋憲、魏續'，'憲'與'慮'形相涉而訛。"

［6］白門樓：《後漢書》卷七五《吕布傳》李賢注："宋武《北征記》曰：'下邳城有三重，大城周四里，吕布所守也。魏武禽布於白門。白門，大城之門也。'酈元《水經注》曰：'南門謂之白門，魏武禽陳宫於此。'"上文注引《英雄記》又謂白門爲西門。

［7］丁建陽：丁原字建陽。　董太師：董卓曾爲太師。

［8］布因指備：《後漢書·吕布傳》作"布目備"。盧弼《集解》引趙一清説，《後漢書》"此言得之，布已受縛，不得用手指也"。吴金華《校詁》則謂"指"字不誤，"因"乃"目"字之訛，本書卷一二《毛玠傳》即有"太祖目指曰"之句。《校詁》又引徐復説，"因指"亦可通，《廣雅·釋言》："指，斥也。"與本文正合。趙幼文《校箋》則謂《藝文類聚》卷一七、《太平御覽》卷三六六引"因"字作"目"，無"指"字。趙一清説是。

［9］是兒最叵信者：趙幼文《校箋》謂《藝文類聚》卷一七、《太平御覽》卷三六六引作"大耳兒最叵信"。

〔10〕彭城：縣名。治所在今江蘇徐州市。

〔11〕泗水：發源於今山東泗水縣東蒙山南麓，西流經泗水、曲阜、兖州等縣市，折南經濟寧市南魯鎮及魚臺縣東，轉東南經江蘇沛縣及徐州市，此下略循廢黄河至淮陰市西南入淮河。

〔12〕當自首：各本皆作“自首當”。趙一清《注補》：“‘當’字宜在‘自首’上。”何焯亦有同説。校點本即從何説改。今從之。

〔13〕城守：百衲本、殿本、校點本作“城守”，盧弼《集解》本作“守城”。今從百衲本等。

〔14〕公臺：陳宮字公臺。

〔15〕全城：殿本作“金城”，百衲本、盧弼《集解》本、校點本皆作“全城”。今從百衲本等。

〔16〕齊桓舍射鈎：齊桓，即春秋時之齊桓公，名小白，未爲國君時稱爲公子小白。公子小白與公子糾同爲齊襄公弟。因襄公誅殺不當，數欺大臣，諸弟恐禍及而出奔。公子小白至莒，有鮑叔牙輔佐；公子糾至魯，有管仲、召忽輔佐。至齊襄公被殺，公子糾與公子小白皆欲回國争位，公子糾使管仲率兵阻莒道。在與小白戰鬥時，管仲箭中小白帶鈎。小白詐死，速入齊國，得立爲君，是爲桓公。桓公發兵攻魯，欲殺管仲，後因鮑叔牙之諫，反而重用管仲。（見《史記》卷三二《齊世家》）

〔17〕明使君：對州長官之尊稱。當時劉備爲豫州牧，故曹操稱之爲明使君。

〔18〕外内之親：殿本作“内外之親”，百衲本、盧弼《集解》本、校點本作“外内之親”。今從百衲本等。趙幼文《校箋》云：“外，母族之親也。外内蓋連及之辭，因外而連用之也。‘内’字於此無實義。”

太祖之禽宮也，問宮欲活老母及女不？宮對曰：“宮聞孝治天下者不絶人之親，[1]仁施四海者不乏人之

祀，[2]老母在公，不在宫也。"太祖召養其母終其身，嫁其女。〔一〕

〔一〕魚氏《典略》曰：陳宫字公臺，東郡人也。[3]剛直烈壯，[4]少與海内知名之士皆相連結。及天下亂，始隨太祖，後自疑，乃從吕布，爲布畫策，布每不從其計。下邳敗，軍士執布及宫，太祖皆見之，與語平生，故布有求活之言。太祖謂宫曰："公臺，卿平常自謂智計有餘，[5]今竟何如？"宫顧指布曰："但坐此人不從宫言，以至于此。若其見從，亦未必爲禽也。"太祖笑曰："今日之事當云何？"[6]宫曰："爲臣不忠，爲子不孝，死自分也。"太祖曰："卿如是，奈卿老母何？"宫曰："宫聞將以孝治天下者不害人之親，老母之存否，在明公也。"太祖曰："若卿妻子何？"宫曰："宫聞將施仁政於天下者不絶人之祀，妻子之存否，亦在明公也。"太祖未復言。宫曰："請出就戮，以明軍法。"遂趨出，不可止。太祖泣而送之，宫不還顧。宫死後，太祖待其家皆厚於初。[7]

[1] 不絶人之親：《後漢書》卷七五《吕布傳》作"不害人之親"。

[2] 仁施四海者不乏人之祀：《後漢書·吕布傳》作"霸王之主不絶人之祀"。

[3] 東郡人：《後漢書·吕布傳》云："興平元年，曹操東擊陶謙，令其將武陽人陳宫屯東郡。"則陳宫爲東郡武陽人。武陽：即東武陽，縣名。治所在今山東莘縣南。

[4] 烈壯：趙幼文《校箋》謂《册府元龜》卷八七七引作"壯烈"。

[5] 自謂：百衲本作"自爲"，殿本、盧弼《集解》本、校點本作"自謂"。今從殿本等。

　　［6］云何：殿本作“如何”，百衲本、盧弼《集解》本、校點本作“云何”。今從百衲本等。

　　［7］於初：校點本1982年7月第2版作“如初”，百衲本、殿本、盧弼《集解》本、校點本1959年12月第1版皆作“於初”。今從百衲本等。

　　陳登者，字元龍，在廣陵有威名。又掎角吕布有功，加伏波將軍，[1]年三十九卒。後許汜與劉備並在荆州牧劉表坐，表與備共論天下人，汜曰：“陳元龍湖海之士，[2]豪氣不除。”[3]備謂表曰：“許君論是非？”表曰：“欲言非，此君爲善士，不宜虛言；欲言是，元龍名重天下。”備問汜：“君言豪，寧有事邪？”汜曰：“昔遭亂過下邳，見元龍。元龍無客主之意，久不相與語，自上大牀臥，使客臥下牀。”備曰：“君有國士之名，今天下大亂，帝主失所，望君憂國忘家，有救世之意，[4]而君求田問舍，言無可采，是元龍所諱也，何緣當與君語？如小人，欲臥百尺樓上，臥君於地，[5]何但上下牀之間邪？”表大笑。備因言曰：“若元龍文武膽志，當求之於古耳，造次難得比也。”〔一〕

　　〔一〕《先賢行狀》曰：登忠亮高爽，沈深有大略，少有扶世濟民之志。博覽載籍，雅有文藝，舊典文章，莫不貫綜。年二十五，舉孝廉，[6]除東陽長，[7]養耆育孤，視民如傷。是時，世荒民飢，州牧陶謙表登爲典農校尉，[8]乃巡土田之宜，盡鑿溉之利，秔稻豐積。奉使到許，太祖以登爲廣陵太守，令陰合衆以圖吕布。登在廣陵，明審賞罰，威信宣布。海賊薛州之羣萬有餘户，束手歸命。未及期年，功化以就，百姓畏而愛之。登曰：“此可用矣。”

太祖到下邳，登率郡兵爲軍先驅。時登諸弟在下邳城中，布乃質執登三弟，欲求和同。登執意不撓，進圍日急。[9] 布刺姦張弘，[10] 懼於後累，[11] 夜將登三弟出就登。布既伏誅，登以功加拜伏波將軍，甚得江、淮間歡心，於是有吞滅江南之志。孫策遣軍攻登于匡琦城。[12] 賊初到，旌甲覆水，羣下咸以今賊衆十倍於郡兵，恐不能抗，可引軍避之，與其空城。水人居陸，不能久處，必尋引去。登厲聲曰：“吾受國命，來鎮此土。昔馬文淵之在斯位，[13] 能南平百越，[14] 北滅羣狄，[15] 吾既不能過除凶慝，何逃寇之謂邪！[16] 吾其出命以報國，仗義以整亂，天道與順，克之必矣。”乃閉門自守，示弱不與戰，將士銜聲，寂若無人。登乘城望形勢，知其可擊。乃申令將士，宿整兵器，[17] 昧爽，[18] 開南門，引軍指賊營，[19] 步騎鈔其後。賊周章，[20] 方結陳，不得還船。登手執軍鼓，縱兵乘之，賊遂大破，皆棄船迸走。登乘勝追奔，斬虜以萬數。賊忿喪軍，尋復大興兵向登。登以兵不敵，使功曹陳矯求救於太祖。[21] 登密去城十里治軍營處所，令多取柴薪，兩束一聚，相去十步，縱橫成行，令夜俱起火，（火）〔互〕然其聚。[22] 城上稱慶，若大軍到。賊望火驚潰，登勒兵追奔，斬首萬級。遷登爲東城太守。[23] 廣陵吏民佩其恩德，共拔郡隨登，老弱襁負而追之。登曉語令還，曰：“太守在卿郡，頻致吳寇，幸而克濟。諸卿何患無令君乎？”孫權遂跨有江外。[24] 太祖每臨大江而歎，恨不早用陳元龍計，而令封豕養其爪牙。[25] 文帝追美登功，拜登息肅爲郎中。[26]

　　[1] 伏波將軍：官名。將軍名號之一，東漢末地位較高。

　　[2] 湖海之士：《後漢書》卷五六《陳球傳》李賢注引《魏志》作“淮海之士”。潘眉《考證》云：“元龍下邳人，作‘淮海’是也。”周壽昌《注證遺》則云：“湖海之士，猶今俗言江湖之士，蓋輕之之辭也。氾豈尚慮昭烈不識爲下邳人乎？”

[3] 豪氣：趙一清《注補》謂何焯云："於時謂驕爲豪，《魏略》畢軌在并州，名爲'驕豪'是也。"

[4] 救世：趙幼文《校箋》謂《太平御覽》卷七〇六"救"字作"濟"。

[5] 地：趙幼文《校箋》謂《太平御覽》引"地"下有"下"字。

[6] 孝廉：漢代選拔官吏的主要科目。孝指孝子，廉指廉潔之士。原本爲二科，後混同爲一科，也不再限於孝子和廉吏。東漢後期定制爲不滿四十歲者不得察舉；被舉者先詣公府課試，以觀其能。郡國每年要向中央推舉一至二人。

[7] 東陽：縣名。治所在今江蘇盱眙縣東南孫陽集。

[8] 典農校尉：官名。按，此非曹操所置管理郡國屯田之典農校尉，曹操之所置，在建安元年（196），而陶謙死於興平元年（194），則陳登爲陶謙所表之典農校尉，當在興平元年前。《通鑑》卷六一漢獻帝興平元年胡三省注亦云："據裴松之注《三國志》云：'陶謙表登爲典農校尉。'《魏志》曰：'曹公置典農校尉，秩比二千石。'蓋先有此官，曹公增其秩耳。"再按《先賢行狀》下文所叙，陶謙所置之典農校尉，蓋管理徐州之農業生產。

[9] 日急：校點本1982年7月第2版誤作"曰急"。

[10] 刺姦：官名。東漢大將軍等統兵將領，其所統營部職吏有刺奸，掌監察執法。

[11] 懼於：殿本作"懼爲"，百衲本、盧弼《集解》本、校點本均作"懼於"。今從百衲本等。

[12] 匡琦城：趙一清《注補》："匡琦，似是人名，如高遷屯、白超壘之類，《陳矯傳》作'匡奇'。案建安十三年孫權圍合肥，'使張昭攻九江之當塗'，而《張昭傳》注引《吳書》云'別討匡琦'，則匡琦城即當塗城也。"當塗縣治所在今安徽懷遠縣東南。按，趙說固然有據，但陳登時爲廣陵太守，治所在射陽，而當塗屬九江郡，距離較遠，甚爲可疑。但尚無新據，暫從趙説。

[13]　馬文淵：馬援字文淵。漢光武帝建武十七年（41），交阯郡女子徵側、徵貳起兵攻郡，九真、日南、合浦等郡民皆響應。光武帝即拜馬援爲伏波將軍，率軍征討。馬援軍到後，即敗斬徵側、徵貳，嶺南悉平。馬援回師京都不久，又奉命北討匈奴、烏桓，烏桓見漢軍至，遂散去，馬援還。（見《後漢書》卷二四《馬援傳》）

[14]　百越：戰國秦漢間南方之越族有閩越、甌越、西越、南越、駱越等之稱，故泛稱之爲百越。嶺南之南海、鬱林、交阯、日南、九真等郡即爲南越之地。

[15]　羣狄：此指匈奴、烏桓。

[16]　謂：殿本、盧弼《集解》本、校點本作“爲”，百衲本作“謂”。趙幼文《校箋》謂《册府元龜》卷三六一亦作“謂”，是。今從百衲本。

[17]　宿整：趙幼文《校箋》謂《册府元龜》卷三六一引作“整肅”。按，宋本《册府元龜》亦作“宿整”。

[18]　昧爽：拂曉，天快亮之時。

[19]　指：殿本、校點本作“詣”，百衲本、盧弼《集解》本作“指”。今從百衲本等。

[20]　周章：彷徨徘徊。《文選》左思《吳都賦》：“輕禽狡獸，周章夷猶。”李善注：“周章，謂章皇周流也。”

[21]　功曹：官名。漢代郡守下設功曹史，簡稱功曹，爲郡守之佐吏，除分掌人事外，並得參與一郡之政務。

[22]　互然其聚：各本“互”字作“火”。趙幼文《校箋》謂《太平御覽》卷二九四引《通典》“火”字作“牙”，武英殿本《通典》作“互”。“互”“牙”古今字，作“互”者是也，當據改。今從趙說改。

[23]　東城：趙一清《注補》云：“《漢志》九江郡東城縣。後漢省，故《續志》無之，未聞立郡也，此‘城’疑‘郡’字之誤。登由廣陵遷東郡，既去，而淮南遂虛，曹公故追恨不用其計也。若

仍在九江，則何嘆恨之有?”謝鍾英《補三國疆域志補注》則據《先賢行狀》之載，謂東城本爲縣，“蓋漢末升作郡，三國時地當兵衝，遂廢”。東城縣治所在今安徽定遠縣東南。

[24] 江外：即江南。中原人稱江南爲江外、江表。

[25] 封豕：大豬。比喻貪暴者。《左傳·昭公二十八年》：“貪惏無饜，忿類無期，謂之封豕。”

[26] 息：子息，兒子。《正字通·心部》：“息，子息。子吾所生者，故曰息。”

臧洪字子源，廣陵射陽人也。父旻，歷匈奴中郎將、中山、太原太守，[1] 所在有名。〔一〕洪體貌魁梧，有異於人，舉孝廉爲郎。[2] 時選三署郎以補縣長；瑯邪趙昱爲莒長，[3] 東萊劉繇下邑長，[4] 東海王朗菑丘長，[5] 洪即丘長。[6] 靈帝末，棄官還家，太守張超請洪爲功曹。

〔一〕謝承《漢書》曰：[7] 旻有幹事才，達於從政，爲漢良吏。初從徐州從事辟司徒府，[8] 除盧奴令，冀州舉尤異，[9] 遷揚州刺史、丹楊太守。是時邊方有警，羌、胡出寇，三府舉能，[10] 遷旻匈奴中郎將。討賊有功，[11] 徵拜議郎，[12] 還京師。見太尉袁逢，[13] 逢問其西域諸國土地、風俗、人物、種數。旻具答言西域本三十六國，後分爲五十五，稍散至百餘國；其國大小，道里近遠，人數多少，風俗燥濕，山川、草木、鳥獸、異物名種，[14] 不與中國同者，悉口陳其狀，手畫地形。逢奇其才，歎息言：“雖班固作《西域傳》，何以加此?”[15] 旻轉拜長水校尉，[16] 終太原太守。

[1] 匈奴中郎將：官名。本稱護匈奴中郎將，或稱使匈奴中郎將，東漢置，秩比二千石。監護南匈奴單于，參與司法事務，並助

南匈奴防禦北匈奴的侵擾。　中山：本王國名。漢靈帝熹平三年（174）後爲郡，治所盧奴縣，在今河北定州市。　太原：郡名。治所晉陽縣，在今山西太原市西南古城營西古城。

　　[2] 郎：郎官的泛稱。西漢光禄勳的屬官郎中、中郎、侍郎、議郎等皆可稱爲郎，無定員，多至千餘人；東漢於光禄勳下又設有五官、左、右中郎將署，合稱三署，主管諸中郎、侍郎、郎中等，亦無定員，多達兩千餘人；又尚書、黃門等機構亦設專職郎官。光禄勳下之郎官，掌守衛皇宮殿廊門户，出充車騎扈從，備顧問應對，守衛陵園寢廟等，任滿一定期限，即可遷補内外官職，故郎官機構，實爲儲備官吏的機構。東漢時，舉孝廉者多爲郎官。

　　[3] 趙昱：事迹見本書卷八《陶謙傳》及裴注引謝承《後漢書》。

　　[4] 東萊：郡名。治所黃縣，在今山東龍口市東南舊黃縣東黃城集。　下邑：縣名。治所在今安徽碭山縣東。

　　[5] 東海：郡名。治所郯縣，在今山東郯城縣北。　菑丘：縣名。治所在今安徽宿州市東北。

　　[6] 即丘：縣名。治所在今山東臨沂市東南。

　　[7] 漢書：百衲本、殿本、盧弼《集解》本均作“漢書”，校點本作“後漢書”。按，謝承所撰本稱《後漢書》，而裴松之注往往簡稱《漢書》，故從百衲本等。

　　[8] 從事：官名。漢代州牧刺史的佐吏，有別駕從事史、治中從事史、兵曹從事史、部從事史等，均可簡稱爲從事。

　　[9] 冀州：東漢末刺史治所常設在鄴縣，在今河北臨漳縣西南鄴鎮東一里半。　尤異：漢代官制，凡官吏治績最優者稱尤異，多能升遷更高職位。

　　[10] 三府：盧弼《集解》本作“三輔”，百衲本、殿本、校點本作“三府”。今從百衲本等。盧弼《集解》云：“三府，三公府也。三輔，京兆尹、左馮翊、右扶風也。二説皆可通。”

　　[11] 討賊有功：盧弼《集解》引《後漢書》卷九〇《鮮卑

傳》與《續漢書·五行志》，均謂臧旻率匈奴南單于討鮮卑，大敗而還，與此謝承《後漢書》所載不同。

[12] 議郎：官名。郎官之一種，屬光禄勳，秩六百石，不入直宿衛，得參與朝政議論。

[13] 太尉：官名。東漢時，號稱萬石，與司徒、司空並爲三公，共同行使宰相職能，而位列三公之首，名位甚重，或與太傅並録尚書事，綜理全國軍政事務。按，《後漢書》卷四五《袁安傳》，袁逢僅爲太僕、司空、執金吾等職，未爲太尉。

[14] 名種：殿本作“各種”，百衲本、盧弼《集解》本、校點本作“名種”。今從百衲本等。

[15] 加此：趙幼文《校箋》謂《太平御覽》卷二七八引“加”字作“過”。

[16] 長水校尉：官名。秩比二千石，掌京師宿衛兵。

董卓殺帝，[1] 圖危社稷，洪說超曰：“明府歷世受恩，[2] 兄弟並據大郡，[3] 今王室將危，賊臣未梟，[4] 此誠天下義烈報恩效命之秋也。今郡境尚全，吏民殷富，若動枹鼓，可得二萬人，以此誅除國賊，爲天下倡先，[5] 義之大者也。”超然其言，與洪西至陳留，[6] 見兄邈計事。邈亦素有心，會于酸棗，[7] 邈謂超曰：“聞弟爲郡守，政教威恩，不由己出，動任臧洪，洪者何人？”超曰：“洪才略智數優超，[8] 超甚愛之，海内奇士也。”邈即引見洪，與語大異之。致之于劉兗州公山、孔豫州公緒，[9] 皆與洪親善。乃設壇場，方共盟誓，諸州郡更相讓，莫敢當，咸共推洪。洪乃升壇操槃歃血而盟曰：[10]“漢室不幸，皇綱失統，賊臣董卓乘釁縱害，禍加至尊，虐流百姓，[11] 大懼淪喪社稷，鞏覆四海。兗州刺史岱、豫州刺史伷、陳留太守邈、東郡太守瑁、廣陵太守超等，[12] 糾合義兵，並赴國難。凡我同盟，齊心戮力，[13] 以致臣節，殞首喪元，必無二志。有渝此盟，俾墜其命，無克遺育。皇天后土，祖宗明靈，實皆鑒之！」洪辭氣慷慨，涕泣橫下，聞其言者，雖卒伍廝養，[14] 莫不激揚，人思致節。〔一〕頃之，諸軍莫適先進，而食盡衆散。

〔一〕臣松之案：于時此盟止有劉岱等五人而已。[15] 《魏氏春秋》橫內劉表等數人，皆非事實。表保據江、漢，身未嘗出境，何由得與洪同壇而盟乎？

[1] 殺：盧弼《集解》謂《後漢書》卷五八《臧洪傳》作「弒」。吳金華《校詁》謂二字通用，《漢書》卷一《高帝紀》：「項羽爲無道，放殺其主。」顏師古注：「殺讀曰弒。諸殺君者，其例皆同。」

[2] 明府：漢代人稱郡太守爲府君，亦稱明府君，簡稱明府。

[3] 兄弟並據大郡：《後漢書》卷五八《臧洪傳》李賢注：「謂超爲廣陵，兄邈爲陳留也。」

[4] 未梟：《後漢書》卷五八《臧洪傳》作「虎視」。

[5] 倡先：《後漢書·臧洪傳》作「唱義」。

[6] 陳留：郡名。治所陳留縣，在今河南開封市東南。

[7] 酸棗：縣名。治所在今河南延津縣西南。

[8] 儵超：趙幼文《校箋》謂《北堂書鈔》卷七七引「儵」下有「於」字。

[9] 公山：劉岱字公山。　豫州：刺史治所譙縣，在今安徽亳州市。　公緒：孔伷字公緒。

　　[10] 槃：盛水的木盤，指會盟時盛有牲畜血之盤。　歃血：會盟時，參盟者以口微吸牲畜血或以血塗口旁，表示信誓，稱爲歃血。

　　[11] 虐流：《後漢書·臧洪傳》作“毒流”。

　　[12] 瑁：指橋瑁。見本書《武帝紀》初平元年及裴注引《英雄記》。

　　[13] 戮力：《後漢書·臧洪傳》作“一力”。

　　[14] 廝養：奴僕。

　　[15] 劉岱等五人：盧弼《集解》謂在酸棗同壇會盟者，實祇劉岱等五人，而同時起兵討董卓，並推袁紹爲盟主者，尚有袁術、袁遺、韓馥、王匡、鮑信、曹操、劉表諸人。

　　超遣洪詣大司馬劉虞謀，[1]值公孫瓚之難，至河間，[2]遇幽、冀二州交兵，[3]使命不達。而袁紹見洪，又奇重之，與結分合好。[4]會青州刺史焦和卒，[5]紹使洪領青州以撫其衆。〔一〕洪在州二年，羣盜奔走。紹歎其能，徙爲東郡太守，治東武陽。[6]

　　〔一〕《九州春秋》曰：初平中，焦和爲青州刺史。是時英雄並起，黃巾寇暴，和務及同盟，[7]俱入京畿，不暇爲民保障，引軍踰河而西。未久而袁、曹二公與卓將戰于滎陽，[8]敗績。黃巾遂廣，屠裂城邑。和不能禦，然軍器尚利，戰士尚衆，而耳目偵邏不設，恐動之言妄至，望寇奔走，未嘗接風塵交旗鼓也。[9]欲作陷冰丸沈河，[10]令賊不得渡，[11]禱祈羣神，求用兵必利，著筮常陳於前，[12]巫祝不去於側；[13]入見其清談干雲，[14]出則渾亂，命不可知。州遂蕭條，悉爲丘墟也。

　　[1] 大司馬：官名。東漢初改大司馬爲太尉，爲三公之一。漢靈帝時又與太尉並置，而位在三公上。

［2］河間：王國名。治所樂成縣，在今河北獻縣東南。

［3］幽：州名。刺史治所薊縣，在今北京城西南。

［4］結分（fèn）合好：《後漢書》卷五八《臧洪傳》作"結友好"，意同。

［5］青州：刺史治所臨菑縣，在今山東臨博市東北臨淄區北。

［6］東武陽：縣名。治所在今山東莘縣東南。

［7］同盟：指袁紹等討董卓之同盟。

［8］滎陽：百衲本作"熒陽"，殿本、盧弼《集解》本、校點本作"滎陽"。今從殿本等。滎陽，縣名。治所在今河南滎陽市東北。

［9］接風塵：指作戰。

［10］陷冰丸：能使冰融化的彈丸。《漢書·郊祀志下》"堅冰淖溺"顏師古注引晉灼曰："方士詐以藥石若陷冰丸投之冰上，冰即消液，因詐爲神仙道使然也。"《隋書·經籍志》著録有《扁鵲陷冰丸方》一卷。

［11］渡：此指從冰上走過黄河。《後漢書·臧洪傳》即謂焦和"恐賊乘凍而過，命多作陷冰丸，以投於河"。

［12］蓍（shī）筮（shì）：蓍爲一種多年生的草本植物，古人常用其莖作占卜。用蓍草占卜即稱爲筮。《詩·衛風·氓》："爾卜爾筮，體無咎言。"毛傳："龜曰卜，蓍曰筮。"

［13］巫祝：巫師。自謂能降神通鬼者。

［14］清談：高雅的言談、議論。　干雲：直抵雲霄。形容清談之熱烈。

太祖圍張超于雍丘，超言："唯恃臧洪，當來救吾。"衆人以爲袁、曹方睦，而洪爲紹所表用，必不敗好招禍，遠來赴此。超曰："子源，天下義士，終不背本者，但恐見禁制，不相及逮耳。"洪聞之，果徒跣號泣，並勒所領兵，又從紹請兵馬，求欲救超，而紹終不聽許。超遂族滅。[1]洪由是怨紹，絕不與通。紹興兵圍之，歷年不下。紹令洪邑人陳琳書與洪，喻以禍福，責以恩義。洪答曰：

　　隔闊相思，發于寤寐。[2]幸相去步武之間耳，[3]而以趣舍異規，[4]不得相見，其爲愴恨，[5]可爲心哉！前日不遺，比辱雅貺，[6]述敘禍福，公私切至。所以不即奉答者，既學薄才鈍，不足塞詰；亦以吾子攜負側室，[7]息肩主人，[8]家在東州，[9]僕爲仇敵。以是事人，雖披中情，墮肝膽，猶身疏有罪，言甘見怪，方首尾不救，何能恤人？且以子之才，窮該典籍，豈將闇于大道，不達余趣哉！然猶復云云者，僕以是知足下之言，信不由衷，將以救禍也。必欲算計長短，辯諧是非，是非之論，言滿天下，陳之更不明，不言無所損。又言傷告絕之義，非吾所忍行也，是以捐棄紙筆，一無所答。亦冀遙忖其心，知其計定，不復渝變也。重獲來命，援引古今，紛紜六紙，雖欲不言，焉得已哉！

　　僕小人也，本因行役，[10]寇竊大州，[11]恩深分厚，寧樂今日自還接刃！每登城勒兵，望主人之旗鼓，感故友之周旋，撫弦搦矢，[12]不覺流涕之覆面也。何者？自以輔佐主人，無以爲悔。主人相接，過絕等倫。當受任之初，自謂究竟大事，共尊王室。豈悟天子不悅，本州見侵，[13]郡將遘牖里之厄，[14]陳留克創兵之謀，[15]謀計棲遲，[16]喪忠孝之名，[17]杖策攜背，[18]虧交友之分。[19]揆此二者，與其不得已，喪忠孝之名與虧交友之道，輕重殊塗，親疏異畫，故便收淚告絕。若使主人少垂故人，[20]住者側席，[21]去者克己，[22]不汲汲于離友，信刑戮以自輔，則僕抗季札之志，[23]不爲今日之戰矣。何以效之？昔張景明親登壇歃血，[24]奉辭奔走，卒使韓牧讓印，[25]主人得地；然後但以拜章朝主，賜爵獲傳之故，[26]旋時之間，不蒙觀過之貸，[27]而受夷滅之禍。〔一〕呂奉先討卓來奔，請兵不獲，告去何罪？復見斫刺，濱于死亡。劉子璜奉使踰時，辭不獲命，畏（威）〔君〕懷親，[28]以詐求歸，[29]可謂有志忠孝，無捐霸道者也；然輒僵斃麾下，[30]不蒙虧除。〔二〕[31]僕雖不敏，又素不能原始見終，[32]覩微知著，竊度主人之心，豈謂三子宜死，罰當刑中哉？實且欲一統山東，增兵討讎，懼戰士狐疑，無以沮勸，故抑廢王命以崇承制，[33]慕義者蒙榮，[34]待放者被戮，[35]此乃主人之利，非游士之願也。故僕鑒戒前人，困窮死戰。僕雖下愚，亦嘗聞君子之言矣。此實非吾心也，乃主人招焉。凡吾所以背棄國民，用命此城者，正以君子之違，不適敵國故也。[36]是以獲罪主人，見攻踰時，而足下更引此義以爲吾規，無乃辭同趨異，非吾子所爲休戚者哉！[37]

吾聞之也，義不背親，忠不違君，故東宗本州以爲親援，[38]中扶郡將以安社稷，一舉二得以微忠孝，[39]何以爲非？而足下欲使吾輕本破家，均君主人。主人之於我也，年爲吾兄，分爲篤友，道乖告去，以安君親，可謂順矣。若子之言，則包胥宜致命於伍員，[40]不當號哭於秦庭矣。苟區區於攘患，不知言乖乎道理矣。足下或者見城圍不解，救兵未至，感婚姻之義，惟平生之好，以屈節而苟生，勝守義而傾覆也。昔晏嬰不降志於白刃，[41]南史不曲筆以求生，[42]故身著圖象，名垂後世，況僕據金城之固，驅士民之力，散三年之畜，以爲一年之資，匡困補乏，以悅天下，何圖築室反耕哉！[43]但懼秋風揚塵，伯珪馬首南向，[44]張楊、飛燕，[45]膂力作難，北鄙將告倒縣之急，股肱奏乞歸之（誠）〔記〕耳。[46]主人當鑒我曹輩，反旌退師，治兵鄴垣，何宜久辱盛怒，暴威於吾城下哉？足下讖吾恃黑山以爲救，獨不念黃巾之合從邪！加飛燕之屬悉以受王命矣。昔高祖取彭越于鉅野，[47]光武創基兆于綠林，[48]卒能龍飛中興，[49]以成帝業，苟可輔主興化，夫何嫌哉！況僕親奉璽書，與之從事。

行矣孔璋！[50]足下徼利於境外，臧洪授命於君親；吾子託身於盟主，臧洪策名於長安。[51]子謂余身死而名滅，僕亦笑子生死而無聞焉，悲哉！本同而末離，努力努力，夫復何言！[52]

〔一〕臣松之案《英雄記》云："袁紹使張景明、郭公則、高元才等説韓馥，使讓冀州。"然〔則〕馥之讓位，[53]景明亦有其功。其餘之事未詳。

〔二〕臣松之案：公孫瓚表列紹罪過云："紹與故虎牙將軍劉勳首共造兵，[54]勳仍有效，而以小忿枉害于勳，紹罪七也。"疑此是子璜也。

[1] 超遂族滅：見本書卷一《武帝紀》興平二年十二月。

[2] 寤寐：醒時與睡時。指白天和夜晚。

[3] 步武：指距離甚近。《國語·周語下》："夫目之察度也，不過步武尺寸之間。"韋昭注："六尺爲步，賈君以半步爲武。"

[4] 趣舍：《後漢書》卷五八《臧洪傳》作"趨舍"。按，二者意同。

[5] 愴恨：百衲本、殿本、盧弼《集解》本、《後漢書·臧洪傳》均作"愴恨"。校點本作"愴恨"。今從百衲本等。愴恨，悲痛。

[6] 比：屢次。　貺（kuàng）：《後漢書·臧洪傳》作"況"。按，二字可通，賜與之意。

[7] 吾子："你"的敬稱。

[8] 息肩：棲身，立足。　主人：指袁紹。

[9] 東州：指徐州。陳琳爲廣陵郡人，東漢廣陵郡屬徐州。

[10] 行役：因公務出行。

[11] 寇竊：《後漢書·臧洪傳》作"遂竊"。　大州：指青州。袁紹曾使臧洪領青州刺史。

[12] 搦（nuò）：握持，拿着。

[13] 本州：指徐州。

[14] 郡將：即郡太守。因漢代郡太守兼領武事，故有此稱，此指廣陵太守張超。　遭牖（yǒu）里之厄：謂遭遇圍困之災。牖里即羑里，殷紂王囚周文王之地。《後漢書》卷六四《史弼傳》："昔文王牖里，閎、散懷金。"李賢注："牖里，殷獄名。或作

'羑'，亦名羑城，在今相州湯陰縣北。"

[15] 陳留：指陳留太守張邈。　克：盧弼《集解》疑"克"
字誤。按上下文意，此當爲"遭受"之義。

[16] 謀計：指救張超之謀計。　棲遲：滯留。此指受袁紹之
阻礙而滯留。

[17] 忠孝：忠心。對張超而言。

[18] 攜背：背離。指背離袁紹。

[19] 交友：指與袁紹爲交友。

[20] 垂：垂意，關懷。

[21] 側席：特席獨坐，表示優禮。《文選》范曄《逸民傳
論》："光武側席幽人，求之若不及。"李善注："《國語》：'（越王
夫人）去笄側席而坐。'韋昭曰：'側，猶特也。禮，憂者側席
而坐。'"

[22] 去者克己：《後漢書》卷五八《臧洪傳》李賢注："來者
側席而待之，去者克己自責，不責人也。"

[23] 季札：春秋時吳王壽夢之第四子。壽夢欲立季札，季札
辭讓。壽夢死，遂傳位與長子諸樊。諸樊欲讓位於季札，季札又不
受。後諸樊傳位與次弟餘祭，餘祭又傳三弟餘眜。餘眜卒，欲授季
札，季札又辭讓逃去。（見《史記》卷三一《吳太伯世家》）

[24] 張景明：《水經·濁漳水注》謂張導字景明，東漢末爲
鉅鹿太守。　唅：通"歃"。

[25] 韓牧：冀州牧韓馥。

[26] 傳（zhuàn）：符信。

[27] 觀過：觀察人的過失。《論語·里仁》："觀過，斯知
仁矣。"

[28] 畏君懷親：各本皆作"畏威懷親"。盧弼《集解》謂
《後漢書·臧洪傳》作"畏君懷親"。吳金華《校詁》謂"畏君懷
親"，言其出使已久而未能完成使命，故既畏違失君命，又思歸省
父母也。今東晉寫本《魏志·臧洪傳》殘卷影印件，正作"畏

君", 可據正。今從盧、吳説改"威"爲"君"。

[29] 以詐求歸: 盧弼《集解》本作"以計求歸", 百衲本、殿本、校點本作"以詐求歸"。今從百衲本等。

[30] 僵斃: 各本皆作"僵斃"。盧弼《集解》謂《後漢書·臧洪傳》作"僵屍"。吳金華《校詁》謂此句晋寫本殘卷作"然輒僵屍斃麾下", 而"屍"字右旁有兩小黑點, 顯爲抄寫者所加之删字符號, 故當作"僵斃"。

[31] 虧除: 免除, 放過。

[32] 原始見終: 究其開始, 即知終結。王充《論衡·實知篇》: "凡聖人見禍福也, 亦揆端推類, 原始見終。"

[33] 抑廢王命: 謂貶退朝廷任命的官員。 承制: 本指大臣秉承皇帝旨意在外任命官員, 此則指袁紹自己所任命者。

[34] 慕義者: 指依附袁紹者。

[35] 待放者: 謂已在袁紹軍而求離去者。

[36] 不適敵國:《左傳·哀公八年》: 公山不狃曰: "君子違, 不適讎國。"楊伯峻注: "違謂離開", 不適讎國謂"不往與祖國爲讎之國"。

[37] 吾子: 百衲本、殿本作"吾子", 盧弼《集解》本、校點本作"君子"。今從百衲本等。

[38] 宗: 歸向, 歸往。《尚書·禹貢》: "江漢朝宗於海。"孔傳: "二水經此州而入海, 有似於朝, 百川以海爲宗。"

[39] 徼 (yāo): 求, 招致。

[40] 包胥: 即申包胥, 春秋時楚國貴族。 伍員: 春秋楚國人。字子胥, 父伍奢、兄伍尚因楚平王聽信讒言而被殺害。伍員遂逃至吳國, 助吳王闔閭奪取王位, 因被信任。後隨吳軍攻破楚國郢都 (今湖北荆州市江陵區), 掘楚平王墓, 鞭其尸。伍員在楚時, 與申包胥爲友。至伍員攻入郢都、鞭楚平王尸後, 申包胥從山中派人責備伍員太過分無理, 伍員回答説, 自己志在報仇, 常恐不能, 今幸而得報, 哪管事理! 申包胥遂至秦國求救, 秦不許。包胥便立

於秦廷，晝夜哭泣，七日七夜不絕聲，終於感動秦哀公。秦發兵救楚擊吳，楚昭王因而復國。（本《史記》卷六六《伍子胥列傳》）

〔41〕晏嬰：春秋齊國大夫。齊莊公六年，崔杼殺莊公而立景公，並脅迫諸將軍、大夫等與之盟，有不願者，即被殘殺。而晏嬰不從，仍言崔杼無道弒君。崔杼再以劍戟威脅晏嬰，晏嬰曰："劫吾以刃而失其志，非勇也。"終不屈服。（見《晏子春秋·內篇雜上》，按《左傳》《史記》等所載與此不同）

〔42〕南史：春秋時齊國史官。《左傳·襄公二十五年》載崔杼殺齊莊公後，"大（太）史書曰：'崔杼弒其君。'崔子殺之。其弟嗣書，而死者二人。其弟又書，乃舍之。南史氏聞大史盡死，執簡以往。聞既書矣，乃還"。

〔43〕築室反耕：謂袁紹之圍城軍不撤。《左傳·宣公十五年》載楚國圍宋之軍將撤退（按楚軍圍宋已歷九個月），申叔時對楚王曰："築室反耕者，宋必聽命。"杜預注："築室於宋，分兵歸田，示無去志。"

〔44〕伯珪：公孫瓚字伯珪。

〔45〕飛燕：即張飛燕，黑山軍首領。

〔46〕股肱：《後漢書·臧洪傳》李賢注："股肱，猶手足也。言北邊有倉卒之急，股肱之臣將告歸自救耳。" 記：各本作"誠"。盧弼《集解》云："誠，范書作記。"趙幼文《校箋》謂《後漢紀》作"記"。今據二書改。

〔47〕彭越：昌邑（今山東金鄉縣西北）人。秦末，陳勝起義後，彭越眾所推亦起兵。漢高祖劉邦進兵擊昌邑時，彭越曾助之。劉邦走後，彭越遂率眾駐於鉅野（今山東鉅野縣南）。後來劉邦遣使賜彭越將軍印，使領兵擊楚。（見《史記》卷九〇《彭越列傳》）

〔48〕綠林：指綠林軍。新莽末年，新市（今湖北京山縣東北）人王匡、王鳳組織荆州饑民起義於綠林山（在今湖北當陽縣東北），史稱綠林軍，又稱新市兵。漢光武帝劉秀與兄劉縯起兵於舂陵（今湖北棗陽縣南）後，即與綠林軍聯合。（見《後漢書》卷一

[49] 龍飛：比喻即皇帝位。此指劉邦即帝位。　中興：王朝衰落而復興稱中興。此指劉秀建立東漢王朝。

[50] 孔璋：陳琳字孔璋。

[51] 策名：名字書寫於策上。古代爲官，必先書名於策上。長安：指漢朝廷。當時漢獻帝在長安。

[52] 復何言：臧洪此書，較《後漢書・臧洪傳》所載多出四百四十餘字，而《後漢書》有，此無者，亦四十餘字。（本王先謙《後漢書集解》）

[53] 然則：各本無“則”字，《後漢書・臧洪傳》李賢注引有。校點本即據以增補。今從之。

[54] 虎牙將軍：本書卷八《公孫瓚傳》裴注引《典略》載公孫瓚表袁紹罪狀作“虎牙都尉”。盧弼《集解》謂當時有兩劉勳，其一爲廬江太守，見本書《武帝紀》建安四年。

紹見洪書，知無降意，增兵急攻。城中糧穀以盡，外無彊救，洪自度必不免，呼吏士謂曰：“袁氏無道，所圖不軌，且不救洪郡將。洪於大義，不得不死，念諸君無事空與此禍！[1]可先城未敗，將妻子出。”將吏士民皆垂泣曰：“明府與袁氏本無怨隙，今爲本朝郡將之故，[2]自致殘困，吏民何忍當舍明府去也！”初尚掘鼠煮筋角，[3]後無可復食者。主簿啓內廚米三斗，[4]請中分稍以爲糜粥，洪歎曰：“獨食此何爲！”使作薄粥，衆分歠之，[5]殺其愛妾以食將士。將士咸流涕，無能仰視者。男女七八千人相枕而死，莫有離叛。

城陷，紹生執洪。紹素親洪，盛施幃幔，大會諸將見洪，謂曰：“臧洪，何相負若此！今日服未？”洪據地瞋目曰：[6]“諸袁事漢，四世五公，可謂受恩。今王室衰弱，無扶翼之意，欲因際會，希冀非望，多殺忠良以立姦威。洪親見呼張陳留爲兄，[7]則洪府君亦宜爲弟，同共戮力，爲國除害，何以擁衆觀人屠滅！惜洪力劣，不能推刃爲天下報仇，[8]何謂服乎！”紹本愛洪，意欲令屈服，原之；見洪辭切，知終不爲己用，乃殺之。[一][9]洪邑人陳容少爲書生，親慕洪，隨洪爲東郡丞；[10]城未敗，洪遣出。紹令在坐，見洪當死，起謂紹曰：“將軍舉大事，[11]欲爲天下除暴，而專先誅忠義，豈合天意！臧洪發舉爲郡將，奈何殺之！”紹慚，左右使人牽出，謂曰：“汝非臧洪儔，空復爾爲！”[12]容顧曰：“夫仁義豈有常，[13]蹈之則君子，背之則小人。今日寧與臧洪同日而死，不與將軍同日而生！”復見殺。[14]在紹坐者無不歎息，竊相謂曰：“如何一日殺二烈士！”先是，洪遣司馬二人出，[15]求救于呂布；比還，城已陷，皆赴敵死。

〔一〕徐衆《三國評》曰：[16]洪敦天下名義，救舊君之危，其恩足以感人情，義足以勵薄俗。然袁亦知己親友，致位州郡，雖非君臣，且實盟主，既受其命，義不應貳。袁、曹方睦，夾輔王室，呂布反覆無義，志在逆亂，而邈、超擅立布爲州牧，其於王法，乃一罪人也。曹公討之，袁氏弗救，未爲非理也。洪本不當就袁請兵，又不當還爲怨讎。爲洪計者，苟力所不足，可奔他國以求赴救，若謀力未展以待事機，則宜徐更觀釁，[17]效死於超。何必誓守窮城而無變通，身死殄民，功名不立，良可哀也！

[1] 無事：劉淇《助字辨略》云："此'無事'，猶云不必，言諸君可以無死也。"吳金華《校詁》又補充多例，謂"無事"均用於祈使語氣，爲當時口語。

[2] 今爲本朝郡將之故：趙幼文《校箋》謂《後漢紀》作"今一朝爲郡將之故"。

[3] 筋角：弓弩上的獸筋角。《爾雅·釋地》："北方之美者，有幽都之筋角焉。"邵晉涵《正義》："高誘《淮南注》云：古之幽都在雁門以北，其畜宜牛、羊、馬，出好筋角，可以爲弓弩。"

[4] 斗：趙幼文《校箋》謂《太平御覽》卷八五九引《九州春秋》作"升"。又按，《太平御覽》卷四二二引《英雄記》亦作"升"。

[5] 歠（chuò）：通"啜"，喝。

[6] 瞋目：盧弼《集解》本作"瞑目"，百衲本、殿本、校點本俱作"瞋目"。今從百衲本等。

[7] 張陳留：即陳留太守張邈。

[8] 推刃：刀一進一退爲推刃。《公羊傳·定公四年》："父受誅，子復讎，推刃之道也。"何休注："一往一來曰推刃。"後世多用"推刃"爲復仇之代辭。　爲天下報仇：趙幼文《校箋》云："《季漢書》無'下'字，是也。《爾雅·釋詁》：'天，君也。'爲天報仇，猶爲君報仇也。君指張超，是與《公羊》復仇推刃之義協，若作'天下'，則與傳意乖違矣。或傳刻者未細繹傳意，而妄增'下'字，致失原旨，蓋不可從。"按，上言"同共戮力，爲國除害"，則此言"爲天下報仇"亦可通。

[9] 殺之：趙幼文《校箋》謂《北堂書鈔》卷一四四、《太平御覽》卷四一八引"之"字作"焉"。

[10] 丞：官名。郡丞秩六百石，郡的副長官，佐郡太守掌衆事。由朝廷任命。

[11] 舉大事：趙幼文《校箋》謂《太平御覽》卷四二二引《英雄記》"舉"字上有"今"字。

　　［12］空復爾爲：吳金華《校詁》云：“猶言‘何必如此乎？’”

　　［13］常：趙幼文《校箋》謂《太平御覽》卷四一八引《英雄記》“常”下有“所”字。

　　［14］復見殺：趙幼文《校箋》謂《太平御覽》卷四一八引《英雄記》“復”上有“遂”字，《後漢書》同。

　　［15］司馬：官名。按，漢代郡太守下不置司馬，此蓋漢末之特制。

　　［16］三國評：即《三國志評》。校點本《隋書・經籍志》正史類，著錄《三國志評》三卷，徐眾撰。《舊唐書・經籍志》《新唐書・藝文志》同。盧弼《集解》謂徐眾東晉人，《通典》卷八〇載有東晉成帝咸康中，黃門郎徐眾駁王濛奔喪議，又卷九五載有晉徐眾論徐思龍事，及散騎常侍徐眾論庾左丞孫見遭族父喪事。

　　［17］觀釁：等待間隙，乘機而動。《左傳・宣公十二年》：隨武子（士會）曰：“善。會聞用師，觀釁而動。”孔穎達疏：“釁是間隙之名。”

　　評曰：呂布有虓虎之勇，[1]而無英奇之略，輕狡反覆，唯利是視。自古及今，未有若此不夷滅也。昔漢光武謬於龐萌，[2]近魏太祖亦蔽于張邈。知人則哲，[3]唯帝難之，信矣！陳登、臧洪並有雄氣壯節，登降年夙隕，[4]功業未遂，洪以兵弱敵彊，烈志不立，惜哉！

　　［1］虓（xiāo）虎：發出怒吼之虎。《詩・大雅・常武》：“進厥虎臣，闞如虓虎。”鄭箋：“其虎臣之將，闞然如虎怒。”

　　［2］龐萌：新莽末年，參加下江兵。劉玄爲更始帝後，以之爲冀州牧。後歸順漢光武帝劉秀。《後漢書》卷一二《劉永傳》：“光武即位，以（萌）爲侍中。萌爲人遜順，甚見信愛。帝常稱曰：‘可以託六尺之孤，寄百里之命者，龐萌是也。’拜爲平狄將軍，與

蓋延共擊董憲。時詔書獨下延而不及萌，萌以爲延譖己，自疑，遂反。帝聞之，大怒，乃自將討萌。與諸將書曰：'吾常以龐萌社稷之臣，將軍得無笑其言乎？老賊當族。'"

［3］知人則哲：《尚書·皋陶謨》："惟帝其難之，知人則哲，能官人。"孔傳："哲，智也。無所不知，故能官人。"

［4］降年：謂上天賜予人之年齡，壽命。《尚書·高宗肜日》："降年有永有不永，非天夭年，民中絕命。"孔傳："言天之下年與民，有義者長，無義者不長，非天欲夭民，民自不修義以致絕命。"

三國志 卷八

魏書八

二公孫陶四張傳第八

公孫瓚字伯珪，遼西令支人也。[1]令音郎定反。支音其兒反。爲郡門下書佐。[2]有姿儀，大音聲，侯太守器之，[3]以女妻焉，〔一〕遣詣涿郡盧植讀經。[4]後復爲郡吏。[5]劉太守坐事徵詣廷尉，[6]瓚爲御車，[7]身執徒養。[8]及劉徙日南，[9]瓚具米肉，於北芒上祭先人，[10]舉觴祝曰："昔爲人子，今爲人臣，當詣日南。日南瘴氣，[11]或恐不還，與先人辭於此。"再拜慷慨而起，時見者莫不歔欷。劉道得赦還。[12]瓚以孝廉爲郎，[13]除遼東屬國長史。[14]嘗從數十騎出行塞，見鮮卑數百騎，[15]瓚乃退入空亭中，[16]約其從騎曰："今不衝之，則死盡矣。"瓚乃自持矛，兩頭施刃，[17]馳出刺胡，殺傷數十人，亦亡其從騎半，遂得免。鮮卑懲艾，[18]後不敢復入塞。遷爲涿令。（光和）〔中平〕中，[19]涼州賊起，[20]發幽州突騎三千人，[21]假瓚都督行事傳，[22]使將之。軍到薊中，漁陽張純誘遼西烏丸丘力居等叛，[23]劫略薊中，自號將軍，[二]略吏民攻右北平、遼西、屬國諸城，[24]所至殘破。瓚將所領，追討純等有功，遷騎都尉。[25]屬國烏丸貪至王率種人詣瓚降。遷中郎將，[26]封都亭侯，[27]進屯屬國，與胡相攻擊五六年。丘力居等鈔略青、徐、幽、冀，[28]四州被其害，瓚不能禦。

〔一〕《典略》曰：瓚性辯慧，每白事不肯稍入，常總説數曹事，[29]無有忘誤，太守奇其才。

〔二〕《九州春秋》曰：純自號彌天將軍、安定王。

[1] 遼西：郡名。治所陽樂縣，在今遼寧義縣西偏南古城子溝。(本《〈中國歷史地圖集〉釋文匯編（東北卷）》)　令支：縣名。治所在今河北遷安市西。

[2] 門下書佐：官名。爲郡國府屬吏，職責是繕寫文書。

[3] 侯太守：殿本、盧弼《集解》本作“故太守”，百衲本、校點本及《後漢書》卷七三《公孫瓚傳》李賢注引《魏志》皆作“侯太守”。今從百衲本等。

[4] 遣：百衲本作“適”，殿本、盧弼《集解》本、校點本作“遣”。今從殿本等。　涿郡：治所涿縣，在今河北涿州市。　盧植：涿郡涿縣人。漢末經學家，著有《尚書章句》《三禮解詁》等。又曾爲太守、北中郎將、尚書等。《後漢書》卷六四有傳。

[5] 爲郡吏：趙幼文《校箋》謂《太平御覽》卷四二二、卷六八七引作“爲上計吏”。按，《太平御覽》所引乃《英雄記》。下同。

[6] 劉太守：惠棟《後漢書補注》卷一六云：“《英雄記》：太守劉基。”　廷尉：官名。秩中二千石，掌司法刑獄。

[7] 御車：駕車人。《後漢書·公孫瓚傳》云：“太守劉君坐事檻車徵，官法不聽吏下親近，瓚乃改容服，詐稱侍卒。”

[8] 徒養：服侍各種雜務。

[9] 日南：郡名。治所朱吾縣，在今越南廣平省美麗附近。

[10] 北芒：山名。在今河南洛陽市北。何焯云："瓚既遼西人，前世又非素官於朝，何緣先墓在北芒。"（《義門讀書記》卷二六《三國志·魏志》）惠棟則謂謝承《後漢書》作"泣辭母墓"也。盧弼《集解》又謂《後漢書·公孫瓚傳》云"家世二千石"，何氏言非素官於朝，誤也。

[11] 瘴氣：趙幼文《校箋》謂《太平御覽》卷四二二、《册府元龜》卷八〇一引"瘴"上有"多"字。按，"瘴氣"百衲本、盧弼《集解》本作"郭氣"，殿本、校點本、《後漢書·公孫瓚傳》作"瘴氣"。又按，"瘴""郭"相通。今從殿本等。瘴氣，南方林區濕熱蒸發使人致病之氣。

[12] 劉道得赦還：趙幼文《校箋》謂《太平御覽》卷四二二引"劉"字作"在"，"赦"下有"俱"字。

[13] 孝廉：漢代選拔官吏的主要科目。孝指孝子，廉指廉潔之士。原本爲二科，後混同爲一科，也不再限於孝子和廉吏。東漢後期定制爲不滿四十歲者不得察舉；被舉者先詣公府課試，以觀其能。郡國每年要向中央推舉一至二人。　郎：郎官的泛稱。西漢光禄勳的屬官郎中、中郎、侍郎、議郎等皆可稱爲郎，無定員，多至千餘人；東漢於光禄勳下又設有五官、左、右中郎將署，合稱三署，主管諸中郎、侍郎、郎中等，亦無定員，多達兩千餘人；又尚書、黃門等機構亦設專職郎官。光禄勳下之郎官，掌守衛皇宮殿廊門户，出充車騎扈從，備顧問應對，守衛陵園寢廟等，任滿一定期限，即可遷補内外官職，故郎官機構，實爲儲備官吏的機構。東漢時，舉孝廉者多爲郎官。

[14] 遼東屬國：漢王朝在少數族歸附之邊郡地區置屬國，設都尉管理民政軍事。遼東屬國治所昌黎縣，在今遼寧義縣。　長史：官名。漢代，郡太守的佐吏有丞，東漢之邊郡，則置長史代替丞職，掌軍事，秩六百石。屬國長史亦同。

[15] 鮮卑：東北地區少數族。見本書卷三〇《鮮卑傳》。

[16] 亭：盧弼《集解補》："顧炎武《日知錄》卷二十二云：秦制，十里一亭，十亭一鄉。《風俗通》云：漢家因秦，大率十里一亭。亭，留也。蓋行旅宿會之所。"

[17] 兩頭施刃：周壽昌《注證遺》云："《後漢書》作'持兩刃矛'，是矛固有兩刃者爲一器。此云'持矛兩頭施刃'，則爲兩器合成一器，倉卒施用，不恐失事乎？似從《後漢書》爲正。"

[18] 懲艾：被懲罰而戒懼。

[19] 中平：各本皆作"光和"。盧弼《集解》謂《後漢書·公孫瓚傳》作"中平"，《通鑑》亦同。沈家本亦謂涼州賊起在中平元年十一月，"光和"二字誤。今從沈、盧之説改。中平，漢靈帝劉宏年號（184—189）。

[20] 涼州：東漢刺史治所隴縣，在今甘肅張家川回族自治縣。

[21] 幽州：刺史治所薊縣，在今北京城西南。

[22] 都督：官名。東漢末之軍事長官或領兵將帥，領兵多少和職權大小不定。　傳（zhuàn）：爲官之符信。

[23] 漁陽：郡名。治所漁陽縣，在今北京密雲縣西南。　張純：漢末爲中山太守，叛入丘力居衆中。見本書卷三〇《烏丸傳》。烏丸：東北地區少數族，見本書卷三〇《烏丸傳》。　丘力居：遼西烏丸首領，亦見本書卷三〇《烏丸傳》。

[24] 右北平：郡名。東漢時治所土垠縣，在今河北豐潤縣東南。　屬國：指遼東屬國。

[25] 騎都尉：官名。屬光禄勳，秩比二千石，掌監羽林騎兵。

[26] 中郎將：官名。東漢統兵將領之一，位次將軍，秩比二千石。沈家本《瑣言》謂《後漢書·公孫瓚傳》作"詔拜瓚降虜校尉，封都亭侯，復兼領屬國長史"，與此不同。

[27] 都亭侯：爵名。位在鄉侯下，食禄於亭。都亭，城郭附近之亭。

[28] 青：州名。刺史治所臨菑縣，在今山東淄博市東北臨淄

鎮北。　徐：州名。刺史本治郯縣（今山東郯城縣北），東漢末移治所於下邳（今江蘇睢寧縣西北）。　冀：州名。東漢末刺史治所常設鄴縣，在今河北臨漳縣西南鄴鎮東一里半。

[29] 曹：郡所屬之分科辦事機構。

　朝議以宗正東海劉伯安既有德義，[1]昔爲幽州刺史，恩信流著，戎狄附之，若使鎮撫，可不勞衆而定，乃以劉虞爲幽州牧。〔一〕虞到，遣使至胡中，告以利害，責使送純首。丘力居等聞虞至，喜，各遣譯自歸。瓚害虞有功，乃陰使人徼殺胡使。胡知其情，閒行詣虞。虞上罷諸屯兵，但留瓚將步騎萬人屯右北平。純乃棄妻子，逃入鮮卑，爲其客王政所殺，送首詣虞。封政爲列侯。[2]虞以功即拜太尉，[3]封襄賁侯。〔二〕[4]會董卓至洛陽，遷虞大司馬，[5]瓚奮武將軍，[6]封薊侯。

　〔一〕《吳書》曰：虞，東海恭王之後也。[7]遭世衰亂，又與時主疏遠，仕縣爲戶曹吏。[8]以能治身奉職，召爲郡吏，以孝廉爲郎，累遷至幽州刺史，轉甘陵相，[9]甚得東土戎狄之心。後以疾歸家，常降身隱約，與邑黨州閭同樂共卹，等齊有無，不以名位自殊，鄉曲咸共宗之。時鄉曲有所訴訟，不以詣吏，自投虞平之；虞以情理爲之論判，[10]皆大小敬從，不以爲恨。嘗有失牛者，骨體毛色，與虞牛相似，因以爲是，虞便推與之；後主自得本牛，乃還謝罪。會甘陵復亂，吏民思虞治行，復以爲甘陵相，甘陵大治。徵拜尚書令、光祿勳，[11]以公族有禮，更爲宗正。

　《英雄記》曰：虞爲博平令，治正推平，[12]高尚純樸，境內無盜賊，災害不生。時鄰縣接壤，蝗蟲爲害，至博平界，[13]飛過不入。

《魏書》曰：虞在幽州，清静儉約，以禮義化民。靈帝時，南宮災，吏遷補州郡者，皆責助治宮錢，或一千萬，或二千萬，[14]富者以私財辦，或發民錢以備之，[15]貧而清慎者，無以充調，或至自殺。靈帝以虞清貧，特不使出錢。

〔二〕《英雄記》曰：虞讓太尉，因薦衛尉趙謨、益州牧劉焉、豫州牧黃琬、南陽太守羊續，[16]並任爲公。

[1] 宗正：官名。漢代列卿之一，秩中二千石，由宗室擔任。掌皇族親屬事務，登記宗室王國譜牒，以別嫡庶。凡宗室親貴有罪，須先報宗正，方得處治。　劉伯安：劉虞字伯安。

[2] 列侯：爵名。漢代二十級爵之最高者，金印紫綬，有封邑，食租税。功大者食縣，小者食鄉亭。

[3] 即拜太尉：謂朝廷遣使至幽州，任命劉虞爲太尉。《後漢書》卷七三《劉虞傳》即作“靈帝遣使者就拜太尉”。太尉，官名。東漢時，號稱萬石。與司徒、司空並爲三公，共同行使宰相職能，而位列三公之首，名位甚重。或與太傅並録尚書事，綜理全國軍政事務。

[4] 封襄賁（féi）侯：《後漢書·劉虞傳》作“封容丘侯。及董卓秉政，遣使者授虞大司馬，進封襄賁侯”。襄賁，縣名。治所在今山東蒼山縣東南。

[5] 大司馬：官名。漢武帝置大司馬代替太尉，東漢光武帝又罷大司馬置太尉，故大司馬即太尉。而靈帝末年，又與太尉並置，而位在三公上。

[6] 奮武將軍：官名。將軍名號之一，東漢末置。

[7] 東海恭王：名强，漢光武帝劉秀長子，已爲皇太子十多年，因母郭皇后被廢，遂請爲蕃王。《後漢書》卷四六有傳。

[8] 户曹吏：官名。縣府屬吏。縣户曹主管户口名籍婚慶祠祀諸事。

[9] 甘陵：王國名。治所甘陵縣，在今山東臨清市東。　相：官名。王國相，由朝廷直接委派，執掌王國行政大權，相當於郡太守，秩二千石。

[10] 判：殿本作“制”，百衲本、盧弼《集解》本、校點本作“判”。今從百衲本等。

[11] 尚書令：官名。東漢時爲尚書臺長官，秩千石。掌奏、下尚書曹文書衆事，選用署置官吏；總典臺中綱紀法度，無所不統。名義上仍隸少府。　光禄勳：官名。漢代列卿之一，秩中二千石，掌衛宮殿門户。

[12] 正：趙幼文《校箋》謂《册府元龜》卷七〇二引作“政”。

[13] 博平：縣名。治所在今山東茌平縣博平鎮西北。

[14] 二千萬：趙幼文《校箋》謂《太平御覽》卷八三六（當作八三五）引“二”字作“三”。

[15] 以備之：趙幼文《校箋》謂《太平御覽》引無“以”字。

[16] 趙謨：據史籍所載，漢末爲公者，無趙謨，故盧弼《集解》疑作“趙典”。吳金華《校詁》則謂趙典卒於漢靈帝建寧元年（168），距劉虞爲太尉已二十二年，此“衛尉趙謨”，似爲“衛尉趙温”之誤。趙温初平四年（193）十月爲司空，同年十二月爲衛尉，興平元年（194）十月又爲司徒。按，趙温事見《後漢書》卷二七《趙典附温傳》。　黃琬：事迹見《後漢書》卷六一《黃瓊附琬傳》。羊續：事迹見《後漢書》卷三一《羊續傳》。

　　關東義兵起，卓遂劫帝西遷，徵虞爲太傅，[1]道路隔塞，信命不得至。[2]袁紹、韓馥議，以爲少帝制於姦臣，天下無所歸心。虞，宗室知名，民之望也。遂推虞爲帝，遣使詣虞，虞終不肯受。紹等復勸虞領尚書事，[3]承制封拜，虞又不聽，然猶與紹等連和。〔一〕虞子和爲侍中，[4]在長安。天子思東歸，使和僞逃卓，潛出武關詣虞，[5]令將兵來迎。和道經袁術，爲説天子意。術利虞爲援，留和不遣，許兵至俱西，令和爲書與虞。虞得和書，乃遣數千騎詣和。瓚知術有異志，不欲遣兵，止虞，虞不可。瓚懼術聞而怨之，亦遣其從弟越將千騎詣術以自結，而陰教術執和，奪其兵。由是虞、瓚益有隙。和逃術來北，復爲紹所留。

〔一〕《九州春秋》曰：紹、馥使故樂浪太守甘陵張岐齎議詣虞，[6]使即尊號。虞厲聲呵岐曰："卿敢出此言乎！忠孝之道，既不能濟。孤受國恩，天下擾亂，未能竭命以除國恥，望諸州郡烈義之士勠力西面，援迎幼主，而乃妄造逆謀，欲塗污忠臣邪！"

《吳書》曰：馥以書與袁術，云帝非孝靈子，欲依絳、灌誅廢少主，[7]迎立代王故事；稱虞功德治行，華夏少二，當今公室枝屬，皆莫能及。又云："昔光武去定王五世，[8]以大司馬領河北，[9]耿弇、馮異勸即尊號，卒代更始。今劉公自恭王枝別，其數亦五，以大司馬領幽州牧，此其與光武同。"是時有四星會于箕尾，[10]馥稱《讖》云神人將在燕分。[11]又言濟陰男子王定得玉印，[12]文曰"虞爲天子"。又見兩日出于代郡，[13]謂虞當代立。紹又別書報術。是時術陰有不臣之心，不利國家有長主，外託公義以答拒之。紹亦使人私報虞，虞以國有正統，非人臣所宜言，固辭不許；乃欲圖奔匈奴以自絶，紹等乃止。虞於是奉職脩貢，愈益恭肅；諸外國羌胡有所貢獻，[14]道路不通，皆爲傳送，致之京師。

[1] 太傅：官名。東漢太傅爲上公，掌善導，無常職，多爲加銜。

[2] 信命：使者携帶的詔命。

[3] 領尚書事：職銜名。即以他官兼領尚書政事，參與政務。

[4] 侍中：官名。秩比二千石。職掌門下衆事，侍從左右，顧問應對。漢靈帝時置侍中寺，不再隸屬少府。獻帝時定員六人，與給事黃門侍郎出入禁中，近侍帷幄，省尚書事。

[5] 武關：關隘名。在今陝西商州市西南丹江北岸。

[6] 樂浪：郡名。治所朝鮮縣，在今朝鮮平壤市西南。

[7] 絳灌：指西漢初絳侯周勃與灌嬰。西漢初，呂后死後，呂禄、呂産專權，周勃、灌嬰等合謀誅除諸呂，並認爲少帝非惠帝子，因廢少帝，迎立代王，即漢文帝。（見《漢書》卷四〇《周勃傳》及卷四一《灌嬰傳》）

[8] 定王：即長沙定王劉發，漢景帝子，傳至光武帝劉秀，共五代。（見《後漢書》卷一上《光武帝紀》）

[9] 領河北：更始帝劉玄至洛陽後，遣劉秀爲破虜將軍行大司馬事，持節北渡黃河，安撫河北州郡。河北平定後，馮異、耿純、耿弇等遂勸劉秀稱帝，即漢光武帝。（本《後漢書》卷一上《光武帝紀》）

[10] 箕尾：二星宿名。二十八宿中的兩宿，亦即東方蒼龍七宿之末二宿。

[11] 讖：是漢代方士製作的隱語或預言，作爲吉凶的符驗或徵兆。　燕分：燕之分野，指幽州。幽州古爲燕國地。

[12] 濟陰：郡名。治所定陶縣，在今山東定陶縣西北。

[13] 代郡：東漢治所高柳縣，在今山西陽高縣西北。

[14] 羌胡：此泛指少數族。

是時，術遣孫堅屯陽城拒卓，[1] 紹使周昂奪其處。[2] 術遣越與堅攻昂，不勝，越爲流矢所中死。瓚怒曰：“余弟死，禍起于紹。”遂出軍屯磐河，[3] 將以報

紹。紹懼，以所佩勃海太守印綬授瓚從弟範，[4]遣之
郡，欲以結援。範遂以勃海兵助瓚，破青、徐黃巾，
兵益盛，進軍界橋。[一][5]以嚴綱爲冀州，田楷爲青州，
單經爲兗州，[6]置諸郡縣。紹軍廣川，[7]令將麴義先登
與瓚戰，生禽綱。瓚軍敗走勃海，與範俱還薊，於大
城東南築小城，與虞相近，稍相恨望。

〔一〕《典略》載瓚表紹罪狀曰："臣聞皇羲以來，[8]始有君
臣上下之事，張化以導民，刑罰以禁暴。今行車騎將軍袁紹，[9]
託其先軌，[10]寇竊人爵，既性暴亂，厥行淫穢。昔爲司隸校
尉，[11]會值國家喪禍之際，[12]太后承攝，何氏輔政，[13]紹專爲邪
媚，不能舉直，至令丁原焚燒孟津，[14]招來董卓，造爲亂根，紹
罪一也。卓既入雒而主見質，紹不能權謫以濟君父，[15]而棄置節
傳，迸竄逃亡，忝辱爵命，背上不忠，紹罪二也。紹爲勃海太守，
默選戎馬，當攻董卓，不告父兄，至使太傅門户，[16]太僕母
子，[17]一旦而斃，不仁不孝，紹罪三也。紹既興兵，涉歷二年，
不卹國難，廣自封殖，乃多以資糧專爲不急，割剝富室，收考責
錢，百姓吁嗟，莫不痛怨，紹罪四也。韓馥之迫，竊其虛位，矯
命詔恩，刻金印玉璽，[18]每下文書，皁囊施檢，[19]文曰'詔書一
封，邟鄉侯印'。[20]邟，口浪反。昔新室之亂，[21]漸以即真，今紹所
施，擬而方之，紹罪五也。紹令崔巨業候視星日，[22]財貨略遺，
與共飲食，克期會合，攻鈔郡縣，此豈大臣所當宜爲？紹罪六也。
紹與故虎牙都尉劉勳首共造兵，[23]勳仍有效，又降服張楊，[24]而
以小忿枉害于勳，信用讒慝，殺害有功，紹罪七也。紹又上故上
谷太守高焉、故甘陵相姚貢，[25]橫責其錢，錢不備畢，二人并命，
紹罪八也。《春秋》之義，子以母貴。[26]紹母親爲婢使，紹實微
賤，不可以爲人後，以義不宜，乃據豐隆之重任，忝污王爵，損

辱袁宗，紹罪九也。又長沙太守孫堅，[27]前領豫州刺史，[28]驅走董卓，掃除陵廟，其功莫大；紹令周昂盜居其位，斷絕堅糧，令不得入，使卓不被誅，紹罪十也。臣又每得後將軍袁術書，云紹非術類也。紹之罪戾，雖南山之竹不能載。昔姬周政弱，王道陵遲，天子遷都，[29]諸侯背叛，於是齊桓立柯亭之盟，[30]晉文爲踐土之會，[31]伐荊楚以致菁茅，[32]誅曹、衛以彰無禮。[33]臣雖闇茸，[34]名非先賢，蒙被朝恩，當此重任，職在鈇鉞，[35]奉辭伐罪，輒與諸將州郡兵討紹等。[36]若事克捷，罪人斯得，[37]庶績桓、文忠誠之效，攻戰形狀，前後續上。”遂舉兵與紹對戰，[38]紹不勝。

[1] 陽城：縣名。治所在今河南登封市東南告城鎮。

[2] 周昂：本書卷四六《孫堅傳》注引《吳錄》《會稽典錄》作“周喁（yú）”，《後漢書》卷七三《公孫瓚傳》又作“周昕”。趙一清《注補》以《吳錄》《會稽典錄》爲據，謂“宜以周喁爲得其實。蓋周昂兄弟三人，皆與孫氏爲仇敵，故各書所記不同”。

[3] 磐河：趙一清《注補》謂磐河即般河。故河在德州德平縣（今山東臨邑縣德平鎮）界，流入滄州樂陵縣（今山東樂陵市），今名枯槃河。謝鍾英《補三國疆域志補注》亦謂公孫瓚戰處當在德平縣北。

[4] 勃海：郡名。治所南皮縣，在今河北南皮縣東北。

[5] 界橋：在今河北廣宗縣東老漳河上。（本謝鍾英《補三國疆域志補注》）

[6] 兗州：州名。刺史治所昌邑縣，在今山東金鄉縣西北。

[7] 廣川：縣名。治所在今河北景縣西南廣川鎮。又盧弼《集解》引姚範曰：“以《袁紹傳》校，當作‘廣宗’。”趙幼文《校箋》亦謂《太平御覽》卷七三引《英雄記》曰：“公孫瓚擊青州黃巾賊，大破之，還屯廣宗。袁本初自往征瓚，合戰於界橋南二十里。紹將鞠義破瓚於界城橋，斬瓚冀州刺史嚴綱（原作“綱

嚴", 誤乙)。又破瓚殿兵於橋上，即此梁也。"據此則作"廣宗"
爲是。姚校是也。按，廣宗亦縣名，治所在今河北威縣東。

[8] 皇羲：伏羲氏。古傳説的三皇之一。按，《後漢書·公孫瓚傳》亦載此文，文字與此多有不同，一般不作校勘。

[9] 車騎將軍：官名。東漢時位比三公，常以貴戚充任。出掌征伐，入參朝政，漢靈帝時作加官或作贈官。

[10] 先軌：祖先之軌迹。

[11] 司隸校尉：官名。秩比二千石，掌糾察京師百官違法者，並治所轄各郡，相當於州刺史。

[12] 會值國家喪禍之際：百衲本、盧弼《集解》本、校點本皆如此，殿本"值"字在"國家"下。今從百衲本等。

[13] 何氏：何進。

[14] 丁原焚燒孟津：《後漢書·公孫瓚傳》李賢注引《續漢書》曰："何進欲誅中常侍趙忠等，進乃詐令武猛都尉丁原放兵數千人，爲賊於河內，稱'黑山伯'，上事以誅忠等爲辭，燒平陰、河津莫府人舍，以怖動太后。"

[15] 權譎：殿本作"權謀"，百衲本、盧弼《集解》本、校點本皆作"權譎"。今從百衲本等。

[16] 太傅：指袁紹叔父袁隗，當時爲太傅。

[17] 太僕：指袁術兄袁基，官至太僕。袁紹等起兵討董卓後，《後漢書》卷四五《袁安附逢傳》云："董卓忿紹、術背己，遂誅隗及術兄基等男女二十餘人。"

[18] 刻金印玉璽：惠棟《後漢書補注》卷一六云："《獻帝起居注》曰：紹刻金璽遺劉虞；擅鑄金銀印，孝廉、計吏皆往詣紹也。"

[19] 皁囊：黑色袋囊。漢制，群臣上章表，如所言事屬秘密，則用皁囊密封。《後漢書·公孫瓚傳》李賢注："《漢官儀》曰：'凡章表皆啓封，其言密事得皁囊。'" 檢：封書題簽稱檢。李賢注："《説文》曰：'檢，書署也。'"

〔20〕邟鄉侯：袁紹封爲邟鄉侯。

〔21〕新室：指王莽。王莽篡位後稱爲新朝。

〔22〕崔巨業：周壽昌《注證遺》謂崔巨業即袁紹所遣攻圍故安之將。

〔23〕虎牙都尉：本書《臧洪傳》裴松之按語引作"虎牙將軍"。

〔24〕降服：校點本作"降伏"，百衲本、殿本、盧弼《集解》本作"降服"。按二者義通，今仍從百衲本等。

〔25〕上：上事，上事於朝廷。　上谷：郡名。治所沮陽縣，在今河北懷來縣東南。

〔26〕子以母貴：《公羊傳·隱公元年》："子以母貴，母以子貴。"

〔27〕長沙：郡名。治所臨湘縣，在今湖南長沙市。

〔28〕豫州：刺史治所譙縣，在今安徽亳州市。

〔29〕天子遷都：指周平王東遷洛邑。

〔30〕柯亭：柯，春秋時齊國邑名。在今山東陽穀縣東北阿城鎮。《春秋·莊公十三年》："冬，公會齊侯盟于柯。"《公羊傳》："（齊）桓公之信著乎天下，自柯之盟始焉。"

〔31〕踐土：春秋時鄭國之地，在今河南原陽縣西南。《春秋·僖公二十八年》："五月癸丑，公會晉侯、齊侯、宋公、蔡侯、鄭伯、衛子、莒子，盟于踐土。"按，踐土之盟，係晉楚城濮之戰晉軍大敗楚軍後，在踐土會盟諸侯。此次會盟，周襄王亦至踐土慰勞晉軍，並策命晉文公爲侯伯。

〔32〕菁茅：《後漢書·公孫瓚傳》李賢注："菁茅：靈茅，以供祭祀也。"《左傳·僖公四年》載齊軍伐楚，楚使責問齊軍何故而入楚地？管仲對曰："爾貢苞茅不入，王祭不共，無以縮酒，寡人是征。"楊伯峻注："茅即《禹貢》之菁茅，茅之有毛刺者。"

〔33〕誅曹衛：曹、衛，春秋時之二國。晉文公爲公子時，遭驪姬之亂，出奔國外。過衛國，衛文公對其無禮。至曹國，曹共公

聽説他是骿脅（肋骨相連如一骨），便乘其沐浴竊視之。當時曹大夫僖負羈之妻即説：“吾觀晉公之從者，皆足以相國。若以相，夫子必反其國。反其國，必得志于諸侯。得志于諸侯，而誅無禮，曹其首也。”（見《左傳·僖公二十三年》）後晉文公回國爲君後數年，即興兵伐曹，並向衛國借過軍道路，衛國不允。晉軍遂侵曹、伐衛。衛侯離都出走。晉軍攻入曹都，責數曹國之罪。（見《左傳·僖公二十八年》）

[34] 闒（tà）茸：百衲本作“闒茸”，殿本、盧弼《集解》本、校點本、《後漢書·公孫瓚傳》皆作“闒茸”。今從殿本等。闒茸，比喻才能低下，力量微弱。《後漢書·公孫瓚傳》李賢注：“闒猶下也。茸，細也。”

[35] 鈇（fū）鉞：鈇與鉞，皆爲刑戮之具。此謂身爲將軍，掌刑戮之具。

[36] 州郡：盧弼《集解》本作“州部”，百衲本、殿本、校點本作“州郡”。今從百衲本等。

[37] 罪人斯得：此指盡得袁紹等。《尚書·金縢》：“周公居東二年，則罪人斯得。”孔傳：“周公既告二公（召公、太公），遂東征之，二年之中，罪人此得。”孔穎達疏：“周公居東二年，則罪人於此皆得，謂獲三叔及諸叛逆者。”

[38] 舉兵：殿本作“興兵”，百衲本、盧弼《集解》本、校點本作“舉兵”。今從百衲本等。

虞懼瓚爲變，遂舉兵襲瓚。虞爲瓚所敗，出奔居庸。[1]瓚攻拔居庸，生獲虞，執虞還薊。會卓死，天子遣使者段訓增虞邑，督六州；瓚遷前將軍，[2]封易侯。[3]瓚誣虞欲稱尊號，脅訓斬虞。[一]瓚上訓爲幽州刺史。瓚遂驕矜，記過忘善，多所賊害。[二]虞從事漁陽鮮于輔、齊周、騎都尉鮮于銀等，[4]率州兵欲報瓚，以

燕國閻柔素有恩信，[5]共推柔爲烏丸司馬。[6]柔招誘烏
丸、鮮卑，得胡、漢數萬人，與瓚所置漁陽太守鄒丹
戰于潞北，[7]大破之，斬丹。袁紹又遣麴義及虞子和，
將兵與輔合擊瓚。瓚軍數敗，乃走還易京固守。〔三〕[8]
爲圍塹十重，於塹裏築京，[9]皆高五六丈，爲樓其上；
中塹爲京，特高十丈，自居焉，積穀三百萬斛。〔四〕瓚
曰：“昔謂天下事可指麾而定，今日視之，非我所決，
不如休兵，力田畜穀。兵法，百樓不攻。[10]今吾樓櫓
千重，食盡此穀，足知天下之事矣。”欲以此弊紹。紹
遣將攻之，連年不能拔。〔五〕建安四年，[11]紹悉軍圍之。
瓚遣子求救于黑山賊，[12]復欲自將突騎直出，傍西
（南）山，[13]擁黑山之衆，陸梁冀州，[14]橫斷紹後。長
史關靖說瓚曰：[15]“今將軍將士，皆已土崩瓦解，其
所以能相守持者，[16]顧戀其居處老小，以將軍爲主耳。
將軍堅守曠日，袁紹要當自退；自退之後，四方之衆
必復可合也。若將軍今舍之而去，軍無鎮重，易京之
危，可立待也。將軍失本，孤在草野，何所成邪！”瓚
遂止不出。〔六〕救至，欲內外擊紹。遣人與子書，刻期
兵至，舉火爲應。〔七〕紹候者得其書，如期舉火。瓚以
爲救兵至，遂出欲戰。紹設伏擊，大破之，復還守。
紹爲地道，突壞其樓，[17]稍至中京。〔八〕[18]瓚自知必敗，
盡殺其妻子，乃自殺。〔九〕

〔一〕《魏氏春秋》曰：初，劉虞和輯戎狄，瓚以胡夷難禦，
當因不賓而討之，今加財賞，必益輕漢，效一時之名，非久長深
慮。故虞所賞賜，瓚輒鈔奪。虞數請會，稱疾不往。至是戰敗，

虞欲討之，告東曹掾右北平人魏攸。[19]攸曰："今天下引領，以公爲歸，謀臣爪牙，不可無也。瓚，文武才力足恃，雖有小惡，固宜容忍。"乃止。後一年，攸病死。虞又與官屬議，密令衆襲瓚。瓚部曲放散在外，自懼敗，掘東城門欲走。虞兵無部伍，[20]不習戰，又愛民屋，救令勿燒。故瓚得放火，因以精銳衝突。虞衆大潰，奔居庸城。瓚攻及家屬以還，[21]殺害州府，衣冠善士殆盡。

《典略》曰：瓚曝虞于市而祝曰：[22]"若應爲天子者，天當降雨救之。"時盛暑熱，[23]竟日不雨，遂殺虞。

《英雄記》曰：虞之見殺，故常山相孫瑾、掾張逸、張瓚等忠義奮發，[24]相與就虞，罵瓚極口，然後同死。

〔二〕《英雄記》曰：瓚統内外，衣冠子弟有材秀者，[25]必抑困使在窮苦之地。[26]或問其故，答曰："今取衣冠家子弟及善士富貴之，皆自以爲職當得之，不謝人善也。"所寵遇驕恣者，類多庸兒，若故卜數師劉緯臺、販繒李移子、賈人樂何當等三人，[27]與之定兄弟之誓，自號爲伯，謂三人者爲仲叔季，[28]富皆巨億，或取其女以配己子，常稱古者曲周、灌嬰之屬以譬也。[29]

〔三〕《英雄記》曰：先是有童謠曰："燕南垂，趙北際，中央不合大如礪，惟有此中可避世。"瓚以易當之，乃築京固守。瓚別將有爲敵所圍，義不救也。其言曰："救一人，使後將恃救不力戰；今之救此，後將當念在自勉。"是以袁紹始北擊之時，瓚南界上別營自度守則不能自固，又知必不見救，是以或自殺其將帥，或爲紹兵所破，遂令紹軍徑至其門。[30]

臣松之以爲童謠之言，無不皆驗；至如此記，似若無徵。謠言之作，蓋令瓚終始保易，無事遠略。而瓚因破黃巾之威，意志張遠，遂置三州刺史，[31]圖滅袁氏，所以致敗也。

〔四〕《英雄記》曰：瓚諸將家家各作高樓，樓以千計。瓚作鐵門，居樓上，屏去左右，婢妾侍側，汲上文書。[32]

〔五〕《漢晉春秋》曰：袁紹與瓚書曰："孤與足下，既有前

盟舊要，[33]申之以討亂之誓，愛過夷、叔，[34]分著丹青，謂爲旅
力同仇，[35]足躡齊、晉，故解印釋紱，以北帶南，分割膏腴，以
奉執事，[36]此非孤赤情之明驗邪？豈寤足下棄烈士之高義，尋禍
亡之險蹤，輒而改慮，[37]以好易怨，盜遣士馬，犯暴豫州。[38]始
聞甲卒在南，親臨戰陣，懼于飛矢逆流，狂刃橫集，以重足下之
禍，徒增孤（子）之咎釁也，[39]故爲薦書墾惻，冀可改悔。而足
下超然自逸，矜其威詐，謂天罔可吞，豪雄可滅，果令貴弟殞于
鋒刃之端。[40]斯言猶在於耳，而足下曾不尋討禍源，克心罪己，
苟欲逞其無疆之怒，不顧逆順之津，匿怨害民，騁於余躬。遂躍
馬控弦，處我疆土，[41]毒徧生民，辜延白骨。孤辭不獲已，以登
界橋之役。是時足下兵氣霆震，駿馬電發；僕師徒肇合，機械不
嚴，彊弱殊科，衆寡異論，假天之助，小戰大克，遂陵躡奔
背，[42]因壘館穀，此非天威棐諶，[43]福豐有禮之符表乎？足下志
猶未厭，乃復糾合餘燼，率我蛑賊，[44]以焚薰勃海。孤又不獲寧，
用及龍河之師。[45]羸兵前誘，大軍未濟，而足下膽破衆散，不鼓
而敗，兵衆擾亂，君臣並奔。此又足下之爲，非孤之咎也。自此
以後，禍隙彌深，孤之師旅，不勝其忿，遂至積尸爲京，頭顱滿
野，愍彼無辜，未嘗不慨然失涕也。後比得足下書，辭意婉約，
有改往脩來之言。僕既欣於舊好克復，且愍兆民之不寧，每輒引
師南駕，以順簡書。弗盈一時，而北邊羽檄之文，[46]未嘗不至。
孤是用痛心疾首，靡所錯情。夫處三軍之帥，當列將之任，宜令
怒如嚴霜，喜如時雨，臧否好惡，坦然可觀。而足下二三其
德，[47]彊弱易謀，急則曲躬，緩則放逸，行無定端，言無質
要，[48]爲壯士者固若此乎！既乃殘殺老弱，幽土憤怨，[49]衆叛親
離，孑然無黨。又烏丸、濊貊，[50]皆足下同州，[51]僕與之殊俗，
各奮迅激怒，爭爲鋒銳；又東西鮮卑，舉踵來附。此非孤德所能
招，乃足下驅而致之也。夫當荒危之世，處干戈之險，內違同盟
之誓，外失戎狄之心，兵興州壤，禍發蕭牆，[52]將以定霸，不亦

難乎！前以西山陸梁，出兵平討，會鞠義餘殘，畏誅逃命，故遂住大軍，分兵撲蕩，此兵孤之前行，乃界橋搴旗拔壘，先登制敵者也。始聞足下鑲金紆紫，[53] 命以元帥，謂當因茲奮發，以報孟明之恥，[54] 是故戰夫引領，竦望旌斾，怪遂含光匿影，寂爾無聞，卒臻屠滅，相爲惜之。夫有平天下之慮，希長世之功，權御師徒，帶養戎馬，叛者無討，服者不收，威懷並喪，[55] 何以立名？今舊京克復，天罔云補，罪人斯亡，忠幹翼化，華夏儼然，望於穆之作，[56] 將戢干戈，放散牛馬，足下獨何守區區之土，保軍內之廣，甘惡名以速朽，亡令德之久長？壯而籌之，非良策也。宜釋憾除嫌，敦我舊好。若斯言之玷，皇天是聞。"瓚不答，而增脩戎備。謂關靖曰："當今四方虎爭，無有能坐吾城下相守經年者明矣。袁本初其若我何！"[57]

〔六〕《英雄記》曰：關靖字士起，太原人。[58] 本酷吏也，諂而無大謀，特爲瓚所信幸。

〔七〕《典略》曰：瓚遣行人文則齎書告子續曰：[59] "袁氏之攻，似若神鬼，鼓角鳴于地中，梯衝舞吾樓上。[60] 日窮月蹴，[61] 無所聊賴。汝當碎首於張燕，速致輕騎，到者當起烽火於北，吾當從內出。不然，吾亡之後，天下雖廣，汝欲求安足之地，其可得乎！"

《獻帝春秋》曰：瓚夢薊城崩，知必敗，乃遣閒使與續書。紹候者得之，使陳琳更其書曰："蓋聞在昔衰周之世，僵尸流血，以爲不然，豈意今日身當其衝！"其餘語與《典略》所載同。

〔八〕《英雄記》曰：袁紹分部攻者掘地爲道，[62] 穿穴其樓下，稍稍施木柱之，度足達半，便燒所施之柱，樓輒傾倒。

〔九〕《漢晉春秋》曰：關靖曰："吾聞君子陷人於危，必同其難，豈可獨生乎！"乃策馬赴紹軍而死。紹悉送其首於許。

[1] 居庸：縣名。治所在今北京延慶縣。

[2]前將軍：官名。位如上卿，與後、左、右將軍掌京師兵衛與邊防屯警。

[3]易：縣名。治所在今河北雄縣西北。

[4]從事：官名。漢代州牧刺史的佐吏，有別駕從事史、治中從事史、兵曹從事史、部從事史等，均可簡稱爲從事。

[5]燕國：西漢初王國名，漢宣帝初改名廣陽國。東漢光武帝時并入上谷郡，明帝永平中又復置廣陽郡。魏晋時又改爲燕國。治所一直在薊縣，在今北京城西南。

[6]烏丸司馬：官名。護烏丸校尉之司馬。惠棟《後漢書補注》卷一六云："應劭《漢官儀》曰：護烏桓校尉有司馬三人，秩六百石。"

[7]潞：縣名。東漢以通路亭縣改名，治所在今河北三河縣西南。

[8]易京：即易縣。因公孫瓚據幽州，坐鎮易縣，在易盛修營壘樓觀，故稱易京。盧弼《集解補》："《水經·鮑丘水注》：鮑丘水又西南流，公孫瓚既害劉虞，烏丸思劉氏之德，迎其子和，合衆十萬，破瓚於是水之上，斬首一萬。"

[9]京：人築之高丘。《説文》："京，人所爲絶高丘也。"

[10]百樓不攻：梁章鉅《旁證》："'兵法，百樓不攻'語，不知所出。"

[11]建安四年：《後漢書》卷七三《公孫瓚傳》謂，袁紹大舉進攻公孫瓚在建安三年，公孫瓚滅亡在建安四年。

[12]黑山賊：東漢末與黃巾軍同時起義的一支農民軍。以今河北、山西、河南三省的太行山區爲根據地。黑山在今河南浚縣西北太行山脈中。

[13]西山：各本皆作"西南山"。趙一清《注補》謂"南"字衍文。盧弼《集解》亦謂《後漢書·公孫瓚傳》及《通鑑》皆作"西山"。今從趙、盧説刪"南"字。西山，指易縣西部之山，即今河北雄縣西北部之山。

[14] 陸梁：橫行無阻。

[15] 長史：官名。漢代三公府設有長史，以輔佐三公。將軍之屬官亦有長史，以綜理幕府。秩皆千石。公孫瓚爲奮武將軍與前將軍，故有長史。

[16] 相守持者：趙幼文《校箋》謂《册府元龜》卷三六八引無“持”字。

[17] 突：穿掘。《左傳·襄公二十五年》：“鄭子展、子産帥車七百乘伐陳，宵突陳城。”杜預注：“突，穿也。”

[18] 中京：胡三省云：“易之中京，瓚所居也。”（《通鑑》卷六三漢獻帝建安四年注）

[19] 東曹掾：官名。東漢三公府及大將軍府均置東曹掾，秩比四百石，主管二千石長史之遷除及軍吏。劉虞爲大司馬，故置有東曹掾。

[20] 部伍：部曲行伍。無部伍，謂軍隊的編制訓練差。

[21] 攻：趙一清《注補》謂“攻”下有脱文。《後漢書》卷七三《劉虞傳》作“瓚追攻之，三日城陷，遂執虞並妻子還薊”。

[22] 祝：以言告神。

[23] 盛暑熱：殿本、盧弼《集解》本、校點本作“盛暑”，百衲本作“盛暑熱”。盧弼《集解》引何焯云，北宋本“暑”下有“熱”字。今從百衲本。

[24] 常山：王國名。治所元氏縣，在今河北元氏縣西北。
掾：屬吏之統稱。　奮發：校點本作“憤發”，百衲本、殿本、盧弼《集解》本均作“奮發”。今從百衲本等。

[25] 材：盧弼《集解》本作“才”。百衲本、殿本、校點本皆作“材”。今從百衲本等。

[26] 困使：百衲本、殿本作“困使”，盧弼《集解》本、校點本作“使困”。今從百衲本等。

[27] 卜數師：占卜算卦者。

[28] 謂三人者：殿本、盧弼《集解》本無“謂”字。殿本

《考證》云：“北宋本‘三人’上多一‘謂’字。”百衲本、校點本亦有“謂”字。今從百衲本等。

［29］曲周：指西漢初曲周侯酈商。秦末陳勝起義時，酈商聚衆略得數千人，投歸劉邦，屢建戰功。劉邦爲帝後，商爲右丞相，封爲曲周侯。　灌嬰：初爲販繒者，後投劉邦，亦屢建戰功。劉邦爲帝後，封嬰爲潁陰侯。（俱見《史記》卷九五《樊酈滕灌列傳》）

［30］門：胡三省云：“易京之門也。”（《通鑑》卷六二漢獻帝建安三年注）

［31］置三州刺史：指公孫瓚以嚴綱爲冀州刺史、田楷爲青州刺史、單經爲兗州刺史。

［32］汲上：胡三省云：“以繩索引之而上，若汲水然。”（《通鑑》卷六一漢獻帝興平二年注）

［33］前盟：指討董卓之盟。　舊要（yāo）：舊約。

［34］夷叔：指伯夷、叔齊。伯夷、叔齊本爲兄弟，殷末孤竹君之子（見《史記》卷六一《伯夷列傳》）。此言“愛過夷、叔”，即謂愛過兄弟。

［35］旅力：百衲本作“流力”，殿本、盧弼《集解》本、校點本作“旅力”。今從殿本等。　仇：校點本作“軌”，百衲本、殿本、盧弼《集解》本作“仇”。今從百衲本等。

［36］執事：本指供役使的人，而在書信中往往用以敬稱對方，表示不敢直指其人。盧弼《集解》謂此事指袁紹以勃海印綬授瓚弟範。

［37］輟：殿本、盧弼《集解》本作“輒”，百衲本、校點本作“輟”。今從百衲本等。

［38］犯暴豫州：盧弼《集解》云：“謂攻周昂也。按本傳，攻昂在先，授範印綬在後。”

［39］孤：各本“孤”下有“子”字。盧弼《集解》引何焯説，“子”字宜删。校點本即據何説删“子”字。今從之。

［40］貴弟：指公孫瓚從弟公孫越。

　　[41] 疆土：百衲本作“祇上”，殿本、盧弼《集解》本、校點本作“疆土”。今從殿本等。

　　[42] 陵躒：踐踏。

　　[43] 天威棐（fěi）諶：趙幼文《〈三國志集解〉辨證》謂此語出自今文《尚書·康誥》。《尚書·康誥》云：“天畏棐忱。”《文選》班固《幽通賦》“實棐諶而相訓”李善注：“《尚書》曰‘天威棐忱’，‘諶’與‘忱’古字通。”棐諶，輔助誠信之意。

　　[44] 蛑（móu）賊：同“蝥賊”，吃莊稼的害蟲。用以比喻危害社會國家的壞人。

　　[45] 龍河：趙一清《注補》云：“龍河即龍湊也。”龍湊，地名，在今山東平原縣東南古黄河北岸。

　　[46] 羽檄：插着鳥羽快速遞送的緊急軍事文書。

　　[47] 二三其德：謂行爲前後不一。《詩·衛風·氓》：“士也罔極，二三其德。”

　　[48] 質要：本爲古代買賣貨物的憑據。後世引申爲定準，準則。

　　[49] 幽土：百衲本作“幽士”，殿本、盧弼《集解》本、校點本作“幽土”。今從殿本等。

　　[50] 烏丸：少數族名。主要集中在當時的遼西、遼東、右北平三郡。　濊貊：古部族名。居地在今朝鮮江原道境内。　（本《〈中國歷史地圖集〉釋文匯編（東北卷)》）

　　[51] 皆：殿本、盧弼《集解》本“皆”下有“與”字，百衲本、校點本無。今從百衲本等。

　　[52] 蕭牆：古代宮室用以分隔内外的當門小牆。後世常以蕭牆代稱内部。

　　[53] 鐫金紆紫：謂鐫刻金印繫以紫綬。

　　[54] 孟明：春秋時秦穆公之臣。公元前 628 年，秦穆公遣孟明等三帥統軍襲擊鄭國，因鄭有備而回師。秦軍回至途中，卻遭晋軍截擊，孟明等三帥被俘。後孟明等得釋回國，秦穆公仍重用孟明等；孟明亦勤修國政，終於公元前 624 年秦軍擊敗晋軍，以報被俘

之仇。(見《左傳》僖公三十二年至文公三年)

[55] 威懷：趙幼文《校箋》謂《册府元龜》卷四一四引
"懷"字作"德"。按，《册府元龜》引此文在卷四一五，而宋本
《册府元龜》亦作"懷"。

[56] 於(wū)穆之作：於穆，《詩·周頌·清廟》中贊嘆之
辭，《詩序》云："清廟，祀文王也。周公既成洛邑，朝諸侯，率
以祀文王焉。"此"於穆之作"，即謂《清廟》之作。《清廟》："於
穆清廟，肅雝顯相。"毛傳："於，嘆辭也。穆，美。"鄭箋："於
乎美哉！周公之祭清廟也。"

[57] 袁本初：袁紹字本初。

[58] 太原：郡名。治所晉陽縣，在今山西太原市西南古城營
西古城。

[59] 行人：使者。

[60] 梯衝：攻城用的雲梯與衝車。

[61] 踧：校點本作"蹴"，百衲本、殿本、盧弼《集解》本
均作"踧"，今從百衲本等。踧，通"蹙"，緊迫。

[62] 分部：盧弼《集解》："何焯曰：'分部'當作'部
分'。"吳金華《校詁》謂"分部"與"部分"義同，部署之義。
本書卷四〇《楊儀傳》、卷四六《孫堅傳》、卷四七《吳主傳》、卷
五六《朱桓傳》均有"分部"一詞，此不誤。

鮮于輔持其衆奉王命。[1]以輔爲建忠將軍，[2]督幽
州六郡。太祖與袁紹相拒於官渡，[3]閻柔遣使詣太祖受
事，遷護烏丸校尉。[4]而輔身詣太祖，拜左度遼將
軍，[5]封亭侯，[6]遣還鎮撫本州。〔一〕太祖破南皮，[7]
柔將部曲及鮮卑獻名馬以奉軍，從征三郡烏丸，[8]以功封關
內侯。〔二〕[9]輔亦率其衆從。文帝踐阼，拜輔虎牙將
軍，[10]柔度遼將軍，皆進封縣侯，位特進。[11]

〔一〕《魏略》曰：輔從太祖於官渡。袁紹破走，太祖喜，顧謂輔曰："如前歲本初送公孫瓚頭來，孤自視忽然耳，而今克之。此既天意，亦二三子之力。"

〔二〕《魏略》曰：太祖甚愛閻柔，每謂之曰："我視卿如子，亦欲卿視我如父也。"柔由此自託於五官將，[12]如兄弟。

[1] 鮮于輔：據本書卷二六《田豫傳》及《通鑑》所載，當時鮮于輔已爲漁陽太守。　持：殿本、盧弼《集解》本、校點本作"將"，百衲本作"持"。趙幼文《校箋》謂《册府元龜》卷七二五亦作"持"。按，二字義同，皆帶領之義，今從百衲本。

[2] 建忠將軍：官名。屬雜號將軍，東漢末置。

[3] 官渡：地名。在今河南中牟縣東北。

[4] 護烏丸校尉：亦作護烏桓校尉，漢武帝時已置烏桓校尉，監領烏桓，後不常設。漢光武帝建武中，復置護烏丸校尉，秩比二千石，屯上谷廣寧縣（今河北張家口市），常領烏丸等部與度遼將軍等共成衛邊塞。

[5] 左度遼將軍：《後漢書》卷七三《公孫瓚傳》作"度遼將軍"，《通鑑》則作"右度遼將軍"。東漢安帝以後，常置度遼將軍，秩二千石，與使匈奴中郎將，護羌校尉、護烏丸校尉等同掌西北邊防及匈奴、鮮卑、西羌諸部事。東漢末，又分置左、右。又按，百衲本、殿本"度"作"渡"，盧弼《集解》本、校點本作"度"，而二字同，今從《集解》本等。

[6] 亭侯：爵名。漢制，列侯大者食縣邑，小者食鄉、亭。東漢後期遂以食鄉、亭稱爲鄉侯、亭侯。

[7] 南皮：縣名。治所在今河北南皮縣東北。

[8] 三郡烏丸：指遼西、遼東、右北平三郡烏丸。詳見本書卷三〇《烏丸傳》。

[9] 關内侯：爵名。次於列侯，有封户收取租税而無封地。

[10] 虎牙將軍：官名。漢朝爲將軍名號，不常置。曹魏亦置，位在九卿上，第三品。潘眉《考證》謂魏文帝代漢前，公卿上尊號奏中就有"虎牙將軍南昌亭侯臣輔"，則鮮于輔爲虎牙將軍在文帝即位前，此誤。

[11] 特進：官名。漢制，凡諸侯、大臣功德優盛，朝廷所敬者，加位特進，朝會時位在三公下，車服俸禄仍從本官。魏晋沿襲。

[12] 五官將：指曹丕。因曹丕在漢獻帝建安中爲五官中郎將。

陶謙字恭祖，丹楊人。[一][1]少好學，爲諸生，仕州郡，舉茂才，[2]除盧令，[二][3]遷幽州刺史，徵拜議郎，[4]參車騎將軍張温軍事，西討韓遂。[三]會徐州黄巾起，以謙爲徐州刺史，擊黄巾，破走之。董卓之亂，州郡起兵，天子都長安，四方斷絶，謙遣使間行致貢獻，遷安東將軍、徐州牧，[5]封溧陽侯。[6]是時，徐州百姓殷盛，穀米豐贍，[7]流民多歸之。而謙背道任情：廣陵太守瑯邪趙昱，[8]徐方名士也，[9]以忠直見疏；[四]曹宏等，讒慝小人也，謙親任之。刑政失和，良善多被其害，由是漸亂。下邳闕宣自稱天子，[10]謙初與合從寇鈔，[11]後遂殺宣，[12]并其衆。

〔一〕《吴書》曰：謙父，故餘姚長。[13]謙少孤，始以不羈聞於縣中。年十四，猶綴帛爲幡，乘竹馬而戲，邑中兒童皆隨之。[14]故蒼梧太守同縣甘公出遇之塗，[15]見其容貌，異而呼之，住車與語，甚悦，因許妻以女。甘公夫人聞之，[16]怒曰："妾聞陶家兒敖戲無度，如何以女許之？"公曰："彼有奇表，長必大成。"遂妻之。[17]

〔二〕《吴書》曰：謙性剛直，有大節，少察孝廉，拜尚書郎，[18]除舒令。[19]郡守張磐，[20]同郡先輩，與謙父友，意殊親之，而謙恥爲之屈。與衆還城，因以公事進見，坐罷，磐常私還入，與謙飲宴，[21]或拒不爲留。[22]常以舞屬謙，[23]謙不爲起，固彊之，（及）〔乃〕舞，[24]〔舞〕又不轉。[25]磐曰："不當轉邪？"曰："不可轉，轉則勝人。"由是不樂，卒以攜隙。謙在官清白，無以糾舉，祠靈星，[26]有贏錢五百，欲以臧之。[27]謙委官而去。

〔三〕《吴書》曰：會西羌寇邊，皇甫嵩爲征西將軍，[28]表請武將。召拜謙揚武都尉，[29]與嵩征羌，大破之。後邊章、韓遂爲亂，司空張溫銜命征討，[30]又請謙爲參軍事，[31]接遇甚厚，而謙輕其行事，心懷不服。及軍罷還，百寮高會，溫屬謙行酒，謙衆辱溫。溫怒，徙謙於邊。或説溫曰："陶恭祖本以材略見重於公，一朝以醉飲過失，不蒙容貸，遠棄不毛，厚德不終，四方人士安所歸望！不如釋憾除恨，克復初分，於以遠聞德美。"溫然其言，乃追還謙。謙至，或又謂謙曰：[32]"足下輕辱三公，罪自己作，今蒙釋宥，德莫厚矣，宜降志卑辭以謝之。"謙曰："諾。"又謂溫曰："陶恭祖今深自罪責，思在變革。謝天子禮畢，必詣公門。公宜見之，以慰其意。"時溫于宮門見謙，謙仰曰："謙自謝朝廷，豈爲公邪？"溫曰："恭祖癡病尚未除邪？"遂爲之置酒，待之如初。

〔四〕謝承《漢書》曰：[33]昱年十三，母嘗病，經涉三月。昱慘戚消瘠，至目不交睫，[34]握粟出卜，[35]祈禱泣血，鄉黨稱其孝。就處士東莞綦毋君受《公羊傳》，[36]兼該羣業。至歷年潛志，不闚園圃，親疏希見其面。時入定省父母，須臾即還。高絜廉正，抱禮而立，清英儼恪，[37]莫干其志；旌善以興化，殫邪以矯俗。[38]州郡請召，常稱病不應。國相檀謨、陳遵共召，[39]不起；或興盛怒，終不迴意。舉孝廉，除莒長，[40]宣揚五教，[41]政爲國表。會黃巾作亂，陸梁五郡，郡縣發兵，以爲先辨。徐州刺史巴祇表功第一，當受遷賞，昱深以爲恥，委官還家。徐州牧陶謙初辟別駕從事，[42]辭疾遜遁。謙重令揚州從事會稽吳範宣旨，昱守意不移；欲威以刑罰，然後乃起。舉茂才，遷廣陵太守。賊笮融從臨淮見討，[43]迸入郡界，昱將兵拒戰，[44]敗績見害。

[1] 丹楊：殿本作“丹陽”，百衲本、盧弼《集解》本、校點本作“丹楊”。今從百衲本等。以下各卷皆同，不再作注。丹楊，郡名。東漢時治所宛陵縣，在今安徽宣州市。《後漢書》卷七三《陶謙傳》李賢注謂陶謙爲丹陽郡丹陽縣人。丹陽縣治所在今安徽當塗縣東北小丹陽鎮。又按，丹陽郡與丹陽縣之“陽”，均應作“楊”，因丹楊縣中多赤柳，故名丹楊。《續漢書·郡國志》《後漢書·陶謙傳》及其他古籍作“丹陽”，嚴格來說是不正確的。（參姚鼐《惜抱軒筆記》卷六）

[2] 茂才：即秀才，東漢人避光武帝劉秀諱改，爲漢代薦舉人材科目之一。東漢之制，州牧刺史歲舉一人。三國沿之，或稱秀才。

[3] 盧：縣名。治所在今山東長清縣南。

[4] 議郎：官名。郎官之一種，屬光禄勳，秩六百石，不入直宿衛，得參預朝政議論。

[5] 安東將軍：官名。東漢末始置。爲出鎮某地區的軍事長官，或爲州牧刺史兼理軍務的加官。

[6] 溧陽：縣名。治所在今江蘇溧陽市西北。

[7] 豐贍：校點本作“封贍”，百衲本、殿本、盧弼《集解》本均作“豐贍”。今從百衲本等。

[8] 廣陵：郡名。東漢治所廣陵縣，在今江蘇揚州市西北蜀岡上。 瑯（láng）邪（yá）：王國名。治所開陽縣，在今山東臨沂市北。

[9] 徐方：即徐州。胡三省云：“古語多謂州爲方，故八州八伯謂之方伯。”（《通鑑》卷六〇漢獻帝初平四年注）

[10] 下邳：縣名。治所在今江蘇睢寧縣西北。闕宣事又見本書卷一《武帝紀》初平四年。

[11] 初：趙幼文《校箋》謂《通鑑考異》引作"始"（按，此《通鑑考異》見《通鑑》卷六一漢獻帝初平四年。下同）。郝經《續後漢書》同。

[12] 宣：趙幼文《校箋》謂《通鑑考異》引作"之"。郝經《續後漢書》同。

[13] 餘姚：縣名。治所在今浙江餘姚市。

[14] 童：百衲本、殿本、盧弼《集解》本皆作"僮"，校點本作"童"。按，二字同，今從校點本。

[15] 蒼梧：郡名。治所廣信縣，在今廣西梧州市。　遇之塗：趙幼文《校箋》謂《太平御覽》卷四四二引"之"字下有"於"字。

[16] 甘公夫人：盧弼《集解》謂《後漢書》李賢注作"甘夫人"。趙幼文《校箋》謂《白孔六帖》所引無"甘公"二字。《太平御覽》卷四四二、卷五四一引無"公"字，與李賢注引同。

[17] 妻之：盧弼《集解》謂《後漢書》李賢注"妻"字作"與"。趙幼文《校箋》謂《太平御覽》卷四四二、卷五四一引"妻"字俱作"與"。

[18] 尚書郎：官名。東漢之制，取孝廉之有才能者入尚書臺，初入臺稱守尚書郎中，滿一年稱尚書郎，三年稱侍郎，統稱尚書郎。秩四百石。凡置三十六員，分隸六曹尚書分曹治事，主要掌文書起草。

[19] 舒：縣名。治所在今安徽廬江縣西南。錢大昭《辨疑》云："注引《吳書》以爲除舒令，與志不同。考張子布《哀辭》云'令舒及廬，遺愛於民'，是謙於二縣並爲令也。"

[20] 郡守：潘眉《考證》云："郡守，廬江太守也。"廬江郡治所即舒縣。　張磐：趙幼文《校箋》謂《白孔六帖》卷六一、《太平御覽》卷六六（當作二六六）引"磐"字作"盤"。

[21] 飲宴：趙幼文《校箋》謂《白孔六帖》引作"燕飲"。

　　[22] 或：趙幼文《校箋》謂《白孔六帖》引“或”上有
“謙”字。

　　[23] 常：趙幼文《校箋》謂《太平御覽》卷二二六（當作二
六六）、《册府元龜》卷八八七引“常”字作“嘗”，是。按，宋本
《册府元龜》亦作“常”。二字可通。

　　[24] 乃：各本皆作“及”。盧弼《集解》謂《後漢書·陶謙
傳》李賢注引《吳書》作“乃”，《太平御覽》卷五七四引《吳
書》亦作“乃”。趙幼文《校箋》謂《藝文類聚》卷四三、《白孔
六帖》卷六一、《太平御覽》卷二六六、《事類賦》卷一一引“及”
字俱作“乃”。今從盧、趙説改。

　　[25] 舞又不轉：各本“又”上無“舞”字。盧弼《集解》謂
《後漢書》李賢注“又”上有“舞”字。趙幼文《校箋》謂《白
孔六帖》《太平御覽》引“又”上亦有“舞”字，與李賢注同。今
仍從盧、趙説補。轉，梁章鉅《旁證》引沈欽韓云：“《淮南子·
修務訓》‘今鼓舞者繞身若環’，此所謂轉也。”

　　[26] 靈星：星名。古代又稱之爲天田星，主稼穡。《續漢書·
祭祀志下》：“高帝令天下立靈星祠。言祠后稷而謂之靈星者，以后
稷又配食星也。”劉昭注引《古今注》曰：“元和三年（86），初爲
郡國立社稷，及祠靈星禮也。”

　　[27] 臧：殿本作“贓”，百衲本、盧弼《集解》本、校點本
作“臧”。今從百衲本等。潘眉《考證》云：“《六書正譌》云吏受
賕曰臧，《漢書》凡贓並作臧，臧正字。”

　　[28] 征西將軍：官名。東漢和帝時置，地位不高，與雜號將
軍同。獻帝建安中曹操執政時，列爲四征將軍之一，地位提高，秩
二千石。據《後漢書》卷七一《皇甫嵩傳》，董卓被誅後，皇甫嵩
乃爲征西將軍；同書卷九《獻帝紀》亦謂初平三年（192）四月誅
董卓，五月征西將軍皇甫嵩爲車騎將軍；又皇甫嵩爲征西將軍後，
無征西羌之事。據《後漢書》卷八《靈帝紀》，中平元年（184）
十一月，“湟中義從胡北宮伯玉與先零羌叛，以金城人邊章、韓遂

爲軍帥，攻殺護羌校尉伶徵、金城太守陳懿"。中平二年三月，"北宮伯玉等寇三輔，遣左車騎將軍皇甫嵩討之，不克"。七月，"左車騎將軍皇甫嵩免。八月，以司空張溫爲車騎將軍，討北宮伯玉"。據此，"征西將軍" 當作 "左車騎將軍"，方與史事相符。（參沈家本《瑣言》）

[29] 揚武都尉：官名。爲領兵武職，稍低於校尉，東漢末置。

[30] 司空：官名。東漢時，與太尉、司徒並爲三公，共同行使宰相職能，而位列三公之末。本職掌土木營建與水利工程。

[31] 參軍事：官名。東漢末，車騎將軍幕府之僚屬，掌參謀軍事。據《後漢書·靈帝紀》，此時張溫已由司空爲車騎將軍。

[32] 或又：百衲本、殿本、盧弼《集解》本 "又" 皆作 "人"。盧弼云："馮本'人'作'又'。"校點本亦作 "又"。按文義，以作 "又" 爲長，今從校點本。

[33] 漢書：校點本作 "後漢書"，百衲本、殿本、盧弼《集解》本皆作 "漢書"。按，謝承本撰《後漢書》，而裴松之注往往省稱《漢書》，今仍從百衲本等。

[34] 目不交睫：謂徹夜不眠。

[35] 握粟出卜：《詩·小雅·小宛》："握粟出卜，自何能穀。"鄭箋："但持粟行卜，求其勝負。"後世以 "握粟出卜" 指祈求神靈護佑，去凶賜吉。

[36] 東莞：縣名。治所今山東沂水縣。

[37] 儼恪：謂莊嚴恭敬的儀態。《禮記·祭義》"嚴威儼恪" 孔穎達疏："儼，謂儼正；恪，謂恭敬。"

[38] 殫：百衲本、殿本作 "彈"，盧弼《集解》本、校點本作 "殫"。今從《集解》本等。殫，通 "癉"，憎恨。僞古文《尚書·畢命》"彰善癉惡" 僞孔傳："明其爲善，病其爲惡。"

[39] 國相：指瑯邪國相，因趙昱是瑯邪國人，故省言瑯邪。

共：百衲本作 "比"，殿本、盧弼《集解》本、校點本作 "共"。今從殿本等。

[40] 莒：縣名。治所在今山東莒縣。

[41] 五教：古代的五種倫理道德。《左傳·文公十八年》：“使布五教于四方，父義、母慈、兄友、弟共（恭）、子孝。”

[42] 別駕從事：官名。州牧刺史的主要屬吏。州牧刺史巡行各地時，別乘傳車從行，故名別駕。

[43] 笮融：丹楊人，初依陶謙，後被劉繇所破。主要事迹見本書卷四九《劉繇傳》。　臨淮：西漢時爲郡，東漢明帝永平十五年（72）改爲下邳國，治所下邳縣，在今江蘇睢寧縣西北。

[44] 昱將兵拒戰：本書《劉繇傳》謂笮融率男女萬口、馬三千匹至廣陵，“廣陵太守趙昱待以賓禮”，“融利廣陵之衆，因酒酣殺昱”。《後漢書·陶謙傳》所載亦同，與此所載互異。

初平四年，[1]太祖征謙，攻拔十餘城，至彭城大戰。[2]謙兵敗走，死者萬數，泗水爲之不流。[3]謙退守郯。[4]太祖以糧少引軍還。〔一〕興平元年，[5]復東征，略定瑯邪、東海諸縣。[6]謙恐，欲走歸丹楊。會張邈叛迎呂布，太祖還擊布。是歲，謙病死。〔二〕

〔一〕《吳書》曰：曹公父於泰山被殺，[7]歸咎於謙。欲伐謙而畏其彊，乃表令州郡一時罷兵。[8]詔曰：“今海内擾攘，州郡起兵，征夫勞瘁，寇難未弭，或將吏不良，因緣討捕，侵侮黎民，離害者衆；風聲流聞，震蕩城邑，丘牆懼于横暴，[9]貞良化爲羣惡，此何異乎抱薪救焚，[10]扇火止沸哉！今四民流移，託身他方，攜白首於山野，棄稚子於溝壑，顧故鄉而哀歎，向阡陌而流涕，饑厄困苦，亦已甚矣。[11]雖悔往者之迷謬，思奉教於今日，然兵連衆結，鋒鏑布野，恐一朝解散，夕見係虜，[12]是以阻兵屯據，欲止而不敢散也。詔書到，其各罷遣甲士，還親農桑，惟留常員吏以供官署，慰示遠近，咸使聞知。”謙被詔，乃上書曰：“臣聞懷遠柔服，非德不集；克難平亂，非兵不濟。是以涿鹿、阪泉、三苗之野有五帝之師，[13] 有扈、鬼方、商、奄四國有王者之伐，[14] 自古在昔，未有不揚威以弭亂，震武以止暴者也。臣前初以黄巾亂治，受策長驅，匪遑啓處。[15] 雖憲章救戒，[16] 奉宣威靈，敬行天誅，每伐輒克，然妖寇類衆，殊不畏死，父兄殲殪，子弟羣起，治屯連兵，至今爲患。若承命解甲，弱國自虚，釋武備以資亂，損官威以益寇，今日兵罷，明日難必至，上忝朝廷寵授之本，下令羣凶日月滋蔓，非所以彊幹弱枝過惡止亂之務也。臣雖愚蔽，忠恕不昭，抱恩念報，所不忍行。輒勒部曲，申令警備。出芟彊寇，惟力是視，入宣德澤，躬奉職事，冀效微勞，以贖罪負。”又曰：“華夏沸擾，于今未弭，包茅不入，[17] 職貢多闕，寤寐憂歎，無日敢寧。誠思貢獻必至，薦羞獲通，[18] 然後銷鋒解甲，臣之願也。臣前調穀百萬斛，已在水次，輒敕兵衛送。”曹公得謙上事，知不罷兵。乃進攻彭城，多殺人民。謙引兵擊之，青州刺史田楷亦以兵救謙。公引兵還。

臣松之案：此時天子在長安，曹公尚未秉政。罷兵之詔，不得由曹氏出。

〔二〕《吴書》曰：謙死時，年六十三，張昭等爲之哀辭曰：“猗歟使君，[19] 君侯將軍，[20] 膺秉懿德，允武允文，[21] 體足剛直，守以溫仁。令舒及盧，遺愛于民；牧幽暨徐，甘棠是均。[22] 憬憬夷、貊，[23] 賴侯以清；蠢蠢妖寇，匪侯不寧。唯帝念績，爵命以章，既牧且侯，啓土溧陽。[24] 遂升上將，受號安東，[25] 將平世難，社稷是崇。降年不永，奄忽徂薨，喪覆失恃，民知困窮。曾不旬日，五郡潰崩，[26] 哀我人斯，將誰仰憑？追思靡及，仰叫皇穹。嗚呼哀哉！”謙二子：[27] 商、應，皆不仕。

［1］初平：漢獻帝劉協年號（190—193）。

［2］彭城：縣名。治所在今江蘇徐州市。

[3] 泗水：發源於今山東泗水縣東蒙山南麓，西流經泗水、曲阜、兗州等縣市，折南經濟寧市南魯鎮及魚臺縣東，轉東南經江蘇沛縣及徐州市，此下略循廢黃河至淮陰市西南入淮河。

[4] 郯：縣名。治所在今山東郯城縣北。

[5] 興平：漢獻帝劉協年號（194—195）。

[6] 東海：郡名。治所即郯縣。

[7] 泰山：郡名，治所奉高縣，在今山東泰安市東。

[8] 一時：吳金華《校詁》云：猶言"一齊"，魏晉習語。

[9] 丘牆：趙幼文《校箋》謂郝經《續後漢書》作"丘園"。《易·賁卦》正義："丘謂丘墟，園謂園圃。"指隱士所居。

[10] 抱薪救焚：《戰國策·魏三》：孫臣謂魏王曰："以地事秦，譬猶抱薪而救火也，薪不盡則火不止。"

[11] 已：殿本、盧弼《集解》本作"曰"，百衲本、校點本作"已"。今從百衲本等。

[12] 夕：趙幼文《校箋》謂郝經《續後漢書》作"並"。

[13] 阪：百衲本、殿本作"版"，盧弼《集解》本、校點本作"阪"。今從《集解》本等。　五帝之師：指上古時，黃帝軒轅氏與炎帝神農氏戰於阪泉，又與蚩尤戰於涿鹿之野；堯、舜多次與三苗戰，並將其部分逐於三危。（見《史記》卷一《五帝本紀》）

[14] 有扈：夏初之部落，因不服從夏，夏后啓起兵討伐，大戰於甘，遂滅之。（見《史記》卷二《夏本紀》）　鬼方：殷商時，西北方之強大遊牧部落，殷高宗武丁多次征伐。《竹書紀年》："（武丁）三十四年，克鬼方，氐羌來賓。"又《易·既濟》："高宗伐鬼方，三年克之。"　商、奄：周初的二封國，因參與反叛，周公奉成王命東征滅之。《詩·豳風·破斧》："周公東征，四國是皇。"毛傳："四國，管、蔡、商、奄也。皇，匡也。"鄭箋："周公既反攝政，東伐此四國，誅其君罪，正其人民而已。"

[15] 匪遑啓處：謂没有安息閑暇之時。《詩·小雅·四牡》："王事靡盬，不遑啓處。"毛傳："遑，暇；啓，跪；處，居也。"

[16] 憲章：遵行，遵守。

[17] 包茅：指貢品。包茅，又作“苞茅”，見前“菁苞”注。

[18] 薦羞：此亦指貢品。《周禮·天官·籩人》：“凡祭祀，共其籩，薦羞之實。”鄭玄注：“未食未飲曰薦，既食既飲曰羞。”

[19] 猗歟：也作“猗與”。《詩·周頌·潛》：“猗與漆、沮，潛有多魚。”鄭箋：“猗與，嘆美之言也。” 使君：對州牧刺史之尊稱。

[20] 君侯：對列侯之敬稱。

[21] 允武允文：既有武功又有文德。《詩·魯頌·泮水》：“允文允武，昭假烈祖。”孔穎達疏：“既有文德，又有武功，其明道，乃至於功烈。”

[22] 甘棠：一種木本植物，又稱棠梨，果實酸美可食。《詩·召南》有《甘棠》篇，其《序》云：“甘棠，美召伯也。召伯之教，明於南國。”孔穎達疏：“謂武王之時，召公爲西伯，行政於南土，決訟於小棠之下，其教著明於南國，愛結於民心，故作是詩以美之。”此“甘棠”，即指牧伯之德教。

[23] 憬憬（jǐng）：遙遠。《詩·魯頌·泮水》：“憬彼淮夷，來獻其琛。”毛傳：“憬，遠行貌；琛，寶也。”

[24] 啓土溧陽：謂封陶謙爲溧陽侯。

[25] 安東：安東將軍。

[26] 五郡：指徐州所屬之東海、瑯邪、彭城、廣陵、下邳五郡。

[27] 二子：校點本1982年7月第2版誤作“二字”。

張楊字稚叔，雲中人也。[1]以武勇給并州，爲武猛從事。[2]靈帝末，天下亂，帝以所寵小黄門蹇碩爲西園上軍校尉，[3]軍京都，欲以御四方，徵天下豪傑以爲偏裨。[4]太祖及袁紹等皆爲校尉，屬之。〔一〕并州刺史丁原遣楊將兵詣碩，爲假司馬。[5]靈帝崩，碩爲何進所殺。
楊復爲進所遣，歸本州募兵，[6]得千餘人，因留上
黨，[7]擊山賊。進敗，董卓作亂。楊遂以所將攻上黨太
守于壺關，不下，略諸縣，衆至數千人。山東兵起，
欲誅卓。袁紹至河內，[8]楊與紹合，復與匈奴單于於夫
羅屯漳水。[9]單于欲叛，紹、楊不從。單于執楊與俱
去，紹使將麴義追擊於鄴南，[10]破之。單于（執）
〔與〕楊至黎陽，[11]攻破度遼將軍耿祉軍，衆復振。卓
以楊爲建義將軍、河內太守。[12]天子之在河東，[13]楊
將兵至安邑，[14]拜安國將軍，[15]封晉陽侯。[16]楊欲迎天
子還洛，諸將不聽；楊還野王。[17]建安元年，楊奉、
董承、韓暹挾天子還舊京，糧乏。楊以糧迎道路，遂
至洛陽。謂諸將曰："天子當與天下共之，幸有公卿大
臣，楊當捍外難，何事京都？"遂還野王。即拜爲大司
馬。〔二〕楊素與呂布善。太祖之圍布，[18]楊欲救之，不
能。乃出兵東市，[19]遙爲之勢。其將楊醜，殺楊以應
太祖。楊將眭固殺醜，將其衆，欲北合袁紹。太祖遣
史渙邀擊，破之於犬城，[20]斬固，盡收其衆也。〔三〕

〔一〕《靈帝紀》曰：以虎賁中郎將袁紹爲中軍校尉，屯騎校
尉鮑鴻爲下軍校尉，議郎曹操爲典軍校尉，趙融、馮芳爲助軍校
尉，[21]夏牟、淳于瓊爲左右校尉。

〔二〕《英雄記》曰：楊性仁和，無威刑。下人謀反，發覺，
對之涕泣，輒原不問。

〔三〕《典略》曰：固字白兔，既殺楊醜，軍屯射犬。時有巫
誡固曰："將軍字兔而此邑名犬，兔見犬，其勢必驚，宜急移去。"

固不從，[22]遂戰死。

[1] 雲中：郡名。東漢時治所雲中縣，在今內蒙古托克托縣東北。

[2] 武猛從事：從事即從事史，州牧刺史之屬吏。沈家本《瑣言》云："州從事無武猛之名，此蓋漢末臨時所置。"

[3] 小黃門：官名。東漢時以宦官充任，侍從皇帝左右，受尚書事，皇帝在內宮，關通中外及中宮以下衆事。　蹇碩：漢靈帝寵信的宦官。　西園上軍校尉：官名。漢靈帝中平五年置西園八校尉，領西園禁軍以鎮壓黃巾軍。八校尉即上軍校尉、中軍校尉、下軍校尉、典軍校尉、助軍左校尉、助軍右校尉、左校尉、右校尉等，皆統於上軍校尉蹇碩。靈帝死，蹇碩被殺，八校尉遂廢。

[4] 偏裨：偏將與裨將。將佐的通稱。

[5] 假司馬：官名。軍司馬之副。漢代校尉所領營部，置軍司馬以佐之。

[6] 本州：指并州。

[7] 上黨：郡名。治所長子縣，在今山西長子縣西南。董卓亂後，移治所於壺關縣，在今山西長治市北。

[8] 河內：郡名。治所懷縣，在今河南武陟縣西南。

[9] 漳水：即漳河。古漳河流經今河北臨漳縣東北。

[10] 鄴：縣名。治所在今河北臨漳縣西南鄴鎮東一里半。

[11] 單于與楊至黎陽：各本皆作"單于執楊至黎陽"。錢大昭《辨疑》曰："上既云'單于執楊'矣，下何必重復言之？'至黎陽'上'執楊'二字疑衍。"盧弼《集解》引何焯曰："北宋本作'單于與楊至黎陽'。"盧氏云："按'執'作'與'，則上下文皆可通。"今據何引北宋本改。黎陽，縣名。治所在今河南浚縣東北。

[12] 建義將軍：官名。東漢置，爲雜號將軍。

[13] 河東：郡名。治所安邑縣，在今山西夏縣西北禹王城。

［14］至：百衲本作“控”，殿本、盧弼《集解》本、校點本作“至”。今從殿本等。

［15］安國將軍：官名。爲雜號將軍。胡三省云：“安國將軍之號，蓋始於此。”（《通鑑》卷六一漢獻帝興平二年注）

［16］晉陽：縣名。治所在今山西太原市西南古城營西古城。

［17］野王：縣名。治所在今河南沁陽市。

［18］太祖之圍布：趙幼文《校箋》謂《蒙求》卷三引無“之”字。

［19］東市：胡三省云：“野王縣東市也。”（《通鑑》卷六二漢獻帝建安三年注）

［20］犬城：聚邑名。《續漢書‧郡國志》河內郡野王縣有射犬聚，在今河南修武縣西南。趙一清《注補》謂射犬聚即犬城，盧弼《集解》亦贊同其説。但本書卷一《武帝紀》建安四年云：“張楊將楊醜殺楊，眭固又殺醜，以其衆屬袁紹，屯射犬”；“固使楊故長史薛洪、河內太守繆尚留守，自將兵北迎紹求救，與渙、仁相遇犬城”。據此，射犬並非犬城，犬城當在射犬之北。

［21］趙融、馮芳爲助軍校尉：《後漢書》卷八《靈帝紀》李賢注引樂資《山陽公載記》作“趙融爲助軍左校尉，馮芳爲助軍右校尉”。

［22］固：百衲本作“兔”，殿本、盧弼《集解》本、校點本作“固”。今從殿本等。

　　公孫度字升濟，本遼東襄平人也。[1]度父延，避吏居玄菟，[2]任度爲郡吏。時玄菟太守公孫琙，[3]子豹，年十八歲，早死。度少時名豹，又與琙子同年，琙見而親愛之，遣就師學，爲取妻。後舉有道，[4]除尚書郎，稍遷冀州刺史，以謡言免。同郡徐榮爲董卓中郎將，薦度爲遼東太守。度起玄菟小吏，爲遼東郡所輕。

先時，屬國公孫昭守襄平令，[5] 召度子康爲伍長。[6] 度到官，收昭，笞殺于襄平市。郡中名豪大姓田韶等宿遇無恩，皆以法誅，所夷滅百餘家，郡中震慄。東伐高句驪，[7] 西擊烏丸，威行海外。初平元年，度知中國擾攘，語所親吏柳毅、陽儀等曰："漢祚將絕，當與諸卿圖王耳。"〔一〕時襄平延里社生大石，[8] 長丈餘，下有三小石爲之足。或謂度曰："此漢宣帝冠石之祥，[9] 而里名與先君同。[10] 社主土地，明當有土地，而三公爲輔也。"[11] 度益喜。[12] 故河內太守李敏，郡中知名，惡度所爲，恐爲所害，乃將家屬入于海。度大怒，掘其父冢，剖棺焚屍，誅其宗族。〔二〕分遼東郡爲遼西中遼郡，[13] 置太守。越海收東萊諸縣，[14] 置營州刺史。自立爲遼東侯、平州牧，[15] 追封父延爲建義侯。立漢二祖廟，[16] 承制設壇墠於襄平城南，[17] 郊祀天地，藉田，[18] 治兵，乘鸞路，[19] 九旒，[20] 旄頭羽騎。[21] 太祖表度爲武威將軍，[22] 封永寧鄉侯，[23] 度曰："我王遼東，何永寧也！"藏印綬武庫。[24] 度死，子康嗣位，以永寧鄉侯封弟恭。是歲建安九年也。

〔一〕《魏書》曰：度語毅、儀："《讖書》云孫登當爲天子，太守姓公孫，字升濟，升即登也。"

〔二〕《晉陽秋》曰：[25] 敏子追求敏，出塞，越二十餘年不娶。州里徐邈責之曰：[26] "不孝莫大於無後，[27] 何可終身不娶乎！"乃娶妻，生子胤而遣妻，常如居喪之禮，不勝憂，數年而卒。胤生不識父母，及有識，蔬食哀戚亦如三年之喪。以祖父不知存亡，設主奉之。由是知名，仕至司徒。[28]

臣松之案：《本傳》云敏將家入海，而復與子相失，未
詳其故。

    [1] 遼東：郡名。治所襄平縣，在今遼寧遼陽市老城區。

    [2] 玄菟：郡名。治所高句驪縣，而縣址數變，東漢安帝永初
元年（107）後，在今遼寧沈陽城東上柏官屯古城。

    [3] 琙（yù）：《後漢書》卷八五《夫餘國傳》作"琙"。

    [4] 有道：東漢選舉人才科目之一。但不常設，有詔則舉。如
《後漢書》卷八《靈帝紀》建寧元年（168）五月，"詔公卿以下各
上封事，及郡國守相舉有道之士各一人"。

    [5] 屬國：指遼東屬國。

    [6] 伍長：漢代民户，五家置長一人，稱伍長，管理五户，維
持治安。梁章鉅《旁證》引沈欽韓曰："《續漢志》里有里魁，民
有什伍。里魁掌一里，什主十家，伍主五家。"

    [7] 高句驪：國名。見本書卷三〇《東夷傳》。東漢時國都在
國内城，在今吉林集安市。（詳《〈中國歷史地圖集〉釋文匯編
（東北卷）》）

    [8] 延：里名。在襄平縣境，即今遼寧遼陽市境内。　社：鄉
里祭祀土地神之處。

    [9] 漢宣帝冠石之祥：《漢書·五行志中之上》載："孝昭元
鳳三年正月，泰山萊蕪山南，匈匈有數千人聲。民視之，有大石自
立，高丈五尺，大四十八圍，入地深八尺，三石爲足。石立處，有
白烏數千集其旁。眭孟以爲石陰類，下民象，泰山岱宗之岳，王者
易姓告代之處，當有庶人爲天子者。"《太平御覽》卷八七三引此
段至"有白烏數千集其旁"爲止，其下又云"宣帝中興之瑞也"。
趙幼文《校箋》謂《北堂書鈔》卷一〇〇引"漢宣帝冠石之祥"
下有"也"字。

    [10] 先君：指公孫度之父公孫延。趙幼文《校箋》則云：

"《北堂書鈔》引'君'字作'公',蓋自稱曰先君,他人則曰先公也。此或(謂)度語,以作'先公'爲得其實。"

[11] 而三公:趙幼文《校箋》謂《北堂書鈔》引"三"上無"而"字。

[12] 益喜:趙幼文《校箋》謂《北堂書鈔》引"益"字作"大"。

[13] 遼西中遼郡:郡治所及所轄縣均未詳。趙幼文《校箋》則謂郝經《續後漢書》無'中遼'二字。

[14] 東萊:郡名。治所黃縣,在今山東龍口市東南舊黃縣東黃城集。

[15] 平州:公孫度自號平州牧,治所在襄平縣。後曹魏時曾一度分幽州東部置平州,治所仍在襄平縣。不久仍入幽州。(本《晋書·地理志》)

[16] 漢二祖:指漢高祖劉邦與漢世祖光武帝劉秀。

[17] 壇墠(shàn):祭祀場所。《禮記·祭法》:"設廟祧壇墠而祭之。"鄭玄注:"封土曰壇,除地曰墠。"

[18] 藉田:古代天子、諸侯征用民力所耕之田。而每年春天,天子、諸侯例至田中親耕,以示重視農業。

[19] 鸞路:即鸞輅。天子所乘之車。《禮記·月令》孟春之月,"天子居青陽左个,乘鸞路,駕倉龍"。鄭玄注:"鸞路,有虞氏之車,有鸞和之節,而飾之以青,取其名耳。"

[20] 旒(liú):古代天子、諸侯、大夫、士冠冕前後所懸的玉串。按,禮,天子十二旒,諸侯九旒,上大夫七旒,下大夫五旒,士三旒。(本《禮記·禮器》)

[21] 旄頭:皇帝出行時,羽林騎兵披髮先驅,稱爲旄頭。羽騎:即羽林騎兵。

[22] 武威將軍:《後漢書》卷七四下《袁紹傳》謂建安九年司空袁紹表度爲奮威將軍。武威、奮威皆雜號將軍之號。

[23] 鄉侯:爵名。漢制,列侯大者食縣邑,小者食鄉、亭。

東漢後期，遂以食鄉、亭者分別稱爲鄉侯、亭侯。

　　[24] 武庫：胡三省云："遼東郡之武庫也。"（《通鑑》卷六四漢獻帝建安九年注）

　　[25] 晋陽秋：書名。東晋孫盛撰。"陽秋" 即 "春秋"，因晋簡文帝母鄭太后名阿春，故避諱改。《晋書》卷八二《孫盛傳》云："盛篤學不倦，自少至老，手不釋卷。著《魏氏春秋》《晋陽秋》，並造詩賦論難復數十篇。《晋陽秋》詞直而理正，咸稱良史焉。"《隋書・經籍志》古史類著録《晋陽秋》三十二卷，訖哀帝，孫盛撰。此書已佚。清黃奭、湯球、王仁俊等各有輯本。

　　[26] 州里：同鄉。因徐邈與李敏皆幽州人，故爲州里。

　　[27] 無後：《孟子・離婁》孟子曰："不孝有三，無後爲大。"

　　[28] 司徒：東漢時，與太尉、司空並爲三公，共同行使宰相職能，位次太尉。本職掌民政。

　　十二年，太祖征三郡烏丸，屠柳城。[1]袁尚等奔遼東，康斬送尚首。語在《武紀》。封康襄平侯，拜左將軍。[2]康死，子晃、淵等皆小，衆立恭爲遼東太守。文帝踐阼，遣使即拜恭爲車騎將軍、假節，[3]封平郭侯；[4]追贈康大司馬。

　　初，恭病陰消爲閹人，[5]劣弱不能治國。太和二年，[6]淵脅奪恭位。明帝即（位）拜淵揚烈將軍、遼東太守。[7]淵遣使南通孫權，往來賂遺。〔一〕權遣使張彌、許晏等，齎金玉珍寶，立淵爲燕王。淵亦恐權遠不可恃，且貪貨物，誘致其使，悉斬送彌、晏等首，[二]明帝於是拜淵大司馬，封樂浪公，持節、領郡如故。〔三〕使者至，淵設甲兵爲軍陣，出見使者，又數對國中賓客出惡言。〔四〕景初元年，[8]乃遣幽州刺史毌丘儉等齎璽書徵淵。淵遂發兵，逆於遼隧，[9] 與儉等戰。儉等不利而還。淵遂自立爲燕王，置百官有司。遣使者持節，假鮮卑單于璽，封拜邊民，誘呼鮮卑，侵擾北方。[五]二年春，遣太尉司馬宣王征淵。[10]六月，軍至遼東。[六]淵遣將軍卑衍、楊祚等步騎數萬屯遼隧，[11]圍塹二十餘里。宣王軍至，令衍逆戰。宣王遣將軍胡遵等擊破之。宣王令軍穿圍，引兵東南向，而急東北，即趨襄平。衍等恐襄平無守，夜走。諸軍進至首山，[12]淵復遣衍等迎軍殊死戰。復擊，大破之，遂進軍造城下，爲圍塹。會霖雨三十餘日，遼水暴長，[13]運船自遼口徑至城下。[14]雨霽，起土山、脩櫓，[15]爲發石連弩射城中。[16]淵窘急。糧盡，人相食，死者甚多。將軍楊祚等降。八月丙寅夜，大流星長數十丈，[17]從首山東北墜襄平城東南。壬午，淵衆潰，與其子脩將數百騎突圍東南走，大兵急擊之，當流星所墜處，斬淵父子。城破，斬相國以下首級以千數，[18]傳淵首洛陽，遼東、帶方、樂浪、玄菟悉平。[19]

〔一〕《吳書》載淵表權曰：“臣伏惟遭天地反易，遇无妄之運；[20]王路未夷，傾側擾攘。自先人以來，歷事漢、魏，階緣際會，爲國效節，繼世享任，得守藩表，猶知符命未有攸歸。每感厚恩，頻辱顯使，退念人臣交不越境，是以固守所執，拒違前使。雖義無二信，敢忘大恩！陛下鎮撫，長存小國，前後裴校尉、葛都尉等到，[21]奉被敕誡，聖旨彌密，重紈累素，[22]幽明備著，所以申示之事，言提其耳。臣晝則謳吟，宵則發夢，終身誦之，志不知足。[23]季末凶荒，乾坤否塞，兵革未戢，人民蕩析。仰此天命將有眷顧，私從一隅永瞻雲日。今魏家不能採録忠善，襃功臣之後，乃令讒諂得行其志，[24]聽幽州刺史、東萊太守誣誤之言，猥興州兵，圖害臣郡。臣不負魏，而魏絶之。蓋聞人臣有去就之分；田饒適齊，[25]樂毅走趙，[26]以不得事主，故保有道之君；陳平、耿況，[27]亦覿時變，卒歸於漢，勒名帝籍。伏惟陛下德不再出，時不世遇，是以悽悽懷慕自納，[28]望遠視險，有如近易。誠願神謨蚤定洪業，奮六師之勢，[29]收河、洛之地，爲聖代宗。天下幸甚！"

《魏略》曰：國家知淵兩端，而恐遼東吏民爲淵所誤。[30]故公文下遼東，因赦之曰："告遼東、玄菟將校吏民：逆賊孫權遭遇亂階，因其先人劫略州郡，遂成羣凶，自擅江表，含垢藏疾。冀其可化，故割地王權，使南面稱孤，位以上將，禮以九命。[31]權親叉手，北向稽顙。[32]假人臣之寵，受人臣之榮，[33]未有如權者也。狼子野心，告令難移，卒歸反覆，背恩叛主，滔天逆神，乃敢僭號。恃江湖之險阻，王誅未加。比年已來，復遠遣船，[34]越渡大海，多持貨物，誑誘邊民。邊民無知，與之交關。長吏以下，莫肯禁止。至使周賀浮舟百艘，[35]沈滯津岸，貿遷有無。既不疑拒，齎以名馬，又使宿舒隨賀通好。[36]十室之邑，猶有忠信，[37]陷君於惡，[38]《春秋》所書也。今遼東、玄菟奉事國朝，紆青拖紫，[39]以千百爲數，[40]戴縰垂纓，[41]咸佩印綬，曾無匡正納善之言。龜玉毀于匵，[42]虎兕出于匣，是誰之過歟？國朝爲子大夫羞之！昔狐突有言：[43]'父教子貳，何以事君？策名委質，[44]貳乃辟也。'[45]今乃阿順邪謀，脅從姦惑，豈獨父兄之教不詳，子弟之舉習非而已哉！若苗穢害田，隨風烈火，芝艾俱焚，[46]安能自別乎？[47]且又此事固然易見，不及鑒古成敗，書傳所載也。江南海北有萬里之限，遼東君臣無怵惕之患，利則義所不利，[48]貴則義所不貴，此爲厭安樂之居，求危亡之禍，賤忠貞之節，重背叛之名。蠻、貊之長，猶知愛禮，以此事人，亦難爲顏！且又宿舒無罪，擴使入吳，奉不義之使，始與家訣，涕泣而行。及至賀死之日，覆衆成山，[49]舒雖脫死，魂魄離身。何所逼迫，乃至於此！今忠臣烈將，咸忿遼東反覆攜貳，皆欲乘桴浮海，期於肆意。朕爲天下父母，加念天下新定，既不欲勞動干戈，遠涉大川，費役如彼，又悼邊陲遺餘黎民，迷誤如此，故遣郎中衞慎、邵瑁等且先奉詔示意。[50]若股肱忠良，能效節立信以輔時君，反邪就正以建大功，福莫大焉。儻恐自嫌已爲惡逆所見染汙，不敢倡言，永懷伊戚。其諸與賊使交通，皆赦除之，與之更始。”

〔二〕《魏略》載淵表曰：[51]“臣前遣校尉宿舒、郎中令孫綜，[52]甘言厚禮，以誘吳賊。幸賴天道福助大魏，使此賊虜暗然迷惑，違戾羣下，不從衆諫，承信臣言，遠遣船使，多將士卒，來致封拜。臣之所執，得如本志，雖憂罪釁，私懷幸甚。賊衆本號萬人，舒、綜伺察，可七八千人，到沓津。[53]僞使者張彌、許晏與中郎將萬泰、校尉裴潛將吏兵四百餘人，[54]齎文書命服什物，[55]下到臣郡。泰、潛別齎致遺貨物，欲因市馬。軍將賀達、虞咨領餘衆在船所。臣本欲須涼節乃取彌等，而彌等人兵衆多，見臣不便承受吳命，意有猜疑。懼其先作，[56]變態妄生，即進兵圍取，斬彌、晏、泰、潛等首級。其吏從兵衆，皆士伍小人，給使東西，不得自由，面縛乞降，不忍誅殺，輒聽納受，徙充邊城。別遣將韓起等率將三軍，馳行至沓。使領長史柳遠設賓主禮誘請達、咨，三軍潛伏以待其下，又驅羣馬貨物，欲與交市。達、咨懷疑不下，使諸市買者五六百人下，欲交市。起等金鼓始震，鋒矢亂發，斬首三百餘級，被創赴水沒溺者可二百餘人，其散走山谷，來歸降及藏竄飢餓死者，不在數中。得銀印、銅印、兵器、資貨，不可勝數。謹遣西曹掾公孫珩奉送賊權所假臣節、印綬、符策、九錫、什物，[57]及彌等僞節、印綬、首級。”又曰：“宿舒、孫綜前到吳，賊權問臣家內小大，舒、綜對臣有三息，脩別屬亡弟。權敢姦巧，便擅拜命。謹封送印綬、符策。臣雖無昔人洗耳之風，[58]慚爲賊權汙損所加，既行天誅，猶有餘忿。”又曰：“臣父康，昔殺權使，結爲讎隙。今乃謫欺，遣使誘致，令權傾心，虛國竭祿，遠命上卿，寵授極位，震動南土，備盡禮數。又權待舒、綜，契闊委曲，君臣上下，畢歡竭情。而令四使見殺，梟示萬里，士衆流離，屠戮津渚，慚恥遠布，痛辱彌天。權之怨疾，將刻肌骨。若天衰其業，使至喪隕，權將內傷憤激而死。若期運未訖，將播毒螫，必恐長虵來爲寇害。徐州諸屯及城陽諸郡，[59]與相接近，如有船衆後年向海門，得其消息，乞速告臣，使得備豫。”又曰：“臣門戶受恩，實深實重，自臣承攝即事以來，連被榮寵，殊特無量，分當隕越，[60]竭力致死。而臣狂愚，意計迷闇，不即禽賊，以至見疑。前章表所陳情趣事勢，實但欲罷弊此賊，使困自絕，誠不敢背累世之恩，附僭盜之虜也。而後愛憎之人，緣事加誣，僞生節目，卒令明聽疑於市虎，[61]移恩改愛，興動威怒，幾至沈沒，長爲負㤞。幸賴慈恩，猶垂三宥，使得補過，解除愆責。如天威遠加，不見假借，早當麋碎，[62]辱先廢祀，何緣自明，建此微功。臣既喜於事捷，得自申展，悲於疇昔，至此變故，餘怖踊躍，未敢便寧。唯陛下既崇春日生全之仁，除忿塞隙，抑弭纖介，推今亮往，察臣本心，長令抱戴，銜分三泉。”[63]又曰：“臣被服光榮，恩情未報，而以罪釁，自招譴怒，分當即戮，爲衆社戒。[64]所以越典詭常，僞通於吳，誠自念窮迫，報效未立，而爲天威督罰所加，長恐奄忽不得自洗。故敢自闕替廢於一年，遣使誘吳，知其必來。權之求郡，積有年歲，初無倡答一言之應，今權得使，來必不疑，至此一舉，果如所規，上卿大衆，翕赫豐盛，[65]財貨賂遺，傾國極位，到見禽取，流離死亡，千有餘人，滅絕不反。此誠暴猾賊之鋒，摧矜夸之巧，昭示天下，破損其業，足以慚之矣。臣之惓惓念效於國，雖有非常之過，亦有非常之功，願陛下原其瑜闕之愆，[66]采其毫毛之善，使得國恩，保全終始矣。”

〔三〕《魏名臣奏》載中領軍夏侯獻表曰：[67]“公孫淵昔年敢違王命，廢絕計貢者，實挾兩端。既恃阻險，又怙孫權。故敢跋扈，恣睢海外。[68]宿舒親見賊權軍衆府庫，知其弱少不足憑恃，是以決計斬賊之使。又高句麗、濊貊與淵為仇，並為寇鈔。今外失吳援，內有胡寇，心知國家能從陸道，勢不得不懷惶懼之心。因斯之時，宜遣使示以禍福。奉車都尉酅弘，[69]武皇帝時始奉使命，開通道路。文皇帝即位，欲通使命，遣弘將妻子還歸鄉里，賜其車、牛、絹百匹。[70]弘以受恩，歸死國朝，無有還意，乞留妻子，身奉使命。公孫康遂稱臣妾。以弘奉使稱意，賜爵關內侯。弘性果烈，乃心於國，夙夜奉奉，念自竭効。冠族子孫，少好學問，博通書記，多所關涉，口論速捷，辯而不俗，附依典誥，[71]若出胸臆，加仕本郡，常在人右，彼方士人素所敬服。若當遣使，以為可使弘行。弘乃自舊土，習其國俗，為說利害，辯足以動其意，明足以見其事，才足以行之，辭足以見信。若其計從，雖酈生之降齊王，[72]陸賈之說尉佗，[73]亦無以遠過也。欲進遠路，不宜釋騏驥；將已篤疾，不宜廢扁鵲。[74]願察愚言也。”

〔四〕《吳書》曰：魏遣使者傅容、聶夔拜淵為樂浪公。淵計吏從洛陽還，[75]語淵曰：“使者左駿伯，使皆擇勇力者，非凡人也。”淵由是疑怖。容、夔至，住學館中。淵先以步騎圍之，乃入受拜。容、夔大怖，由是還洛言狀。

〔五〕《魏書》曰：淵知此變非獨出儉，遂為備。遣使謝吳，自稱燕王，求為與國。[76]然猶令官屬上書自直于魏曰：“大司馬長史臣郭昕、參軍臣柳浦等七百八十九人言：[77]奉被今年七月己卯詔書，伏讀懇切，精魄散越，不知身命所當投措！昕等伏自惟省，螻蟻小醜，器非時用，遭值千載，被受公孫淵祖考以來光明之德，惠澤沾渥，滋潤榮華，無寸尺之功，[78]有負乘之累；遂蒙褒獎，登名天府，並以駑蹇附龍託驥，[79]紆青拖紫，[80]飛騰雲梯，感恩惟報，死不擇地。臣等聞明君在上，聽政采言，人臣在下，得無隱情，是以因緣訴讓，冒犯愬冤。郡在藩表，密邇不羈，平昔三州，[81]轉輸費調，以供賞賜，歲用累億，虛耗中國。然猶跋扈，虜劉邊陲，[82]烽火相望，羽檄相逮，城門晝閉，路無行人，州郡兵戈，奔散覆沒。淵祖父度初來臨郡，承受荒殘，開日月之光，建神武之略，聚烏合之民，掃地爲業，威震燿于殊俗，德澤被于羣生。遼土之不壞，實度是賴。孔子曰：[83]'微管仲，吾其被髮左衽。'向不遭度，則郡早爲丘墟，而民係於虜廷矣。遺風餘愛，永存不朽。度既薨殂，吏民感慕，欣戴子康，尊而奉之。康踐統洪緒，克壯徽猷，文昭武烈，[84]邁德種仁；乃心京輦，翼翼虔恭，佐國平亂，效績紛紜，功隆事大，勳藏王府。度、康當值武皇帝休明之會，[85]合策名之計，[86]夾輔漢室，降身委質，卑己事魏。匪處小厭大，畏而服焉，乃慕託高風，懷仰盛懿也。武皇帝亦虛心接納，待以不次，功無巨細，每不見忘。又命之曰：'海北土地，[87]割以付君，世世子孫，實得有之。'皇天后土，實聞德音。臣庶小大，豫在下風，奉以周旋，不敢失墜。淵生有蘭石之姿，[88]少含愷悌之訓，[89]允文允武，[90]忠惠且直；生民欽仰，莫弗懷愛。淵纂戎祖考，[91]君臨萬民，爲國以禮，淑化流行，獨見先覩，羅結遐方，勤王之義，視險如夷，世載忠亮，不隕厥名。孫權慕義，不遠萬里，連年遣使，欲自結援，雖見絶殺，不念舊怨，纖纖往來，求成恩好。淵執節彌固，不爲利迴，守志匪石，確乎彌堅。猶懼丹心未見保明，乃卑辭厚幣，誘致權使，梟截獻馘，[92]以示無二。吳雖在遠，水道通利，舉帆便至，無所隔限。淵不顧敵讎之深，念存人臣之節，絶彊吳之歡，昭事魏之心，靈祇明鑒，普天咸聞。陛下嘉美洪烈，懿茲武功，誕錫休命，[93]寵亞齊、魯，下及陪臣，[94]普受介福。[95]誠以天覆之恩，當卒終始，得竭股肱，永保祿位，不虞一旦，橫被殘酷。惟育養之厚，念積累之效，[96]悲思不遂，痛切見棄，舉國號咷，拊膺泣血。夫三軍所伐，蠻夷戎狄，驕逸不虔，於是致武，不聞義國反受誅討。蓋聖王之制，五服之域，[97]有不供職，則脩文德，而又不至，然後征伐。淵小心翼翼，恪恭于位，勤事奉上，可謂勉矣。盡忠竭節，還被患禍。《小弁》之作，[98]《離騷》之興，[99]皆由此也。就或佞邪，盜言孔甘，[100]猶當清覽，[101]憎而知善；讒巧似直，惑亂聖聽，尚望文告，使知所由。若信有罪，當垂三宥；[102]若不改寤，計功減降，當在八議。[103]而潛軍伺襲，大兵奄至，舞戈長驅，衝擊遼土。犬馬惡死，況於人類！吏民昧死，挫辱王師。淵雖寃枉，方臨危殆，猶恃聖恩，悵然重奔，冀必姦臣矯制，妄肆威虐，乃謂臣等曰：‘漢安帝建光元年，[104]遼東屬國都尉龐奮，[105]受三月乙未詔書，[106]曰收幽州刺史馮煥、玄菟太守姚光。[107]推案無乙未詔書，遣侍御史幽州（牧）〔收〕考姦臣矯制者。[108]今刺史或儻謬承矯制乎？’臣等議以爲刺史興兵，搖動天下，殆非矯制，必是詔命。淵乃俛仰歎息，自傷無罪。深惟土地所以養人，竊慕古公杖策之岐，[109]乃欲投冠釋紱，[110]逝歸林麓。臣等維持，誓之以死，屯守府門，不聽所執。而七營虎士，五部蠻夷，[111]各懷素飽，不謀同心，奮臂大呼，排門遁出。近郊農民，釋其耰鎛，[112]伐薪制梃，改案爲櫓，奔馳赴難，軍旅行成，[113]雖蹈湯火，死不顧生。淵雖見孤棄，[114]怨而不怒，比遣敕軍，勿得干犯，及手書告語，懇惻至誠。而吏士凶悍，不可解散，期於畢命，投死無悔。淵懼吏士不從教令，乃躬馳騖，[115]自往化解，僅乃止之。一飯之惠，[116]匹夫所死，況淵累葉信結百姓，恩著民心。自先帝初興，爰暨陛下，榮淵累葉，豐功懿德，策名褒揚，辯著廊廟，勝衣舉履，誦詠明文，以爲口實。埋而掘之，[117]古人所恥。小白、重耳，[118]衰世諸侯，猶慕著信，以隆霸業。《詩》美文王作孚萬邦，[119]《論語》稱仲尼去食存信；[120]信之爲德，固亦大矣。今吳、蜀共帝，鼎足而居，天下搖蕩，無所統一，臣等每爲陛下懼此危心。淵據金城之固，仗和睦之民，國殷兵彊，可以横行。策名委質，守死善道，忠至義盡，爲九州表。方今二敵闚關，[121]未知孰定，是之不戒，而淵是害。茹柔吐剛，[122]非王者之道也。臣等雖鄙，誠竊恥之。若無天乎，臣一郡吉凶，尚未可知；若云有天，亦何懼焉！臣等聞仕於家者，二世則主之，三世則君。臣等生於荒裔之土，出於圭竇之中，[123]無大援於魏，世隸於公孫氏，報生與賜，在於死力。昔蒯通言直，[124]漢祖赦其誅；鄭詹辭順，[125]晋文原其死。臣等頑愚，不達大節，苟執一介，披露肝膽，言逆龍鱗，罪當萬死。惟陛下恢崇撫育，亮其控告，使疏遠之臣，永有保恃。"[126]

〔六〕《漢晋春秋》曰：公孫淵自立，稱紹漢元年。聞魏人將討，復稱臣於吳，乞兵北伐以自救。吳人欲戮其使，羊衟曰：[127]"不可，是肆匹夫之怒而捐霸王之計也。不如因而厚之，遣奇兵潛往以要其成。若魏伐淵不克，而我軍遠赴，是恩結遐夷，義蓋萬里；[128]若兵連不解，首尾離隔，則我虜其傍郡，驅略而歸，亦足以致天之罰，報雪曩事矣。"[129]權曰："善。"乃勒兵大出，[130]謂淵使曰："請俟後問，當從簡書，[131]必與弟同休戚，[132]共存亡，雖隕于中原，吾所甘心也。"又曰："司馬懿所向無前，[133]深爲弟憂也。"

[1] 柳城：西漢縣名。西漢時屬遼西郡，東漢省。舊治所在今遼寧朝陽市西南十二臺營子。（詳《〈中國歷史地圖集〉釋文匯編（東北卷）》）

[2] 左將軍：官名。位如上卿，與前、後、右將軍掌京師兵衛和邊防屯警。

[3] 假節：漢末三國時期，皇帝賜予臣下的一種權力。至晋代，此種權力明確爲因軍事可殺犯軍令者。

[4] 平郭：縣名。治所在今遼寧蓋州市熊岳城稍東。（詳《〈中國歷史地圖集〉釋文匯編（東北卷）》）

〔5〕陰消：男子性器官發育不良，無生育能力之病。

〔6〕太和：魏明帝曹叡年號（227—233）。

〔7〕即拜：各本皆作"即位拜"。錢大昕《廿二史考異》云："明帝以黃初七年即位，其明年改元太和，傳以明帝即位承'太和二年'之下，誤也。'位'字當是衍文。"校點本即從錢説删"位"字。今從之。 揚烈將軍：官名。曹魏置，第五品。沈家本《瑣言》謂本書卷三《明帝紀》載太和四年二月以公孫淵爲車騎將軍，此傳缺。又《吳主傳》注引《江表傳》載權詔，稱公孫淵爲魏平樂侯，此傳亦缺。

〔8〕景初：魏明帝曹叡年號（237—239）。

〔9〕遼隧：又作"遼隊"。《漢書·地理志》：遼東郡，遼隊。顏師古注："隊音遂。"謝鍾英《補三國疆域志補注》謂遼隧《漢書·地理志》屬遼東郡，東漢光武帝建武初省，蓋漢桓帝、靈帝後復立。按，遼隧縣治所在今遼寧遼陽市西南八十餘里太子河西岸高坨子附近。（詳《〈中國歷史地圖集〉釋文匯編（東北卷）》）

〔10〕司馬宣王：即司馬懿。魏元帝初，其子司馬昭爲晋王，追尊他爲宣王。

〔11〕卑衍：趙幼文《校箋》謂《水經注·大遼水》引"卑"作"畢"。唐鈔本《文選·爲石仲容與孫皓書》引"卑"字亦作"畢"，《太平御覽》卷二八五引同。是北宋以前"卑"字俱作"畢"也。

〔12〕首山：在今遼寧遼陽市西南十五里。（詳謝鍾英《補三國疆域志補注》）

〔13〕遼水：即今遼寧中部的遼河。

〔14〕遼口：地名。謝鍾英云："疑即渾河入遼河之口。"（《補三國疆域志補注》）《中國歷史地圖集》第三册（三國魏幽州）則以今遼河口爲遼口，在遼寧營口市遼河入海處。

〔15〕櫓：用於瞭望敵軍，無頂蓋的望樓，亦稱樓櫓。

〔16〕發石：發石車。用機械原理將石塊發射出去的炮車。

〔17〕流星：星際空間分佈着許多細小物體與塵粒，當其飛進地球的大氣層，與大氣摩擦發生熱和光，如在夜間飛速掠過天空時，人們可見猶如明星之流失，遂稱之爲流星。

〔18〕相國：官名。即丞相。公孫淵自稱燕王，故置有相國。

〔19〕帶方：郡名。東漢末公孫康分樂浪郡屯有縣以南荒地置帶方郡，治所帶方縣，在今朝鮮黃海道鳳山郡土城内。（詳《〈中國歷史地圖集〉釋文匯編（東北卷）》）

〔20〕无妄：《易》卦名。《无妄》："六三，无妄之災，或繫之牛，行人之得，邑人之災。"此"无妄之災"，指意外的災禍。

〔21〕校尉：官名。漢代軍職之稱。東漢末，位次於中郎將，高於都尉。此裴校尉，即以下《魏略》載淵表中之"校尉裴潛"。

〔22〕重紈累素：謂書寫之紈素一張接一張。紈素，白細絹。

〔23〕志：盧弼《集解》云："北宋本'志'作'忘'。"百衲本、殿本、盧弼《集解》本、校點本俱作"志"。今從百衲本等。

〔24〕讒謟：百衲本、校點本作"讒謅"，殿本、盧弼《集解》本作"讒謟"。今從殿本等。

〔25〕田饒：戰國人。《說苑》卷八《尊賢》謂"宗衛相齊，遇逐，罷歸舍。召門尉田饒等二十有七人而問焉，曰：'士大夫誰能與我赴諸侯者乎？'田饒等皆伏而不對"。宗衛慨嘆士人之易得而難用。田饒則謂，非士人之難用，"是君不能用也"，"厨中有臭肉，則門下無死士。今夫三升之稷不足於士，而君雁鶩有餘粟"，如此，欲士人爲君所用，"豈不難乎哉！"（參盧弼《集解》）

〔26〕樂毅：戰國中山人，爲燕將，得燕昭王信任，率軍攻齊國，連破七十餘城，以功封昌國君。昭王卒，惠王繼位，中齊反間計，用騎劫代樂毅爲將。樂毅恐被害，遂逃奔趙國。（見《史記》卷八〇《樂毅列傳》）

〔27〕陳平：西漢初人。秦末陳勝起義，立魏咎爲魏王。陳平往投之，爲太僕。而魏王咎不聽陳平之言，又有人讒毀他。陳平遂改歸項羽，不久又歸劉邦，終助劉邦建立漢王朝。（見《史記》卷

五六《陳丞相世家》）　　耿況：東漢初人，曾爲王莽所置之上谷太守。漢光武帝劉秀起兵後，況子耿弇投歸之。耿弇後又説況助劉秀，有功。劉秀因以耿況爲大將軍、興義侯。（見《後漢書》卷一九《耿弇傳》）

[28] 懊懊：勤懇，恭謹。《後漢書》卷五四《楊震附賜傳》："豈敢愛惜垂没之年，而不盡其懊懊之心哉！"李賢注："懊懊，猶勤勤也。"

[29] 勢：趙幼文《校箋》謂郝經《續後漢書》作"威"。

[30] 恐：百衲本作"思"，殿本、盧弼《集解》本、校點本作"恐"。今從殿本等。

[31] 九命：九錫之命，古時天子賜諸侯的最高禮遇。《漢書》卷六《武帝紀》顏師古注引應劭曰："九錫者，一曰車馬，二曰衣服，三曰樂器，四曰朱户，五曰納陛，六曰虎賁百人，七曰鈇鉞，八曰弓矢，九曰秬（jù）鬯（chàng）。"

[32] 稽（qǐ）顙（sǎng）：叩頭額觸地。此爲歸順、歸降之意。

[33] 受人臣之榮：趙幼文《校箋》謂郝經《續後漢書》作"受封爵之榮"。

[34] 遣船：趙幼文《校箋》謂《册府元龜》卷一六三引"船"上有"樓"字。按，宋本《册府元龜》亦無"樓"字。

[35] 周賀：吳將。孫權嘉禾元年（232）遣將軍周賀往遼東結交公孫淵，被魏將田豫破於成山。見本書卷四七《吳主傳》與卷三《明帝紀》。

[36] 宿舒：公孫淵將。吳將周賀至遼東後，公孫淵即遣宿舒等至吳獻貂、馬，稱藩臣。（見本書卷四七《吳主傳》）。

[37] 忠信：《論語·公冶長》子曰："十室之邑，必有忠信如丘者焉，不如丘之好學也。"

[38] 陷君於惡：《左傳·昭公二十五年》：子家子曰："陷君于難，罪孰大焉？"又《左傳·僖公十五年》：慶鄭曰："陷君于

敗，敗而不死，又使失刑，非人臣也。”

[39] 紆青拖紫：繫佩青印綬與紫印綬，指官高位顯。《文選》揚雄《解嘲》：“紆青拖紫，朱丹其轂。”李善注：“《東觀漢記》曰：印綬，漢制公侯紫綬，九卿青綬。”

[40] 以千百爲數：趙幼文《校箋》謂《册府元龜》卷一六三引無“以”字。

[41] 纚（xǐ）：古代士人包髮之帛。 緌：繫冠的絲帶。以兩條繫於冠，然後捲結於頤下。

[42] 龜玉：龜甲和寶玉。古時國家之重器。《論語·季氏》：“虎兕出於柙，龜玉毀於櫝中，是誰之過與？”邢昺疏：“言是典守者之過也，以喻主君有闕，是輔相者之過也。”

[43] 狐突：春秋晋臣。狐偃之父，晋文公重耳外祖。

[44] 策名委質：謂出任爲官，結成君臣關係。《左傳·僖公二十三年》“策名委質”楊伯峻注：“策名，名字書於策上也。古者始仕，必先書其名於策……委質，質同贄，音至，《莊公二十四年》所謂‘男贄，大者玉帛，小者禽獸’是也。委質之委與昏禮納采委雁之委同義，置也。《吕氏春秋·執一篇》云‘今日置質爲臣’，置質即委質。凡贄必相授受，唯臣之於君，則不親授，置之於庭，不敢送於君前也”。（《春秋左傳注》）

[45] 貳乃辟也：楊伯峻注：“委質爲臣，如有二心，則爲罪戾。辟，罪也。”又按，狐突此言見於《左傳·僖公二十三年》，而語序與此不同，“策名委質，貳乃辟也”在前，“父教子貳，何以事君”在後。

[46] 芝艾：芝，古人認爲的瑞草；艾，指蕭艾，賤草。芝艾，比喻人之貴賤。

[47] 自：百衲本作“自”。殿本、盧弼《集解》本、校點本作“白”。趙幼文《校箋》謂《册府元龜》卷一六三引亦作“自”。今從百衲本。

[48] 義：百衲本作“利”，殿本、盧弼《集解》本、校點本

作"義"。今從殿本等。

[49] 成山：山名。在今山東榮成市東北海上。（本謝鍾英《補三國疆域志補注》）

[50] 郎中：官名。秩三百石。東漢時，分隸五官、左、右三署中郎將，名義上備宿衛，實爲後備官吏人才。魏、晋雖罷五官、左、右三署中郎將，但仍置郎中。

[51] 魏略：殿本《考證》云："北宋本作'魏書'。"

[52] 郎中令：官名。漢代諸侯王國置，掌領王大夫、郎官等宿衛王宫，如朝廷之光禄勳，秩千石。公孫淵後自稱燕王，卻先置郎中令。

[53] 沓津：地名。本書卷一四《蔣濟傳》裴注引《漢晋春秋》又作"沓渚"。是沓氏縣（即東沓縣）境的海渚，爲當時齊郡渡海至沓氏的登陸處或沓氏的出海口，在今遼寧大連市旅順老鐵山附近。（本《〈中國歷史地圖集〉釋文匯編（東北卷）》）

[54] 裴潛：此非本書卷二三《裴潛傳》之裴潛。（參錢大昭《辨疑》）

[55] 命服：帝王賜給公侯卿大夫之制服。

[56] 先：百衲本作"死"，殿本、盧弼《集解》本、校點本作"先"。今從殿本等。趙幼文《校箋》又謂郝經《續後漢書》作"亂"。

[57] 西曹掾：官名。東漢、魏、晋諸公府之僚屬，爲西曹長官，掌府吏署用事。　什物：百衲本作"十物"，張元濟《校勘記》云："'十'字有誤。"殿本、盧弼《集解》本、校點本作"什物"。今從殿本等。吳金華《〈三國志〉管窺》謂"什"當屬"備"的殘字。

[58] 洗耳：謂不願聽聞。《太平御覽》卷三六六引《高士傳》曰："堯聘許由爲九州牧，由聞之，洗耳於河。"又卷五〇六亦引《高士傳》曰："堯之讓許由也，由以告巢父。巢父曰：'汝何不隱汝形，藏汝光？若非吾友也。'擊其膺而下之，悵然不自得，乃過

清泠之水，洗其耳，拭其面，曰：‘向者聞言負吾矣。’遂去，終身不相見。”

〔59〕城陽：郡名。治所東武縣，在今山東諸城市。

〔60〕隕越：《左傳·僖公九年》：“恐隕越于下，以遺天子之羞。”杜預注：“隕越，顛墜也。”

〔61〕市虎：指以無爲有的流言蜚語。《戰國策·魏二》：“龐葱與太子質於邯鄲，謂魏王曰：‘今一人言市有虎，王信之乎？’王曰：‘否。’‘二人言市有虎，王信之乎？’王曰：‘寡人疑之矣。’‘三人言市有虎，王信之乎？’王曰：‘寡人信之矣。’龐葱曰：‘夫市之無虎明矣，然而三人言而成虎。’”

〔62〕麋：盧弼《集解》本作“麋”，百衲本、殿本、校點本作“麋”。今從百衲本等。

〔63〕三泉：地下之深處，亦指埋葬人之深穴。《漢書》卷七二《鮑宣傳》：“退入三泉，死無所恨。”顏師古注：“三重之泉，言其深也。”

〔64〕衆社：指衆諸侯。社，諸侯封土所立之社廟。

〔65〕翕（xī）赫：形容豐盛。《文選》揚雄《甘泉賦》“翕赫曶霍”李善注：“翕赫，盛貌。”

〔66〕踰闕：越過宮門。謂不忠於朝廷。

〔67〕中領軍：官名。第三品，掌禁衛軍，主五校、中壘、武衛三營。

〔68〕恣睢：狂妄、凶暴的樣子。

〔69〕奉車都尉：官名。秩比二千石，第六品，掌皇帝車輿。無定員，或爲加官。

〔70〕牛：趙幼文《校箋》謂郝經《續後漢書》作“馬”。絹百匹：趙幼文《校箋》謂《册府元龜》卷四一三引“百”上有“五”字。按，宋本《册府元龜》亦無“五”字。

〔71〕典誥：指經典書籍。因《尚書》中有《堯典》《湯誥》等篇。

[72] 酈生：即酈食其。秦末農民戰爭時歸投劉邦。楚漢戰爭中，酈生説齊王田廣歸漢，不用兵衆即下齊七十餘城。（見《漢書》卷四三《酈食其傳》）

[73] 陸賈：秦末農民戰爭中跟隨劉邦。劉邦建立漢王朝後，南方的尉佗仍割據南越。劉邦即遣陸賈往説尉佗，封佗爲南越王，南越遂統於漢。（見《漢書》卷四三《陸賈傳》）

[74] 扁鵲：春秋戰國時名醫。原名秦越人，因與黄帝軒轅氏時之扁鵲相類，時人遂稱之爲扁鵲。（見《史記》卷一〇五《扁鵲倉公列傳》及《正義》引《黄帝八十一難序》）

[75] 計吏：官名。漢代郡國，遣吏至京都向朝廷呈上計簿，彙報本郡國的户口、錢糧、獄訟、盜賊等情況，稱爲上計。所遣之吏稱爲計吏或上計吏。

[76] 與國：同盟國。《戰國策·齊二》：“韓、齊爲與國。”高誘注：“相與爲黨與也，有患難相救助也。”

[77] 浦：殿本、盧弼《集解》本作“蒲”，百衲本、校點本作“浦”。今從百衲本等。

[78] 寸尺：趙幼文《校箋》謂毛氏汲古閣本二字乙。《册府元龜》卷四五三引同。

[79] 駑蹇：劣馬。

[80] 拖紫：校點本1982年7月第2版誤作“施紫”。

[81] 三州：指幽、冀、青三州。

[82] 虔劉：殘殺，劫掠。《左傳·成公十三年》“虔劉我邊垂”杜預注：“虔、劉，皆殺也。”

[83] 孔子曰：孔子此語見《論語·憲問》。

[84] 文昭武烈：謂文治清明，武功顯赫。

[85] 休明：美好清明。

[86] 策名：百衲本、殿本作“策明”，殿本《考證》：“‘策明’疑應作‘策名’。”盧弼《集解》本、校點本均作“策名”。今從《集解》本等。

〔87〕土地：殿本、盧弼《集解》本作“地土”，百衲本、校點本作“土地”。今從百衲本等。

〔88〕蘭石：蘭花芳香，石質堅硬，比喻人資質之美。

〔89〕愷悌：《左傳·僖公十二年》：《詩》曰：“愷悌君子，神所勞矣。”杜預注：“愷，樂也；悌，易也。”

〔90〕允文允武：《詩·魯頌·泮水》：“允文允武，昭假烈祖。”孔穎達疏：“既有文德，又有武功。”

〔91〕纂戎：繼承軍事。

〔92〕獻馘（guó）：作戰殺敵後，割敵之左耳進獻計功。

〔93〕誕錫：大賜。

〔94〕陪臣：諸侯之臣對天子稱陪臣。《禮記·曲禮下》：“列國之大夫入天子之國曰某士，自稱曰陪臣某。”

〔95〕介福：大福。《詩·小雅·楚茨》：“報以介福，萬壽無疆。”

〔96〕累：盧弼《集解》本作“慮”，百衲本、殿本、校點本作“累”。今從百衲本等。

〔97〕五服：古代王畿以外，每五百里爲一服，共有五服，《尚書·禹貢》謂有甸服、侯服、綏服、要服、荒服。服，區劃。

〔98〕小弁：《詩·小雅》中之一篇。《小弁序》云：“小弁，刺幽王也。大（太）子之傅作焉。”孔穎達疏：“太子，謂宜咎也。幽王信褒姒之讒，放逐宜咎。其傅親訓太子，知其無罪，閔其見逐，故作此詩以刺王。”

〔99〕離騷：戰國時楚屈原作。屈原在楚懷王時，初得信任，後被人讒毀，遭放逐；至楚頃襄王時，再次被讒毀放逐，因憂憤而作《離騷》。《文選》司馬遷《報任少卿書》云：“屈原放逐，乃賦《離騷》。”《史記》卷八四有《屈原傳》。

〔100〕盜言孔甘：盜言，即讒言。《詩·小雅·巧言》：“盜言孔甘，亂是用餤。”孔穎達疏：“此險盜之人，其言甚甘，使人信之而不已。”

[101] 清覽：趙幼文《校箋》謂《册府元龜》卷四五三引"清"字作"親"。

[102] 三宥：三種從寬處理之情況。《周禮·秋官·司刺》："司刺掌三刺、三宥、三赦之法……壹宥曰不識，再宥曰過失，三宥曰遺忘。"

[103] 八議：古代統治者内部犯罪，可以考慮減刑或免刑的八種條件，即議親、議故、議賢、議能、議功、議貴、議勤、議賓（見《周禮·秋官·小司寇》）。魏晉時正式載入法律。

[104] 建光：漢安帝劉祜年號（121—122）。

[105] 都尉：官名。西漢時郡置都尉，輔佐郡守並掌本郡軍事。東漢廢除，僅在邊郡或關塞之地置都尉及屬國都尉，並漸漸分縣治民，職如太守。

[106] 三月：盧弼《集解》本、校點本作"三月"，百衲本、殿本作"二月"。據方詩銘、方小芬《中國史曆日和中西曆日對照表》漢安帝建光元年二月初一壬子，三月初一辛巳，則二月無乙未，三月十五日爲乙未。故今從《集解》本等。

[107] 馮煥：《後漢書》卷三八《馮緄傳》："父煥，安帝時爲幽州刺史，疾忌姦惡，數致其罪。時玄菟太守姚光亦失人和。建光元年，怨者乃詐作璽書譴責煥、光，賜以歐刀。又下遼東都尉龐奮使速行刑，奮即斬光收煥。煥欲自殺，緄疑詔文有異，止煥曰：'大人在州，志欲去惡，實無它故，必是凶人妄作，規肆姦毒。願以事自上，甘罪無晚。'煥從其言，上書自訟，果詐者所爲，徵奮抵罪。"

[108] 收：各本皆作"牧"。盧弼《集解》引陳景雲説："建光初，諸州未置牧。'牧'當作'收'。收考，謂收繫考問也。"校點本即從陳説改。今從之。

[109] 古公：即古公亶父，周文王之祖父。古公原居於豳（今陝西旬邑縣西），因受戎狄威逼，遂遷於岐下。《詩·大雅·綿》："古公亶父，來朝走馬，率西水滸，至于岐下。"岐，山名。在今陝

西岐山縣東北。　杖策：執鞭。指驅馬而行。

[110] 投冠釋紱 (fú)：指辭官。冠，官之禮帽。紱，繫官印之絲帶，即指官印。

[111] 五部蠻夷：潘眉《考證》謂《晉書》卷九七《匈奴傳》載，建安中魏武帝分內遷匈奴爲左、中、右、南、北五部。

[112] 耨 (nòu) 鎛 (bó)：鋤草的農具。

[113] 行成：梁章鉅《旁證》云：“《冊府元龜》作‘成行’。”

[114] 孤棄：趙幼文《校箋》謂《冊府元龜》卷四五三引無“孤”字。

[115] 乃躬：趙幼文《校箋》謂郝經《續後漢書》“躬”下有“身”字。

[116] 一飯之惠：《後漢書》卷三三《朱浮傳》“匹夫媵母尚能致命一餐”李賢注：“《左傳》曰，趙盾田於首山，舍於翳桑，見靈輒餓，問，曰‘三日不食矣’，食之。後晉靈公欲殺趙盾，輒爲公甲士，倒戟以御公徒而免盾。”按，此事見《左傳·宣公二年》。

[117] 埋而掘之：謂不成功。《國語·吳語》：“夫諺曰：‘狐埋之而狐搰 (hú) 之，是以無成功。’”

[118] 小白、重耳：春秋時齊桓公名小白，晉文公名重耳。

[119] 文王：周文王。《詩·大雅·文王》：“儀刑文王，萬邦作孚。”毛傳：“刑，法；孚，信也。”鄭箋：“儀法文王之事，則天下咸信而順之。”

[120] 仲尼：孔子字仲尼。《論語·顏淵》：“子貢問政。子曰：‘足食，足兵，民信之矣。’子貢曰：‘必不得已而去，於斯三者何先？’曰：‘去兵。’子貢曰：‘必不得已而去，於斯二者何先？’曰：‘去食。自古皆有死，民無信不立。’”

[121] 闚 (kuī) 覦 (yú)：同“窺覦”。竊視，伺隙而動。

[122] 茹柔吐剛：《詩·大雅·烝民》：“人亦有言，柔則茹

之，剛則吐之。維仲山甫，柔亦不茹，剛亦不吐，不侮矜寡，不畏彊禦。"鄭箋："剛柔之在口，或茹之或吐之，喻人之於敵彊弱。"孔穎達疏："人亦有俗諺之常言，説人之恒性，莫不柔濡者則茹食之，堅剛者則吐出之，喻見前敵寡弱者則侵侮之，彊盛者則避畏之。言凡人之性，莫不皆爾。唯有仲山甫則不然，雖柔亦不茹，雖剛亦不吐，不欺侮於鰥寡孤弱之人，不畏懼於强梁禦善之人。"

[123] 圭竇：指墻上所開之門，上鋭下方，形狀像圭。即指窮人住房之門户。

[124] 蒯通：西漢初人。《漢書》卷四五《蒯通傳》："天下既定，後（韓）信以罪廢爲淮陰侯，謀反被誅，臨死嘆曰：'悔不用蒯通之言，死於女子之手！'高帝曰：'是齊辯士蒯通。'乃詔齊召蒯通。通至，上欲亨之，曰：'若教韓信反何也？'通曰：'狗各吠非其主。當彼時，臣獨知齊王韓信，非知陛下也。且秦失其鹿，天下共逐之，高材者先得。天下匈匈，爭欲爲陛下所爲，顧力不能，可殫誅邪！'上乃赦之。"

[125] 鄭詹：即叔詹，春秋時鄭國大夫。《國語·晋語四》載，晋公子重耳流亡國外時，過鄭國，鄭文公不加禮遇，叔詹即勸告文公，説重耳有天意吉兆，將來定有作爲，不能對他無禮。鄭文公不聽。後重耳回國爲君，即晋文公。晋文公不知叔詹有勸鄭文公之言。後文公興兵伐鄭時，鄭國獻珍寶以求和，晋文公不許，卻要鄭國送交叔詹。叔詹爲了國家，不顧個人安危，毅然前往。晋文公得叔詹，將烹之。叔詹又陳述前意，言罷，"據鼎耳而疾號曰：'自今以往，知忠以事君者，與詹同。'（文公）乃命弗殺，厚爲之禮而歸之"。

[126] 保恃：校點本作"保持"，百衲本、殿本、盧弼《集解》本均作"保恃"。今從百衲本等。

[127] 羊衜（dào）：事迹主要見本書卷五九《孫登傳》及裴注引《吳書》。

[128] 蓋：盧弼《集解》謂《通鑑》作"形"。（見《通鑑》

［129］曩事：指公孫淵殺吳使張彌、許晏事。

［130］乃勒兵大出：盧弼《集解》云：“《通鑑》作‘乃大勒兵’。”

［131］簡書：書於一片竹簡之文字，指告急文書。《詩·小雅·出車》：“豈不懷歸，畏此簡書。”毛傳：“簡書，戒命也。鄰國有急，以簡書相告，則奔命救之。”

［132］弟：胡三省云：“淵遣使謝吳，自稱燕王，求爲兄弟之國，故權因而稱之爲弟。”（《通鑑》卷七四魏明帝景初二年注）

［133］司馬懿所向無前：胡三省云：“此晉史臣爲此言耳，權必無此言。”（《通鑑》卷七四魏明帝景初二年注）

初，淵家數有怪，犬冠幘絳衣上屋，炊有小兒蒸死甑中。襄平北市生肉，長圍各數尺，有頭目口喙，無手足而動搖。占曰：“有形不成，有體無聲，其國滅亡。”始度以中平六年據遼東，至淵三世，凡五十年而滅。〔一〕

〔一〕《魏略》曰：始淵兄晃爲恭任子，在洛，聞淵劫奪恭位，謂淵終不可保，數自表聞，欲令國家討淵。帝以淵已秉權，故因而撫之。及淵叛，遂以國法繫晃。晃雖有前言，冀不坐，然內以骨肉，知淵破則己從及。淵首到，晃自審必死，與其子相對啼哭。時上亦欲活之，而有司以爲不可，遂殺之。

張燕，常山真定人也，[1]本姓褚。黃巾起，燕合聚少年爲羣盜，在山澤閒轉攻，還真定，眾萬餘人。博陵張牛角亦起眾，[2]自號將兵從事，與燕合。燕推牛角爲帥，俱攻廮陶。[3]牛角爲飛矢所中，被創且死，令衆奉燕，告曰：“必以燕爲帥。”牛角死，衆奉燕，故改姓張。燕剽捍捷速過人，[4]故軍中號曰飛燕。其後人衆寖廣，[5]常山、趙郡、中山、上黨、河內諸山谷皆相通，[6]其小帥孫輕、王當等，各以部衆從燕，衆至百萬，號曰黑山。靈帝不能征，河北諸郡被其害。燕遣人至京都乞降，拜燕平難中郎將。〔一〕[7]是後，董卓遷天子於長安，天下兵數起，燕遂以其衆與豪傑相結。袁紹與公孫瓚爭冀州，燕遣將杜長等助瓚，與紹戰，爲紹所敗，人衆稍散。太祖將定冀州，[8]燕遣使求佐王師，[9]拜平北將軍；[10]率衆詣鄴，封安國亭侯，邑五百戶。燕薨，子方嗣。方薨，子融嗣。〔二〕

〔一〕《九州春秋》曰：張角之反也，[11]黑山、白波、黃龍、左校、牛角、五鹿、羝根、苦蝤、劉石、平漢、大洪、司隸、緣城、羅市、雷公、浮雲、飛燕、白爵、楊鳳、于毒等各起兵，[12]大者二三萬，小者不減數千。靈帝不能討，乃遣使拜楊鳳爲黑山校尉，[13]領諸山賊，得舉孝廉、計吏。後遂彌漫，不可復數。

《典略》曰：黑山、黃巾諸帥，本非冠蓋，[14]自相號字，謂騎白馬者爲張白騎，謂輕捷者爲張飛燕，謂聲大者爲張雷公，其饒鬚者則自稱于羝根，其眼大者自稱李大目。

張璠《漢紀》云：又有左校、郭大賢、左髭丈八三部也。

〔二〕陸機《晉惠帝起居注》曰：[15]門下通事令史張林，[16]飛燕之曾孫。林與趙王倫爲亂，未及周年，位至尚書令、衛將軍，[17]封郡公。[18]尋爲倫所殺。

[1] 真定：縣名。治所在今河北正定縣南。

［2］博陵：郡名。治所博陵縣，在今河北蠡縣南。

［3］廮陶：縣名。治所在今河北寧晋縣西南。

［4］剽捍：同“剽悍”，輕捷驍勇。

［5］寖：校點本作“寢”，百衲本作“宷”，殿本作“寖”，盧弼《集解》本作“濅”。按，“宷”同“浸”（見《字彙》），“寖”又同“濅”（見《集韻》），“寖”又同“浸”（見《字彙》）。今從殿本。

［6］趙郡：《續漢書·郡國志》作“趙國”，治所邯鄲縣，在今河北邯鄲市西南。　中山：王國名。治所盧奴縣，在今河北定州市。

［7］平難中郎將：官名。始置於此時。《後漢書》卷七一《朱儁傳》謂朝廷“拜燕平難中郎將，使領河北諸山谷事，歲得舉孝廉、計吏”。

［8］太祖將定冀州：趙幼文《校箋》謂《太平御覽》卷二三九引作“太祖征冀州”。

［9］求佐王師：趙幼文《校箋》謂《太平御覽》引作“求佐軍”。

［10］平北將軍：官名。曹操置於此時，魏晋時與平東、平西、平南將軍合稱四平將軍，地位較高。

［11］張角：東漢末黃巾軍首領。

［12］黑山白波：皆以地爲名。《後漢書》卷八《靈帝紀》謂中平五年（188）二月，“黃巾餘賊郭太等起於西河白波谷，寇太原、河東”。西河，指今山西與陝西間自北向南流的一段黃河。又按，《後漢書》卷七一《朱儁傳》所載名號，較此更多。其傳云：“自黃巾賊後，復有黑山、黃龍、白波、左校、郭大賢、于氐根（此作“羝根”）、青牛角、張白騎、劉石、左髭丈八、平漢、大計、司隸、掾哉（此作“緣城”）、雷公、浮雲、飛燕、白雀（即此之“白爵”）、楊鳳、于毒、五鹿、李大目、白繞、畦固、苦哂（此作“若蛻”）之徒，並起山谷間，不可勝數。其大聲者稱雷公，騎白馬者爲張白騎，輕便者言飛燕，多髭者號於氐根，大眼者爲大

目，如此稱號，各有所因。大者二三萬，小者六七千。"

[13] 黑山校尉：官名。此時所特置。

[14] 冠蓋：指官僚士大夫。

[15] 陸機晉惠帝起居注：沈家本《三國志注所引書目》説，《隋書・經籍志》謂梁有《惠帝起居注》二卷，已亡，新、舊《唐書》之《志》亦未著録。《世説新語》各篇注引《惠帝起居注》十三事，均未著撰人；又《隋書・經籍志》有《元康起居注》一卷，梁有《永平、元康、永寧起居注》六卷，亡。永平、元康、永寧皆晉惠帝年號，陸機所撰，似已在此各卷中。

[16] 門下通事令史：官名。蓋掌納奏文書。

[17] 衛將軍：官名。東漢時位次大將軍、驃騎將軍、車騎將軍，位亞三公。開府置官屬。魏、晉沿置，位在諸名號將軍之上，多作爲軍府名號，加授大臣、重要州郡長官，無具體職掌，二品。開府者位從公，一品。

[18] 郡公：爵名。魏晉始置。晉武帝咸寧三年（277）定大、次、小王國制，並定郡公制如小王國。

　　張繡，武威祖厲人，[1]驃騎將軍濟族子也。[2]邊章、韓遂爲亂涼州，金城麴勝襲殺祖厲長劉儁。[3]繡爲縣吏，閒伺殺勝，郡内義之。遂招合少年，爲邑中豪傑。董卓敗，濟與李傕等擊吕布，爲卓報仇。語在《卓傳》。繡隨濟，以軍功稍遷至建忠將軍，封宣威侯。[4]濟屯弘農，[5]士卒飢餓，南攻穰，[6]爲流矢所中死。繡領其衆，屯宛，[7]與劉表合。太祖南征，軍淯水，[8]繡等舉衆降。太祖納濟妻，繡恨之。太祖聞其不悦，密有殺繡之計。計漏，繡掩襲太祖。太祖軍敗，二子没。[9]繡還保穰，[一]太祖比年攻之，不克。太祖拒袁紹於官渡，繡從賈詡計，復以衆降。語在《詡傳》。繡至，太祖執其手，與歡宴，爲子均娶繡女，拜揚武將軍。[10]官渡之役，繡力戰有功，遷破羌將軍。[11]從破袁譚於南皮，復增邑凡二千户。是時天下户口減耗，十裁一在，諸將封未有滿千户者，[12]而繡特多。從征烏丸于柳城，未至，薨，謚曰定侯。〔二〕子泉嗣，坐與魏諷謀反誅，國除。

〔一〕《傅子》曰：繡有所親胡車兒，勇冠其軍。太祖愛其健，[13]手以金與之。繡聞而疑太祖欲因左右刺之，[14]遂反。

《吴書》曰：繡降，（凌統）用賈詡計，[15]乞徙軍就高道，道由太祖屯中。繡又曰：“車少而重，乞得使兵各被甲。”太祖信繡，皆聽之。繡乃嚴兵入屯，掩太祖。太祖不備，故敗。

〔二〕《魏略》曰：五官將數因請會，[16]發怒曰：“君殺吾兄，何忍持面視人邪！”繡心不自安，乃自殺。

[1] 武威：郡名。治所姑臧，在今甘肅武威市。　祖（jiē）厲（lài）：縣名。治所在今甘肅靖遠縣西南。

[2] 驃（piào）騎將軍：官名。東漢時位比三公，地位尊崇。

[3] 金城：郡名。治所允（qiān）吾（yá），在今甘肅永靖縣西北湟水南岸。

[4] 宣威：縣名。治所在今甘肅民勤縣西南。

[5] 弘農：郡名。治所弘農縣，在今河南靈寶市東北。

[6] 穰（ráng）：縣名。治所在今河南鄧州市。

[7] 宛：縣名。治所在今河南南陽市。

[8] 淯水：即今白河。源出河南嵩縣南伏牛山，東南流經南陽市東。曹操駐軍之淯水，當在此附近。

[9] 二子：錢大昭《辨疑》云："一子謂豐愍王昂也，其一子《武帝紀》以爲'弟子安民'則非，皆武帝子矣。"

[10] 揚武將軍：官名。東漢光武帝建武初置，漢末曹操亦置。主統兵出征。

[11] 破羌將軍：官名。西漢宣帝時曾置以征討西北地區之叛羌，後省。曹操此時又復置。

[12] 未有：徐紹楨《質疑》謂當從毛本作"有未"，因張繡之增邑在建安十年，而荀彧已於建安八年封萬歲亭侯，有邑千户，故十二年增邑千户，即合二千户，何云"諸將封未有滿千户"耶？

[13] 健：校點本"健"上有"驍"字，百衲本、殿本、盧弼《集解》本皆無。今從百衲本等。

[14] 而：殿本、盧弼《集解》本作"之"，百衲本、校點本作"而"。今從百衲本等。

[15] 用：各本"用"上皆有"凌統"二字，盧弼《集解》云："'凌統'二字未詳。"校點本即從盧説删。今從校點本。趙幼文《校箋》則云："凌統爲吳臣，而繡保穰與凌統不相接。"且統本傳及《賈詡傳》俱未載，疑此凌統爲另一人，俟考。

[16] 五官將：指曹丕。因當時曹丕爲五官中郎將。 請會：趙幼文《校箋》謂郝經《續後漢書》無"請"字。

張魯字公祺，[1]沛國豐人也。[2]祖父陵，[3]客蜀，[4]學道鵠鳴山中，[5]造作道書以惑百姓，從受道者出五斗米，故世號米賊。[6]陵死，子衡行其道。[7]衡死，魯復行之。益州牧劉焉以魯爲督義司馬，[8]與別部司馬張脩將兵擊漢中太守蘇固，[9]魯遂襲脩殺之，奪其衆。焉死，子璋代立，以魯不順，盡殺魯母家室。魯遂據漢中，以鬼道教民，[10]自號"師君"。其來學道者，初皆名"鬼卒"。受本道已信，號"祭酒"。[11]各領部衆，

多者爲治頭大祭酒。皆教以誠信不欺詐，有病自首其
過，大都與黃巾相似。諸祭酒皆作義舍，如今之亭
傳。[12]又置義米肉，懸於義舍，行路者量腹取足；若
過多，鬼道輒病之。[13]犯法者，[14]三原，然後乃行刑。
不置長吏，[15]皆以祭酒爲治，民夷便樂之。雄據巴、
漢垂三十年。[一][16]漢末，力不能征，遂就寵魯爲鎮民
中郎將，[17]領漢寧太守，[18]通貢獻而已。民有地中得
玉印者，羣下欲尊魯爲漢寧王。[19]魯功曹巴西閻圃諫
魯曰：[20]"漢川之民，[21]戶出十萬，財富土沃，四面
險固；上匡天子，則爲桓、文，[22]次及竇融，[23]不失
富貴。今承制署置，[24]勢足斬斷，[25]不煩於王。願且
不稱，勿爲禍先。"魯從之。韓遂、馬超之亂，關西民
從子午谷奔之者數萬家。[26]

　　〔一〕《典略》曰：熹平中，[27]妖賊大起，三輔有駱曜。[28]光
和中，[29]東方有張角，漢中有張脩。駱曜教民緬匿法，[30]角爲太
平道，脩爲五斗米道。太平道者，師持九節杖爲符祝，[31]教病人
叩頭思過，因以符水飲之，[32]得病或日淺而愈者，則云此人信道，
其或不愈，則云不信道。[33]脩法略與角同，加施靜室，使病者處
其中思過。又使人爲姦令祭酒，祭酒主以《老子》五千文，[34]使
都習，[35]號爲姦令。爲鬼吏，主爲病者請禱。請禱之法，書病人
姓名，[36]說服罪之意。作三通，[37]其一上之天，著山上，其一埋
之地，其一沉之水，謂之三官手書。[38]使病者家出米五斗以爲常，
故號曰五斗米師。實無益于治病，但爲淫妄，[39]然小人昏愚，競
共事之。後角被誅，脩亦亡。及魯在漢中，因其民信行脩業，遂
增飾之。教使作義舍，以米肉置其中以止行人；又教使自隱，[40]
有小過者，當治道百步，則罪除；又依《月令》，[41]春夏禁殺；

又禁酒。流移寄在其地者，不敢不奉。

臣松之謂張脩應是張衡，[42]非《典略》之失，則傳寫之誤。

[1] 公祺：潘眉《考證》云："《後漢書・劉焉傳》云魯字公旗。"盧弼《集解》云："《華陽國志》及宋濂《天師世家叙》均作公祺。"趙幼文《校箋》又謂《廣弘明集》釋法琳《對傅奕廢佛僧事》引《魏志》"祺"字作"旗"，與《後漢書》合。

[2] 沛國：王國名。治所相縣，在今安徽濉溪縣西北。　豐：縣名。治所在今江蘇豐縣。

[3] 陵：葛洪《神仙傳》中稱爲張道陵，字輔漢。《後漢書》卷七五《劉焉傳》謂張陵於漢順帝時入蜀。

[4] 客：寄居。　蜀：郡名。治所成都縣，在今四川成都市舊東西城區。

[5] 鵠鳴山：山名。又作"鶴鳴山"（見《後漢書》《華陽國志》與《水經注》），在今四川大邑縣西北。趙幼文《校箋》云："'鶴鳴'即'鵠鳴'，古'鶴''鵠'通用。"

[6] 世號米賊：《華陽國志・漢中志》作"世謂之'米道'"，《水經・沔水注》作"世號'五斗米道'"。

[7] 衡：潘眉《考證》："《天師世家》衡字靈真，有長材，詔徵黃門侍郎，避隱居陽平山。"

[8] 督義司馬：官名。劉焉在益州自行設置之官。

[9] 別部司馬：官名。東漢時，大將軍領營五部，部有軍司馬一人，秩比千石，其別營領屬稱別部司馬。此時劉焉雖未爲大將軍，亦設置別部司馬。　漢中：郡名。治所南鄭縣，在今陝西漢中市東。

[10] 鬼道：奉鬼的宗教，指五斗米道。

[11] 祭酒：張魯在漢中傳五斗米道，創立政教合一的政權。其政權中最高統治者稱"師君"，以下皆稱"祭酒"或"治頭大祭

酒”。

［12］亭傳（zhuàn）：古時在途中設置供差使歇息之處所。

［13］鬼道：盧弼《集解》本作“鬼神”，百衲本、殿本、校
點本作“鬼道”。今從百衲本等。此“鬼道”亦指鬼神。

［14］犯法者：盧弼《集解》本無“者”字，百衲本、殿本、
校點本皆有。今從百衲本等。

［15］長吏：漢代稱秩六百石以上的官吏爲長吏，又稱秩四百
石至二百石之縣丞、尉爲長吏。漢代縣令、長之秩爲千石至三百
石。此處之“長吏”，即指縣令、長。

［16］巴漢：巴郡和漢中郡。巴郡治所江州縣，在今重慶市渝
中區。

［17］鎮民中郎將：官名。東漢末置，即以張魯爲之。《後漢
書·劉焉傳》作“鎮夷中郎將”。

［18］漢寧：郡名。即漢中郡，但未詳何時改。治所仍南鄭縣。

［19］尊魯爲漢寧王：趙一清《注補》謂建此言者，乃李勝之
父李休。見本書卷九《曹爽傳》裴松之注。

［20］功曹：官名。漢代郡太守下設功曹史，簡稱功曹，爲郡
太守之佐吏，除分掌人事外，並得參與一郡之政務。

［21］漢川：漢水流域之地。此指漢寧郡。

［22］桓文：指春秋五霸中的齊桓公和晉文公。

［23］竇融：東漢人，新莽末年曾據河西五郡，後歸降漢光武
帝，以功封安豐侯，任大司空。（見《後漢書》卷二三《竇融傳》）

［24］承制：奉皇帝之命。

［25］斬斷：盡斷，專斷。

［26］關西：謂函谷關以西之地。　子午谷：秦嶺山中的一條
谷道，爲古代關中與巴蜀的交通要道之一。北口在今陝西西安市南
一百里，南口在陝西洋縣東一百六十里，全長六百六十里。此爲漢
魏舊道。南朝梁將軍王念神以舊道艱險，另開南段乾路，出今洋縣
東三十里龍亭。因北方稱“子”，南方稱“午”，故稱“子午谷”。

（本《元和郡縣志》與《長安志》）

　　[27] 熹平：漢靈帝劉宏年號（172—178）。

　　[28] 三輔：地區名。漢武帝太初元年（前104），分右内史置京兆、右扶風，改左内史爲左馮（píng）翊（yì），合稱三輔。東漢遷都洛陽，以三輔陵廟所在，不改其名，仍稱三輔。轄區在今陝西渭水流域一帶地區。

　　[29] 光和：漢靈帝劉宏年號（178—184）。

　　[30] 緬匿法：道教的隱身法。

　　[31] 符：道教的符籙。　祝：同“咒”，道教的咒語。

　　[32] 符水：道士以符籙燒灰攪於水稱符水。

　　[33] 云：殿本、盧弼《集解》本、校點本作“爲”，百衲本作“云”。《後漢書·劉焉傳》李賢注引此亦作“云”。今從百衲本。

　　[34] 主：等於説“專”。

　　[35] 都習：全熟悉。

　　[36] 姓名：《後漢書·劉焉傳》李賢注引此作“姓字”。

　　[37] 三通：三份。

　　[38] 三官：道教以天、地、水爲三官。後世道教即有三官大帝之奉祀。

　　[39] 淫妄：盧弼《集解》引何焯云：“謂淫祀妄言也。”

　　[40] 自隱：自己審度，思量。《廣雅·釋詁一》：“隱，度也。”

　　[41] 月令：《禮記》中之一篇，記述農曆十二個月的時令、行政及相關事物。

　　[42] 張脩應是張衡：清代學者對裴松之此説，多不贊同。梁章鉅《旁證》引陳景雲説，《後漢書》卷八《靈帝紀》李賢注引劉艾《紀》與《典略》之文合，且劉艾《紀》出《典略》之前，不應有誤。錢大昭《辨疑》謂張魯爲張衡之子，而張脩爲劉焉之別部司馬，與督義司馬張魯一同將兵擊漢中太守蘇固；《典略》所説的張脩，即劉焉之別部司馬張脩，也是習五斗米道者，亦即《後漢書

·靈帝紀》所説的"巴郡妖巫"，怎麽可能是張魯之父？裴氏所言非是。趙幼文《校箋》則云："錢説近是。然謂《靈紀》所云巴郡妖巫即劉焉所遣之別部司馬則非。據《典略》云'角被誅，脩亦亡。及魯在漢中，因其民信行脩業，遂增飾之'。故知所謂巴郡妖巫之張脩，與焉之別部司馬張脩，實爲二人，因二人同名，錢氏偶失檢，遂未加釐別而致誤也。"

建安二十年，太祖乃自散關出武都征之，[1]至陽平關。[2]魯欲舉漢中降，其弟衛不肯，率衆數萬人拒關堅守。太祖攻破之，遂入蜀。〔一〕魯聞陽平已陷，將稽顙，[3]圃又曰："今以迫往，功必輕；不如依（杜灌）[杜濩]赴朴胡相拒，[4]然後委質，功必多。"於是乃奔南山入巴中。[5]左右欲悉燒寶貨倉庫，魯曰："本欲歸命國家，而意未達。今之走，避鋭鋒，非有惡意。寶貨倉庫，國家之有。"遂封藏而去。太祖入南鄭，甚嘉之。又以魯本有善意，遣人慰喻。魯盡將家出，太祖逆拜魯鎮南將軍，[6]待以客禮，封閬中侯，[7]邑萬户。封魯五子及閻圃等皆爲列侯。〔二〕爲子彭祖取魯女。[8]魯薨，謐之曰原侯。子富嗣。〔三〕

〔一〕《魏名臣奏》載董昭表曰："武皇帝承涼州從事及武都降人之辭，[9]説張魯易攻，陽平城下南北山相遠，不可守也，信以爲然。及往臨履，[10]不如所聞，乃歎曰：'他人商度，少如人意。'攻陽平山上諸屯，既不時拔，士卒傷夷者多。武皇帝意沮，便欲拔軍截山而還，[11]遣故大將軍夏侯惇、將軍許褚呼山上兵還。[12]會前軍未還，夜迷惑，誤入賊營，賊便退散。侍中辛毗、劉曄等在兵後，語惇、褚，言'官兵已據得賊要屯，賊已散走'，

767

猶不信之。惮前自見，乃還白武皇帝，進兵定之，幸而克獲。此近事，吏士所知。"又楊暨表曰：[13]"武皇帝始征張魯，以十萬之衆，身親臨履，指授方略，因就民麥以爲軍糧。張衞之守，蓋不足言。地險守易，雖有精兵虎將，勢不能施。對兵三日，欲抽軍還，言'作軍三十年，一朝持與人，如何'。此計已定，天祚大魏，魯守自壞，因以定之。"

《世語》曰：魯遣五官掾降，[14]弟衞横山築陽平城以拒，王師不得進。魯走巴中。軍糧盡，太祖將還。西曹掾東郡郭諶曰：[15]"不可。魯已降，留使既未反，衞雖不同，偏攜可攻。[16]縣軍深入，以進必克，退必不免。"太祖疑之。夜有野麋數千突壞衞營，軍大驚。夜，高祚等誤與衞衆遇，祚等多鳴鼓角會衆。衞懼，以爲大軍見掩，遂降。

〔二〕臣松之以爲張魯雖有善心，要爲敗而後降，今乃寵以萬戶，五子皆封侯，過矣。

習鑿齒曰：魯欲稱王，而閻圃諫止之，今封圃爲列侯。夫賞罰者，所以懲惡勸善也，苟其可以明軌訓於物，無遠近幽深矣。今閻圃諫魯勿王，而太祖追封之，將來之人孰不思順！塞其本源而末流自止，其此之謂與！若乃不明於此而重燋爛之功，[17]豐爵厚賞止於死戰之士，則民利於有亂，俗競於殺伐，阻兵仗力，干戈不戢矣。太祖之此封，可謂知賞罰之本，雖湯武居之，[18]無以加也。

《魏略》曰：黄初中，[19]增圃爵邑，在禮請中。[20]後十餘歲病死。

《晋書》云：西戎司馬閻纘，[21]圃孫也。

〔三〕《魏略》曰：劉雄鳴者，藍田人也。[22]少以采藥射獵爲事，常居覆車山下，[23]每晨夜，出行雲霧中，以識道不迷，[24]而時人因謂之能爲雲霧。[25]郭、李之亂，[26]人多就之。建安中，附屬州郡，州郡表薦爲小將。馬超等反，不肯從，超破之。後詣太祖，太祖執其手謂之曰："孤方入關，夢得一神人，即卿邪！"[27]

乃厚禮之，[28]表拜爲將軍，遣令迎其部黨。部黨不欲降，遂劫以
反，諸亡命皆往依之，有衆數千人，據武關道口。太祖遣夏侯淵
討破之，雄鳴南奔漢中。漢中破，窮無所之，乃復歸降。太祖捉
其鬚曰：“老賊，真得汝矣！”復其官，徙勃海。時又有程銀、侯
選、李堪，皆河東人也，興平之亂，[29]各有衆千餘家。建安十六
年，並與馬超合。超破走，堪臨陣死。銀、選南入漢中，漢中破，
詣太祖降，皆復官爵。

[1] 散關：關隘名。亦名大散關，在今陝西寶鷄市西南的大散
嶺上，形勢險要，古爲軍事重地。　武都：郡名。治所下辯縣，在
今甘肅成縣西。

[2] 陽平關：關隘名。在今陝西勉縣西北白馬城。今寧强縣亦
有陽平關，乃後代移置，非古陽平關。

[3] 稽顙：百衲本、殿本、盧弼《集解》本均作“稽顙”，校
點本從沈家本説增“歸降”二字。吳金華《校詁》則謂，“稽顙”
即拜伏投降之義，本書卷一五《梁習傳》、卷三二《先主傳》、卷
四三《張嶷傳》注引《益部耆舊傳》等皆有，不煩補字。今仍從
百衲本等。

[4] 杜濩：各本均作“杜濩”，而本書卷一《武帝紀》、《通
鑑》卷六七漢獻帝建安二十年皆作“杜濩”，校點本即據《武帝
紀》與《通鑑》改。今從之。杜濩、朴胡，均見本書《武帝紀》
建安二十年。

[5] 南山：山名。在今陝西勉縣南、四川南江縣北（本謝鍾
英《補三國疆域志補注》）。　巴中：地名。在今四川渠縣東北。
胡三省云：“今巴州，漢巴郡宕渠縣之北界也。三巴之地，此居其
中，謂之中巴。”（《通鑑》卷六七漢獻帝建安二十年注）漢宕渠
縣，在今四川渠縣東北。

[6] 鎮南將軍：官名。將軍名號之一。東漢末有鎮東、西、

南、北將軍各一人。

[7] 閬中：縣名。治所在今四川閬中市。

[8] 彭祖：曹宇字彭祖。魏明帝時封爲燕王。

[9] 承：吳金華《校詁》云："承猶聞也。"

[10] 臨履：謂親自察看。

[11] 截山：謂用兵把守歸回之山路，以防敵方尾隨追擊。

[12] 大將軍：官名。東漢時，常兼録尚書事，與太傅、太尉等共同主持政務。漢末，位在三公上。曹魏時爲上公，第一品。按，此段文字爲後代之追述，所言官職亦非當時之官職。

[13] 楊曁：字休先，滎陽（今河南滎陽縣東北）人。事迹主要見本書卷一四《劉曄傳》裴注引《傅子》、卷二六《田豫傳》及裴松之按語。

[14] 五官掾：官名。漢代郡國之屬吏，地位僅次於功曹，祭祀時居諸吏之首，無固定職掌，凡功曹及諸曹事出缺，即代理其職務。

[15] 東郡：治所濮陽縣，在今河南濮陽縣西南。

[16] 偏攜：亦即"偏師"。

[17] 燋爛之功：《漢書》卷六八《霍光傳》載：霍光死後，其子弟恃貴奢侈，茂陵徐福數次上書朝廷，請抑制之，未被采納。後霍氏果謀反被誅，凡告霍氏反者均受封賞，而不及徐福。有人遂上書曰："臣聞：客有過主人者，見其竈直突，傍有積薪。客謂主人更爲曲突，遠徙其薪，不者且有火患。主人默然不應。俄而家果失火，鄰里共救之，幸而得息。於是殺牛置酒，謝其鄰人，灼爛者在於上行，餘各以功次坐，而不録言曲突者。人謂主人曰：'鄉使聽客之言，不費牛酒，終亡火患。今論功而請賓，曲突徙薪亡恩澤，燋頭爛額爲上客邪？'主人乃寤而請之。"漢宣帝遂賜徐福帛十匹，後又以之爲郎。

[18] 湯武：商湯、周武王。

[19] 黄初：魏文帝曹丕年號（220—226）。

[20] 禮請：百衲本作"禮謂"，殿本、盧弼《集解》本、校

點本作"禮請"。殿本《考證》謂監本作"禮爲",毛本作"禮謂",而《蜀志·劉封傳》注"詔轉拜儀樓船將軍,在禮請中",請猶奉朝請之請,毛本、監本均失之。今改正。今從殿本等。

〔21〕西戎司馬:官名。按,裴松之所引《晉書》,未知何家《晉書》,據今傳唐人《晉書》,此西戎司馬,乃西戎校尉司馬。西晉初西戎校尉駐長安,掌雍州少數族事務。司馬爲其僚佐。 閻纘:《晉書》卷四八有傳。

〔22〕藍田:縣名。治所在今陝西藍田縣西灞河西岸。

〔23〕覆車山:山名。在當時藍田縣東。《元和郡縣志·關内道一》:"藍田山,一名玉山,一名覆車山,在縣東二十八里。"

〔24〕不迷:趙幼文《校箋》謂《藝文類聚》卷二、《太平御覽》卷一五引"迷"下有"惑"字。

〔25〕而時人因謂之:趙幼文《校箋》謂《藝文類聚》《太平御覽》引"時"上無"而"字,"謂"下無"之"字。郝經《續後漢書》同。

〔26〕郭李:指李傕、郭汜。見本書卷六《董卓傳》。

〔27〕卿:趙幼文《校箋》謂《太平御覽》卷三七〇、卷三七四引作"汝"。

〔28〕禮:趙幼文《校箋》謂《太平御覽》引作"賜"。

〔29〕興平之亂:指漢獻帝興平年間李傕、郭汜之亂。

評曰:公孫瓚保京,[1]坐待夷滅。度殘暴而不節,淵仍業以載凶,[2]祇足覆其族也。陶謙昏亂而憂死,張楊授首於臣下,皆擁據州郡,曾匹夫之不若,固無可論者也。燕、繡、魯舍羣盜,列功臣,去危亡,保宗祀,則於彼爲愈焉。

〔1〕京:易京。

〔2〕載:通"再"。

三國志 卷九

魏書九

諸夏侯曹傳第九

　　夏侯惇字元讓，沛國譙人，[1]夏侯嬰之後也。[2]年十四，就師學，人有辱其師者，惇殺之，由是以烈氣聞。太祖初起，惇常爲裨將，從征伐。太祖行奮武將軍，[3]以惇爲司馬，[4]別屯白馬，[5]遷折衝校尉，[6]領東郡太守。[7]太祖征陶謙，留惇守濮陽。張邈叛迎呂布，太祖家在鄄城，[8]惇輕軍往赴，[9]適與布會，交戰。布退還，遂入濮陽，襲得惇軍輜重。遣將僞降，共執持惇，責以寶貨，惇軍中震恐。惇將韓浩乃勒兵屯惇營門，召軍吏諸將，皆案甲當部不得動，諸營乃定。遂詣惇所，叱持質者曰：[10]"汝等凶逆，乃敢執劫大將（軍），[11]復欲望生邪！且吾受命討賊，寧能以一將軍之故，而縱汝乎？"因涕泣謂惇曰："當奈國法何！"促召兵擊持質者。持質者惶遽叩頭，言"我但欲乞資用去耳"！浩數責，皆斬之。惇既免，太祖聞之，謂浩

曰：“卿此可爲萬世法。”乃著令：“自今已後有持質者，皆當並擊，勿顧質。”由是劫質者遂絕。〔一〕

〔一〕孫盛曰：案《光武紀》，[12]建武九年，盜劫陰貴人母弟，吏以不得拘質迫盜，盜遂殺之也。然則合擊者，乃古制也。自安、順已降，[13]政教陵遲，[14]劫質不避王公，而有司莫能遵奉國憲者，[15]浩始復斬之，故魏武嘉焉。

[1] 沛國：王國名。治所相縣，在今安徽濉溪縣西北。 譙：縣名。治所在今安徽亳州市。

[2] 夏侯嬰：西漢初人。與漢高祖劉邦同爲沛縣（今江蘇沛縣）人。劉邦爲亭長時，即與嬰親善。劉邦起兵後，嬰長期爲劉邦駕車，後曾爲滕令，因稱爲滕公。劉邦即帝位後，封嬰爲汝陰侯，並剖符，世世勿絕。（見《漢書》卷四一《夏侯嬰傳》）

[3] 奮武將軍：官名。將軍名號之一，東漢末置。

[4] 司馬：官名。將軍軍府之屬官，掌參贊軍務，管理府內武職，位僅次於長史。

[5] 白馬：縣名。治所在今河南滑縣東南城關鎮東。在當時的黃河南岸，北岸是黎陽。

[6] 折衝校尉：官名。東漢末置，爲領兵武職。

[7] 東郡：治所濮陽縣，在今河南濮陽縣西南。

[8] 鄄城：縣名。治所在今山東鄄城縣北。曹操爲兗州牧，治所在此。

[9] 輕軍：殿本、盧弼《集解》本作“輕車”，百衲本、校點本作“輕軍”。今從百衲本等。

[10] 質：人質。指夏侯惇。

[11] 大將：各本皆作“大將軍”。錢大昭《辨疑》云：“是時惇爲折衝校尉，非大將軍也。惇爲大將軍在文帝即王位之後，安得

先以大將軍稱之？'大'字疑衍。"盧弼《集解》又引沈家本云："下文'寧能以一將軍之故'亦稱將軍，錢説是。"趙幼文《校箋》則謂《白孔六帖》卷九一引無"軍"字是也。下文"一將軍之故"，"軍"字亦似蒙上而衍。錢、沈説疑未確。按，大將與將軍皆武將之泛稱，上文稱"大將"，下文稱"將軍"，未嘗不可，且《白孔六帖》之下文亦作"將軍"，故此傳"一將軍之故"之"軍"字，不必是衍文，今從趙説删"大將軍"之"軍"字。

[12] 光武紀：盧弼《集解》謂孫盛所引此《光武紀》，未知出於何書，今傳袁宏《後漢紀》、范曄《後漢書》之《光武帝紀》，均未載此事。僅《後漢書·陰皇后紀》載建武九年（33）陰皇后尚爲貴人時，有盜劫殺其母鄧氏及弟訢，"帝甚傷之"。趙幼文《校箋》則謂孫盛在袁宏與范曄前，當不見《後漢紀》與范書也。其所紀述，蓋出自《東觀漢紀》及謝承書耶！

[13] 安、順：漢安帝、漢順帝。

[14] 政教陵遲：《後漢書》卷五一《橋玄傳》載：玄少子被劫執，促兵攻之，子亦死。"玄乃詣闕謝罪，乞下天下：'凡有劫質，皆並殺之，不得贖以財寶，開張奸路。'詔書下其章。初，自安帝以後，法禁稍弛，京師劫質，不避豪貴，自是遂絶。"

[15] 國憲：國家的法制刑律。《晋書·刑法志》謂漢科有"持質"。（詳程樹德《九朝律考》）

太祖自徐州還，[1] 惇從征吕布，爲流矢所中，傷左目。[一] 復領陳留、濟陰太守，[2] 加建武將軍，[3] 封高安鄉侯。時大旱，蝗蟲起，惇乃斷太壽水作陂，[4] 身自負土，率將士勸種稻，[5] 民賴其利。轉領河南尹。[6] 太祖平河北，爲大（將）軍後拒。[7] 鄴破，[8] 遷伏波將軍，[9] 領尹如故，使得以便宜從事，不拘科制。[10] 建安十二年，[11] 録惇前後功，增封邑千八百户，並前二千五百戶。二十一年，從征孫權還，使惇都督二十六軍，[12]留居巢。[13]賜伎樂名倡，令曰："魏絳以和戎之功，[14]猶受金石之樂，況將軍乎!"二十四年，太祖軍（擊破呂布軍）于摩陂，[15]召惇常與同載，特見親重，出入臥內，諸將莫得比也。拜前將軍，[二][16]督諸軍還壽春，[17]徙屯召陵。[18]文帝即王位，拜惇大將軍，[19]數月薨。[20]

〔一〕《魏略》曰：時夏侯淵與惇俱爲將軍，軍中號惇爲盲夏侯。惇惡之，每照鏡恚怒，輒撲鏡于地。[21]

〔二〕《魏書》曰：時諸將皆受魏官號，惇獨漢官，乃上疏自陳不當不臣之禮。太祖曰："吾聞太上師臣，其次友臣。夫臣者，貴德之人也，區區之魏，而臣足以屈君乎?"惇固請，乃拜爲前將軍。

[1] 徐州：州名。刺史治所本在郯縣（今山東郯城縣北），東漢末移至下邳（今江蘇睢寧縣西北）。

[2] 陳留：郡名。治所陳留縣，在今河南開封市東南。　濟陰：郡名。治所定陶縣，在今山東定陶縣西北。

[3] 建武將軍：官名。東漢末曹操置。

[4] 太壽：地名。趙一清《注補》云："太壽不見於兩漢志，大約在寧陵、襄邑之間。"寧陵，縣名。治所在今河南寧陵縣南。襄邑，縣名。治所在今河南睢縣。　陂（bēi）：趙幼文《校箋》謂《北堂書鈔》卷七四引"陂"下有"塘"字。按陂亦塘堰。謝鍾英云："陂在今睢州東。"（《補三國疆域志補注》）清代睢州，即今睢縣。

[5] 勸種稻：趙幼文《校箋》謂《北堂書鈔》引作"勸種稻田"。

[6] 河南尹：官名。秩二千石。東漢建都洛陽，將京都附近二

十一縣合爲一行政區，稱河南尹，相當於一郡。河南尹的長官亦稱河南尹，地區名與官名相同。曹魏因之，第三品。

[7] 大軍：各本作“大將軍”。趙一清《注補》：“‘將’字衍。魏武時爲司空，不爲大將軍；惇親貴殊倫，又不當爲他將後距也。”今從趙説删。

[8] 鄴：縣名。治所在今河北臨漳縣西南鄴鎮東一里半。

[9] 伏波將軍：官名。將軍名號之一，東漢末地位較高。

[10] 科制：法令條制。

[11] 建安：漢獻帝劉協年號（196—220）。

[12] 都督：此爲統領、總領之意，後遂成爲官名。

[13] 居巢：縣名。治所在今安徽巢湖市東北。

[14] 魏絳：即魏莊子。春秋時晉大夫，曾任中軍司馬、新軍之佐、下軍之將。力主與戎人和好，得晉悼公采納，使晉國聲威大增，晉悼公因而賜魏絳鄭國所送樂女、樂器之半。《左傳·襄公十一年》：“晉侯以樂之半賜魏絳，曰：‘子教寡人和諸戎狄以正諸華，八年之中，九合諸侯，如樂之和，無所不諧，請與子樂之。’”

[15] 太祖軍：各本在“太祖軍”下有“擊破吕布軍”五字。盧弼《集解》引陳景雲、趙一清、錢大昭、趙翼、潘眉、李慈銘諸家之説，謂吕布已敗死於建安三年，距此時已二十一年，不可能又有“擊破吕布軍”之事。當時曹仁在樊城被關羽所圍，曹操遣徐晃往救之，又親自率軍接應。曹操尚未至，徐晃已敗關羽，曹操遂停軍於摩陂；“吕布”二字當爲“關羽”。盧弼又謂“擊破吕布軍”五字皆衍文，則上下文皆通。校點本即從盧説删此五字。今從之。

摩陂：地名。在今河南郟縣東南。

[16] 前將軍：官名。在漢代，與後、左、右將軍皆位如上卿，掌京師兵衛與邊防屯警。魏晉亦置，第三品。權位漸低，略高於一般雜號將軍，不典禁兵，不與朝政。

[17] 壽春：縣名。治所在今安徽壽縣。

[18] 召（shào）陵：縣名。治所在今河南郾城縣東。

［19］大將軍：官名。東漢時，常兼録尚書事，與太傅、太尉等共同主持政務。漢末，位在三公上。曹魏時爲上公，第一品。盧弼《集解》謂北宋本"大將軍"上有"爲"字。趙幼文《校箋》云："盧君未見北宋本，此出錢儀吉《三國志證聞》。"

［20］數月薨：徐紹楨《質疑》云："按《文帝紀》，延康元年三月己卯以惇爲大將軍，夏四月庚午惇薨。自己卯至庚午纔五十二日，猶未及兩月，而本傳稱其數月始薨，殆未審也。"

［21］于地：趙幼文《校箋》謂《太平御覽》卷四八三、卷七一七、卷七四〇引"于"字俱作"着"。

　　惇雖在軍旅，親迎師受業。性清儉，有餘財輒以分施，不足資之於官，不治産業。謚曰忠侯。子充嗣。帝追思惇功，欲使子孫畢侯，分惇邑千户，賜惇七子二孫爵皆關内侯。[1]惇弟廉及子楙素自封列侯。[2]初，太祖以女妻楙，即清河公主也。[3]楙歷位侍中尚書、安西鎮東將軍，[4]假節。〔一〕[5]充薨，子廙嗣。廙薨，子劭嗣。〔二〕

　　〔一〕《魏略》曰：楙字子林，惇中子也。文帝少與楙親，及即位，以爲安西將軍、持節，[6]承夏侯淵處都督關中。[7]楙性無武略，而好治生。至太和二年，[8]明帝西征，人有白楙者，遂召還爲尚書。楙在西時，多畜伎妾，公主由此與楙不和。其後羣弟不遵禮度，楙數切責，弟懼見治，乃共搆楙以誹謗，令主奏之，[9]有詔收楙。帝意欲殺之，以問長水校尉京兆段默，[10]默以爲"此必清河公主與楙不睦，[11]出于譖搆，冀不推實耳。[12]且伏波與先帝有定天下之功，[13]宜加三思"。帝意解，曰："吾亦以爲然。"乃發詔推問爲公主作表者，[14]果其羣弟子臧、子江所搆也。[15]

〔二〕《晋陽秋》曰：泰始二年，[16]高安鄉侯夏侯佐卒，惇之孫也，嗣絕。詔曰："惇，魏之元功，勳書竹帛。昔庭堅不祀，[17]猶或悼之，況朕受禪于魏，[18]而可以忘其功臣哉！宜擇惇近屬紹封之。"[19]

[1] 關內侯：爵名。次於列侯，祇有封户收取租税而無封地。

[2] 列侯：爵名。漢代二十級爵之最高者。金印紫綬，有封邑，食租税。功大者食縣、邑，小者食鄉、亭。曹魏初亦沿襲有列侯。

[3] 清河：縣名。治所在今山東臨清市東北。清河公主爲曹操之劉夫人所生。見本書卷五《武宣卞皇后傳》注引《魏略》。

[4] 侍中：官名。曹魏時，第三品。爲門下侍中寺長官。職掌門下衆事，侍從左右，顧問應對，拾遺補闕，與散騎常侍、黄門侍郎等共平尚書奏事。晉沿置，爲門下省長官。　尚書：官名。魏置吏部、左民、客曹、五兵、度支等五曹尚書，秩皆六百石，第三品。其中吏部職任要重，徑稱吏部尚書，其餘諸曹均稱尚書。　安西：即安西將軍。魏、晉時第三品。爲出鎮地方的軍事長官，或爲州刺史兼理軍務的加官。　鎮東將軍：官名。第二品，位次四征將軍，領兵如征東將軍。多爲持節都督，出鎮方面。

[5] 假節：漢末三國時期，皇帝賜予臣下的一種權力。至晉代，此種權力明確爲因軍事可殺犯軍令者。

[6] 持節：漢朝官吏奉使外出時，由皇帝授予節杖，以提高其威權。漢末三國，則爲皇帝授予出征或出鎮的軍事長官的一種權力。至晉代，此種權力明確爲可殺無官位人，若軍事，可殺二千石以下官員。如皇帝派遣大臣出巡或祭吊等事務時，加持節，則表示權力和尊崇。

[7] 關中：地區名。指函谷關以内之地，包括今陝西和甘肅、寧夏、内蒙古的部分地區。

[8] 太和：魏明帝曹叡年號（227—233）。

[9] 令主：殿本、盧弼《集解》本作“公主”，百衲本、校點本作“令主”。殿本《考證》亦云“宋本作‘令主’”。今從百衲本等。趙幼文《校箋》又謂《太平御覽》卷五一五引作“令公主”。考上下文俱作“公主”，不曰“主”，疑宋本脱“公”字也。

[10] 長水校尉：官名。魏時秩比二千石，第四品，掌宿衞兵。京兆：郡名。治所長安，在今陝西西安市西北。

[11] 默以爲：趙幼文《校箋》謂《太平御覽》卷五一五引“以爲”下有“誹謗之言，不與實相應”九字。

[12] 推：趙幼文《校箋》謂《太平御覽》引作“待”。

[13] 伏波：指夏侯惇。因惇曾爲伏波將軍。

[14] 發詔推問：趙幼文《校箋》謂《太平御覽》卷五一五引無“推”字，“問”下有“本”字。

[15] 子江所搆也：趙幼文《校箋》謂《太平御覽》引“江所搆也”作“佐欲疏使不見信”。按，《太平御覽》實作“佐欲搆疏㮋使不見信”。

[16] 泰始：晉武帝司馬炎年號（265—274）。

[17] 庭堅：古人名。雷學淇《世本校輯》云：“庭堅乃出顓頊，其後爲蓼（liǎo），姬姓。”（詳楊伯峻《春秋左傳注》文公五年引）春秋時蓼國在今河南固始縣東北。《左傳·文公五年》：“楚公子燮滅蓼，臧文仲聞六與蓼滅，曰：‘皋陶、庭堅不祀忽諸。德之不建，民之無援，哀哉！’”

[18] 受禪：趙幼文《校箋》謂《藝文類聚》卷五一引“禪”字作“終”。

[19] 宜：趙幼文《校箋》謂《藝文類聚》引作“其”，蓋漢魏詔令用語。　紹：百衲本作“紹”，殿本、盧弼《集解》本、校點本作“劭”。今從百衲本。

　　韓浩者，河內人。[1]（及）沛國史渙與浩俱以忠勇顯。[2]浩至中護軍，[3]渙至中領軍，[4]皆掌禁兵，封列侯。〔一〕

　　〔一〕《魏書》曰：韓浩字元嗣。漢末起兵，縣近山藪，多寇，浩聚徒眾爲縣藩衞。太守王匡以爲從事，[5]將兵拒董卓于盟津。[6]時浩舅杜陽爲河陰令，[7]卓執之，使招浩，浩不從。袁術聞而壯之，以爲騎都尉。[8]夏侯惇聞其名，請與相見，大奇之，使領兵從征伐。時大議損益，浩以爲當急田。太祖善之，遷護軍。太祖欲討柳城，[9]領軍史渙以爲道遠深入，非完計也，欲與浩共諫。浩曰：“今兵勢彊盛，威加四海，戰勝攻取，無不如志，不以此時遂除天下之患，將爲後憂。且公神武，舉無遺策，吾與君爲中軍主，[10]不宜沮眾。”遂從破柳城，改其官爲中護軍，[11]置長史、司馬，[12]從討張魯，[13]魯降。議者以浩智略足以綏邊，欲留使都督諸軍，鎮漢中。[14]太祖曰：“吾安可以無護軍？”乃與俱還。其見親任如此。[15]及薨，太祖愍惜之。無子，以養子榮嗣。史渙字公劉。少任俠，有雄氣。太祖初起，以客從，行中軍校尉，[16]從征伐，常監諸將，見親信，轉拜中領軍。十四年薨。[17]子靜嗣。

　　[1] 河內：郡名。治所懷縣，在今河南武陟縣西南。

　　[2] 沛國：各本“沛國”上有“及”字。盧弼《集解》云：“或曰‘與浩’二字可刪，否則當去‘及’字。”校點本亦以“及”爲衍文刪之。今從校點本。

　　[3] 中護軍：官名。曹操爲丞相後，於相府置護軍，掌武官選舉，並與領軍同掌禁軍，出征時監護諸將，隸屬領軍，後改名中護軍，職掌不變。以後又以資輕者爲中護軍，資重者稱護軍將軍，亦可簡稱護軍。

　　[4] 中領軍：官名。曹操爲丞相後，亦於相府置領軍，與護軍同掌禁軍，後改稱中領軍。以後亦以資輕者爲中領軍，資重者稱領軍將軍。

　　[5] 從事：漢代州牧刺史的佐吏有別駕從事史、治中從事史等等，皆可簡稱從事；而郡太守無此佐吏，此“從事”，當爲處理事務之意，非官名。

　　[6] 盟津：即孟津，津渡名。在今河南孟津縣東北的黃河上。東漢又於此置關，爲洛陽周圍八關之一。

　　[7] 河陰：縣名。兩漢名平陰縣，東漢末改名河陰，治所在今河南孟縣東。（本王先謙《續漢書·郡國志集解》）

　　[8] 騎都尉：官名。漢代屬光禄勳，秩比二千石，掌羽林騎兵。

　　[9] 柳城：西漢縣名。西漢時屬遼西郡，東漢省。治所在今遼寧朝陽市西南十二臺營子。（本《〈中國歷史地圖集〉釋文匯編（東北卷）》）

　　[10] 中軍：此指曹操所統之軍隊。以後中央直轄的軍隊稱中軍。

　　[11] 中護軍：趙幼文《校箋》謂《太平御覽》卷二四〇引下有“掌禁兵”三字。按，此《太平御覽》所引，題曰《魏志》。

　　[12] 長史：官名。將軍之屬官，爲衆屬官之長。

　　[13] 從討張魯：趙幼文《校箋》謂《北堂書鈔》卷六四、《太平御覽》卷二四〇引“從”上（當作下）有“太祖”二字。

　　[14] 漢中：郡名。治所南鄭，在今陝西漢中市東。

　　[15] 其見親任如此：趙幼文《校箋》謂《北堂書鈔》卷六四引“親”字作“重”，無“任”字。《太平御覽》卷二四〇引亦無“任”字，疑當作“其見親如此”。

　　[16] 中軍校尉：官名。漢靈帝中平五年（188）置西園八校尉，統領禁軍，中軍校尉爲其中之一。此爲曹操所置，以統領曹氏之警衛兵。

[17] 十四年：指建安十四年（209）。

夏侯淵字妙才，惇族弟也。太祖居家，曾有縣官事，淵代引重罪，太祖營救之，得免。〔一〕太祖起兵，[1]以別部司馬、騎都尉從，[2]遷陳留、潁川太守。[3]及與袁紹戰于官渡，[4]行督軍校尉。[5]紹破，使督兗、豫、徐州軍糧；[6]時軍食少，淵傳饋相繼，軍以復振。昌豨反，[7]遣于禁擊之，未拔，復遣淵與禁并力，遂擊豨，[8]降其十餘屯，豨詣禁降。淵還，拜典軍校尉。〔二〕[9]濟南、樂安黃巾徐和、司馬俱等攻城，[10]殺長吏，[11]淵將泰山、齊、平原郡兵擊，[12]大破之，斬和，平諸縣，收其糧穀以給軍士。〔建安〕十四年，[13]以淵爲行領軍。[14]太祖征孫權還，使淵督諸將擊廬江叛者雷緒，[15]緒破，又行征西護軍，[16]督徐晃擊太原賊，[17]攻下二十餘屯，斬賊帥商曜，屠其城。從征韓遂等，戰於渭南。[18]又督朱靈平隃麋、汧氐。[19]與太祖會安定，[20]降楊秋。

〔一〕《魏略》曰：時兗、豫大亂，淵以饑乏，棄其幼子，而活亡弟孤女。

〔二〕《魏書》曰：淵爲將，赴急疾，常出敵之不意，故軍中爲之語曰："典軍校尉夏侯淵，三日五百，六日一千。"

[1] 太祖起兵：趙幼文《校箋》謂《冊府元龜》卷三七六引"祖"下有"初"字。前傳亦作"太祖初起"。

[2] 別部司馬：官名。東漢時，大將軍領營五部，部有軍司馬

一人，秩比千石。其別營領屬稱別部司馬。後雖非大將軍者，亦或有置。

［３］潁川：郡名。治所陽翟縣，在今河南禹州市。

［４］官渡：地名。在今河南中牟縣東北。

［５］督軍校尉：官名。漢獻帝時，孫堅、曹操皆置。統兵出征。

［６］兖：州名。治所昌邑縣，在今山東金鄉縣西北。　豫：州名。治所譙縣，在今安徽亳州市。

［７］狶：百衲本、校點本作“狶”，殿本、盧弼《集解》本作“豨”，本書卷一《武帝紀》建安三年亦作“狶”，今從殿本等。

［８］遂擊狶：趙幼文《校箋》謂《册府元龜》卷三四二引“遂”字在“狶”字下。

［９］典軍校尉：官名。周壽昌《注證遺》：“典軍校尉即漢靈帝時所置西園八校尉之一，操曾領此官，今特以拜淵，所以示親異也。”

［１０］濟南：王國名。治所東平陵，在今山東章丘市西北。樂安：郡名。東漢質帝時改樂安國置，治所高苑縣，在今山東鄒平縣東北苑城鎮。

［１１］長吏：漢代稱秩六百石以上的官吏爲長吏，又稱秩四百石至二百石之縣丞、尉爲長吏。漢代縣令、長之秩爲千石至三百石。此處之“長吏”，即指縣令、長。

［１２］泰山：郡名。治所奉高縣，在今山東泰安市東。　齊：王國名。治所臨菑縣，在今山東淄博市東北臨淄區北。　平原：郡名。治所平原縣，在今山東平原縣西南。

［１３］十四年：錢大昭《辨疑》云：“按此十四年，即建安十四年也。疑脱‘建安’二字。”今從錢説補。

［１４］行領軍：官名。曹操爲丞相時，自置領軍，後稱中領軍，出征則置行領軍以督率諸將。

［１５］廬江：郡名。治所本在舒縣，在今安徽廬江縣西南；建

安四年（199）劉勳移治所於皖，在今安徽潛山縣；建安末又移於
陽泉縣，在今安徽霍邱縣西北。

　　[16]　征西護軍：官名。此護軍，爲曹操所置的統兵武職，地
位稍低於同號將軍。胡三省云：“淵之族，操所自出也。付以征西
先驅之任，以資序未得爲征西將軍，故以護軍爲名。”（《通鑑》卷
六六漢獻帝建安十六年注）

　　[17]　太原：郡名。治所晋陽縣，在今山西太原市西南古城營
西古城。

　　[18]　渭南：地區名。指渭水以南地區。

　　[19]　隃糜：《續漢書·郡國志》作“渝糜”，侯國名。治所在
今陝西千陽縣東。　　汧（qiān）：縣名。治所在今陝西隴縣東南。
氐：西北少數族名。

　　[20]　安定：郡名。治所臨涇縣，在今甘肅鎮原縣東南。

　　十七年，太祖乃還鄴，以淵行護軍將軍，督朱靈、
路招等屯長安，擊破南山賊劉雄〔鳴〕，[1]降其衆。圍
遂、超餘黨梁興於鄠，[2]拔之，斬興，封博昌亭侯。馬
超圍涼州刺史韋康於冀，[3]淵救康，未到，康敗。去冀
二百餘里，超來逆戰，軍不利。汧氐反，淵引軍還。
十九年，趙衢、尹奉等謀討超，姜敘起兵鹵城以應
之。[4]衢等譎説超，使出擊敘，於後盡殺超妻子。超奔
漢中，還圍祁山。[5]敘等急求救，諸將議者欲須太祖節
度。淵曰：“公在鄴，反覆四千里，比報，敘等必敗，
非救急也。”遂行，使張郃督步騎五千在前，從陳倉狹
道入，[6]淵自督糧在後。郃至渭水上，超將氐、羌數千
逆郃。未戰，超走，郃進軍收超軍器械。淵到，諸縣
皆已降。韓遂在顯親，[7]淵欲襲取之，遂走。淵收遂軍

糧，追至略陽城，[8]去遂二十餘里，諸將欲攻之，或言當攻興國氐。[9]淵以爲遂兵精，興國城固，攻不可卒拔，不如擊長離諸羌。[10]長離諸羌多在遂軍，必歸救其家。若〔捨〕羌獨守則孤，[11]救長離則官兵得與野戰，可必虜也。淵乃留督將守輜重，輕兵步騎到長離，攻燒羌屯，斬獲甚衆。諸羌在遂軍者，各還種落。遂果救長離，與淵軍對陣。諸將見遂衆，惡之，欲結營作塹乃與戰。淵曰：“我轉鬭千里，今復作營塹，則士衆罷弊，[12]不可久。賊雖衆，易與耳。”乃鼓之，大破遂軍，得其旌麾，還略陽，進軍圍興國。氐王千萬逃奔馬超，餘衆降。轉擊高平屠各，[13]皆散走，收其糧穀牛馬。乃假淵節。

初，枹罕宋建因涼州亂，[14]自號河首平漢王。[15]太祖使淵帥諸將討建。[16]淵至，圍枹罕，月餘拔之，斬建及所置丞相已下。淵別遣張郃等平河關，[17]渡河入小湟中，[18]河西諸羌盡降，隴右平。[19]太祖下令曰：“宋建造爲亂逆三十餘年，淵一舉滅之，虎步關右，[20]所向無前。仲尼有言：‘吾與爾〔俱〕不如也’。”[21]二十（一）年，[22]增封三百戶，并前八百戶。還擊武都氐羌下辯，[23]收氐穀十餘萬斛。太祖西征張魯，淵等將涼州諸將侯王已下，與太祖會休亭。[24]太祖每引見羌、胡，以淵畏之。會魯降，漢中平，以淵行都護將軍，[25]督張郃、徐晃等平巴郡。[26]太祖還鄴，留淵守漢中，即拜淵征西將軍。[27]二十三年，劉備軍陽平關，[28]淵率諸將拒之，相守連年。二十四年正月，備夜燒圍鹿角。[29]淵使張郃護東圍，自將輕兵護南圍。備挑郃戰，郃軍不利。淵分所將兵半助郃，爲備所襲，淵遂戰死。[30]謚曰愍侯。

初，淵雖數戰勝，太祖常戒曰：“爲將當有怯弱時，不可但恃勇也。將當以勇爲本，行之以智計；但知任勇，一匹夫敵耳。”

淵妻，太祖內妹。長子衡，尚太祖弟海陽哀侯女，[31]恩寵特隆。衡襲爵，轉封安寧亭侯。黃初中，[32]賜中子霸，太和中，[33]賜霸四弟，爵皆關內侯。霸，正始中爲討蜀護軍、右將軍，[34]進封博昌亭侯，素爲曹爽所厚。聞爽誅，自疑，亡入蜀。以淵舊勳赦霸子，徙樂浪郡。〔一〕[35]霸弟威，官至兗州刺史。〔二〕威弟惠，樂安太守。〔三〕惠弟和，河南尹。〔四〕衡薨，子績嗣，爲虎賁中郎將。[36]績薨，子褒嗣。

〔一〕《魏略》曰：霸字仲權。淵爲蜀所害，故霸常切齒，欲有報蜀意。黃初中爲偏將軍。[37]子午之役，[38]霸召爲前鋒，進至興勢圍，[39]安營在曲谷中。蜀人望知其是霸也，指下兵攻之。霸手戰鹿角間，賴救至，然後解。後爲右將軍，屯隴西，[40]其養士和戎，並得其歡心。至正始中，代夏侯儒爲征蜀護軍，統屬征西。[41]時征西將軍夏侯玄，於霸爲從子，而玄於曹爽爲外弟。[42]及司馬宣王誅曹爽，遂召玄，玄來東。霸聞曹爽被誅而玄又徵，以爲禍必轉相及，心既內恐；又霸先與雍州刺史郭淮不和，[43]而淮代玄爲征西，霸尤不安，[44]故遂奔蜀。南趣陰平而失道，[45]入窮谷中，糧盡，殺馬步行，足破，臥巖石下，使人求道，未知何之。[46]蜀聞之，乃使人迎霸。初，建安五年，時霸從妹年十三四，在本郡，出行樵採，爲張飛所得。飛知其良家女，遂以爲妻，產息女，[47]爲劉禪皇后。故淵之初亡，飛妻請而葬之。及霸入蜀，禪與相見，釋之曰：“卿父自遇害於行閒耳，非我先人之手刃也。”指其兒子以示之曰：“此夏侯氏之甥也。”厚加爵寵。

〔二〕《世語》曰：咸字季權，任俠。貴歷荆、兗二州刺史。[48]子駿，并州刺史。[49]次莊，淮南太守。[50]莊子湛，[51]字孝若，以才博文章，至南陽相、散騎常侍。[52]莊，晋景陽皇后姊夫也。[53]由此一門侈盛於時。

〔三〕《文章敍録》曰：[54]惠字稚權，幼以才學見稱，善屬奏議。歷散騎、黄門侍郎，[55]與鍾毓數有辯駁，[56]事多見從。遷燕相、樂安太守。[57]年三十七卒。

〔四〕《世語》曰：和字義權，清辯有才論。歷河南尹、太常。[58]淵第三子稱，第五子榮。從孫湛爲其序曰：“稱字叔權。自孺子而好合聚童兒，爲之渠帥，戲必爲軍旅戰陳之事，有違者輒嚴以鞭捶，衆莫敢逆。淵陰奇之，[59]使讀《項羽傳》及兵書，不肯，曰：‘能則自爲耳，安能學人？’年十六，淵與之田，見奔虎，稱驅馬逐之，[60]禁之不可，一箭而倒。名聞太祖，太祖把其手喜曰：‘我得汝矣！’[61]與文帝爲布衣之交，每讌會，氣陵一坐，辯士不能屈。[62]世之高名者多從之游。年十八卒。弟榮，字幼權。幼聰惠，七歲能屬文，誦書日千言，經目輒識之。文帝聞而請焉。賓客百餘人，人一奏刺，[63]悉書其鄉邑名氏，[64]世所謂爵里刺也，客示之，一寓目，使之遍談，[65]不謬一人。帝深奇之。漢中之敗，榮年十三，左右提之走，不肯，曰：‘君親在難，焉所逃死！’乃奮劍而戰，遂没陣。”

[1] 南山：謂終南山，即秦嶺。　劉雄鳴：各本無“鳴”字。潘眉《考證》云：“‘雄’下脱‘鳴’字。《魏略》曰劉雄鳴有衆數千人，太祖遣夏侯淵討破之，雄鳴南奔漢中。又《太平御覽》十五引《魏略》亦作‘劉雄鳴’。是時人無雙名，劉雄鳴係賊號，如

‘飛燕’‘白騎’之類。”殿本《考證》、趙一清《注補》等亦有同
説。今從諸家説補“鳴”字。

[2] 鄠（hù）：縣名。治所在今陝西户縣北。盧弼《集解》
云：“《鄭渾傳》梁興等餘衆聚鄜（fū）城。《徐晃傳》使晃與夏侯
淵平鄜、夏陽餘賊，斬梁興。據此二傳，‘鄠’應作‘鄜’。《通
鑑》亦作‘鄜’。”鄜，縣名。謝鍾英《補三國疆域志補注》又謂
鄜縣《漢書·地理志》屬左馮翊，後漢省，蓋漢末所立。治所在今
陝西洛川縣東南鄜城。

[3] 涼州：漢靈帝中平後，迄於建安末，刺史治所在冀縣，在
今甘肅甘谷縣東。（本王先謙《續漢書·郡國志集解》引馬與龍
説）　韋康：人名。主要事迹見本書卷一〇《荀彧傳》裴注引
《三輔決録注》。

[4] 姜敘：主要事迹見本書卷二五《楊阜傳》裴注引皇甫謐
《列女傳》。　鹵城：梁章鉅《旁證》引何焯曰：“西縣屬漢陽。
‘西’古作‘鹵’。此‘鹵’字與《楊阜傳》皆訛爲‘鹵’。”西城
即西縣城，西縣治所在今甘肅天水市西南。鹵城則在今天水市與甘
谷縣之間。

[5] 祁山：山名。在今甘肅禮縣東。

[6] 陳倉：縣名。治所在今陝西寶鷄市東渭水北岸。

[7] 顯親：縣名。治所在今甘肅秦安縣西北。

[8] 略陽：縣名。治所在今甘肅秦安縣東北。

[9] 興國：聚邑名。在今甘肅秦安縣東北。

[10] 長離：河名。謝鍾英《補三國疆域志補注》云：“按
《水經注》長離川在成紀南，當在今秦安縣北七十餘里。”

[11] 捨羌：各本均無“捨”字，《通鑑》卷六七漢獻帝建安
十九年叙此事有“捨”字。校點本即據《通鑑》增。今從之。胡
三省對“捨羌獨守”注云：“謂（韓）遂若捨羌而不救，獨擁兵自
守，則其勢孤。”

[12] 罷（pí）：同“疲”。

[13] 高平：縣名。治所在今寧夏固原縣。 屠（chú）各：匈奴族之一種。

[14] 枹（fū）罕：縣名。治所在今甘肅臨夏縣西南枹罕鎮。

[15] 河首：《後漢書》卷七二《董卓傳》李賢注云："建以居河上流，故稱'河首'也。"趙一清《注補》卻説："河首，地名也。《水經·河水注》引司馬彪曰：西羌者，自析支以西，濱於河首左右居。"趙幼文《校箋》謂《册府元龜》卷一三二引"首"字作"西"。按，宋本《册府元龜》亦作"首"。

[16] 諸將：趙幼文《校箋》謂《册府元龜》卷一三二引"將"字作"軍"。按，宋本《册府元龜》亦作"將"。

[17] 河關：縣名。治所在今甘肅臨夏縣西北。

[18] 小湟中：地區名。即今青海大通回族土族自治縣一帶。（本盧弼《集解》引吳熙載説）

[19] 隴右：地區名。指隴山以西之地。約當今甘肅隴山、六盤山以西和黃河以東一帶。

[20] 關右：地區名。指函谷關以西之地。

[21] 吾與爾俱不如也：各本皆無"俱"字。《論語·公冶長》："子曰：弗如也，吾與女弗如也。"盧弼《集解》引周壽昌説，謂何晏注引包咸曰作"吾與汝俱不如"；《論衡·問孔篇》亦作"吾與汝俱弗如"；《鄭康成別傳》馬季長與盧子幹語，亦有"吾與汝皆不如"之説，則曹操引語應與之相合。趙幼文《校箋》謂《太平御覽》卷二〇〇引曹操引語"爾"下有"俱"字，應據增。今從諸家説增補。

[22] 二十年：各本皆作"二十一年"。潘眉《考證》云："當爲二十年，衍'一'字。下載擊武都氏及征張魯事並在二十年。"今從潘説删"一"字。

[23] 武都：郡名。治所下辯縣，在今甘肅成縣西。

[24] 休亭：地名。未詳其地。

[25] 都護將軍：官名。胡三省云："都護將軍，以盡護諸將而

立號，光武始命賈復。"（《通鑑》卷六七漢獻帝建安二十年注）

　　［26］巴郡：治所江州縣，在今重慶市渝中區。

　　［27］征西將軍：官名。東漢和帝時置。地位不高，與雜號將軍同。獻帝建安中曹操執政時，列爲四征將軍之一，地位提高，秩二千石。

　　［28］陽平關：關隘名。在今陝西勉縣西北白馬城。今寧强縣亦有陽平關，乃後代移置，非古陽平關。

　　［29］鹿角：營房四周埋插削尖的帶枝樹木，以之防備敵人的攻襲，因形似鹿角，故名。

　　［30］淵遂戰死：此叙夏侯淵之死因，與本書卷三二《先主傳》、卷三六《黃忠傳》、卷三七《法正傳》不同。《通鑑》以此三傳所述爲確，故從三傳。

　　［31］海陽哀侯：未詳。

　　［32］黃初：魏文帝曹丕年號（220—226）。

　　［33］太和：魏明帝曹叡年號（227—233）。

　　［34］正始：魏少帝齊王曹芳年號（240—249）。　討蜀護軍：官名。魏晉時沿襲曹操之制，護軍又爲統軍武職，地位稍低於將軍，常隨征伐目而置號，討蜀護軍爲征討蜀國之統兵將領。　右將軍：官名。東漢時位如上卿，與前、後、左將軍掌京師兵衛與邊防屯警。魏晉亦置，第三品。權位漸低，略高於一般雜號將軍，不典禁兵，不與朝政，僅領兵征戰。

　　［35］樂浪郡：治所朝鮮縣，在今朝鮮平壤市西南。

　　［36］虎賁中郎將：官名。秩比二千石，第五品，主虎賁宿衛。

　　［37］偏將軍：官名。雜號將軍中地位較低者，第五品，無定員。趙幼文《校箋》謂《太平御覽》卷三三七引"偏將軍"下有"太和中在長安"七字。

　　［38］子午之役：子午，秦嶺山中的一條谷道，爲古代關中與巴蜀的交通要道之一。北口在今陝西西安市南一百里，南口在陝西洋縣東一百六十里，全長六百六十里。此爲漢魏舊道。南朝梁將軍

王念神以舊道艱險，另開南段乾路，出今洋縣東三十里龍亭。因北方稱"子"，南方稱"午"，故稱"子午谷"。（本《元和郡縣志》與《長安志》）。子午之役，指魏太和四年曹真伐蜀，由子午道南入。

　　[39] 興勢：百衲本、殿本作"興世"，盧弼《集解》本、校點本作"興勢"。今從《集解》本等。興勢，山名。在今陝西洋縣北。

　　[40] 隴西：郡名。治所襄武縣，在今甘肅隴西縣東南。

　　[41] 征西：即征西將軍。

　　[42] 外弟：表弟。夏侯玄之母是曹爽之姑。

　　[43] 雍州：刺史治所長安縣，在今陝西西安市西北。

　　[44] 尤：殿本作"益"，百衲本、盧弼《集解》本、校點本作"尤"。今從百衲本等。

　　[45] 趣：校點本作"趨"，百衲本、殿本、盧弼《集解》本作"趣"。按，二字同。今從百衲本等。　陰平：道名（漢代，少數族聚居之縣稱道）。治所在今甘肅文縣西北。

　　[46] 何之：趙幼文《校箋》謂《太平御覽》卷四九〇引"何"字作"所"。按，《太平御覽》所引，題曰《魏志》。

　　[47] 息女：親生女。《史記》卷八《高祖本紀》"臣有息女"《正義》："息，生也。謂所生之女也。"

　　[48] 荊：州名。魏荊州刺史治所宛縣，在今河南南陽市。

　　[49] 并州：刺史治所晉陽縣，在今山西太原市西南古城營西古城。

　　[50] 淮南：郡名。治所壽春縣，在今安徽壽縣。

　　[51] 湛：夏侯湛事迹見《晉書》卷五五《夏侯湛傳》。

　　[52] 南陽：王國名。治所宛縣。　散騎常侍：官名。秩比二千石，第三品。爲門下重職，侍從皇帝左右，諫諍得失，應對顧問，與侍中等共平尚書奏事。有異議得駁奏。

　　[53] 晉景陽皇后：晉武帝司馬炎爲皇帝後，追尊司馬師爲景

皇帝。陽皇后，即司馬師妻羊氏。古“陽”“羊”通。（本梁章鉅《旁證》引陳景雲説）

［54］文章敘録：沈家本《三國志注所引書目》謂《隋書·經籍志》有《雜撰文章家集叙》十卷，荀勖撰。《舊唐書·經籍志》作“五卷”，無“叙”字；《新唐書·藝文志》亦作“五卷”，有“叙”字，又“雜撰”作“新撰”，似即此書。

［55］散騎：即散騎侍郎，官名。曹魏置，第五品。與散騎常侍、侍中、黃門侍郎等侍從皇帝左右，顧問應對，諫諍拾遺，共平尚書奏事。西晉沿置。　黃門侍郎：官名。即給事黃門侍郎，東漢時，秩六百石。掌侍從左右，給事禁中，關通中外。初無員數，漢獻帝定爲六員，與侍中出入禁中，近侍帷幄，省尚書奏事。三國沿置，魏定爲五品。

［56］辯駁：殿本作“辨駁”，百衲本、盧弼《集解》本、校點本作“辯駁”。今從百衲本等。

［57］燕：王國名。治所薊縣，在今北京城西南。

［58］太常：官名。秩中二千石，第三品。掌禮儀祭祀，選試博士。

［59］淵陰奇之：趙幼文《校箋》謂《太平御覽》卷三八五引“淵”上有“父”字。

［60］驅馬：趙幼文《校箋》謂《太平御覽》卷八三一引“驅”上有“執楯”二字。按，《太平御覽》所引，題曰《魏志》，而《太平御覽》卷三八五引亦無“執楯”二字。

［61］汝：趙幼文《校箋》謂《太平御覽》卷八三一引作“將”。按，《太平御覽》卷三八五引亦作“汝”。

［62］屈：趙幼文《校箋》謂《太平御覽》卷三八五、卷四〇九引作“答”。

［63］刺：名帖。相當於今之名片。《文心雕龍·書記》云：“刺者，達也。《詩》人諷刺，《周禮》‘三刺’，敘事相達，若針之通結矣。”所謂敘事相達，主要敘述自己的姓名、爵里，故又稱爵

里刺。《釋名·釋書契》云：“又曰爵里刺，書其官爵及郡縣鄉里也。”1984 年 6 月安徽馬鞍山市郊發掘的孫吳朱然墓中有十四枚刺，其書寫內容即如此。（見《文物》1986 年第 3 期所載發掘簡報）

[64] 名氏：趙幼文《校箋》謂《白孔六帖》卷二六、《太平御覽》卷六〇三引作“姓名”。按，《太平御覽》所引題曰《夏侯榮傳》。

[65] 一寓目使之遍談：趙幼文《校箋》謂《太平御覽》卷三八五、卷六〇六引作“一過而使之遍談”。按，《太平御覽》卷三八五引“使”下無“之”字。

曹仁字子孝，太祖從弟也。〔一〕少好弓馬弋獵。後豪傑並起，[1] 仁亦陰結少年，得千餘人，周旋淮、泗之間，[2] 遂從太祖爲別部司馬，行厲鋒校尉。[3] 太祖之破袁術，仁所斬獲頗多。從征徐州，仁常督騎，爲軍前鋒。別攻陶謙將呂由，破之，還與大軍合彭城，[4] 大破謙軍。從攻費、華、即（墨）〔丘〕、開陽，[5] 謙遣別將救諸縣，仁以騎擊破之。太祖征呂布，仁別攻句陽，[6] 拔之，生獲布將劉何。太祖平黃巾，迎天子都許，[7] 仁數有功，拜廣陽太守。[8] 太祖器其勇略，不使之郡，以議郎督騎。[9] 太祖征張繡，仁別徇旁縣，虜其男女三千餘人。太祖軍還，爲繡所追，軍不利，士卒喪氣，仁率厲將士甚奮，太祖壯之，遂破繡。

〔一〕《魏書》曰：仁祖褒，潁川太守。父熾，侍中、長水校尉。

[1] 後豪傑並起：趙幼文《校箋》謂《太平御覽》卷二三九

作“俊豪並起”。

[2] 周旋：校點本1982年7月第2版作“周旅”。百衲本、殿本、盧弼《集解》本作“周旋”。今從百衲本等。趙幼文《校箋》謂《太平御覽》卷二三九引作“周游”。　淮泗：淮水與泗水。泗水源於今山東泗水縣東蒙山南麓，西流經泗水、曲阜、兗州等縣市，折南經濟寧南魯鎮及魚臺縣東，轉東南流經江蘇沛縣及徐州市，此下略循廢黃河至淮陰市西南入淮河。

[3] 厲鋒校尉：官名。曹操所置，即曹仁爲之，常督騎兵爲前鋒。

[4] 彭城：縣名。治所在今江蘇徐州市。

[5] 從攻：校點本1982年7月第2版誤作“後攻”。　費(bì)：侯國名。治所在今山東費縣西北。　華：縣名。治所在今山東費縣東北。　即丘：各本均作“即墨”。錢大昕《廿二史考異》卷一五云：“即墨屬青州之北海郡，陶謙爲徐州牧，未得有其地，疑是‘即丘’之訛。”盧弼《集解》亦贊成錢説，今從錢説改。即丘，縣名。治所在今山東臨沂市東南。　開陽：縣名。治所在今山東臨沂市北。

[6] 句陽：縣名。治所在今山東菏澤市北。

[7] 許：縣名。治所在今河南許昌縣東。

[8] 廣陽：郡名。治所薊縣，在今北京城西南。謝鍾英云：“（曹）仁爲太守在建安初，時袁紹始并公孫瓚，廣陽郡爲紹地，仁爲太守不過遙領而已。”（《補三國疆域志補注》）

[9] 議郎：官名。郎官之一種，屬光禄勳，秩六百石，不入直宿衛，得參預朝政議論。

太祖與袁紹久相持於官渡，紹遣劉備徇隱彊諸縣，[1]多舉衆應之。自許以南，吏民不安，太祖以爲憂。仁曰：“南方以大軍方有目前急，其勢不能相救，劉備以彊兵臨之，其背叛固宜也。備新將紹兵，未能得其用，擊之可破也。”太祖善其言，遂使將騎擊備，破走之，仁盡復收諸叛縣而還。紹遣別將韓荀鈔斷西道，[2]仁擊荀於雞洛山，[3]大破之。由是紹不敢復分兵出。復與史渙等鈔紹運車，燒其糧穀。

河北既定，從圍壺關。[4]太祖令曰：“城拔，皆坑之。”連月不下。[5]仁言於太祖曰：“圍城必示之活門，[6]所以開其生路也。今公告之必死，將人自爲守。且城固而糧多，攻之則士卒傷，守之則引日久；[7]今頓兵堅城之下，以攻必死之虜，非良計也。”太祖從之，城降。[8]於是錄仁前後功，封都亭侯。[9]

從平荆州，以仁行征南將軍，[10]留屯江陵，[11]拒吳將周瑜。[12]瑜將數萬衆來攻，[13]前鋒數千人始至，仁登城望之，乃募得三百人，遣部曲將牛金逆與挑戰。賊多，金衆少，[14]遂爲所圍。長史陳矯俱在城上，望見金等垂没，左右皆失色。仁意氣奮怒甚，[15]謂左右：“取馬來！”矯等共援持之。[16]謂仁曰：“賊衆盛，不可當也。假使棄數百人何苦，而將軍以身赴之！”仁不應，遂被甲上馬，將其麾下壯士數十騎出城。去賊百餘步，迫溝，矯等以爲仁當住溝上，爲金形勢也，仁徑渡溝直前，衝入賊圍，金等乃得解。餘衆未盡出，仁復直還突之，拔出金兵，亡其數人，賊衆乃退。矯等初見仁出，皆懼，及見仁還，乃歎曰：“將軍真天人也！”三軍服其勇。太祖益壯之，轉封安平亭侯。

太祖討馬超，以仁行安西將軍，督諸將拒潼

關，[17]破超渭南。蘇伯、田銀反，以仁行驍騎將軍，[18]都督七軍討銀等，破之。復以仁行征南將軍，假節，屯樊，[19]鎮荊州。侯音以宛叛，[20]略傍縣衆數千人，仁率諸軍攻破音，斬其首，還屯樊，即拜征南將軍。關羽攻樊，時漢水暴溢，于禁等七軍皆沒，禁降羽。仁人馬數千人守城，城不沒者數板。羽乘船臨城，圍數重，外內斷絕，糧食欲盡，救兵不至。仁激厲將士，示以必死，將士感之皆無二。[21]徐晃救至，水亦稍減，晃從外擊羽，仁得潰圍出，羽退走。

仁少時不脩行檢，及長爲將，嚴整奉法令，[22]常置科於左右，[23]案以從事。鄢陵侯彰北征烏丸，文帝在東宮，爲書戒彰曰：“爲將奉法，不當如征南邪！”[24]及即王位，拜仁車騎將軍，[25]都督荊、揚、益州諸軍事，[26]進封陳侯，[27]增邑二千，并前三千五百户。追賜仁父熾謚曰陳穆侯，置守冢十家。後召還屯宛。孫權遣將陳邵據襄陽，[28]詔仁討之。仁與徐晃攻破邵，遂入襄陽，使將軍高遷等徙漢南附化民於漢北，[29]文帝遣使即拜仁大將軍。又詔仁移屯臨潁，[30]遷大司馬，[31]復督諸軍據烏江，[32]還屯合肥。[33]黃初四年薨，謚曰忠侯。〔一〕子泰嗣，官至鎮東將軍，[34]假節，轉封甯陵侯。[35]泰薨，子初嗣。又分封泰弟楷、範，皆爲列侯，而牛金官至後將軍。[36]

〔一〕《魏書》曰：仁時年五十六。
《傅子》曰：曹大司馬之勇，賁、育弗加也。[37]張遼其次焉。

〔1〕隱彊：縣名。治所在今河南臨潁縣東。

〔2〕韓荀：潘眉《考證》云："'韓荀'當爲'韓莫'，見《荀攸傳》。"

〔3〕雞洛山：在今河南密縣北。（本趙一清《注補》）

〔4〕壺關：縣名。治所在今山西長治市北。

〔5〕不下：趙幼文《校箋》謂《通典·兵十三》引"下"上有"能"字。按《通典》之行文，乃杜佑所撰，非全鈔史文，故祇能做參考。

〔6〕圍城必示之活門：趙幼文《校箋》謂《通典》引作"夫圍城必開之。"

〔7〕引日久：趙幼文《校箋》謂《通典》引作"曠日持久"。

〔8〕城降：趙幼文《校箋》謂《通典》引作"遂降其城"。

〔9〕都亭侯：爵名。位在鄉侯下，食禄於亭。都亭，城郭附近之亭。

〔10〕征南將軍：官名。建安中曹操所置，爲四征將軍之一，秩二千石。

〔11〕江陵：縣名。治所在今湖北荆州市江陵區。

〔12〕拒吳將周瑜：據本書卷四七《吳主孫權傳》及卷五四《周瑜傳》，建安十三年（208），赤壁之戰後，曹操留曹仁、徐晃守江陵城，周瑜、程普則與之相持於北岸。此後，互鬥不斷，殺傷甚衆。建安十四年，曹仁失江陵北還；周瑜入據江陵城，領南郡太守。盧弼《集解》謂此爲曹仁"失江陵之證，本傳諱言之"。

〔13〕數萬衆：趙幼文《校箋》謂《太平御覽》卷四三四、《册府元龜》卷三四二引"衆"字作"人"。

〔14〕衆：殿本作"兵"，百衲本、盧弼《集解》本、校點本作"衆"。今從百衲本等。

〔15〕意氣：趙幼文《校箋》謂《太平御覽》卷三一上、卷四三四引俱無"意"字。

〔16〕援持：阻攔。

［17］諸將：錢大昭《質疑》云："諸將謂夏侯淵、鍾繇也。"
潼關：關名。在今陝西潼關縣東北，黃河南岸。

［18］驍騎將軍：官名。東漢爲雜號將軍，統兵出征，事迄即
罷。魏置爲中軍將領，有營兵，遂常設，以功高者任之。第四品。

［19］樊：城邑名。在襄陽縣北，與襄陽隔漢水相對，在今湖
北襄陽市。

［20］宛：縣名。治所在今河南南陽市。

［21］無二：吳金華《校詁》云："'無二'即'無貳'，謂無
二心也。古書'貳''二'通。"《國語·楚語下》"懼子孫之有貳
者也"韋昭注："貳，二心也。"趙幼文《校箋》則謂《冊府元龜》
卷三九九引作"無二志"，此脫。按，宋本《冊府元龜》亦作"無
二"，"志"字顯係明本《冊府元龜》所加。

［22］法令：趙幼文《校箋》謂《藝文類聚》卷五九、《太平
御覽》卷二九六引無"令"字。

［23］科：法令，條律。

［24］征南：指征南將軍曹仁。

［25］車騎將軍：官名。東漢時位比三公，常以貴戚充任。出
掌征伐，入參朝政，漢靈帝時常作贈官。魏、晋時位次驃騎將軍，
在諸名號將軍上，多作爲軍府名號，加授大臣、重要州郡長官，無
具體職掌，二品。開府者位從公，一品。

［26］揚：州名。刺史治所壽春，在今安徽壽縣。　益州：刺
史治所成都縣，在今四川成都市舊東西城區。當時益州屬蜀漢，此
僅有名而已。

［27］陳：縣名。治所在今河南淮陽縣。

［28］襄陽：縣名。治所在今湖北襄陽市。

［29］漢南：漢水以南之地。

［30］臨潁：縣名。治所在今河南臨潁縣西北。

［31］大司馬：官名。魏文帝黃初二年（221）置，爲上公，
位在三公上，第一品，掌武事。

　　[32] 烏江：聚邑名。在今安徽和縣東北烏江鎮。

　　[33] 合肥：縣名。魏時治所在今安徽合肥市西北。

　　[34] 鎮東將軍：官名。第二品，位次四征將軍，領兵如征東將軍。多爲持節都督，出鎮方面。

　　[35] 甯陵：縣名。治所在今河南寧陵縣南。

　　[36] 後將軍：官名。東漢時位如上卿，與前、左、右將軍掌京師兵衛與邊防屯警。魏晉亦置，第三品。權位漸低，略高於一般雜號將軍，不典禁兵，不與朝政，僅領兵征戰。

　　[37] 賁（bēn）育：指孟賁、夏育，皆古代之勇士。《史記》卷一〇一《袁盎傳》：“雖賁、育之勇不及陛下。”《集解》：孟康曰：“孟賁、夏育，皆古勇者也。”《索隱》引《尸子》云：“孟賁水行不避蛟龍，陸行不避虎兕。”又引《戰國策》曰：“夏育叱呼駭三軍。”

　　仁弟純，[一]初以議郎參司空軍事，督虎豹騎從圍南皮。[1]袁譚出戰，士卒多死。太祖欲緩之，純曰：“今千里蹈敵，進不能克，退必喪威；且縣師深入，難以持久。彼勝而驕，我敗而懼，以懼敵驕，必可克也。”太祖善其言，遂急攻之，譚敗。純麾下騎斬譚首。及北征三郡，[2]純部騎獲單于蹋頓。[3]以前後功封高陵亭侯，邑三百户。從征荆州，追劉備於長坂，[4]獲其二女、輜重，收其散卒。進降江陵，從還譙。建安十五年薨。文帝即位，追謐曰威侯。[二]子演嗣，官至領軍將軍，正元中進封平樂鄉侯。[5]演薨，子亮嗣。

　　〔一〕《英雄記》曰：純字子和，年十四而喪父，[6]與同產兄仁別居。承父業，富於財，僮僕人客以百數，純綱紀督御，不失其理，鄉里咸以爲能。好學問，[7]敬愛學士，學士多歸焉，由是爲遠近所稱。年十八，[8]爲黄門侍郎。二十，從太祖到襄邑募兵，[9]遂常從征戰。

〔二〕《魏書》曰：純所督虎豹騎，皆天下驍鋭，或從百人將補之，太祖難其帥。純以選爲督，撫循甚得人心。及卒，有司白選代，太祖曰：“純之比，何可復得！吾獨不中督邪？”遂不選。[10]

[1] 虎豹騎：曹操最親近的帳下兵，出則征戰，入則宿衛。（本何兹全《魏晉的中軍》） 南皮：縣名。治所在今河北南皮縣東北。

[2] 三郡：指遼西、遼東、右北平三郡，即烏丸所居之地。

[3] 蹹頓：殿本及本書卷三〇《烏丸傳》作“蹋頓”，百衲本、盧弼《集解》本、校點本作“蹹頓”。按“蹹”通“蹋”。

[4] 長坂：地名。在今湖北荆門市西南。

[5] 正元：魏少帝高貴鄉公曹髦年號（254—256）。

[6] 年十四而喪父：趙幼文《校箋》謂《太平御覽》卷三八四引“四”下無“而”字。

[7] 好學問：趙幼文《校箋》謂《太平御覽》引“好”下有“樂”字。

[8] 十八：趙幼文《校箋》謂《藝文類聚》卷四六（當作四八）、《太平御覽》卷三八四引“八”字俱作“六”。

[9] 襄邑：縣名。在今河南睢縣。

[10] 不選：趙一清《注補》引姜宸英云：“純、真、休皆將虎豹騎以宿衛，精兵非親子弟不可也。曹純死而自將之，以無子弟可任者，非無曹純其人也。”

曹洪字子廉，太祖從弟也。〔一〕太祖起義兵討董卓，至滎陽，[1]爲卓將徐榮所敗。太祖失馬，賊追甚急，洪下，以馬授太祖，太祖辭讓，洪曰：“天下可無洪，不可無君。”遂步從到汴水，[2]水深不得渡，洪循水得船，與太祖俱濟，[3]還奔譙。揚州刺史陳溫素與洪善，洪將家兵千餘人，就溫募兵，得廬江上甲二千人，東到丹楊復得數千人，[4]與太祖會龍亢。[5]太祖征徐州，張邈舉兗州叛迎呂布。時大饑荒，洪將兵在前，先據東平、范，[6]聚糧穀以繼軍。太祖討邈、布於濮陽，[7]布破走，遂據東阿，[8]轉擊濟陰、山陽、中牟、陽武、京、密十餘縣，[9]皆拔之。以前後功拜鷹揚校尉，[10]遷揚武中郎將。[11]天子都許，拜洪諫議大夫。[12]別征劉表，破表別將於舞陽、〔舞〕陰、葉、堵陽、博望，[13]有功，[14]遷厲鋒將軍，[15]封國明亭侯。累從征伐，拜都護將軍。文帝即位，爲衞將軍，[16]遷驃騎將軍，[17]進封野王侯，[18]益邑千户，并前二千一百户，位特進；[19]後徙封都陽侯。[20]

〔一〕《魏書》曰：洪伯父鼎爲尚書令，[21]任洪爲蘄春長。[22]

[1] 滎陽：縣名。治所在今河南滎陽市東北。又按，“滎陽”，百衲本、殿本、盧弼《集解》本均作“熒陽”。盧氏引王先謙云：“熒陽以澤名，熒澤古從火，作‘滎’者後人誤改。”（此說見《續漢書·郡國志集解》）校點本作“滎陽”。今從之。

[2] 汴（biàn）水：即今河南滎陽市西索河。

[3] 俱：趙幼文《校箋》謂《初學記》卷一七、《册府元龜》卷二八五引作“共”。

[4] 丹楊：郡名。治所宛陵縣，在今安徽宣州市。

[5] 龍亢：縣名。治所在今安徽懷遠縣西。

[6] 東平：王國名。治所無鹽縣，在今山東東平縣東。　范：縣名。治所在今河南范縣東南。

[7] 濮陽：縣名。治所在今河南濮陽縣西南。

[8] 東阿：縣名。治所在今山東陽谷縣東北阿城鎮。

[9] 山陽：郡名。治所昌邑縣，在今山東金鄉縣西北。　中牟：縣名。治所在今河南中牟縣東。　陽武：縣名。治所在今河南原陽市東南。　京：縣名。治所在今河南滎陽市東南。　密：縣名。治所在今河南密縣東南。趙一清《注補》云：“此錯舉郡縣以成文，濟陰則定陶也，山陽則昌邑也，二者皆郡也，‘中牟’下四縣名……然下云‘十餘縣’，則遺卻二郡，此臨文之語病耳”。

[10] 鷹揚校尉：官名。漢獻帝興平（194—195）間曹操置，即以曹洪爲之。在揚武中郎將下。

[11] 揚武中郎將：官名。亦曹操此時所置，曹洪由鷹揚校尉遷任。

[12] 諫議大夫：官名。秩六百石，屬光禄勳，掌議論，無定員。

[13] 舞陽：縣名。治所在今河南舞陽縣西北。　舞陰：各本均作“陰”。陰縣治所在今湖北老河口市西。盧弼《集解》云：“陰縣距舞陽、葉、堵陽、博望甚遠，舞陰相距甚近，傳文連類而及，則‘陰’當是‘舞陰’之誤。”盧氏所言有理，今從增“舞”字。舞陰縣治所在今河南泌陽縣西北。　葉（shè）：縣名。治所在今河南葉縣西南。　堵陽：縣名。治所在今河南方城縣東。　博望：縣名。治所在今河南方城縣西南博望集。

[14] 有功：康發祥《補義》謂“有功”上當有“劉備遣吳蘭屯下辯，遣洪征之”等字，方與《曹休傳》相合。

[15] 厲鋒將軍：官名。漢末曹操置，以曹洪爲之。

[16] 衛將軍：官名。東漢時位次大將軍、驃騎將軍、車騎將

軍，位亞三公。開府置官屬。魏、晉沿置，位在諸名號將軍之上，多作爲軍府名號，加授大臣、重要州郡長官，無具體職掌，二品。開府者位從公，一品。

[17] 驃騎將軍：官名。東漢時位比三公，地位尊崇。魏、晉沿置，居諸名號將軍之首，僅作爲將軍名號，加授大臣、重要州郡長官，無具體職掌。二品，開府者位從公，一品。

[18] 野王：縣名。治所在今河南沁陽市。

[19] 特進：官名。漢制，凡諸侯、大臣功德優盛，朝廷所敬異者，加位特進，朝會時位在三公下，車服俸禄仍從本官。魏、晉沿襲之。

[20] 都陽：西漢縣名。西漢東海郡有都陽侯國，治所在今山東棗莊市西南。東漢省。王先謙《續漢書·郡國志集解》云："後漢時多以廢縣爲封地，曹魏當復同之。"

[21] 尚書令：官名。東漢時爲尚書臺長官，秩千石。掌奏、下尚書曹文書衆事，選用署置官吏；總典臺中綱紀法度，無所不統。名義上仍隸少府。

[22] 蘄春：縣名。治所在今湖北蘄春縣西南。

始，洪家富而性吝嗇，文帝少時假求不稱，常恨之，遂以舍客犯法，下獄當死。羣臣並救莫能得，卞太后謂郭后曰："令曹洪今日死，吾明日敕帝廢后矣。"[1] 於是泣涕屢請，[2] 乃得免官削爵土。[一] 洪先帝功臣，時人多爲觖望。[3] 明帝即位，拜後將軍，更封樂城侯，[4] 邑千户，位特進，復拜驃騎將軍。太和六年薨，謚曰恭侯。子馥，嗣侯。初，太祖分洪户封子震列侯。洪族父瑜，脩慎篤敬，官至衛將軍，封列侯。

〔一〕《魏略》曰：文帝收洪，時曹真在左右，請之曰：“今誅洪，洪必以真爲譖也。”帝曰：“我自治之，卿何豫也？”會卞太后責怒帝，言“梁、沛之間，[5]非子廉無有今日”。詔乃釋之。猶尚没入其財産。太后又以爲言，後乃還之。初，太祖爲司空時，[6]以己率下，每歲發調，[7]使本縣平貲。于時譙令平洪貲財與公家等，太祖曰：“我家貲那得如子廉耶！”文帝在東宫，[8]嘗從洪貸絹百匹，洪不稱意。及洪犯法，自分必死，既得原，喜，上書謝曰：“臣少不由道，過在人倫，長竊非任，遂蒙含貸。性無檢度知足之分，而有豺狼無厭之質，老惛倍貪，觸突國網，罪迫三千，[9]不在赦宥，當就辜誅，棄諸市朝，猶蒙天恩，骨肉更生。臣仰視天日，愧負靈神，俯惟怨闕，慚愧怖悸，不能雉經以自裁割，[10]謹塗顔闕門，拜章陳情。”

[1] 后：趙幼文《校箋》謂郝經《續後漢書》、謝陛《季漢書》作“汝”。

[2] 於是：趙幼文《校箋》謂郝經《續後漢書》“於”上有“后”字，是也，當據補。

[3] 觖（jué）望：因不滿而怨恨。

[4] 樂城：縣名。治所在今河北獻縣東南。《續漢書·郡國志》作“樂成”，《晋書·地理志》作“樂城”。

[5] 梁沛：指梁國與沛國。梁國治所睢陽縣，在今河南商丘市睢陽區南。

[6] 司空：官名。東漢時，與太尉、司徒並爲三公，共同行使宰相職能，而位列三公之末。本職掌土木營建與水利工程。漢末曹操爲司空，權力擴大，成爲實際的宰相。

[7] 調：户調，按户征收的絹綿税。

[8] 文帝：趙幼文《校箋》謂《太平御覽》卷四三一引“帝”下有“前”字。

[9] 三千：指所有的刑罰。《尚書·吕刑》：“墨罰之屬千；劓罰之屬千；剕罰之屬五百；宮罰之屬三百；大辟之罰，其屬二百。五刑之屬三千。”

[10] 雉經：自縊。《釋名·釋喪制》：“屈頸閉氣曰雉經，如雉之爲也。”

曹休字文烈，太祖族子也。天下亂，宗族各散去鄉里。[1]休年十餘歲，喪父，獨與一客擔喪假葬，攜將老母，渡江至吴。[一][2]以太祖舉義兵，易姓名轉至荆州，間行北歸，見太祖。太祖謂左右曰：[3]“此吾家千里駒也。”使與文帝同止，[4]見待如子。常從征伐，[5]使領虎豹騎宿衞。劉備遣將吴蘭屯下辯，太祖遣曹洪征之，以休爲騎都尉，參洪軍事。太祖謂休曰：“汝雖參軍，其實帥也。”洪聞此令，亦委事於休。[6]備遣張飛屯固山，[7]欲斷軍後。衆議狐疑，休曰：“賊實斷道者，當伏兵潛行。今乃先張聲勢，此其不能也。宜及其未集，促擊蘭，蘭破則飛自走矣。”洪從之，進兵擊蘭，大破之，飛果走。太祖拔漢中諸軍還長安，[8]拜休中領軍。文帝即王位，爲領軍將軍，録前後功，封東陽亭侯。夏侯惇薨，以休爲鎮南將軍，[9]假節、都督諸軍事，[10]車駕臨送，上乃下輿執手而别。孫權遣將屯歷陽，[11]休到，擊破之，又别遣兵渡江，燒賊蕪湖營數千家。[12]遷征東將軍，[13]領揚州刺史，進封安陽鄉侯。[二]帝征孫權，以休爲征東大將軍，假黄鉞，[14]督張遼等及諸州郡二十餘軍，擊權大將吕範等於洞浦，[15]破之。拜揚州牧。[16]明帝即位，進封長平侯。[17]吳將審惪屯皖,[18]休擊破之,斬惪首,吳將韓綜、翟丹等前後率衆詣休降。增邑四百,并前二千五百户,遷大司馬,都督揚州如故。太和二年,帝爲二道征吳,遣司馬宣王從漢水下,[19](督休)〔休督〕諸軍向尋陽。[20]賊將僞降,[21]休深入,戰不利,退還宿石亭。[22]軍夜驚,士卒亂,棄甲兵輜重甚多。休上書謝罪,帝遣屯騎校尉楊暨慰諭,[23]禮賜益隆。休因此癰發背薨,謚曰壯侯。子肇嗣。〔三〕

〔一〕《魏書》曰:休祖父嘗爲吳郡太守。[24]休於太守舍見壁上祖父畫像,下榻拜涕泣,[25]同坐者皆嘉歎焉。

〔二〕《魏書》曰:休喪母至孝。帝使侍中奪喪服,使飲酒食肉,休受詔而形體益憔悴。乞歸譙葬母,帝復遣越騎校尉薛喬奉詔節其憂哀,[26]使歸家治喪,一宿便葬,葬訖詣行在所。帝見,親自寬慰之。其見愛重如此。

〔三〕《世語》曰:肇字長思。

[1] 散去:盧弼《集解》引何焯云:“北宋本‘去’作‘居’。”百衲本、殿本、盧弼《集解》本、校點本均作“去”。今從百衲本等。

[2] 吳:縣名。治所在今江蘇蘇州市。

[3] 太祖:趙幼文《校箋》謂《太平御覽》卷三〇〇引“祖”字下有“指休”二字。

[4] 同止:趙幼文《校箋》謂《太平御覽》引“同”下有“居”字。

[5] 征伐:趙幼文《校箋》謂《太平御覽》卷三八四引“伐”字作“討”。

〔6〕亦：趙幼文《校箋》謂《太平御覽》卷二九四引作"恒"。

〔7〕固山：山名。在今甘肅成縣西北。

〔8〕拔：引出，救出之義。指建安二十四年夏侯淵等在漢中與蜀漢軍作戰失敗，曹操救出受困諸軍。（參吳金華《校詁》）

〔9〕鎮南將軍：官名。第二品，位次四征將軍，領兵如征南將軍。多爲持節都督，出鎮方面。

〔10〕都督諸軍事：官名。魏文帝黃初中（220—226），置都督諸州軍事，或兼領刺史，或統領所督州之軍事，無固定品級，多帶將軍名號。曹休此時爲鎮南將軍，又都督諸軍事，則有權督率南方軍事。

〔11〕歷陽：縣名。治所在今安徽和縣。

〔12〕蕪湖：縣名。治所在今安徽蕪湖市。

〔13〕征東將軍：官名。秩二千石，第二品。黃初中位次三公，資深者爲大將軍。

〔14〕假黃鉞：黃鉞，以黃金爲飾之鉞，本用於天子之儀仗。魏晉時授予重臣，以示威重，令其專主征伐。

〔15〕洞浦：地名。在今安徽和縣東南長江岸邊。

〔16〕牧：官名。趙一清《注補》："據此，曹魏刺史尊者亦爲牧。"

〔17〕長平：縣名。治所在今河南西華縣東北。

〔18〕皖：縣名。治所在今安徽潛山縣。

〔19〕司馬宣王：司馬懿。

〔20〕休督：各本皆作"督休"。趙一清《注補》引陳景雲説，謂"督休"二字當對換，作"休督"。當時曹休與司馬懿並爲上將，分道而進；司馬懿從西道牽制吳之上游，則東軍之向尋陽者，不得兼督。校點本即從陳説改"督休"爲"休督"。今從之。　尋陽：縣名。治所在今湖北黃梅縣西南。

〔21〕僞降：本書卷四七《吳主孫權傳》謂黃武七年（228）

"夏五月，鄱陽太守周魴僞叛，誘魏將曹休"。

[22] 石亭：地名。在今安徽潛山縣東北。

[23] 屯騎校尉：官名。秩比二千石，第四品，掌宿衛兵。

[24] 吳郡：治所吳縣，在今江蘇蘇州市。

[25] 下榻拜涕泣：趙幼文《校箋》謂《白孔六帖》卷二九引"下"字上有"恭敬非息"四字。《太平御覽》卷七五〇引"拜"下有"而"字。

[26] 越騎校尉：官名。秩比二千石，第四品，掌宿衛兵。

肇有當世才度，爲散騎常侍、屯騎校尉。明帝寢疾，方與燕王宇等屬以後事。帝意尋變，詔肇以侯歸第。正始中薨，追贈衛將軍。子興嗣。初，文帝分休户三百封肇弟纂爲列侯，後爲殄吳將軍，[1] 薨，追贈前將軍。〔一〕

〔一〕張（隱）〔騭〕《文士傳》曰：[2] 肇孫擄，[3] 字顏遠，少屬志操，博學有才藻。仕晉，辟公府，歷洛陽令，有能名。大司馬齊王冏輔政，擄與齊人左思俱爲記室督。[4] 從中郎出爲襄陽太守、征南司馬。[5] 值天下亂，擄討賊向吳，戰敗死。

[1] 殄吳將軍：官名。魏置，第五品。

[2] 張騭（zhì）：各本皆作"張隱"。沈家本《三國志注所引書目》謂本書《王粲傳》注中，裴松之兩次說到張騭《文士傳》，作"隱"誤也。又按，《舊唐書·經籍志》《新唐書·藝文志》亦有張騭《文士傳》，唯原《隋書·經籍志》有張隱《文士傳》，而今校點本已校改爲張騭《文士傳》。現從沈說及校點本《隋書·經籍志》改"張隱"爲"張騭"。十六國時期後涼有"張騭、謝正禮爲左右司馬"。（見《晉書》卷一二九《沮渠蒙遜載記》）

[3] 摅:《晋書》卷九〇有《曹摅傳》。

[4] 左思:《晋書》卷九二有《左思傳》。　記室督:官名。西晋置。諸公及開府位從公加兵者置之，位在主簿下，掌記録、文書繕寫。

[5] 中郎:官名。秩比六百石，第八品。無定員，未知所屬何署。　征南司馬:官名。即征南將軍府司馬，爲高級幕僚。

　　曹真字子丹，太祖族子也。太祖起兵，真父邵募徒衆，爲州郡所殺。[一]太祖哀真少孤，收養與諸子同，[1]使與文帝共止。常獵，[2]爲虎所逐，顧射虎，應聲而倒。太祖壯其鷙勇，使將虎豹騎。討靈丘賊，[3]拔之，封靈壽亭侯。[4]以偏將軍將兵擊劉備别將於下辯，破之，拜中堅將軍。[5]從至長安，領中領軍。是時，夏侯淵没於陽平，[6]太祖憂之。以真爲征蜀護軍，[7]督徐晃等破劉備别將高詳於陽平。太祖自至漢中，拔出諸軍，使真至武都迎曹洪等還屯陳倉。文帝即王位，以真爲鎮西將軍，[8]假節，都督雍、涼州諸軍事。録前後功，進封東鄉侯。[9]張進等反於酒泉，[10]真遣費曜討破之，[11]斬進等。[12]黄初三年還京都，以真爲上軍大將軍，[13]都督中外諸軍事，[14]假節鉞。[15]與夏侯尚等征孫權，擊牛渚屯，[16]破之。轉拜中軍大將軍，[17]加給事中。[18]七年，文帝寢疾，真與陳羣、司馬宣王等受遺詔輔政。明帝即位，[19]進封邵陵侯，[二][20]遷大將軍。

　　〔一〕《魏略》曰:真本姓秦，養曹氏。或云其父伯南夙與太祖善。興平末，袁術部黨與太祖攻劫，[21]太祖出，爲寇所追，走入秦氏，伯南開門受之。寇問太祖所在，答云："我是也。"[22]遂害之。由此太祖思其功，故變其姓。

《魏書》曰：邵以忠篤有才智，爲太祖所親信。初平中，[23]太祖興義兵，邵募徒衆，從太祖周旋。時豫州刺史黃琬欲害太祖，[24]太祖避之而邵獨遇害。

〔二〕臣松之案：真父名邵。封邵陵侯，若非書誤，則事不可論。[25]

[1] 收：趙幼文《校箋》謂《太平御覽》卷三〇〇引作"占"，卷四三四引作"召"，"占""召"形近致誤。

[2] 常獵：趙幼文《校箋》謂《太平御覽》"常"作"嘗"。按，二字可通。

[3] 靈丘：西漢縣名。西漢代郡有靈丘縣，治所在今山西靈丘縣東。

[4] 靈壽：縣名。治所在今河北靈壽縣西北。

[5] 中堅將軍：官名。漢獻帝建安初曹操置，主領兵征伐。

[6] 陽平：關名。即陽平關。

[7] 征蜀護軍：官名。漢獻帝建安末曹操置，統兵、職掌同將軍。

[8] 鎮西將軍：官名。魏爲第二品，位次四征將軍，領兵如征西將軍。多爲持節都督，出鎮方面。

[9] 東鄉：西漢縣名。西漢沛郡有東鄉縣，治所當在今安徽鳳陽縣境。（本盧弼《集解》引李兆洛說）

[10] 酒泉：郡名。治所福祿縣，在今甘肅酒泉市。

[11] 費曜：百衲本、殿本、盧弼《集解》本均作"費耀"。趙一清《注補》云："《明帝紀》'耀'作'曜'，《晉書·宣帝紀》亦作'曜'。"校點本作"費曜"。今從之。

[12] 斬進等：本書卷一六《蘇則傳》謂討斬張進等乃蘇則，

卷二《文帝紀》延康元年五月亦載："酒泉黄華、張掖張進等，各執太守以叛，金城太守蘇則討進，斬之。華降。"與《蘇則傳》所載吻合。徐紹楨《質疑》又云："《蘇則傳》亦未載真遣費曜討進之事，恐此傳有誤。"

［13］上軍大將軍：官名。第二品，黃初三年置，後不常設。（本洪飴孫《三國職官表》）趙幼文《校箋》則謂《通典·職官十一》曰："魏黃初中又有上大將軍，以曹真爲之。吳亦以陸遜爲上大將軍。"此"上"字下之"軍"字疑衍。

［14］都督中外諸軍事：官名。曹魏初始置，總統禁衛軍及地方軍在内的内外諸軍，爲全國最高軍事統帥，權力極大，不常設。

［15］假節鉞：漢末三國時期，皇帝賜給重臣的一種權力，加此號者，可代行皇帝旨意，掌握生殺特權。

［16］牛渚：山名。在今安徽馬鞍山市西南。此山突出江中，稱牛渚磯，又名采石磯。自古爲大江南北的重要渡津，爲軍事上的必争之地。

［17］中軍大將軍：官名。黃初三年置，第二品，後不常設。（本洪飴孫《三國職官表》）趙幼文《校箋》謂《太平御覽》卷二三九引"軍"下無"大"字。

［18］給事中：官名。第五品，位在散騎常侍下，給事黃門侍郎上，或爲加官，或爲正官，無定員。

［19］明帝：殿本作"明年"，百衲本、盧弼《集解》本、校點本作"明帝"。今從百衲本等。

［20］邵陵：即"召陵"。

［21］攻劫：趙幼文《校箋》謂《太平御覽》卷三九四引"攻"上有"相"字。

［22］我是也：趙幼文《校箋》謂《太平御覽》引"也"字作"寇"。

［23］初平：漢獻帝劉協年號（190—193）。

［24］豫州刺史黄琬：徐紹楨《質疑》云："洪氏亮吉曰：琬

以中平六年（189）九月自豫州牧爲司徒，安得有初平（190—
193）中琬尚爲刺史，欲殺操之事？又操起兵亦在中平六年十二月，
俱非初平中，注復引《魏略》云‘興平末袁術部黨與太祖攻劫’。
按《操紀》，興平二年（195）圍雍邱，張邈詣袁術請救，未至見
殺。未嘗聞術發兵，不得有與術部黨攻劫之事。邵之死當在中平六
年起義兵之時無疑，《魏略》《魏書》所紀恐皆妄也。”

　　[25] 事不可論：康發祥《補義》云：“封由人主，邵陵地名，
何容避讓，豈非腐談！”

　　諸葛亮圍祁山，南安、天水、安定三郡反應亮。[1]
帝遣真督諸軍軍郿，[2]遣張郃擊亮將馬謖，大破之。安
定民楊條等略吏民保月支城，[3]真進軍圍之。條謂其衆
曰：“大將軍自來，吾願早降耳。”遂自縛出。三郡皆
平。真以亮懲於祁山，後出必從陳倉，乃使將軍郝昭、
王生守陳倉，[4]治其城。明年春，[5]亮果圍陳倉，已有
備而不能克。增邑，并前二千九百户。四年，朝洛陽，
遷大司馬，賜劍履上殿，[6]入朝不趨。真以“蜀連出
侵邊境，宜遂伐之，數道並入，可大克也”。帝從其
計。真當發西討，帝親臨送。真以八月發長安，從子
午道南入。司馬宣王泝漢水，當會南鄭。[7]諸軍或從斜
谷道，[8]或從武威入。[9]會大霖雨三十餘日，（或）棧
道斷絕，[10]詔真還軍。

　　真少與宗人曹遵、鄉人朱讚並事太祖。[11]遵、讚
早亡，真愍之，乞分所食邑封遵、讚子。[12]詔曰：“大
司馬有叔向撫孤之仁，[13]篤晏平久要之分。[14]君子成
人之美，聽分真邑賜遵、讚子爵關內侯，各百户。”真

每征行，與將士同勞苦，軍賞不足，輒以家財班賜，士卒皆願爲用。真病還洛陽，帝自幸其第省疾。真薨，諡曰元侯。子爽嗣。帝追思真功，詔曰："大司馬蹈履忠節，佐命二祖，内不恃親戚之寵，外不驕白屋之士，[15]可謂能持盈守位，[16]勞謙其德者也。[17]其悉封真五子羲、訓、則、彦、皚皆爲列侯。"初，文帝分真邑二百户，[18]封真弟彬爲列侯。

[1] 南安：郡名。治所豲（huán）道，在今甘肅隴西縣東南渭水東岸。　天水：郡名。治所冀縣，在今甘肅甘谷縣東。（本謝鍾英《補三國疆域志補注》）

[2] 郿：縣名。治所在今陝西眉縣東北。

[3] 月支城：《漢書·地理志》安定郡有月氏（zhī）道，治所在今寧夏隆德縣境。東漢廢。謝鍾英《補三國疆域志補注》云："月支城疑即月氏道。"

[4] 王生：徐紹楨《質疑》謂諸葛亮圍陳倉時，嘗斬魏將王雙；事見《後主傳》及《諸葛亮傳》，"疑即王生其人，傳寫作'雙'耳"。

[5] 明年春：徐紹楨《質疑》謂諸葛亮圍陳倉在魏太和二年（228）冬（即蜀漢建興六年），《明帝紀》《後主傳》《諸葛亮傳》皆同，"此云在春，殆字誤也"。

[6] 劍履上殿：帶劍穿鞋上殿。古時臣下不能穿鞋帶兵器上殿，皇帝優寵大臣，則賜予此種待遇。

[7] 南鄭：縣名。治所在今陝西漢中市東。

[8] 斜（yé）谷：斜谷在今陝西眉縣西南，爲古褒斜道之北口。古褒斜道，北起斜谷，南至褒谷（在漢中市褒城鎮北），總計四百七十里，爲秦蜀間險要之道。

[9] 武威：郡名。治所姑臧縣，在今甘肅武威市。按，此郡遠

在河西走廊，不與蜀漢相近。胡三省云："'武威'恐當作'武都'，否則'建威'也。"（《通鑑》卷七一魏明帝太和四年注）

［10］棧道："棧道"上各本皆有"或"字。盧弼《集解》云："此'或'字疑涉上文而衍，《通鑑》無'或'字。"趙幼文《校箋》謂《太平御覽》卷一〇、《册府元龜》卷四三八引無"或"字。蕭常《續後漢書》、郝經《續後漢書》亦無，當刪去。今從盧、趙説刪。棧道，在地方險絶之處依山架木而成的通道。

［11］曹遵：各本皆如此。趙幼文《校箋》謂《太平御覽》卷二〇〇引無"曹"字。考上文已明曰宗人，則"曹"字未可重贅也，疑應據《太平御覽》刪。按，趙説雖有理，而《藝文類聚》卷五一引亦作"曹遵"，蓋原書已如此，故不刪。

［12］封遵讚子：趙幼文《校箋》謂《藝文類聚》卷五〇（當作五一）、《太平御覽》卷二〇〇引作"封遵子等"，無"讚"字，下同。按，《藝文類聚》實作"封遵等子"。

［13］叔向：春秋時晋大夫。晋悼公時，大夫司馬侯推薦叔向，悼公遂以叔向爲太子傅。叔向後與司馬侯在政事上配合甚好。司馬侯死後，叔向見其子，撫而泣之，曰："自此其父之死，吾蔑與比而事君矣！昔者此其父始之，我終之，我始之，夫子終之，無不可。"（《國語·晋語八》）

［14］晏平：春秋時齊大夫。《史記》卷六二《管晏列傳》"晏平仲嬰"《索隱》："名嬰，平謚，仲字。" 久要：《論語·憲問》："久要不忘平生之言，亦可以爲成矣。"何晏《集解》："孔曰：久要，舊約也。平生，猶少時。"邢昺疏："言與人少時有舊約，雖年長貴達，不忘其言。"而晏嬰即善與人交朋友而不失信之人。《論語·公冶長》子曰："晏平仲善與人交，久而敬之。"

［15］白屋：茅屋。《漢書》卷七八《蕭望之傳》"致白屋之意"顏師古注："白屋謂白蓋之屋，以茅覆之，賤人所居。"

［16］守位：趙幼文《校箋》謂《册府元龜》卷二七五引"位"作"成"。按，宋本《册府元龜》亦作"位"。

[17] 勞謙：勤謹而謙虛。《易·謙》九三爻辭："勞謙君子，有終吉。"

[18] 二百户：趙幼文《校箋》謂郝經《續後漢書》"二"字作"三"。

爽字昭伯，少以宗室謹重，明帝在東宮，甚親愛之。及即位，爲散騎侍郎，累遷城門校尉，[1]加散騎常侍，轉武衛將軍，[2]寵待有殊。帝寢疾，乃引爽入卧内，拜大將軍，假節鉞，都督中外諸軍事，録尚書事，[3]與太尉司馬宣王並受遺詔輔少主。[4]明帝崩，齊王即位，加爽侍中，改封武安侯，[5]邑萬二千户，賜劍履上殿，入朝不趨，贊拜不名。[6]丁謐畫策，使爽白天子，發詔轉宣王爲太傅，[7]外以名號尊之，内欲令尚書奏事，先來由己，得制其輕重也。〔一〕爽弟羲爲中領軍，訓武衛將軍，彦散騎常侍、侍講，[8]其餘諸弟，皆以列侯侍從，出入禁闥，貴寵莫盛焉。南陽何晏、鄧颺、李勝、沛國丁謐、東平畢軌咸有聲名，[9]進趣於時，明帝以其浮華，[10]皆抑黜之；及爽秉政，乃復進敘，任爲腹心。颺等欲令爽立威名於天下，勸使伐蜀，爽從其言，宣王止之不能禁。正始五年，爽乃西至長安，大發卒六七萬人，從駱谷入。[11]是時，關中及氐、羌轉輸不能供，牛馬騾驢多死，民夷號泣道路。入谷行數百里，賊因山爲固，兵不得進。爽參軍楊偉爲爽陳形勢，[12]宜急還，不然將敗。〔二〕颺與偉爭於爽前，偉曰："颺、勝將敗國家事，可斬也。"爽不悦，乃引軍還。〔三〕

〔一〕《魏書》曰：爽使弟羲爲表曰："臣亡父真，奉事三朝，[13]入備冢宰，[14]出爲上將。先帝以臣肺腑遺緒，獎飭拔擢，[15]典兵禁省，進無忠恪積累之行，退無羔羊自公之節。[16]先帝聖體不豫，臣雖奔走，侍疾嘗藥，曾無精誠翼日之應，[17]猥與太尉懿俱受遺詔，且慚且懼，靡所厎告。[18]臣聞虞舜序賢，以稷、契爲先，[19]成湯褒功，以伊、呂爲首，[20]審選博舉，優劣得所，斯誠輔世長民之大經，錄勳報功之令典，自古以來，未之或闕。今臣虛闇，位冠朝首，顧惟越次，中心愧惕，敢竭愚情，陳寫至實。夫天下之達（道）〔尊〕者三，[21]謂德、爵、齒也。懿本以高明中正，處上司之位，名足鎮衆，義足率下，一也。包懷大略，允文允武，[22]仍立征伐之勳，遜遁歸功，二也。萬里旋斾，親受遺詔，翼亮皇家，内外所向，三也。加之耆艾，[23]紀綱邦國，體練朝政；論德則過於吉甫、樊仲；[24]課功則踰於方叔、召虎：[25]凡此數者，懿實兼之。臣抱空名而處其右，天下之人將謂臣以宗室見私，知進而不知退。陛下岐嶷，[26]克明克類，[27]如有以察臣之言，臣以爲宜以懿爲太傅、大司馬，上昭陛下進賢之明，中顯懿身文武之實，下使愚臣免於謗訕。"於是帝使中書監劉放、令孫資爲詔曰：[28]"昔吳漢佐光武，有征定四方之功，爲大司馬，名稱于今。太尉體履正直，[29]功蓋海内，先帝本以前後欲更其位者輒不彌久，是以遲遲不施行耳。今大將軍薦太尉宜爲大司馬，既合先帝本旨，又放推讓，進德尚勳，乃欲明賢良、辯等列、順長少也。雖旦、奭之屬，[30]宗師呂望，[31]念在引領以處其下，[32]何以過哉！朕甚嘉焉。朕惟先帝固知君子樂天知命，纖芥細疑，不足爲忌，當顧柏人、彭亡之文，[33]故用低佪，有意未遂耳！[34]斯亦先帝敬重大臣，恩愛深厚之至也。昔成王建保傅之官，[35]近漢顯宗以鄧禹爲太傅，[36]皆所以優崇儁乂，必有尊也。其以太尉爲太傅。"

〔二〕《世語》曰：偉字世英，馮翊人。[37]明帝治宮室，偉諫曰：“今作宮室，斬伐生民墓上松柏，毀壞碑獸石柱，辜及亡人，傷孝子心，不可以爲後世之法則。”

〔三〕《漢晉春秋》曰：司馬宣王謂夏侯玄曰：“《春秋》責大德重，昔武皇帝再入漢中，[38]幾至大敗，君所知也。今興（平路）勢〔山路〕至險，[39]蜀已先據；若進不獲戰，退見徼絶，覆軍必矣。將何以任其責！”玄懼，言於爽，引軍退。費褘進兵據三嶺以截爽，[40]爽爭嶮苦戰，僅乃得過。所發牛馬運轉者，死失略盡，羌、胡怨嘆，而關右悉虛耗矣。

[1] 城門校尉：官名。秩比二千石，第四品，掌洛陽十二城門。（本洪飴孫《三國職官表》）

[2] 武衛將軍：官名。第四品，掌禁軍。曹操時始置武衛中郎將，曹丕代漢後改爲武衛將軍。（本洪飴孫《三國職官表》）

[3] 録尚書事：職銜名義。録爲總領之意。東漢以來，政歸尚書，録尚書事，則總攬朝政，位上公，在三公上。自魏晉以後，公卿權重者亦爲之。（本《晉書·職官志》）按，魏晉時期，凡爲“假節鉞、都督中外諸軍事、録尚書事”者，則總攬朝廷軍政大權。

[4] 太尉：官名。東漢時與司徒、司空並爲三公，共同行使宰相職能，而位列三公之首，名位甚重。或與太傅並録尚書事，綜理全國軍政事務。曹魏前期基本如此，第一品。

[5] 武安：縣名。治所在今河北武安市西南。

[6] 贊拜：古時臣下拜天子，司儀在旁唱禮，唱禮時直呼朝拜者姓名。　不名：不直呼姓名，祇稱官職。

[7] 太傅：官名。第一品，爲上公，位在三公上，掌善導，無常職，不常設。

[8] 侍講：官名。胡三省云：“以在少帝（齊王芳）左右，令侍講説，侍講之官起乎此也。”（《通鑑》卷七四魏明帝景初三年注）

[9] 南陽：郡名。治所宛縣，在今河南南陽市。又按，吳金華《易氏〈三國志補注〉今證》謂"南陽"上易氏校出《通志》卷七十九有"初"字，合史家行文常例。

[10] 浮華：謂標榜交結。

[11] 駱谷：秦嶺的一條谷道，全長四百多里，北口在今陝西周至縣西南，南口在洋縣北。

[12] 參軍：官名。曹魏時，大將軍、大司馬、太尉及諸開府將軍，均置參軍，爲重要幕僚。

[13] 三朝：指武帝曹操、文帝曹丕、明帝曹叡。

[14] 冢宰：本周代官名，爲百官之長。曹真在魏明帝時曾爲大將軍、大司馬，職位與冢宰同。

[15] 飭：百衲本作"飾"，殿本、盧弼《集解》本、校點本作"飭"。今從殿本等。

[16] 無羔羊自公之節：謂没有重臣大夫的氣概。《詩·召南·羔羊》："羔羊之皮，素絲五紽，退食自公，委蛇委蛇。"羔羊，羔羊皮所製皮裘，爲大夫閑居之服，故以羔羊指大夫。羔羊自公之節，謂大夫自公門走出時，顯出從容自得的樣子。

[17] 翼日：同"翌日"，即明日。周武王病，周公祈禱以己身代武王，祈禱畢，將禱辭藏於金縢櫃中，"王翼日乃瘳（chōu）"。（見《尚書·金縢》）

[18] 厎（zhǐ）：至。

[19] 稷：即后稷，周人始祖，堯、舜以之爲農官。（本《史記》卷四《周本紀》）　契（xiè）：殷人始祖，舜以之爲司徒，掌教化。（本《史記》卷三《殷本紀》）

[20] 伊吕：伊尹、吕尚。伊尹，助商湯滅夏桀，湯任以國政。吕尚，輔助周武王滅商，因功封於齊。梁章鉅《旁證》引何焯曰："上單言成湯，下兼言伊、吕，則臨文之病。"

[21] 尊：各本皆作"道"。趙一清《注補》云："'道'宜作'尊'。"梁章鉅《旁證》亦云："'道'字是'尊'字之誤。"趙幼

文《校箋》云："梁説是也。《孟子·公孫丑》：'天下有達尊三，爵一、齒一、德一。'趙岐注：'三者天下之通尊也。'此本《孟子》，'道'實爲'尊'字之誤。"今從二趙、梁説改。

[22] 允文允武：謂文武兼備。《詩·魯頌·泮水》："允文允武，昭格烈祖。"允，語氣辭。

[23] 耆（qí）艾：年老。《禮記·曲禮》："五十曰艾，六十曰耆。"

[24] 吉甫：尹吉甫，周宣王大臣。《詩·小雅·六月》歌頌他："文武吉甫，萬邦爲憲。"　樊仲：即仲山甫，周宣王大臣，因封於樊，故稱樊仲、樊穆仲。《詩·大雅·烝民》歌頌他："仲山甫之德，柔嘉維則，令儀令色，小心翼翼。"

[25] 方叔：周宣王大臣，曾奉宣王命，率兵車三千乘南征荆楚，又曾帶兵攻伐玁狁，均獲戰功。（本《詩·小雅·采芑》）召虎：即召穆公。周厲王暴虐，國人叛襲之。厲王出奔，太子静藏匿召虎家，國人圍之，召虎以己子代静死。後厲王死，召虎擁立静，即周宣王。周宣王時，召虎又奉命率軍戰勝淮夷。（本《史記》卷四《周本紀》及《詩·大雅·江漢》）

[26] 岐嶷：《詩·大雅·生民》"克岐克嶷"朱熹《集傳》："岐嶷，峻茂之狀。"

[27] 克明克類：《詩·大雅·皇矣》"克明克類"朱熹《集傳》："克明，能察是非也；克類，能分善惡也。"

[28] 中書監：官名。秩千石，第三品。黄初中改秘書令爲中書令；又置中書監，並高於令，掌贊詔命，作文書，典尚書奏事。若密詔下州郡及邊將，則不由尚書。與中書令並掌機密。（本洪飴孫《三國職官表》）　令：即中書令。秩千石，第三品。與中書監並掌機密。

[29] 體履：謂行爲。本書卷四《齊王芳紀》作"體道"。

[30] 旦奭（shì）：周公旦、召公奭。

[31] 吕望：太公吕尚。

〔32〕念在引領以處其下：引領，伸長頸項看望。此句意爲：想到周公旦、召公奭景仰、崇敬呂尚而甘居其下的謙遜態度。

〔33〕柏人彭亡：《漢書》卷一《高帝紀》："上（劉邦）東擊韓信餘寇於東垣，還過趙，趙相貫高等恥上不禮其主，陰謀欲弑上。上欲宿，心動，問縣何名，曰：'柏人。'上曰：'柏人者，迫於人也。'去，弗宿。"《後漢書》卷一七《岑彭傳》：漢光武帝命岑彭伐蜀，"去成都數十里，勢若風雨，所至皆奔散"，"彭所營地名彭亡，聞而惡之，欲徙，會日暮，蜀刺客詐爲亡奴降，夜刺殺彭"。

〔34〕有意未遂：潘眉《考證》云："是時曹爽薦司馬懿爲太傅、大司馬，詔言先帝本欲以懿爲大司馬，今爽薦之，合先帝本旨；又言先帝纖芥細疑，不足爲忌，當顧柏人、彭亡之文，故用低佪，有意未遂。玩此詔旨，蓋謂懿姓司馬氏，今若拜大司馬，則司馬氏加大名，嫌於逼上，近柏人、彭亡之讖，亦非所以安司馬氏也。故但拜太傅，不拜大司馬。"

〔35〕成王：周成王。

〔36〕漢顯宗：漢明帝劉莊。

〔37〕馮（píng）翊（yì）：郡名。治所臨晉縣，在今陝西大荔縣。

〔38〕再入漢中：指曹操與劉備爭漢中事。見本書卷一《武帝紀》建安二十二年至二十四年。

〔39〕興勢山路：各本均作"興平路勢"。盧弼《集解》引趙一清《注補》云："此語疑有錯誤。是時魏軍入漢，蜀已先據興勢圍之，後主、王平兩傳極爲分明，於文當是'今興勢山路至險'。顧景範亦云爾。"盧氏又云："《通鑑》引此作'興勢'。"今依趙、盧説改。

〔40〕三嶺：胡三省謂三嶺是沈嶺、衙嶺、分水嶺（見《通鑑》卷七四魏邵陵厲公正始五年注）。謝鍾英《補三國疆域志補注》則云："按《一統志》，分水嶺在渭南縣南；衙嶺在襄城縣界，

斜水所出；分水嶺至衙嶺數百里，皆爲魏境，爽自駱谷入，而褘東
出分水嶺，西趨衙嶺，與爽兵勢不相接。三嶺當在駱谷中，胡説
非也。"

　　初，爽以宣王年德並高，恒父事之，不敢專行。
及晏等進用，咸共推戴，説爽以權重不宜委之於人。
乃以晏、颺、謐爲尚書，晏典選舉，軌司隸校尉，[1]勝
河南尹，諸事希復由宣王。宣王遂稱疾避爽。〔一〕晏等
專政，共分割洛陽、野王典農部桑田數百頃，[2]及壞湯
沐地以爲産業，[3]承勢竊取官物，因緣求欲州郡。有司
望風，莫敢忤旨。晏等與廷尉盧毓素有不平，[4]因毓吏
微過，深文致毓法，使主者先收毓印綬，然後奏聞。
其作威如此。爽飲食車服，擬於乘輿；尚方珍玩，[5]充
牣其家；妻妾盈後庭，又私取先帝才人七八人，[6]及將
吏、師工、鼓吹、良家子女三十三人，皆以爲伎樂。
詐作詔書，發才人五十七人送鄴臺，使先帝倢伃教習
爲伎。[7]擅取太樂樂器，[8]武庫禁兵。作窟室，綺疏四
周，[9]數與晏等會其中，飲酒作樂。羲深以爲大憂，[10]
數諫止之。又著書三篇，陳驕淫盈溢之致禍敗，辭旨
甚切，不敢斥爽，託戒諸弟以示爽。爽知其爲己發也，
甚不悦。羲或時以諫喻不納，涕泣而起。宣王密爲之
備。九年冬，李勝出爲荆州刺史，往詣宣王。宣王稱
疾困篤，示以羸形。勝不能覺，謂之信然。〔二〕

　　〔一〕初，[11]宣王以爽魏之肺腑，每推先之，爽以宣王名重，
亦引身卑下，當時稱焉。丁謐、畢軌等既進用，數言于爽曰："宣

王有大志而甚得民心，不可以推誠委之。”由是爽恒猜防焉。禮貌雖存，而諸所興造，皆不復由宣王。宣王力不能爭，且懼其禍，故避之。

〔二〕《魏末傳》曰：爽等令勝辭宣王，并伺察焉。宣王見勝，勝自陳無他功勞，[12]橫蒙時恩，[13]當爲本州，[14]詣閣拜辭，不悟加恩，得蒙引見。宣王令兩婢侍邊，持衣，[15]衣落；復上指口，言渴求飲，[16]婢進粥，宣王持盃飲粥，[17]粥皆流出沾胸。勝愍然，爲之涕泣，謂宣王曰：“今主上尚幼，天下恃賴明公。然衆情謂明公方舊風疾發，[18]何意尊體乃爾！”宣王徐更寬言，[19]才令氣息相屬，說：“年老沈疾，死在旦夕。君當屈并州，并州近胡，好善爲之，恐不復相見，如何！”勝曰：“當還忝本州，非并州也。”宣王乃復陽爲昏謬，曰：“君方到并州，努力自愛！”錯亂其辭，狀如荒語。勝復曰：“當忝荆州，非并州也。”宣王乃若微悟者，謂勝曰：“懿年老，意荒忽，[20]不解君言。今還爲本州刺史，盛德壯烈，好建功勳。今當與君別，自顧氣力轉微，後必不更會，因欲自力，設薄主人，[21]生死共別。令師、昭兄弟結君爲友，不可相舍去，副懿區區之心。”因流涕哽咽。勝亦長嘆，答曰：“輒當承教，須待敕命。”勝辭出，與爽等相見，說：“太傅語言錯誤，口不攝杯，指南爲北。又云吾當作并州，吾答言當還爲荆州，非并州也。徐徐與語，有識人時，乃知當還爲荆州耳。又欲設主人祖送。[22]不可舍去，宜須待之。”更向爽等垂淚云：“太傅患不可復濟，令人愴然。”

[1] 司隸校尉：官名。秩比二千石，第三品。掌糾察京師違法者，並治所轄各郡，相當於州刺史。

[2] 洛陽、野王典農部：曹魏在洛陽西南陽市邑（今河南洛寧縣東北）設置洛陽典農中郎將，又在河內郡野王縣（今河南沁陽縣）亦設置典農中郎將，管理該地區的屯田。

［3］湯沐地：漢制，皇帝、諸侯、皇后、公主皆有湯沐邑封地，收取其賦稅作爲個人之奉養。魏晋亦沿襲。

［4］廷尉：官名。秩中二千石，第三品，掌司法刑獄。

［5］尚方：官署名。有中、左、右三尚方，各置令一人，秩皆六百石，第七品。掌管製造供應皇帝所用器物。

［6］才人：魏明帝嬪妃稱號之一，爵位不詳。

［7］倢伃：嬪妃稱號之一，位視中二千石。　倢：百衲本、殿本作"技"，盧弼《集解》本、校點本作"伎"。今從《集解》本等。

［8］太樂：官名。曹魏時，太常卿下設太樂令，掌國家典禮之樂。

［9］綺疏：胡三省云："窟室，掘地爲室也。（李）賢曰：'綺疏，謂鏤爲綺文。'"（《通鑑》卷七五魏邵陵厲公正始九年注）

［10］大憂：趙幼文《校箋》謂《太平御覽》卷四五八引無"大"字。

［11］初：梁章鉅《旁證》云："此條不出書名，疑有脱文。"

［12］功勞：趙幼文《校箋》謂《太平御覽》卷四九四引"勞"字作"效"。

［13］時恩：校點本作"特恩"，百衲本、殿本、盧弼《集解》本作"時恩"。盧氏注云："何焯校本'時'作'特'。"吳金華《校詁》云："'時恩'猶言君恩、國恩，皆謂當時之特恩。"今從百衲本等。趙幼文《校箋》又謂《太平御覽》卷八五九引"時"字作"聖"。按，《太平御覽》卷四九四亦作"時"。

［14］爲本州：爲本州刺史。李勝爲荆州人，即謂其爲荆州刺史。

［15］侍邊持衣：《太平御覽》卷八五九引無"邊持"二字。

［16］求飲：趙幼文《校箋》謂《北堂書鈔》卷一四四、《太平御覽》卷八五九引"求"字俱作"主"。按，《太平御覽》卷四九四又作"求"。

　　［17］持盃飲粥：吳金華《校詁》云："《晋書·宣帝紀》云'宣王不持杯飲粥'，文情似勝。此無'不'字，疑奪。"

　　［18］風疾：趙幼文《校箋》謂《太平御覽》卷四九九（當作四九四）引"疾"字作"病"。

　　［19］寬言：趙幼文《校箋》謂《太平御覽》引無"寬"字。

　　［20］荒忽：趙幼文《校箋》謂《太平御覽》引無"忽"字，《晋書》同。

　　［21］設薄主人：周一良《三國志札記》云："設主人蓋當時習語，猶今言作東道請客也。設字引申有招待飲食之意。"（見《魏晋南北朝史札記》）稱"薄"，乃司馬懿之謙詞，謂所招待之飲食不豐盛。

　　［22］祖送：祖餞送行。祖，祭路神。

　　十年正月，[1]車駕朝高平陵，[2]爽兄弟皆從。〔一〕宣王部勒兵馬，先據武庫，遂出屯洛水浮橋。[3]奏爽曰：[4]"臣昔從遼東還，先帝詔陛下、秦王及臣升御牀，[5]把臣臂，深以後事爲念。臣言'二祖亦屬臣以後事，[6]（爲念）此自陛下所見，無所憂苦；萬一有不如意，臣當以死奉明詔'。黃門令董箕等，[7]才人侍疾者，皆所聞知。今大將軍爽背棄顧命，[8]敗亂國典，內則僭擬，外專威權；破壞諸營，[9]盡據禁兵，羣官要職，皆置所親；殿中宿衛，歷世舊人皆復斥出，欲置新人以樹私計；根據槃互，[10]縱恣日甚。外既如此，又以黃門張當爲都監，[11]專共交關，看察至尊，候伺神器，離間二宮，傷害骨肉。天下洶洶，人懷危懼，陛下但爲寄坐，豈得久安！此非先帝詔陛下及臣升御牀之本意也。臣雖朽邁，敢忘往言？昔趙高極意，[12]

秦氏以滅；呂、霍早斷，[13]漢祚永世。此乃陛下之大鑒，[14]臣受命之時也。[15]太尉臣濟、尚書令臣孚等，[16]皆以爽爲有無君之心，兄弟不宜典兵宿衞，奏永寧宮。[17]皇太后令敕臣如奏施行。臣輒敕主者及黃門令罷爽、羲、訓吏兵，以侯就第，不得逗留以稽車駕；敢有稽留，便以軍法從事。臣輒力疾將兵屯洛水浮橋，[18]伺察非常。"〔二〕

〔一〕《世語》曰：爽兄弟先是數俱出游，桓範謂曰："總萬機，典禁兵，不宜並出，若有閉城門，誰復內入者？"[19]爽曰："誰敢爾邪！"由此不復並行。至是乃盡出也。

〔二〕《世語》曰：初，宣王勒兵從闕下趨武庫，當爽門，[20]人逼車住。爽妻劉怖，出至廳事，謂帳下守督曰：[21]"公在外。今兵起，如何？"督曰："夫人勿憂。"乃上門樓，引弩注箭欲發。將孫謙在後牽止之曰："天下事未可知！"如此者三，[22]宣王遂得過去。[23]

[1] 十年：正始十年（249），當年四月又改年號爲嘉平元年。

[2] 高平陵：魏明帝陵墓，在當時洛水南大石山，距洛陽城九十里（詳本書卷四《齊王芳紀》裴注引孫盛《魏世譜》）。

[3] 洛水浮橋：謝鍾英《補三國疆域志補注》云："浮橋在故洛陽城南二十五里，今河南府城（洛陽市舊城）南五里。"

[4] 奏爽：司馬懿此奏，《晉書》卷一《宣帝紀》亦載，而文字有所差異，不影響本義者，不作校勘。

[5] 秦王：名詢，亦魏明帝養子。

[6] 後事：各本"後事"下有"爲念"二字。盧弼《集解》引何焯曰："下'爲念'二字疑衍。"校點本因從何說刪。今從之。

[7]黃門令：官名。秩六百石，第七品，主宮中諸宦者。（本
洪飴孫《三國職官表》）

[8]顧命：帝王臨終之詔命。《尚書·顧命序》“作顧命”孔
傳：“臨終之命曰顧命。”

[9]破壞諸營：《晉書·宣帝紀》云：“（正始）六年秋八月，
曹爽毀中壘、中堅營，以兵屬其弟中領軍羲。帝以先帝舊制禁之，
不可。”

[10]槃互：同“盤互”，相互連結之意。按“互”，百衲本、
殿本作“牙”，盧弼《集解》本作“㸦”。潘眉《考證》云：
“‘牙’字誤，當作‘㸦’，‘㸦’即‘互’字。”校點本作“互”，
今從之。

[11]黃門：此指小黃門，無定員，秩六百石，第七品。侍從
皇帝左右，收受尚書奏事，傳宣帝命，掌宮廷內外、皇帝與後宮之
間的聯絡。（參洪飴孫《三國職官表》）

[12]趙高極意：秦二世胡亥因趙高、李斯矯詔而得帝位，故
即位後，寵幸趙高。趙高遂恣意非爲，與二世大殺諸公子及群臣。
既而又誣殺李斯，趙高遂爲丞相，獨秉朝政。後天下起兵反秦，趙
高謀篡位，竟指鹿爲馬以威服群臣，後與其婿殺二世於望夷宮。不
久，秦亦亡。（本《史記》卷六《秦始皇本紀》）

[13]呂：指西漢初呂后之兄子等。漢惠帝死後，呂后臨朝專
制，背漢高祖劉邦非劉氏不王之約，封兄子呂台、產、祿、台子通
等四人爲王，封諸呂六人爲侯；後又以呂產爲相國，呂祿爲上將
軍，控制朝政軍事大權。呂后死後，諸呂恐爲諸侯所誅，因謀作
亂，旋被周勃、陳平等誅滅。（本《史記》卷九《呂太后本紀》）

霍：指霍光後代。霍光在漢昭帝、宣帝時，前後秉政近二十年，
霍氏貴盛。光死後，其子禹、兄孫雲、山等，恃其門戶，驕奢放
縱，宣帝欲抑之。霍禹等遂謀廢宣帝而立禹，會事發覺，霍氏被
誅。（本《漢書》卷六八《霍光傳》）

[14]大鑒：盧弼《集解》謂《晉書·宣帝紀》作“殷鑒”。

〔15〕受命：盧弼《集解》謂《晋書‧宣帝紀》作“授命”。殿本《考證》亦謂“受”當作“授”。

〔16〕濟：指蔣濟。　孚：指司馬孚。

〔17〕永寧宮：齊王芳即帝位後，尊明帝郭皇后爲皇太后，稱永寧宮。

〔18〕輒：胡三省云：“輒，專也。懿雖挾太后以臨爽，而其奏自言輒者至再，以天子在爽所也。”（《通鑑》卷七五魏邵陵厲公嘉平元年注）

〔19〕内入：百衲本作“内人”，殿本、盧弼《集解》本、校點本作“内入”。按“内”即“納”，今從殿本等。

〔20〕當爽門：潘眉《考證》云：“考《晋書》，曹爽府第在武庫之南，故宣王欲趣武庫，正當爽門。”

〔21〕帳下守督：官名。曹魏時，開府將軍屬官有帳下督，第七品。又有帳下都督、帳下守督之名。

〔22〕三：趙幼文《校箋》謂《太平御覽》卷五二〇引作“一二”。按《太平御覽》所引，題曰《魏志》。

〔23〕遂得過去：趙幼文《校箋》謂《太平御覽》引無“得”“去”二字。

爽得宣王奏事，不通，迫窘不知所爲。〔一〕大司農沛國桓範聞兵起，[1]不應太后召，矯詔開平昌門，[2]拔取劍戟，略將門候，[3]南奔爽。宣王知，曰：“範畫策，爽必不能用範計。”範說爽使車駕幸許昌，[4]招外兵。爽兄弟猶豫未決，範重謂羲曰：“當今日，卿門户求貧賤復可得乎？且匹夫持質一人，尚欲望活，今卿與天子相隨，令於天下，誰敢不應者？”羲猶不能納。侍中許允、尚書陳泰説爽，使早自歸罪。爽於是遣允、

泰詣宣王，歸罪請死，乃通宣王奏事。〔二〕遂免爽兄弟，以侯還第。〔三〕

〔一〕干寶《晋紀》曰：[5]爽留車駕宿伊水南，[6]伐木爲鹿角，發屯田兵數千人以爲衞。[7]

《魏末傳》曰：宣王語弟孚：[8]“陛下在外不可露宿，促送帳幔、太官食具詣行在所。”[9]

〔二〕干寶《晋（書）〔紀〕》曰：[10]桓範出赴爽，宣王謂蔣濟曰：“智囊往矣。”濟曰：“範則智矣，駑馬戀棧豆，[11]爽必不能用也。”

《世語》曰：宣王使許允、陳泰解語爽，蔣濟亦與書達宣王之旨，又使爽所信殿中校尉尹大目謂爽，[12]唯免官而已，以洛水爲誓。爽信之，罷兵。

《魏氏春秋》曰：爽既罷兵，曰：“我不失作富家翁。”範哭曰：“曹子丹佳人，生汝兄弟，犢耳！何圖今日坐汝等族滅矣！”

〔三〕《魏末傳》曰：爽兄弟歸家。敕洛陽縣發民八百人，使尉部圍爽第四角，[13]角作高樓，令人在上望視爽兄弟舉動。爽計窮愁悶，持彈到後園中，樓上人便唱言“故大將軍東南行！”[14]爽還廳事上，與兄弟共議，未知宣王意深淺，作書與宣王曰：“賤子爽哀惶恐怖，無狀招禍，分受屠滅。前遣家人迎糧，于今未反，數日乏匱，當煩見餉，[15]以繼旦夕。”宣王得書大驚，即答書曰：“初不知乏糧，[16]甚懷跧踖。令致米一百斛，并肉脯、鹽豉、大豆。”尋送。爽兄弟不達變數，即便喜歡，自謂不死。

[1] 大司農：官名。秩中二千石，第三品。管理國家的財政收支。曹魏時，郡縣管理屯田的諸典農官亦屬之。

[2] 平昌門：魏洛陽城十二門之一，《洛陽伽藍記序》謂洛陽城門依魏晋舊名。南面有三門，其東頭第一門曰開陽門，次西曰平

昌門。

〔3〕門候：官名。洛陽城每門置門候一人，掌按時開閉城門，屬城門校尉統領。

〔4〕許昌：縣名。治所在今河南許昌縣東。

〔5〕晋紀：百衲本、殿本、盧弼《集解》本均作"晋記"，盧氏注："記"應作"紀"。校點本即作"晋紀"。今從之。

〔6〕伊水：河名。伊水在當時洛陽縣南，北流入洛水。

〔7〕屯田兵：百衲本、殿本、校點本作"屯甲兵"，盧弼《集解》本作"屯田兵"，《通鑑》亦作"屯田兵"。胡三省注："魏武創業，令州郡例置田官，故洛陽亦有屯田兵。"（《通鑑》卷七五魏邵陵厲公嘉平元年注）今從《集解》本與《通鑑》。

〔8〕語弟孚：趙幼文《校箋》謂《太平御覽》卷六九九引"孚"下有"曰"字。

〔9〕太官：官署名。漢代有太官署，掌宮廷膳食，由令、丞主之，屬少府。魏沿置。

〔10〕晋紀：各本均作"晋書"，盧弼《集解》云："書"當作"紀"。趙幼文《校箋》謂《藝文類聚》卷九三、《事類賦》卷二一引"書"俱作"紀"，是。今從盧、趙説改。

〔11〕棧豆：馬房豆料。胡三省云："言爽顧戀室家，而慮不及遠，必不能用範計。"（《通鑑》卷七五魏邵陵厲公嘉平元年注）

〔12〕殿中校尉：官名。曹魏置，第七品。領兵侍衛殿内，位在殿中將軍、中郎將下。由皇帝及執政大臣的親信充任。

〔13〕尉：官名。魏晋時，縣有縣尉，掌一縣之兵政，秩二百石，第九品，大縣置二人，洛陽卻有五部尉。

〔14〕東南行：趙幼文《校箋》謂《太平御覽》卷三五〇"東"下有"行"字。按，《册府元龜》卷九五四引"東"下亦無"行"字。

〔15〕當：趙幼文《校箋》謂《册府元龜》卷九五四引作"尚"。

[16] 初：完全。

　　初，張當私以所擇才人張、何等與爽。疑其有姦，收當治罪。當陳爽與晏等陰謀反逆，並先習兵，須三月中欲發，於是收晏等下獄。會公卿朝臣廷議，以爲“《春秋》之義，‘君親無將，將而必誅’。[1]爽以支屬，世蒙殊寵，親受先帝握手遺詔，託以天下，而包藏禍心，蔑棄顧命，乃與晏、颺及當等謀圖神器，範黨同罪人，皆爲大逆不道”。於是收爽、羲、訓、晏、颺、謐、軌、勝、範、當等，皆伏誅，夷三族。〔一〕[2]嘉平中，[3]紹功臣世，封真族孫熙爲新昌亭侯，邑三百户，以奉真後。〔二〕

　　〔一〕《魏略》曰：鄧颺字玄茂，鄧禹後也。[4]少得士名於京師。明帝時爲尚書郎，[5]除洛陽令，坐事免，拜中郎，又入兼中書郎。[6]初，颺與李勝等爲浮華友，及在中書，浮華事發，被斥出，遂不復用。正始初，乃出爲潁川太守，轉大將軍長史，[7]遷侍中、尚書。颺爲人好貨，前在内職，許臧艾授以顯官，艾以父妾與颺，故京師爲之語曰：“以官易婦鄧玄茂。”[8]每所薦達，多如此比。故何晏選舉不得人，頗由颺之不公忠，遂同其罪，蓋由交友非其才。[9]

　　丁謐，[10]字彦靖。[11]父斐，字文侯。初，斐隨太祖，太祖以斐鄉里，特饒愛之。斐性好貨，數請求犯法，輒得原宥。爲典軍校尉，總攝内外，每所陳説，多見從之。建安末，從太祖征吴。斐隨行，自以家牛羸困，乃私易官牛，爲人所白，被收送獄，奪官。其後太祖問斐曰：[12]“文侯，印綬所在？”[13]斐亦知見戲，[14]對曰：“以易餅耳。”太祖笑，[15]顧謂左右曰：“東曹毛掾數白此家，[16]欲令我重治，我非不知此人不清，良有以也。我之有斐，譬如人家有盜狗而善捕鼠，盜雖有小損，而完我囊貯。"[17]遂復斐官，聽用如初。後數歲，病亡。謐少不肯交游，但博觀書傳。爲人沈毅，頗有才略。太和中，常住鄴，[18]借人空屋，居其中。而諸王亦欲借之，不知謐已得，直開門入。謐望見王，交腳臥而不起，而呼其奴客曰："此何等人？促呵使去。"王怒其無禮，還具上言。[19]明帝收謐，繫鄴獄，以其功臣子，原出。後帝聞其有父風，召拜度支郎中。[20]曹爽宿與相親，時爽爲武衞將軍，數爲帝説其可大用。[21]會帝崩，爽輔政，乃拔謐爲散騎常侍，遂轉尚書。謐爲人外似疎略，而内多忌。其在臺閣，數有所彈駁，[22]臺中患之，事不得行。又其意輕貴，多所忽略，雖與何晏、鄧颺等同位，[23]而皆少之，唯以勢屈於爽。[24]爽亦敬之，言無不從。故于時謗書，謂"臺中有三狗，二狗崖柴不可當，[25]一狗憑（默）[點]作（疽）[狚]囊"。[26]三狗，謂何、鄧、丁也。（默）[點]者，爽小字也。其意言三狗皆欲嚙人，而謐尤甚也。奏使郭太后出居别宫，及遣樂安王使北詣鄴，[27]又遣文欽令還淮南，[28]皆謐之計。司馬宣王由是特深恨之。

畢軌，字昭先。父字子禮，建安中爲典農校尉。[29]軌以才能，少有名聲。明帝在東宫時，軌在文學中。[30]黄初末，出爲長史。[31]明帝即位，入爲黄門郎，[32]子尚公主，居處殷富。還并州刺史。其在并州，名爲驕豪。時雜虜數爲暴，害吏民，軌輒出軍擊鮮卑軻比能，[33]失利。中護軍蔣濟表曰："畢軌前失，既往不咎，但恐是後難可以再。凡人材有長短，不可彊成。[34]軌文雅智意，[35]自爲美器。今失并州，換置他州，若入居顯職，不毁其德，於國事實善。此安危之要，唯聖恩察之。"[36]至正始中，入爲中護軍，轉侍中、尚書，遷司隸校尉。素與曹爽善，每言於爽，多見從之。

李勝，字公昭。父休，字子朗，有智略。張魯前爲鎮北將

軍，[37]休爲司馬，家南鄭。時漢中有甘露降，子朗見張魯精兵數
萬人，有四塞之固，遂建言赤氣久衰，黃家當興，欲魯舉號，魯
不聽。會魯破，太祖以其勸魯內附，賜爵關內侯，署散官騎
從，[38]詣鄴。至黃初中，仕歷上黨、鉅鹿二郡太守，[39]後以年老
還，拜議郎。勝少游京師，雅有才智，與曹爽善。明帝禁浮華，
而人白勝堂有四窗八達，[40]各有主名。用是被收，以其所連引者
多，故得原，禁錮數歲。帝崩，曹爽輔政，勝爲洛陽令。夏侯玄
爲征西將軍，以勝爲長史。玄亦宿與勝厚。駱谷之役，議從勝出，
由是司馬宣王不悅於勝。累遷滎陽太守、河南尹。[41]勝前後所宰
守，未嘗不稱職，[42]爲尹歲餘，廳事前屋蘇壞，[43]令人更治之，
小材一枚激墮，正擱受符吏石虎頭，[44]斷之。後旬日，遷爲荊州
刺史，未及之官而敗也。

桓範字元則，世爲冠族。建安末，入丞相府。延康中，[45]爲
羽林左監。[46]以有文學，與王象等典集《皇覽》。[47]明帝時爲中
領軍、尚書，遷征虜將軍、東中郎將，[48]使持節都督青、徐諸軍
事，[49]治下邳。[50]與徐州刺史鄭岐爭屋，引節欲斬岐，爲岐所奏，
不直，坐免還。復爲兗州刺史，怏怏不得意。又聞當轉爲冀州
牧。[51]是時冀州統屬鎮北，[52]而鎮北將軍呂昭才實仕進，[53]本在
範後。範謂其妻仲長曰：“我寧作諸卿，向三公長跪耳，不能爲呂
子展屈也。”其妻曰：“君前在東，坐欲擅斬徐州刺史，衆人謂君
難爲作下，[54]今復羞爲呂屈，是復難爲作上也。”範忿其言觸實，
乃以刀環撞其腹。妻時懷孕，遂墮胎死。範亦竟稱疾，不赴冀州。
正始中拜大司農。範前在臺閣，號爲曉事，及爲司農，又以清省
稱。範嘗抄撮《漢書》中諸雜事，自以意斟酌之，名曰《世要
論》。[55]蔣濟爲太尉，嘗與範會社下，羣卿列坐有數人，範懷其所
撰，欲以示濟，謂濟當虛心觀之。範出其書以示左右，左右傳之
示濟，濟不肯視，範心恨之。因論他事，乃發怒謂濟曰：“我祖薄
德，公輩何似邪？”濟性雖彊毅，亦知範剛毅，[56]睨而不應，各

罷。範於沛郡，仕次在曹真後。于時曹爽輔政，以範鄉里老宿，於九卿中特敬之，然不甚親也。及宣王起兵，閉城門，以範爲曉事，乃指召之，欲使領中領軍。範欲應召，而其子諫之，以爲車駕在外，不如南出。範疑有頃，兒又促之。範欲去而司農丞吏皆止範。範不從，乃突出至平昌城門，城門已閉。門候司蕃，故範舉吏也，範呼之，舉手中版以示之，矯曰：“有詔召我，卿促開門！”蕃欲求見詔書，範呵之，言：“卿非我故吏邪，何以敢爾？”乃開之。範出城，顧謂蕃曰：“太傅圖逆，卿從我去！”蕃徒行不能及，遂避側。範南見爽，勸爽兄弟以天子詣許昌，微四方以自輔。爽疑，羲又無言。範自謂羲曰：“〔此〕事昭然，[57]卿用讀書何爲邪！於今日卿等門户倒矣！”俱不言。範又謂羲曰：“卿別營近在闕南，[58]洛陽典農治在城外，[59]呼召如意。今詣許昌，不過中宿，[60]許昌別庫，[61]足相被假；[62]所憂當在穀食，而大司農印章在我身。”羲兄弟默然不從，甲夜至五鼓，[63]爽乃投刀于地，謂諸從駕羣臣曰：“我度太傅意，亦不過欲令我兄弟向已也。我獨有以不合于遠近耳！”遂進謂帝曰：“陛下作詔免臣官，報皇太后令。”範知爽首免而已必坐唱義也。[64]範乃曰：“老子今兹坐卿兄弟族矣！”[65]爽等既免，帝還宮，遂令範隨從。到洛水浮橋北，望見宣王，下車叩頭而無言。宣王呼範姓曰：“桓大夫何爲爾邪！”車駕入宮，有詔範還復位。範詣闕拜章謝，待報。會司蕃詣鴻臚自首，[66]具說範前臨出所道。宣王乃忿然曰：“誣人以反，於法何應？”主者曰：“科律，反受其罪。”乃收範於闕下。時人持範甚急，範謂部官曰：“徐之，我亦義士耳。”遂送廷尉。

《世語》曰：[67]初，爽夢二虎銜雷公，雷公若二升椀，放著庭中。爽惡之，以問占者，[68]靈臺丞馬訓曰：[69]“憂兵。”訓退，告其妻曰：“爽將以兵亡，不出旬日。”

《漢晉春秋》曰：安定皇甫謐以九年冬夢至洛陽，[70]自廟出，見車騎甚衆，以物呈廟云：“誅大將軍曹爽。”寤而以告其邑人，邑人曰："君欲作曹人之夢乎![71]朝無公孫彊如何？且爽兄弟典重兵，又權尚書事，誰敢謀之？"謐曰："爽無叔振鐸之請，苟失天機則離矣，何恃于彊？昔漢之閻顯，[72]倚母后之尊，權國威命，可謂至重矣，閹人十九人一旦尸之，況爽兄弟乎？"

《世語》曰：初，爽出，司馬魯芝留在府，[73]聞有事，將營騎斫津門出赴爽。[74]爽誅，擢爲御史中丞。[75]及爽解印綬，將出，主簿楊綜止之曰：[76]"公挾主握權，捨此以至東市乎？"[77]爽不從。有司奏綜導爽反，宣王曰："各爲其主也。"宥之，以爲尚書郎。芝字世英，扶風人也。[78]以後仕進至特進、光祿大夫。[79]綜字初伯，後爲安東將軍司馬文王長史。[80]

臣松之案：夏侯湛爲芝銘及干寶《晉紀》並云爽既誅，宣王即擢芝爲并州刺史，以綜爲安東參軍。與《世語》不同。

〔二〕干寶《晉紀》曰：蔣濟以曹真之勳力，不宜絶祀，故以熙爲後。濟又病其言之失信于爽，發病卒。

[1] 將而必誅：語見《春秋公羊傳》莊公三十二年及昭公元年。

[2] 三族：一般指父族、母族、妻族。《史記》卷五《秦本紀》"法初有三族之罪"《集解》引如淳曰："父族、母族、妻族也。"

[3] 嘉平：魏少帝齊王曹芳年號（249—254）。

[4] 鄧禹：東漢初人。初隨劉秀於河北，擊敗銅馬、綠林等軍。劉秀即帝位後，禹爲大司徒，封酇侯，後又改封高密侯。《後漢書》卷一六有傳。

[5] 尚書郎：官名。東漢之制，取孝廉之有才能者入尚書臺，初入臺稱守尚書郎中，滿一年稱尚書郎，三年稱侍郎，統稱尚書郎。曹魏襲之，而分曹有異。曹魏有殿中、吏部、駕部、度支等等二十五郎，秩皆四百石，第六品，主作文書起草。

[6] 中書郎：官名。魏文帝黄初初置中書監、令，其下遂置通事郎，掌詔草。後又增設中書郎，亦稱中書侍郎，主詔誥，第五品。

[7] 大將軍長史：官名。秩千石，第六品，爲大將軍府諸屬吏之長。

[8] 婦：百衲本、殿本作"富"，盧弼《集解》本、校點本作"婦"。盧弼《集解》謂各本均作"富"。殿本《考證》云："按《通志略》作'以官易婦'爲是。臧艾以父妾與颺，故爲此語。"今從《集解》本等。

[9] 其才：百衲本、殿本作"奇才"，盧弼《集解》本、校點本作"其才"。今從《集解》本等。

[10] 丁謐：百衲本、殿本、盧弼《集解》本"丁謐"上有"魏略曰"三字，盧氏注："此三字衍。"校點本即無此三字，今從之。

[11] 靖：殿本《考證》云："《太平御覽》'靖'作'静'。"

[12] 問：趙幼文《校箋》謂《藝文類聚》卷二五、《太平御覽》卷六八三（當作六八二）引作"喟"。

[13] 所在：周一良《札記》云："所在即在何所。"（見《魏晋南北朝史札記》）趙幼文《校箋》則謂《太平御覽》卷六八二引"所"字作"何"。

[14] 見戲：趙幼文《校箋》謂《太平御覽》卷六八二引"戲"下有"也"字

[15] 太祖笑：趙幼文《校箋》謂《太平御覽》卷五（當作二五）引"笑"上有"大"字。

[16] 東曹毛掾：即東曹掾毛玠。東曹掾，官名。東漢三公府及大將軍府均置有東曹掾，秩比四百石，主管二千石長吏之遷除及軍吏。曹操爲司空、丞相時，皆置。　家：周一良《札記》云："家猶人也，而有尊敬之意。"（見《魏晋南北朝史札記》）

[17] 盗雖有小損而完我囊貯：趙幼文《校箋》謂《太平御覽》卷四九二引作"盗狗雖有小損而鼠不切我囊貯"。"切"疑爲

"竊"之訛字。

[18] 住鄴：趙幼文《校箋》謂《太平御覽》卷四九八引"住"字作"於"。《册府元龜》卷一二四引"住"字作"家"。

[19] 上言：趙幼文《校箋》謂《太平御覽》卷四九八引"言"字作"聞"。按，《册府元龜》"聞"下尚有"之"字。

[20] 度支郎中：官名。亦稱度支郎，隸屬度支尚書，秩四百石，第六品。

[21] 説：殿本、校點本作"稱"，百衲本、盧弼《集解》本作"説"。今從百衲本等。

[22] 數有：殿本無"數"字，百衲本、盧弼《集解》本、校點本皆有。今從百衲本等。

[23] 同位：趙幼文《校箋》謂《藝文類聚》卷九四引"位"字作"列"。

[24] 以勢：趙幼文《校箋》謂《藝文類聚》卷九七（當作九四）引"勢"上有"聲"字。

[25] 崖柴：潘眉《考證》云："'崖柴'與'嘊喍'通"。嘊喍，狗將咬人的凶狠樣子。《管子·戒篇》："東郭有狗嘊喍，旦暮欲噬我。"房玄齡注："東郭之狗喻易牙，言其人殘忍，同於狗矣。"

[26] 一狗憑黜作狙囊：各本皆作"一狗憑默作疽囊"吳金華《校詁》謂陸龜蒙《小名録·曹黜》引此句作"一狗憑黜作狙囊"；又釋之云："黜，爽小字。"則此"默"字當作"黜"，作"默"乃傳寫之誤。"疽囊"亦當依《小名録》作"狙囊"。《説文》："狙，犬暫齧人者。"《通俗文》曰："伏伺曰狙。"《校詁》又云："稱犬善齧人者爲'狙囊'，猶稱人之善謀事者爲'智囊'也。"今從吳說改。

[27] 樂安王：盧弼《集解》云："或曰魏無樂安王，以其事考之，當是燕王之誤。燕王以景初三年夏還鄴，正曹爽專政之時，殆昭伯黨忌其屬尊地逼，故出之耳。"

[28] 文欽：事迹主要見本書卷二八《毌丘儉傳》注引《魏

書》。　淮南：地區名。泛指淮水以南地區。

　　[29] 典農校尉：官名。曹魏在郡國設置的屯田官，秩比二千石，第六品，管理該屯田區的農業生產、民政和田租。地位相當於郡太守，但直屬中央大司農。

　　[30] 文學：官名。即太子文學，曹操時始置，太子屬官，員數品秩不詳。

　　[31] 長史：盧弼《集解》云："史"疑作"吏"，蓋縣令、長之屬。

　　[32] 黃門郎：即黃門侍郎。趙幼文《校箋》謂《太平御覽》卷二四一引"黃門郎"下有"拜騎都尉"四字。

　　[33] 軻比能：鮮卑族首領。見本書卷三〇《鮮卑傳》。

　　[34] 彊成：趙幼文《校箋》謂郝經《續後漢書》"成"字作"爲"。

　　[35] 智意：殿本、校點本作"志意"，百衲本、盧弼《集解》本作"智意"。今從百衲本等。趙幼文《校箋》云："智意猶智慧也。"

　　[36] 恩：趙幼文《校箋》謂郝經《續後漢書》作"明"。

　　[37] 鎮北將軍：錢大昭《辨疑》云："按《魯傳》爲鎮南將軍，'北'字疑誤。"

　　[38] 散官騎從：散官，官名。指有官名而無固定職事的官，與職事官相對而言。漢朝無此專名。曹操時始置散官騎從，意謂無固定職守，隨騎聽從差遣。

　　[39] 上黨：郡名。治所壺關縣，在今山西長治市北。　鉅鹿：郡名。治所廮陶縣，在今河北寧晉縣西南。

　　[40] 四窗八達：殿本《考證》："按堂有四窗八達，未必能得罪，或'堂'字爲'黨'字之誤，《諸葛誕（傳）》注云'以元（玄）、疇四人爲四聰，誕、備八人爲八達'，是其證也。'窗'與'聰'古字通用。"

　　[41] 滎陽：郡名。魏齊王曹芳正始三年（242）分河南尹立，

治所滎陽縣，在今河南滎陽市東北。

［42］未嘗不稱職：《水經·濟水注一》謂李勝爲滎陽太守，又爲原武典農校尉，“政有遺惠，民爲立祠於城北五里，號曰李君祠。廟前有石蹠，蹠上有石的，石的銘具存，其略曰：百姓欣戴，咸推厥誠”。今猶祀禱焉。

［43］屠蘇：錢大昭《辨疑》：“《風俗通義》云，平室曰屠蘇。亦作‘廜廯’，《廣雅》云，廜廯，庵也。”

［44］撾：百衲本作“檛”，殿本、盧弼《集解》本、校點本作“撾”。今從殿本等。　受符吏：官名。蓋爲保管符節之小吏。

［45］延康：漢獻帝劉協年號，即公元 220 年。此年正月仍爲建安二十五年，曹操去世，曹丕繼魏王位，改年號爲延康元年；至十月，曹丕遂代漢稱帝，又再改年號爲黄初元年。

［46］羽林左監：官名。秩六百石，第五品，主羽林左騎。（本洪飴孫《三國職官表》）

［47］皇覽：魏文帝下令編纂的類書。

［48］征虜將軍：官名。第三品。　東中郎將：官名。東漢靈帝時所置四中郎將之一，主率軍征伐。魏晋沿置。

［49］使持節：漢末三國，皇帝授予出征或出鎮的軍事長官的一種權力。至晋代，此種權力明確爲可誅殺二千石以下官員。若皇帝派遣大臣出巡或祭吊等事務時，加使持節，則表示權力和尊崇。青：州名。治所臨淄縣，在今山東淄博市臨淄北。

［50］下邳：縣名。治所在今江蘇睢寧縣西北。

［51］冀州：刺史治所信都縣，在今河北冀縣。

［52］鎮北：即鎮北將軍，第二品，位次四征將軍，領兵如征北將軍。

［53］吕昭：字子展，東平人。主要事迹見本書卷一六《杜恕傳》及裴注引《世語》。

［54］謂：百衲本作“爲”，殿本、盧弼《集解》本、校點本作“謂”。今從殿本等。　作下：下級。

［55］世要論：《隋書·經籍志》著録《世要論》十二卷，魏大司農桓範撰。宋代已不作著録，此書殆佚於五代之際。清馬國翰、嚴可均皆有輯本。

［56］剛毅：百衲本作"剛殺"，殿本、盧弼《集解》本、校點本作"剛毅"。今從殿本等。

［57］此事昭然：各本無"此"字。吳金華《〈三國志集解〉箋記》云："'事昭然'上面，《資治通鑑》卷七五、《通志》卷七九都有'此'字，疑本文偶脱。"今從吳説補"此"字。

［58］別營：胡三省云："中領軍營懿已遣王觀據之，惟別營在耳。"（《通鑑》卷七五魏邵陵厲公嘉平元年注）

［59］洛陽典農治：胡三省云："洛陽典農中郎將、典農都尉所治也。"（《通鑑》卷七五魏邵陵厲公嘉平元年注）

［60］中宿：《左傳·僖公二十四年》："命女三宿，女中宿至。"楊伯峻注："中宿，第二宿後第三日也。"（《春秋左傳注》）

［61］許昌別庫：胡三省云："許昌別庫儲兵甲，洛陽有武庫，故曰別庫。"（《通鑑》卷七五魏邵陵厲公嘉平元年注）

［62］被假：胡三省云："被假謂授兵也。"（《通鑑》卷七五魏邵陵厲公嘉平元年注）

［63］甲夜：殿本、盧弼《集解》本、校點本作"中夜"，百衲本作"甲夜"，《通鑑》卷七五亦作"甲夜"。胡三省注："甲夜，初夜也。"今從百衲本。　五鼓：古人分一夜爲五段，稱爲五夜或五鼓、五更。《顏氏家訓·書證》云："漢魏以來，謂爲甲夜、乙夜、丙夜、丁夜、戊夜；又云五鼓，一鼓、二鼓、三鼓、四鼓、五鼓；亦云一更、二更、三更、四更、五更，皆以五爲節也。"此五鼓，謂第五鼓，即夜中最末一鼓。

［64］範：百衲本作"上"，殿本、盧弼《集解》本、校點本作"範"。今從殿本等。　己必坐唱義：桓範謂自己必因"唱義"而得罪。"唱義"，指桓範勸曹爽奉天子詣許昌以討司馬懿。

［65］老子：老頭子。《世説新語·容止》："諸君少住，老子

於此處興復不淺!"余嘉錫《箋疏》:"漢、晉人之自稱老子,猶'老夫'也,有自謙之意焉。"

[66] 鴻臚:官名。即大鴻臚。漢列卿之一,秩中二千石。掌少數族君長、諸侯王、列侯之迎送、接待、安排朝會、封授、襲爵及奪爵削土之典禮;諸侯王死,則奉詔護理喪事,宣讀誄策諡號;百官朝會,掌贊襄引導;兼管京都之郡國邸舍及郡國上計吏之接待;又兼管少數族之朝貢使節及侍子。三國沿之,魏爲三品。

[67] 世語:梁章鉅《旁證》謂《太平御覽》卷一三引作"世説"。趙幼文《校箋》亦謂《北堂書鈔》卷一五二引亦作"世説"。

[68] 占者:趙幼文《校箋》謂《北堂書鈔》引"占"下有"夢"字。

[69] 靈臺丞:官名。秩二百石,第八品,掌候日月星氣,觀測天象,頒曆。屬太史令。

[70] 皇甫謐:魏晉人,博覽群書,不願爲官,自號玄晏先生。著有《帝王世紀》《高士傳》《逸士傳》《列女傳》等。《晉書》卷五一有傳。 九年:正始九年(248)。

[71] 曹人之夢:周武王滅商,封弟振鐸於曹,稱爲曹叔振鐸,爲曹國始祖。至曹伯陽即位前,曹國有人夢諸君子在社宮下圖謀亡曹之事,曹叔振鐸請待公孫彊執政再滅曹,諸君子應允。次日晨,夢者訪尋公孫彊,尚無。遂告其子曰:"我死,爾聞公孫彊爲政,必去之。"曹鄙人公孫彊善射鳥,曹伯陽即位後,因好打獵射鳥,公孫彊曾獻白雁一隻,並進説打獵射鳥之道,遂得信任,因用公孫彊爲司城,委以政事。夢者之子聞之,出走。不久,宋國攻破曹國,曹伯陽、公孫彊被虜殺於宋,曹國亡。(本《左傳》哀公七年、八年)

[72] 閻顯:東漢安帝閻皇后之兄,因閻皇后得封長社侯,弟兄並爲卿校,掌管禁兵,參與朝政。安帝死,閻皇后與顯等廢皇太子保爲濟陰王,更立北鄉侯懿爲帝,閻太后臨朝聽政,以顯爲車騎將軍、儀同三司,顯弟景等皆掌權要,威福自由。懿立二百餘日而

死，宦官孫程等十九人，立濟陰王為順帝，顯等皆被誅殺。（本《後漢書》卷一〇下《安思閻皇后紀》、卷七八《孫程傳》）

［73］司馬：此大將軍府司馬，秩千石，第六品，參贊軍務，管理府內武職，位僅次於長史。

［74］營騎：胡三省云："營騎，大將軍營騎士也。"（《通鑑》卷七五魏邵陵厲公嘉平元年注） 津門：胡三省云："津門，洛（陽）城南出西頭第一門也，亦曰建城門。"（《通鑑》卷七五魏邵陵厲公嘉平元年注）

［75］御史中丞：官名。秩千石，第四品。爲御史臺長官，掌監察、執法。

［76］主簿：官名。此爲大將軍府主簿，第七品，主録省衆事。

［77］東市：刑場。西漢在長安東市處決死刑犯，後世因以東市指刑場。

［78］扶風：郡名。治所槐里縣，在今陝西興平市東南。

［79］光禄大夫：官名。秩比二千石，第三品，位次三公。無定員，無固定職守，相當於顧問。諸公告老及在朝重臣加此銜以示優重。

［80］安東將軍：官名。爲出鎮地方的軍事長官，或爲州刺史兼理軍務的加官。魏、晋皆三品。 司馬文王：司馬昭。

晏，何進孫也。母尹氏，爲太祖夫人。晏長于宮省，又尚公主，少以才秀知名，好《老》《莊》言，作《道德論》及諸文賦著述凡數十篇。[一][1]

〔一〕晏字平叔。《魏略》曰：太祖爲司空時，納晏母并收養晏，其時秦宜禄兒阿蘇亦隨母在公家，[2]並見寵如公子。蘇即朗也。蘇性謹慎，而晏無所顧憚，服飾擬於太子，故文帝特憎之，每不呼其姓字，常謂之爲"假子"。[3]晏尚主，又好色，故黄初時

842

無所事任。及明帝立，頗爲冗官。至正始初，曲合于曹爽，亦以才能，故爽用爲散騎侍郎，遷侍中、尚書。晏前以尚主，得賜爵爲列侯，又其母在内，晏性自喜，動静粉白不去手，行步顧影。晏爲尚書，主選舉，其宿與之有舊者，多被拔擢。

《魏末傳》曰：晏婦金鄉公主，即晏同母妹。公主賢〔明〕，[4]謂其母沛王太妃曰：[5]“晏爲惡日甚，將（何）〔不〕保身。”[6]母笑曰：“汝得無妒晏邪！”俄而晏死。有一男，年五六歲，宣王遣人録之。晏（母歸）〔婦〕藏其子王宫中，[7]向使者搏頰，[8]乞白活之，使者具以白宣王。宣王亦聞晏婦有先見之言，心常嘉之；且爲沛王故，特原不殺。

《魏氏春秋》曰：初，夏侯玄、何晏等名盛於時，司馬景王亦預焉。[9]晏嘗曰：“唯深也，故能通天下之志，夏侯泰初是也；唯幾也，故能成天下之務，司馬子元是也；[10]惟神也，不疾而速，不行而至，吾聞其語，未見其人。”蓋欲以神况諸己也。初，宣王使晏與治爽等獄。[11]晏窮治黨與，冀以獲宥。[12]宣王曰：“凡有八族。”晏疏丁、鄧等七姓。宣王曰：“未也。”晏窮急，乃曰：“豈謂晏乎！”宣王曰：“是也。”乃收晏。

臣松之案：《魏末傳》云晏取其同母妹爲妻，此搢紳所不忍言，雖楚王之妻（嫂）〔媦〕，[13]不是甚也已。設令此言出于舊史，猶將莫之或信，况底下之書乎！案《諸王公傳》，[14]沛王出自杜夫人所生。晏母姓尹，公主若與沛王同生，焉得言與晏同母？

皇甫謐《列女傳》曰：[15]爽從弟文叔，妻譙郡夏侯文寧之女，[16]名令女。文叔早死，服闋，自以年少無子，恐家必嫁己，乃斷髮以爲信。[17]其後，家果欲嫁之，[18]令女聞，即復以刀截兩耳，居止常依爽。及爽被誅，曹氏盡死。令女叔父上書與曹氏絶婚，彊迎令女歸。時文寧爲梁相，憐其少，執義，又曹氏無遺類，冀其意沮，迺微使人諷之。令女歎且泣曰：“吾亦惟之，許之是也。”家以爲信，防之少懈。令女於是竊入寢室，以刀斷鼻，蒙被而臥。其母呼與語，不應，發被視之，血流滿牀席。舉家驚惶，奔往視之，莫不酸鼻。或謂之曰：“人生世間，如輕塵棲弱草耳，何至辛苦迺爾！且夫家夷滅已盡，守此欲誰爲哉？”令女曰：“聞仁者不以盛衰改節，義者不以存亡易心，曹氏前盛之時，尚欲保終，況今衰亡，[19]何忍棄之！禽獸之行，[20]吾豈爲乎？”司馬宣王聞而嘉之，聽使乞子字養，爲曹氏後，名顯于世。

[1] 道德論：《世説新語·文學》：“何平叔注《老子》，始成，詣王輔嗣。見王注精奇，乃神伏曰：‘若斯人，可與論天人之際矣！’因以所注爲《道德二論》。”《隋書·經籍志》謂“梁有《老子道德論》二卷，何晏撰”。已佚。《隋書·經籍志》又謂：梁有《孝經》一卷，吏部尚書何晏注，亡；《集解論語》十卷，何晏集；《魏晉謚議》十三卷，何晏撰（按何晏死於魏，不當言晉）；魏尚書《何晏集》十一卷，梁十卷，錄一卷。又清嚴可均《全三國文》輯有何晏《景福殿賦》《奏請大臣侍從遊幸》《韓白論》《冀州論》《無爲論》《無名論》《瑞頌》《斫猛獸刀銘》等共十四篇。

[2] 秦宜禄：秦朗之父，事迹見本書卷三《明帝紀》青龍元年裴注引《獻帝傳》。　阿蘇：秦朗小名。亦見本書《明帝紀》青龍元年裴注引《魏氏春秋》及《魏略》。

[3] 常：殿本、校點本作“嘗”，百衲本、盧弼《集解》本作“常”。按文義，應作“常”，今從百衲本等。

[4] 公主賢明：各本皆無“明”字。趙幼文《校箋》謂《藝文類聚》卷一六、《初學記》卷一〇、《太平御覽》卷一五二引“賢”下有“明”字。今從趙引補。

[5] 沛王：沛王名林，見本書卷二〇《武文世王公傳》。

[6] 不：各本皆作“何”。趙幼文《校箋》謂《北堂書鈔》卷一五二、《藝文類聚》卷一六、《初學記》卷一〇引俱作“不”。今從趙引改。

　　[7]婦：各本皆作"母歸"。趙幼文云："《類聚》卷十六、《御覽》卷一百五十三（當作二）引俱無母字，歸字作婦。蓋婦訛爲歸，校者不察，徑於晏字下妄增母字。母、歸二字皆爲衍訛也。"（《三國志集解辨證》）今從趙説改。

　　[8]搏顙：打嘴巴。古人以此爲哀求之方式。

　　[9]司馬景王：司馬師，字子元。司馬昭封晋王後，追尊他爲景王。

　　[10]司馬子元：司馬師字子元。

　　[11]與：百衲本、殿本、盧弼《集解》本作"典"。盧氏云："典，馮本作'與'。沈家本曰：《盧毓傳》爽見收，毓治其獄。則非晏典治也，作'與'字爲是。"校點本即作"與"，今從之。

　　[12]冀以獲宥：《通鑑考異》云："按宣王方治爽黨，安肯使晏典其獄，就令有之，晏豈不自知與爽最親而冀獨免乎？此殆孫盛承説者之妄耳。"（《通鑑》卷七五魏邵陵厲公嘉平元年）

　　[13]媦（wèi）：各本均作"嫂"。陳景雲《辨誤》謂當作"媦"，校點本即從陳説改。今從之。《公羊傳·桓公二年》："若楚王之妻媦，無時焉可也。"何休注："媦，妹也。"

　　[14]諸王公傳：即本書卷二○《武文世王公傳》。

　　[15]列女傳："列"百衲本作"烈"，殿本、盧弼《集解》本、校點本作"列"。今從殿本等。《隋書·經籍志》著録《列女傳》六卷，皇甫謐撰。《舊唐書·經籍志》同。已佚。

　　[16]譙郡：趙幼文《校箋》謂《太平御覽》卷三六六、卷四四○引"郡"字俱作"國"。

　　[17]斷髮以爲信：趙幼文《校箋》謂《太平御覽》俱引作"斷髮自誓"。

　　[18]家果欲嫁之：趙幼文《校箋》謂《太平御覽》引俱無"果"字。

　　[19]衰亡：趙幼文《校箋》謂《太平御覽》引"亡"字作"滅"。

[20] 之：百衲本作"不"。殿本、盧弼《集解》本、校點本作"之"。今從殿本等。

夏侯尚字伯仁，淵從子也。[1]文帝與之親友。〔一〕太祖定冀州，尚爲軍司馬，[2]將騎從征伐，後爲五官將文學。[3]魏國初建，遷黃門侍郎。代郡胡叛，[4]遣鄢陵侯彰征討之，以尚參彰軍事，定代地，還。太祖崩于洛陽，尚持節，奉梓宮還鄴。并録前功，封平陵亭侯，[5]拜散騎常侍，遷中領軍。文帝踐阼，更封平陵鄉侯，遷征南將軍，領荆州刺史，假節都督南方諸軍事。尚奏："劉備別軍在上庸，[6]山道險難，彼不我虞，若以奇兵潛行，出其不意，則獨克之勢也。"遂勒諸軍擊破上庸，平三郡九縣，[7]遷征南大將軍。[8]孫權雖稱藩，尚益脩攻討之備，權後果有貳心。黃初三年，車駕幸宛，使尚率諸軍與曹真共圍江陵。權將諸葛瑾與尚軍對江，瑾渡入江中渚，[9]而分水軍于江中。尚夜多持油船，[10]將步騎萬餘人，於下流潛渡，攻瑾諸軍，夾江燒其舟船，水陸並攻，破之。[11]城未拔，會大疫，詔敕尚引諸軍還。益封六百户，并前千九百户，假鉞，進爲牧。荆州殘荒，外接蠻夷，而與吴阻漢水爲境，舊民多居江南。[12]尚自上庸通道，西行七百餘里，[13]山民蠻夷多服從者，五六年間，降附數千家。五年，徙封昌陵鄉侯。[14]尚有愛妾嬖幸，寵奪適室；[15]適室，曹氏女也，故文帝遣人絞殺之。尚悲感，發病恍惚，既葬埋妾，不勝思見，復出視之。文帝聞而恚之曰："杜襲之輕薄尚，良有以也。"然以舊臣，恩寵不衰。

六年，尚疾篤，還京都，帝數臨幸，執手涕泣。[16]尚
薨，謚曰悼侯。〔二〕子玄嗣。又分尚戶三百，賜尚弟子
奉爵關內侯。

〔一〕　《魏書》曰：尚有籌畫智略，文帝器之，與爲布
衣之交。

〔二〕《魏書》載詔曰："尚自少侍從，盡誠竭節，雖云異姓，
其猶骨肉，是以入爲腹心，出當爪牙。智略深敏，謀謨過人，不
幸早殞，命也奈何！贈征南大將軍、昌陵侯印綬。"

[1] 淵從子：劉咸炘《知意》云："《尚傳》不次淵而次此者，
以玄終此篇也。"

[2] 軍司馬：官名。漢代校尉所領營部，置以佐之。不置校尉
之部，則爲長官，領兵征伐。秩比千石。

[3] 五官將文學：官名。建安十六年（211），曹丕爲五官中
郎將、副丞相，所置官屬有文學。（本洪飴孫《三國職官表》）

[4] 代郡：東漢治所高柳縣，在今山西陽高縣西北。魏移治所
於代縣，在今河北蔚縣東北。

[5] 平陵：縣名。治所在今陝西咸陽市西北。

[6] 上庸：郡名。治所上庸縣，在今湖北竹山縣西南。

[7] 平三郡：沈家本《瑣言》云："以《蜀志・劉封傳》證
之，上庸三郡之入魏，乃孟達降，魏使達與夏侯尚、徐晃共襲封，
非由尚建策。與此傳異。"

[8] 征南大將軍：官名。秩二千石，第二品，位次三公。

[9] 渚（zhǔ）：胡三省云："渚，洲也。即江陵之中洲也。"
（《通鑑》卷七〇魏文帝黃初四年注）

[10] 油船：胡三省云："油船，蓋以牛皮爲之，外施油以捍
水。"（《通鑑》卷七〇魏文帝黃初四年注）

[11] 破之：盧弼《集解》引本書卷一四《董昭傳》、卷五二《諸葛瑾傳》裴注引《吳錄》以及卷五五《潘璋傳》，謂三傳皆言夏侯尚入渚中失敗，與此傳所載相反，或有溢美之詞。

[12] 江南：謝鍾英云："'江南'當作'漢南'，朱然、諸葛瑾屢襲租中，皆漢南舊民也。"（《補三國疆域志補注》）

[13] 七百餘里：謝鍾英云："自上庸西行七百里，已入蜀漢中郡界三百餘里，侈文，不足信。宜以《鍾會傳》爲據，會遣（劉）欽向子午道，是子午道迤東爲荆州界。"（《補三國疆域志補注》）

[14] 昌陵：西漢縣名。西漢一度置，治所在今陝西臨潼縣東。

[15] 適：通"嫡"。

[16] 涕泣：殿本無"涕"字，百衲本、盧弼《集解》本、校點本皆有。今從百衲本等。

玄字太初。少知名，弱冠爲散騎黃門侍郎。[1]嘗進見，與皇后弟毛曾並坐，玄恥之，[2]不悦形之於色。[3]明帝恨之。左遷爲羽林監。[4]正始初，曹爽輔政。玄，爽之姑子也。累遷散騎常侍、中護軍。〔一〕

〔一〕《世語》曰：玄世名知人，爲中護軍，拔用武官，參戟牙門，[5]無非俊傑，多牧州典郡。立法垂教，于今皆爲後式。

[1] 散騎黃門侍郎：趙幼文《校箋》謂《太平御覽》卷二四二引無"散騎"二字，《世說新語·容止篇》注引同。

[2] 玄恥之：趙幼文《校箋》謂《世說新語·容止篇》注引"玄"下有"甚"字。按，魏晉時重門第，毛曾出身卑賤，父嘉爲典虞車工（見本書卷五《明悼毛皇后傳》），故夏侯玄恥與同坐。

[3] 形之於色：趙幼文《校箋》謂《太平御覽》卷二四二引

無"之"字，《世說新語·容止篇》注引同。

　　[4]左遷爲羽林監：趙幼文《校箋》謂《世說新語·容止篇》注引"遷"下有"玄"字，無"爲"字。按，余嘉錫《世說新語箋疏》本及徐震堮《世說新語校箋》本皆有"爲"字。羽林監，官名。秩六百石，第五品，掌羽林騎兵。宿衛宮禁，護從皇帝。又分爲羽林左、右監，分別主羽林左騎、右騎。

　　[5]參戟牙門：以交戟爲户，牙旗爲門，指軍營；又代指軍營中之戰將。

　　太傅司馬宣王問以時事，玄議以爲："夫官才用人，國之柄也，故銓衡專於臺閣，上之分也，孝行存乎閭巷，[1]優劣任之鄉人，下之敘也。夫欲清教審選，[2]在明其分敘，不使相涉而已。何者？上過其分，則恐所由之不本，而干勢馳騖之路開；下踰其敘，則恐天爵之外通，而機權之門多矣。夫天爵下通，是庶人議柄也；機權多門，是紛亂之原也。自州郡中正品度官才之來，有年載矣，緬緬紛紛，未聞整齊，豈非分敘參錯，各失其要之所由哉！若令中正但考行倫輩，（倫）輩當行均，[3]斯可官矣。何者？夫孝行著於家門，豈不忠恪於在官乎？仁恕稱於九族，豈不達於爲政乎？義斷行於鄉黨，[4]豈不堪於事任乎？三者之類，取於中正，雖不處其官名，斯任官可知矣。行有大小，比有高下，則所任之流，[5]亦渙然明別矣。奚必使中正干銓衡之機於下，而執機柄者有所委仗于上，上下交侵，以生紛錯哉？且臺閣臨下，考功校否，衆職之屬，各有官長，旦夕相考，莫究於此；間閻之議，以意裁處，而使匠宰失位，[6]衆人驅駭，欲風俗清静，其可得乎？天臺縣遠，[7]衆所絶意。所得至者，更在側近，孰不脩飾以要所求？所求有路，則脩己家門者，已不如自達于鄉黨矣。[8]自達鄉黨者，已不如自求之於州邦矣。苟開之有路，[9]而患其飾真離本，雖復嚴責中正，督以刑罰，猶無益也。豈若使各帥其分，官長則各以其屬能否獻之臺閣，臺閣則據官長能否之第，參以鄉閭德行之次，擬其倫比，[10]勿使偏頗。中正則唯考其行迹，別其高下，審定輩類，勿使升降。臺閣總之，如其所簡或有參錯，則其責負自在有司。官長所第，中正〔所〕輩[11]，擬比隨次，率而用之，如其不稱，責負在外。然則内外相參，得失有所，互相形檢，孰能相飾？斯則人心定而事理得，庶可以静風俗而審官才矣。”又以爲：“古之建官，所以濟育羣生，統理民物也。故爲之君長以司牧之。司牧之主，欲一而專，一則官任定而上下安，專則職業脩而事不煩。夫事簡業脩，上下相安而不治者，未之有也。先王建萬國，雖其詳未可得而究，然分疆畫界，各守土境，則非重累羈絆之體也。下考殷、周五等之敘，[12]徒有小大貴賤之差，亦無君官臣民而有二統互相牽制者也。夫官統不一，則職業不脩；職業不脩，則事何得而簡？事之不簡，則民何得而静？民之不静，則邪惡並興，而姦僞滋長矣。先王達其如此，故專其職司而一其統業。始自秦世，不師聖道，私以御職，姦以待下；懼宰官之不脩，[13]立監牧以董之，[14]畏督監之容曲，設司察以糾之;[15]宰牧相累，監察相司，人懷異心，上下殊務。漢承其緒，莫能匡改。魏室之隆，日不暇及，五等之典，雖難卒復，可麤立儀準以一治制。今之長吏，[16]皆君吏民，橫重以郡守，累以刺史。若郡所攝，唯在大較，則與州同，無爲再重。宜省郡守，但任刺史；刺史職存則監察不廢，郡吏萬數，還親農業，以省煩費，豐財殖穀，一也。大縣之才，皆堪郡守，是非之訟，每生意異，順從則安，直己則爭。夫和羹之美，在於合異，上下之益，在能相濟，順從乃安，此琴瑟一聲也，蕩而除之，則官省事簡，二也。又幹郡之吏，職監諸縣，營護黨親，鄉邑舊故，如有不副，而因公掣頓，[17]民之困弊，咎生于此，若皆并合，則亂原自塞，三也。今承衰弊，民人彫落，賢才鮮少，任事者寡，郡縣良吏，往往非一，郡受縣成，其劇在下，而吏之上選，郡當先足，此爲親民之吏，專得底下，[18]吏者民命，而常頑鄙，今如并之，吏多選清良者造職，大化宣流，民物獲寧，四也。制使萬戶之縣，名之郡守，五千以上，名之都尉，千戶以下，令長如故，自長以上，考課遷用，轉以能升，所牧亦增，此進才効功之敘也，若經制一定，[19]則官才有次，治功齊明，五也。若省郡守，縣皆徑達，事不擁隔，官無留滯，三代之風，[20]雖未可必，簡一之化，庶幾可致，便民省費，在於此矣。"又以爲："文質之更用，猶四時之迭興也，王者體天理物，必因弊而濟通之，時彌質則文之以禮，時泰侈則救之以質。今承百王之末，秦漢餘流，世俗彌文，宜大改之以易民望。今科制自公、列侯以下，位從大將軍以上，皆得服綾錦、羅綺、紈素、金銀飾鏤之物，[21]自是以下，雜綵之服，通于賤人，雖上下等級，各示有差，然朝臣之制，已得侔至尊矣，玄黃之采，[22]已得通於下矣。欲使市不鬻華麗之色，商不通難得之貨，工不作彫刻之物，不可得也。是故宜大理其本，準度古法，文質之宜，取其中則，以爲禮度。車輿服章，皆從質樸，禁除末俗華麗之事，使幹朝之家，[23]有位之室，不復有錦綺之飾，無兼采之服，纖巧之物，自上以下，至于樸素之差，示有等級而已，勿使過一二之覺。[24]若夫功德之賜，上恩所特加，皆表之有司，然後服用之。夫上之化下，猶風之靡草。樸素之教興於本朝，則彌侈之心自消於下矣。”

宣王報書曰：“審官擇人，除重官，改服制，皆大善。禮鄉閭本行，朝廷考事，大指如所示。而中間一相承習，卒不能改。秦時無刺史，但有郡守長吏。漢家雖有刺史，奉六條而已，[25]故刺史稱傳車，[26]其吏言從事，[27]居無常治，吏不成臣，[28]其後轉更爲官司耳。[29]昔賈誼亦患服制，[30]漢文雖身服弋綈，[31]猶不能使上下如意。恐此三事，當待賢能然後了耳。”玄又書曰：“漢文雖身衣弋綈，而不革正法度，內外有僭擬之服，寵臣受無限之賜，由是觀之，似指立在身之名，非篤齊治制之意也。今公侯命世作宰，[32]追蹤上古，將隆至治，抑末正本，若制定於上，則化行於衆矣。

夫當宜改之時，留殷勤之心，令發之日，下之應也猶
響尋聲耳，猶垂謙謙，曰‘待賢能’，此伊、周不正
殷、姬之典也。[33]竊未喻焉。”

頃之，爲征西將軍，假節都督雍、涼州諸軍
事。〔一〕[34]與曹爽共興駱谷之役，時人譏之。爽誅，徵
玄爲大鴻臚，數年徙太常。玄以爽抑紲，[35]內不得意。
中書令李豐雖宿爲大將軍司馬景王所親待，然私心在
玄，遂結皇后父光祿大夫張緝，[36]謀欲以玄輔政。豐
既內握權柄，子尚公主，[37]又與緝俱馮翊人，故緝信
之。豐陰令弟兗州刺史翼求入朝，欲使將兵入，并力
起。會翼求朝，不聽。嘉平六年二月，當拜貴人，[38]
豐等欲因御臨軒，諸門有陛兵，誅大將軍，以玄代之，
以緝爲驃騎將軍。豐密語黃門監蘇鑠、永寧署令樂敦、
冗從僕射劉賢等曰：[39]“卿諸人居內，多有不法，大
將軍嚴毅，累以爲言，張當可以爲誡。”鑠等皆許以從
命。〔二〕大將軍微聞其謀，請豐相見，豐不知而往，即
殺之。〔三〕事下有司，收玄、緝、鑠、敦、賢等送廷
尉。〔四〕廷尉鍾毓奏：“豐等謀迫脅至尊，擅誅冢宰，[40]
大逆無道，請論如法。”於是會公卿朝臣廷尉議，[41]咸
以爲“豐等各受殊寵，典綜機密，緝承外戚椒房之尊，
玄備世臣，並居列位，而包藏禍心，構圖凶逆，交關
閹豎，授以姦計，畏憚天威，不敢顯謀，乃欲要君脅
上，肆其詐虐，謀誅良輔，擅相建立，將以傾覆京室，
顛危社稷。毓所正皆如科律，報毓施行”。詔書：“齊
長公主，先帝遺愛，勾其三子死命。”[42]於是豐、玄、

緝、敦、賢等皆夷三族，[五] 其餘親屬徙樂浪郡。玄格量弘濟，臨斬東市，顏色不變，舉動自若，時年四十六。[六] 正元中，紹功臣世，封尚從孫本爲昌陵亭侯，邑三百戶，以奉尚後。

〔一〕《魏略》曰：玄既遷，司馬景王代爲護軍。護軍總統諸將，任主武官選舉，前後當此官者，不能止貨賂。故蔣濟爲護軍時，有謠言“欲求牙門，[43] 當（得）〔行〕千匹；[44] 百人督，[45] 五百匹”。宣王與濟善，聞以問濟，[46] 濟無以解之，因戲曰：“洛中市買，一錢不足則不行。”遂相對歡笑。玄代濟，故不能止絕人事。及景王之代玄，整頓法令，人莫犯者。

〔二〕《魏書》曰：玄素貴，以爽故廢黜，居常怏怏不得意。中書令李豐與玄及后父光祿大夫張緝陰謀爲亂，緝與豐同郡，傾巧人也，以東莞太守召，[47] 爲后家，亦不得意，故皆同謀。初，豐自以身處機密，息韜又以列侯給事中，尚齊長公主，有內外之重，心不自安。密謂韜曰：“玄既爲海內重人，加以當大任，年時方壯而永見廢，又親曹爽外弟，於大將軍有嫌。吾得玄書，深以爲憂。緝有才用，棄兵馬大郡，還坐家巷。各不得志，欲使汝以密計告之。”緝嘗病創臥，豐遣韜省病，韜屏人語緝曰：“韜尚公主，父子在機近，大將軍秉事，常恐不見明信，太常亦懷深憂。君侯雖有后父之尊，[48] 安危未可知，皆與韜家同慮者也，韜父欲與君侯謀之。”緝默然良久曰：“同舟之難，吾焉所逃？此大事，不捷即禍及宗族。”韜於是往報豐。密語黃門監蘇鑠等，蘇鑠等答豐：“惟君侯計。”豐言曰：“今拜貴人，諸營兵皆屯門。陛下臨軒，因此便共迫脅，將羣僚人兵，就誅大將軍。卿等當共密白此意。”鑠等曰：“陛下儻不從人，奈何？”豐等曰：“事有權宜，臨時若不信聽，便當劫將去耳。那得不從？”鑠等許諾。豐曰：“此族滅事，卿等密之。事成，卿等皆當封侯常侍也。”[49] 豐復密以告玄、緝。緝遣子邈與豐相結，[50]同謀起事。

《世語》曰：豐遣子韜以謀報玄，玄曰“宜詳之耳”，而不以告也。

〔三〕《世語》曰：大將軍聞豐謀，含人王羕請以命請豐。[51]“豐若無備，情屈勢迫，必來，若不來，羕一人足以制之；若知謀泄，以衆挾輪，長戟自衞，徑入雲龍門，[52]挾天子登陵雲臺，[53]臺上有三千人仗，鳴鼓會衆，如此，羕所不及也”。大將軍乃遣羕以車迎之。豐見劫迫，隨羕而至。

《魏氏春秋》曰：大將軍責豐，豐知禍及，遂正色曰：“卿父子懷姦，將傾社稷，惜吾力劣，不能相禽滅耳！”大將軍怒，使勇士以刀環築豐腰，[54]殺之。

《魏略》曰：豐字安國，故衞尉李義子也。[55]黃初中，以父任召隨軍。始爲白衣時，年十七八，[56]在鄴下名爲清白，識別人物，海內翕然，莫不注意。後隨軍在許昌，聲稱日隆。其父不願其然，遂令閉門，敕使斷客。初，明帝在東宮，豐在文學中。及即尊位，得吳降人，問“江東聞中國名士爲誰”，降人云：“聞有李安國者是。”時豐爲黃門郎，明帝問左右安國所在，左右以豐對。帝曰：“豐名乃被于吳越邪？”[57]後轉騎都尉、給事中。帝崩後，爲永寧太僕，[58]以名過其實，能用少也。正始中，遷侍中、尚書僕射。[59]豐在臺省，[60]常多託疾，時臺制，疾滿百日當解祿，豐疾未滿數十日，[61]輒暫起，已復臥，[62]如是數歲。初，豐子韜以選尚公主，豐雖外辭之，內不甚憚也。豐弟翼及偉，仕數歲間，並歷郡守。豐嘗於人中顯誡二弟，言當用榮位爲！[63]及司馬宣王久病，[64]偉爲二千石，荒于酒，亂新平、扶風二郡而豐不召，[65]衆人以爲恃寵。曹爽專政，[66]豐依違二公間，無有適莫，[67]故于時有謗書曰：[68]“曹爽之勢熱如湯，太傅父子冷如漿，李豐兄弟如游光。”其意以爲豐雖外示清净，而內圖事，有似於游光也。[69]及宣王奏誅爽，住車闕下，與豐相聞，豐怖遽，[70]氣索，[71]足委地不能起。至嘉平四年宣王終後，中書令缺，大將軍諮問朝臣："誰可補者？"或指向豐。豐雖知此非顯選，而自以連婚國家，思附至尊，因伏不辭，遂奏用之。豐爲中書二歲，帝比每獨召與語，不知所說。景王知其議己，請豐，豐不以實告，乃殺之。其事秘。豐前後仕歷二朝，[72]不以家計爲意，仰俸廩而已。韜雖尚公主，豐常約敕不得有所侵取，時得賜錢帛，輒以外施親族；及得賜宮人，多與子弟，而豐皆以與諸外甥。及死後，有司籍其家，家無餘積。

《魏氏春秋》曰：夜送豐尸付廷尉，廷尉鍾毓不受，曰："非法官所治也。"以其狀告，且敕之，乃受。帝怒，將問豐死意，太后懼，呼帝入，乃止。遣使收翼。

《世語》曰：翼後妻，散騎常侍荀廙姊，謂翼曰："中書事發，可及書未至赴吳，何爲坐取死亡！左右可共同赴水火者誰？"翼思未答，妻曰："君在大州，不知可與同死生者，去亦不免。"翼曰："二兒小，吾不去。今但從坐，[73]身死，二兒必免。"果如翼言。翼子斌，楊駿外甥也。晉惠帝初，爲河南尹，與駿俱死，見《晉書》。

〔四〕《世語》曰：玄至廷尉，不肯下辭。廷尉鍾毓自臨治玄。玄正色責毓曰："吾當何辭？卿爲令史責人也，[74]卿便爲吾作。"毓以其名士，節高不可屈，而獄當竟，夜爲作辭，令與事相附，[75]流涕以示玄。玄視，頷之而已。毓弟會，年少於玄，玄不與交，是日於毓坐狎玄，玄不受。

孫盛《雜語》曰：玄在囹圄，會因欲狎而友玄，玄正色曰："鍾君何相偪如此也！"

〔五〕《魏書》曰：豐子韜，以尚主，賜死獄中。

〔六〕《魏略》曰：玄自從西還，不交人事，不蓄（華妍）〔筆研〕。[76]

《魏氏春秋》曰：初，夏侯霸將奔蜀，呼玄欲與之俱。[77]玄

856

曰："吾豈苟存自客於寇虜乎？"[78]遂還京師。太傅薨，許允謂玄
曰："無復憂矣。"[79]玄歎曰："士宗，[80]卿何不見事乎？此人猶
能以通家年少遇我，[81]子元、子上不吾容也。"[82]玄嘗著樂毅、
張良及本無肉刑《論》，[83]辭旨通遠，咸傳于世。玄之執也，衞
將軍司馬文王流涕請之，大將軍曰："卿忘會趙司空葬乎？"先是，
司空趙儼薨，大將軍兄弟會葬，賓客以百數，玄時後至，衆賓客
咸越席而迎，大將軍由是惡之。

　　臣松之案：曹爽以正始五年伐蜀，時玄已爲關中都督，至十
年，爽誅滅後，方還洛耳。案《少帝紀》，司空趙儼以六年亡，玄
則無由得會儼葬，若云玄入朝，紀、傳又無其事。斯近妄不實。

　　[1]　存：趙幼文《校箋》謂《通典·選舉二》《通考·選舉
一》引作"考"。按，《群書治要》卷二五引又作"存"。

　　[2]　清教審選：何焯云："清教謂中正，審選謂臺閣。"（《義
門讀書記》卷二六《三國志·魏志》）按，曹魏施行九品中正制。
中正一職，由本郡任職於中央的有聲望士人兼任。中正將本郡的士
人，按照家世與才德寫出"品"與"狀"，劃分爲一品至九品九個
等級，爲吏部委任官職的主要依據。最初，僅郡設中正，後來州亦
設中正，稱爲大中正。

　　[3]　輩當行均：各本作"倫輩當行均"，周一良《晉書札記·相
輩與清談》謂"倫"字衍，《通典》卷一四無"倫"字（見《魏晉
南北朝史札記》）。按，《群書治要》卷二五引亦無"倫"字。今從周
説删"倫"字。輩當，區分品類適當；行均，考察德行公平。

　　[4]　義斷：謂符合道義之決斷。

　　[5]　流：流品，亦即類別。

　　[6]　匠宰：指主持考核銓敘官員之高官。

　　[7]　天臺：朝廷之尚書臺。

　　[8]　已不如：趙幼文《校箋》謂《群書治要》卷二五引"不"

上無"已"字，下句"已不如自求之於州邦矣"，"已"字亦無。

[9] 開之有路：謂敞開求託爲官之路。

[10] 倫比：類別。何焯云："前代吏部用人，略得此意，雖不設中正，猶參取鄉評也。"（《義門讀書記》卷二六《三國志·魏志》）

[11] 中正所輩：各本皆無"所"字。趙幼文《校箋》云："此句語意不完。《通典》（即《通典·選舉二》）'輩'字上有'所'字，是也。'官長所第，中正所輩'，語正平列。'擬比隨次'爲句，'擬比'即上文之'擬其倫比'，'隨次'即'勿使升降'也。今脱'所'字，而以'中正輩擬比'爲句，則失其讀矣。"又周一良《晋書札記》"相輩與清談"條亦據《通典》補"所"字，校點亦與趙同。而中華書局 1988 年 12 月出版的《通典》點校本，卻據此《夏侯玄傳》删去"所"字，不當。今從趙説，據《通典》補"所"字。

[12] 五等：公、侯、伯、子、男五等封爵。

[13] 宰官：泛指官吏。

[14] 監牧：監察官。

[15] 司察：亦監察官。

[16] 長吏：指縣令、長。

[17] 掣頓：牽制。

[18] 底下：謂才能低下者。

[19] 經制：治國的制度。

[20] 三代：指夏、商、周三代。

[21] 飾：校點本作"餙"，百衲本、殿本、盧弼《集解》本均作"飾"。今從百衲本等。

[22] 玄黄：泛指彩色。

[23] 幹朝：在朝廷爲官。

[24] 覺：吴金華《校詁》謂"覺"字作差距解。"一二之覺"猶今云一級兩級之差。

　　[25] 六條：指六條詔書。漢武帝元封五年（前106）分全國爲十三部，每部置刺史一人，秩六百石，無治所，奉六條詔書巡察諸郡，有違者則舉劾，實爲監察官。六條詔書：“一條，强宗豪右田宅逾制，以强淩弱，以衆暴寡。二條，二千石不奉詔書遵承典制，倍公向私，旁詔守利，侵漁百姓，聚斂爲姦。三條，二千石不恤疑獄，風厲殺人，怒則任刑，喜則淫賞，煩擾刻暴，剥截黎元，爲百姓所疾，山崩石裂，祅祥訛言。四條，二千石選署不平，苟阿所愛，蔽賢寵頑。五條，二千石子弟恃怙榮勢，請託所監。六條，二千石違公下比，阿附豪强，通行貨賂，割損正令也。”（《漢書·百官公卿表上》顏師古注引《漢官典職儀》）

　　[26] 傳（zhuàn）車：因刺史無固定治所，僅乘車巡察諸郡，故稱之爲“傳車”。

　　[27] 從事：此爲臨時辦事人員。

　　[28] 吏不成臣：初，刺史没有屬吏，僅至郡巡察時，以郡的屬吏爲從事，臨時協助刺史辦事，故刺史與從事無臣屬關係。《漢書》卷七六《王尊傳》：“以令舉幽州刺史從事。”顏師古注引如淳曰：“《漢儀注》刺史得擇所部二千石卒史與從事。”

　　[29] 官司：指刺史的正式屬吏。大約在西漢後期，刺史有了自己的正式屬吏。東漢時期，刺史可自行辟除屬吏。屬吏中有治中從事史、別駕從事史等等，皆有秩禄。

　　[30] 賈誼：西漢初人，漢文帝時曾爲太中大夫、長沙王太傅等。曾建議漢文帝“改正朔，易服色制度，定官名，興禮樂”等。（見《漢書》卷四八《賈誼傳》）

　　[31] 弋（yì）綈（tí）：黑色粗厚的絲織物。《漢書》卷四《文帝紀贊》謂漢文帝“身衣弋綈”。顏師古注：“弋，黑色也。綈，厚繒。”

　　[32] 公侯：指司馬懿。何焯謂司馬懿“三公封侯，故兼稱之”。（《義門讀書記》卷二六《三國志·魏志》）

　　[33] 伊周：伊尹、周公。　殷姬：殷王朝與周王朝。周人姬

姓，故以姬稱周。

[34] 雍：州名。刺史治所長安縣，在今陝西西安市西北。

[35] 抑絀：按，征西將軍爲第二品，且又加假節都督雍、涼州諸軍事，有軍事實權。大鴻臚、太常雖爲列卿，而皆第三品，又無實權。故夏侯玄以爲貶降。

[36] 張緝：事迹見本書卷一五《張既傳》與裴注引《魏略》。

[37] 子尚公主：《通鑑》云："豐子韜以選尚齊長公主。"胡三省注："帝之姊妹曰長公主。齊主蓋明帝女。"（《通鑑》卷七六魏高貴鄉公正元元年）

[38] 貴人：妃嬪之稱號。位次皇后。

[39] 黃門監：官名。曹魏置，以宦者充任，員數品秩不詳。永寧署令：官名。秩六百石，第七品。宦者爲之，主永寧宮。（本洪飴孫《三國職官表》）　冗從僕射（yè）：官名。東漢有中黃門冗從僕射，以宦官任之，掌皇宮禁衛。曹魏因其名而改置，任用士人，統營兵，負責宮禁侍衛，屬光禄勳。第五品。

[40] 冢宰：古官名。亦稱太宰，居六卿之首，參掌大政，總領百官及財賦之政。此指執政大臣。

[41] 廷尉議：或謂"廷尉議"當作"廷議"。按，郝經《續後漢書》卷七〇中亦作"廷尉議"。又按，廷議之事固然史書中屢見，但不能以屢見推斷此特例。夏侯玄、李豐、張緝等案，雖然主者是司馬師，而廷尉鍾毓是司馬氏之黨，自始至終皆由其出面處理，廷議中點出廷尉，是可以理解的。廷議結論"毓所正皆如科律，報毓施行"，也不能説明鍾毓未參與廷議。《通鑑》卷七六敘此事，從司馬師殺李豐，"送尸付廷尉"後，全是鍾毓在處理，廷議祇是敷演的過場，《通鑑》略而不載。

[42] 匃（gài）：百衲本作"匃"，《中華再造善本》同。殿本、盧弼《集解》本、校點本作"匄"。《宋本册府元龜》卷一五二亦作"匃"，今從百衲本。匃，給與。《通鑑》卷五漢桓帝延熹九年謂竇武"得兩宫賞賜，悉散與太學諸生及匃施貧民"。胡三省

注："匂，居太翻，與也。"

［43］牙門：指牙門將軍，曹魏置，第五品。

［44］當行：各本皆作"當得"。趙幼文《校箋》謂郝經《續後漢書》"得"字作"行"。郁氏札記謂作"行"者是。按，《校箋》所言，見《續後漢書》卷七〇《夏侯玄傳》苟宗道注引《魏略》。又郁氏札記，見郁松年《續後漢書札記》卷三。《札記》云："'當行千匹'，'行'《志》注作'得'。案賄自受者言之曰得，自餽者言之曰行。上云'欲求牙門'，則此自指行賄說，與班書《韓安國傳》'恢行千金丞相蚡'之'行'同。下云'洛中市買，一錢不足則不行'。濟之戲語，正'行'字確證，《志》注誤。"按，郁說精當，今據苟宗道注引《魏略》改。

［45］百人督：統領百人的武官。

［46］聞：殿本、盧弼《集解》本、校點本作"閒"，百衲本作"聞"。趙幼文《校箋》謂郝經《續後漢書》亦作"聞"。今從百衲本。

［47］東莞：郡名。治所東莞縣，在今山東沂水縣東北。

［48］君侯：對列侯或尊貴者之敬稱。張緝父張既在魏文帝初封西鄉侯。張既死後，張緝繼承爵位。

［49］常侍：即散騎常侍。

［50］邈：本書卷一五《張既傳》裴注引《魏略》作"藐"。

［51］舍人：官名。魏大將軍府有舍人四人，第九品，主閤內事。魏元帝景元四年（263）增至十四人。（本洪飴孫《三國職官表》）　王羕：吳金華《校詁》云："《晉書・文帝紀》'王羕'作'王羨'，《文選》卷四十九干寶《晉紀總論》注引《晉紀》亦作'王羨'，蓋唐人所見如此。疑此'王羕'及下文諸'羕'字皆傳寫之誤。"

［52］雲龍門：洛陽宮殿門之一。《文選》張衡《東京賦》："飛雲龍於春路，屯神虎於秋方。"薛綜注："德陽殿東門稱雲龍門，德陽殿西門稱神虎門。"

[53] 陵雲臺：校點本作"淩雲臺"，百衲本、殿本、盧弼《集解》本均作"陵雲臺"；又本書卷二《文帝紀》黃初二年"築陵雲臺"。今從百衲本等。陵云臺建於魏文帝黃初二年（221），胡三省云："據《水經注》，陵雲臺在洛陽城中金市東。"（《通鑑》卷六九魏文帝黃初二年注）

[54] 刀環：趙幼文《校箋》謂《釋名·釋兵》："其本曰環，形似環也。"蓋刀柄末作環形，因謂之環。　築豐腰：百衲本、盧弼《集解》本無"豐"字，殿本、校點本有。今從殿本等。

[55] 衛尉：官名。秩中二千石，第三品，掌宮門及宮中警衛。李義：事迹主要見本書卷二三《裴潛傳》裴注引《魏略列傳》。

[56] 十七八：趙幼文《校箋》謂《太平御覽》卷二四一引無"八"字。

[57] 吳越：孫吳所據之江東，爲古吳、越之地，因以吳越指江東。

[58] 永寧太僕：官名。曹魏置，爲齊王芳時郭太后永寧宮三卿之一，掌太后宮車馬。

[59] 尚書僕射：官名。秩六百石，第三品。掌拆封章奏文書，署尚書事，尚書令不在，則奏下衆事。

[60] 臺省：趙幼文《校箋》謂《北堂書鈔》卷五九、《太平御覽》卷二一〇（當作二一一）、《册府元龜》卷四七八"省"字作"閣"。

[61] 豐疾未滿數十日：趙幼文《校箋》謂《北堂書鈔》《太平御覽》引"豐"下無"疾"字，"數十日"作"百日"，《册府元龜》亦作"百日"。

[62] 已：趙幼文《校箋》謂《太平御覽》《册府元龜》引"已"下有"而"字。

[63] 當用榮位爲：盧弼《集解》疑"爲"下有脱字，校點本從盧説，於"爲"下標"〔□〕"。吳金華《校詁》謂"爲"下無脱字，"當用榮位爲"即"當安用榮位爲"，猶言"尚何用榮位

乎!”此乃當時口語。趙幼文《校箋》則謂郝經《續後漢書》“當”字作“何”。

[64] 司馬宣王久病：趙幼文《校箋》謂《北堂書鈔》卷五九、《太平御覽》卷二一一作“太傅久病”。按，《太平御覽》實作“太傅宣王久病”。

[65] 新平：郡名。治所漆縣，在今陝西彬縣。（本趙一清《注補》卷二）

[66] 專政：趙幼文《校箋》謂《北堂書鈔》卷五九、《太平御覽》卷二一一引“專”字作“攝”。

[67] 適（dí）莫：謂親疏厚薄。《論語·里仁》：“君子之於天下也，無適也，無莫也，義之與比。”皇侃《義疏》：“范甯曰：適莫，猶厚薄也。”

[68] 故于時有謗書：趙幼文《校箋》謂《北堂書鈔》卷五九、《太平御覽》卷二一一引“故”下無“于”字，“時”下有“人”字。

[69] 有似於：趙幼文《校箋》謂《北堂書鈔》《太平御覽》引“似”下俱無“於”字。

[70] 怖遽：即怖懼，恐懼（本吳金華《校詁》）。

[71] 氣索：《漢書》卷七七《孫寶傳》：“（侯）文怪寶氣索知其有故。”顏師古注：“索，盡也。”

[72] 二朝：殿本作“三朝”，百衲本、盧弼《集解》本、校點本作“二朝”。今從百衲本等。

[73] 從坐：胡三省云：“謂從兄坐，罪止一身，若奔吳不達，禍及妻子也。”（《通鑑》卷七六魏高貴鄉公正元元年注）

[74] 令史：官名。胡三省云：“自漢以來，公府有令史，廷尉則有獄史耳。蓋責毓以身爲九卿，乃承公府指自臨治我，是爲公府令史而責人也。”（《通鑑》卷七六魏高貴鄉公正元元年注）　責人：殿本作“貴人”，百衲本、盧弼《集解》本、校點本作“責人”。今從百衲本等。

［75］令與事相附：胡三省云：“爲作獄辭，使與所案之事相附合也。”（《通鑑》卷七六魏高貴鄉公正元元年注）

［76］不蓄筆研：百衲本、盧弼《集解》本作“不畜華妍”，殿本、校點本作“不蓄華妍”。梁章鉅《旁證》云：“《藝文類聚》卷五十八引《魏末傳》云：‘夏侯太初見召還洛陽，絶人道，不畜筆研。’按‘華妍’恐是‘筆研’之誤。”侯康《補注續》亦謂《世説新語》卷三（即《方正篇》）注引《魏氏春秋》亦作“不畜筆研”。吴金華《校詁》亦謂“當以梁説爲是”。今從諸家所説改。筆研，即筆硯。不蓄筆研者，以避嫌疑也。

［77］呼玄欲與之俱：徐紹楨《質疑》引洪亮吉説，謂夏侯霸奔蜀時，夏侯玄已久還京師。又《魏略》言夏侯霸爲征蜀護軍，統於征西將軍夏侯玄。至曹爽被誅，又征玄入京，霸恐禍及；又與代玄爲征西將軍的郭淮不和，遂奔蜀。則知夏侯玄在西時，霸尚無奔蜀之意；若玄已至京師，霸又無緣呼玄共奔。《魏氏春秋》所説蓋妄。

［78］客：殿本作“容”，百衲本、盧弼《集解》本、校點要作“客”。今從百衲本等。客謂客居，寄居。

［79］無復：《世説新語·方正篇》注引《魏氏春秋》“無”上有“子”字。

［80］士宗：許允字士宗。

［81］通家：謂世代有交誼之家。

［82］子上：司馬昭字子上。

［83］玄嘗著：《隋書·經籍志》著録《夏侯玄集》三卷。《樂毅論》等嚴可均《全三國文》有輯録。

　　初，中領軍高陽許允與豐、玄親善。[1]先是有詐作尺一詔書，[2]以玄爲大將軍，允爲太尉，共録尚書事。（有何人）〔無何，有人〕天未明乘馬以詔版付允門吏，[3]曰“有詔”，因便馳走。[4]允即投書燒之，不以

（開）〔關〕呈司馬景王。[5]後豐等事覺，徙允爲鎮北將軍，[6]假節督河北諸軍事。[7]未發，以放散官物，收付廷尉，徙樂浪，道死。[一]

　　[一]《魏略》曰：允字士宗，世冠族。父據，仕歷典農校尉、郡守。允少與同郡崔贊俱發名於冀州，召入軍。明帝時爲尚書選曹郎，[8]與陳國袁侃對，[9]同坐職事，皆收送獄，詔旨嚴切，當有死者，正直者爲重。允謂侃曰：“卿，功臣之子，法應八議，[10]不憂死也。”侃知其指，乃爲受重。允刑竟復吏，出爲郡守，稍遷爲侍中、尚書、中領軍。允聞李豐等被收，欲往見大將軍，已出門，回遑不定，中道還取袴，豐等已收訖。大將軍聞允前遽，怪之曰：“我自收豐等，不知士大夫何爲忽忽乎？”是時朝臣遽者多耳，[11]而眾人咸以爲意在允也。會鎮北將軍劉静卒，[12]朝廷以允代静。已受節傳，[13]出止外舍。大將軍與允書曰：“鎮北雖少事，而都典一方，念足下震華鼓，建朱節，歷本州，[14]此所謂著繡晝行也。”允心甚悦，與臺中相聞，欲易其鼓吹旌旗。其兄子素頗聞眾人説允前見嫌意，戒允“但當趣耳，用是爲邪”！允曰：“卿俗士不解，我以榮國耳，故求之。”[15]帝以允當出，乃詔會羣臣，羣臣皆集，帝特引允以自近；允前爲侍中，顧當與帝别，涕泣歔欷。會訖，罷出，詔促允令去。會有司奏允前擅以廚錢穀乞諸俳及其官屬，故遂收送廷尉，考問竟，（故）減死徙邊。[16]允以嘉平六年秋徙，妻子不得自隨，行道未到，以其年冬死。
　　《魏氏春秋》曰：允爲吏部郎，選郡守。明帝疑其所用非次，召入，將加罪。允妻阮氏跣出，謂曰：“明主可以理奪，難以情求。”允領之而入。帝怒詰之，允對曰：“某郡太守雖限滿文書先至，年限在後，〔某守雖後〕，[17]日限在前。”帝前取事視之，[18]乃釋遣出。望其衣敗，曰：“清吏也。”賜之。[19]允之出爲鎮北也，喜謂其妻曰：“吾知免矣！”妻曰：“禍見於此，何免之有？”

允善相印，[20]將拜，以印不善，使更刻之，[21]如此者三。允曰："印雖始成而已被辱。"問送印者，果懷之而墜于廁。《相印書》曰："相印法本出陳長文，[22]長文以語韋仲將，[23]印工楊利從仲將受法，以語許士宗。利以法術占吉凶，十可中八九。仲將問長文'從誰得法'，長文曰：'本出漢世，有《相印》《相笏經》，[24]又有《鷹經》《牛經》《馬經》。[25]印工宗養以法語程申伯，[26]是故有一十二家相法傳于世。'"[27]允妻阮氏賢明而醜，[28]允始見愕然，交禮畢，無復入意。妻遣婢覘之，云"有客姓桓"，妻曰："是必桓範，將勸使入也。"既而範果勸之。允入，須臾便起，妻捉裾留之。[29]允顧謂婦曰："婦有四德，卿有其幾？"婦曰："新婦所乏唯容。[30]士有百行，君有其幾？"（許）〔允〕曰：[31]"皆備。"婦曰："士有百行，以德爲首，君好色不好德，何謂皆備？"允有慚色，知其非凡，遂雅相親重。生二子，奇、猛，少有令聞。[32]允後爲景王所誅，門生走入告其婦，婦正在機，神色不變，曰："早知爾耳。"門生欲藏其子，婦曰："無預諸兒事。"後移居墓所，景王遣鍾會看之，若才藝德能及父，當收。兒以語母，[33]母答：[34]"汝等雖佳，才具不多，率胸懷與會語，便自無憂，[35]不須極哀，會止便止。又可多少問朝事。"[36]兒從之。會反命，具以狀對，卒免其禍，皆母之教也。雖會之識鑒，而輸賢婦之智也。果慶及後嗣，追封子孫而已。

《世語》曰：允二子：奇字子泰，猛字子豹，並有治理才學。晉元康中，[37]奇爲司隸校尉，猛幽州刺史。

傅暢《晉諸公贊》曰：猛禮樂儒雅，[38]當時最優。奇子遲，字思祖，以清尚稱，位至侍中。猛子式，字儀祖，有才幹，至濮陽內史、平原太守。[39]

[1] 高陽：郡名。漢桓帝時置，治所高陽縣，在今河北高陽縣東舊城。

〔2〕尺一詔書：漢代用一尺一寸長的木板所寫的詔書，稱"尺一詔書"，或"尺一"。《後漢書》卷六六《陳蕃傳》："尺一選舉，委尚書三公。"李賢注"尺一，謂板長尺一，以寫詔書也。"

〔3〕無何有人：各本皆作"有何人"。趙幼文《校箋》云："《世説新語・賢媛篇》注引作'無何有人'，語意完整，疑此脱'無'字，而'有何'二字又誤乙。'無何'猶言無幾時，'有人'謂有不知姓名之人，似應據《世説新語》注補。"按，《世説新語》注引即《魏志》，故從趙説改。

〔4〕馳走：趙幼文《校箋》謂《世説新語》注引"馳"字作"驅"。

〔5〕關：各本皆作"開"。盧弼《集解》謂《世説新語》注引作"關"。趙幼文《校箋》云："作'關'字是。'開'字於此無義，或涉形近而訛。"今從盧、趙説改。

〔6〕鎮北將軍：官名。第二品，位次四征將軍，領兵如征北將軍。多爲持節都督，出鎮方面。

〔7〕督：趙幼文《校箋》謂《北堂書鈔》卷六〇引"督"上有"都"字。

〔8〕尚書選曹郎：尚書吏部郎之別稱。曹魏吏部尚書下置吏部郎，秩四百石，第六品。主管官吏選任銓叙調動事務。

〔9〕陳國：王國名。治所陳縣，在今河南淮陽縣。

〔10〕八議：古代統治者内部犯罪，可以考慮減刑或免刑的八種條件，即議親、議故、議賢、議能、議功、議貴、議勤、議賓。（見《周禮・秋官・小司寇》）魏晋時正式載入法律。

〔11〕遽：趙幼文《校箋》謂郝經《續後漢書》"遽"下有"忽"字。

〔12〕劉静：本書卷一五《劉馥傳》謂子靖爲河南尹，又遷鎮北將軍。即此所説的"劉静"；本書卷二一《傅嘏傳》裴注引《傅子》亦作"劉静"。盧弼《集解》云："應從本傳作'靖'。"

〔13〕節傳（zhuàn）：符信，節爲代表權力之憑信，傳亦憑信

之物。

[14] 本州：指冀州。許允爲冀州人。

[15] 故：趙幼文《校箋》謂郝經《續後漢書》作"固"。

[16] 減死：各本"減死"上有"故"字，校點本從何焯説刪。今從之。趙幼文《校箋》又謂《世説新語·賢媛篇》注引無"故"字。

[17] 某守雖後：各本無此四字。趙一清《注補》謂《太平御覽》卷二一六引《魏氏春秋》有此四字。何焯亦有同説，校點本即從何説增。今從之。

[18] 帝前取：趙幼文《校箋》謂《太平御覽》卷二一六、卷五二〇、卷六八九引"帝"字下俱無"前"字。

[19] 賜之：趙幼文《校箋》謂《太平御覽》卷二一〇引"之"下有"衣"字。

[20] 允善相印：趙幼文《校箋》謂《北堂書鈔》卷三八、《太平御覽》卷六三八（當作六八三）引句下有"出爲鎮北將軍"六字。

[21] 使更刻之：趙一清《注補》："姜云：晋以前，一官之任，即鑄一印。故朱買臣在京邸，而即懷其會稽太守印也。"

[22] 陳長文：陳群字長文。

[23] 韋仲將：韋誕字仲將。主要事迹見本書卷二一《劉劭傳》及裴注引《文章叙録》。

[24] 相印相笏經：《隋書·經籍志》謂梁有韋氏《相板印法指略抄》一卷，亡。又著録《相手板經》六卷。潘眉《考證》云："《相印經》今失傳，《相笏經》（按，《御覽》作《相手板經》）載《御覽》六百九十二。其書叙出自蕭何，東方朔見而喜之，魏陳長文以示許士宗云云。當亦六朝人手定，非漢世舊經也。"

[25] 鷹經牛經馬經：《鷹經》未詳。《隋書·經籍志》著録《相馬經》一卷，又謂梁有《伯樂相馬經》《關中銅馬經》《周穆王八馬圖》《齊侯大夫寧戚相牛經》《王良相牛經》《高堂隆相牛經》

各二卷,皆亡。

〔26〕程申伯:《隋書·經籍志》謂梁有魏征東將軍程申伯《相印法》一卷,亡。

〔27〕一十二家相法:百衲本作"一十三家相法",殿本、盧弼《集解》本、校點本俱作"一十二家相法"。今從殿本等。《隋書·經籍志》除載上述相法外,還著録《相宅圖》八卷,《相書》四十六卷,《相經要録》二卷蕭吉撰;又載《相經》三十卷鍾武隸撰,《相書》十一卷,樊、許、唐氏《武王相書》一卷,《雜相書》九卷,《相書圖》七卷,皆亡;又載《淮南八公相鵠經》《浮丘公相鶴經》《相鴨經》《相鷄經》《相鵝經》《相貝經》等,皆亡。

〔28〕允妻阮氏:趙幼文《校箋》謂《初學記》卷一八、《太平御覽》卷三八二引俱作《郭子》語。

〔29〕裾(jū):衣袖。《方言》四:"袿謂之裾。"郭璞注:"《廣雅》云:衣袖。"

〔30〕唯容:趙幼文《校箋》謂郝經《續後漢書》"容"下有"耳"字,《世説新語·賢媛篇》同,疑此脱。按,《世説新語》"耳"作"爾"。

〔31〕允曰:各本均作"許曰",盧弼《集解》云:"應作'允曰'。"今從盧説改。

〔32〕聞:百衲本作"問",殿本、盧弼《集解》本、校點本作"聞"。按,二字通,今從殿本等。

〔33〕語母:《世説新語·賢媛篇》作"咨母"。

〔34〕答:趙幼文《校箋》謂《世説新語·賢媛篇》作"曰"。

〔35〕便自無憂:趙幼文《校箋》謂《世説新語》作"便無所憂"。

〔36〕多少:趙幼文《校箋》謂《世説新語》無"多"字。

〔37〕元康:晉惠帝司馬衷年號(291—299)。

〔38〕禮樂儒雅:趙幼文《校箋》謂《世説新語·賢媛篇》注引作"禮學儒博"。

　[39] 濮陽：王國名。西晉初分東郡置，治所濮陽縣，在今河南濮陽縣西南。　內史：官名。即王國相，晉武帝太康十年（289）改稱內史，職仍如郡太守，掌民政。

　　清河王經亦與允俱稱冀州名士。甘露中爲尚書，[1]坐高貴鄉公事誅。始經爲郡守，經母謂經曰：“汝田家子，今仕至二千石，物太過不祥，可以止矣。”經不能從，歷二州刺史，司隸校尉，終以致敗。〔一〕允友人同郡崔贊，亦嘗以處世太盛戒允云。〔二〕

　　〔一〕《世語》曰：經字〔彥偉〕〔彥緯〕，[2]初爲江夏太守。[3]大將軍曹爽附絹二十匹令交市于吳，[4]經不發書，棄官歸。母問歸狀，[5]經以實對。母以經典兵馬而擅去，[6]對送吏杖經五十，爽聞，不復罪。經爲司隸校尉，辟河內向雄爲都官從事，[7]王業之出，不申經（竟）〔意〕以及難。[8]經刑於東市，雄哭之，感動一市。刑及經母，雍州故吏皇甫晏以家財收葬焉。
　　《漢晉春秋》曰：經被收，辭母。母顔色不變，笑而應曰：[9]“人誰不死？往所以（不）止汝者，[10]恐不得其所也。以此并命，何恨之有哉？”晉武帝太始元年詔曰：[11]“故尚書王經，雖身陷法辟，然守志可嘉。門户埋没，意常愍之，其賜經孫郎中。”[12]
　　〔二〕荀綽《冀州記》曰：[13]贊子洪，字良伯，清恪有匪躬之志，[14]爲晉吏部尚書、大司農。[15]

　　[1] 甘露：魏少帝高貴鄉公曹髦年號（256—260）。
　　[2] 彥緯：各本均作“彥偉”。錢大昕《廿二史考異》卷一五云：“《管輅傳》注‘字彥緯’，當從系旁。”校點本即從錢説改。今從之。
　　[3] 江夏：郡名。曹魏初，治所石陽縣，在今湖北漢川縣西

北。齊王芳嘉平中，王基徙治所於安陸縣上昶城。魏安陸縣治所在今湖北安陸市西北。上昶城在安陸市西南。

　　[4] 二十匹：趙幼文《校箋》謂郝經《續後漢書》“十”字作“千”。《白孔六帖》卷四一引“二”字作“三”。

　　[5] 狀：吳金華《校詁》云：“‘狀’猶今語‘原因’‘緣故’。”

　　[6] 擅去：趙幼文《校箋》謂《白孔六帖》卷四一引“去”下有“官”字。

　　[7] 都官從事：官名。司隸校尉之屬官，秩僅百石，權勢頗重，掌監察舉劾百官。

　　[8] 意：各本作“竟”。趙一清《注補》云：“《三少帝紀》及《世説》注‘竟’作‘意’是也。”何焯亦有同説，校點本從何説改。今從之。

　　[9] 笑而應曰：趙幼文《校箋》謂《白孔六帖》卷二六引句下有“爲子則孝，爲臣則忠”二句。

　　[10] 止汝：各本皆作“不止汝”。盧弼《集解》謂《世説新語·賢媛篇》注引無“不”字。趙幼文《校箋》又云：考傳文：“經母謂經曰：‘汝田家子，今仕至二千石，物太過不祥，可以止矣。’”“往所以止汝”即指此事，“不”字應删去。今從盧、趙説删。

　　[11] 太始：即“泰始”。晉武帝司馬炎年號（265—274）。詔曰：何焯云：“按此詔，可見‘因沈、業申意’之言亦誣。”（《義門讀書記》卷二六《三國志·魏志》）何氏此語，係針對《高貴鄉公紀》裴注引《世語》，謂高貴鄉公已決意出討司馬昭，於是“王沈、王業馳告文王，尚書王經以正直不出，因沈、業申意”。

　　[12] 郎中：官名。東漢時，秩比三百石，分隸五官、左、右三署中郎將，名義上備宿衛，實爲後備官吏人才。魏晉雖罷五官、左、右三署中郎將，仍置郎中，州郡所舉秀才、孝廉，多先授郎中，再出補長吏。

　　[13] 荀綽：字彥舒。晉懷帝永嘉（307—313）末，爲司空從事中郎，後被石勒所俘，任爲參軍。撰有《晉後書》十五篇。（見《晉

書》卷三九《荀勖傳》）　冀州記：除此注引外，本書卷一一《邴原傳》、卷一一《崔琰傳》、卷一九《陳思王植傳》、卷二三《裴潛傳》、卷二六《滿寵傳》《牽招傳》、卷二八《鄧艾傳》皆注引，又本書卷一六《杜恕傳》、卷二八《鍾會傳》注引有荀綽《兗州記》，又本書卷一一《袁渙傳》注引有荀綽《九州記》。盧弼《集解》謂《冀州記》《兗州記》當爲《九州記》之二篇。趙幼文《校箋》則謂《袁渙傳》注引之《九州記》，據《世說新語·文學篇》注、《藝文類聚》卷四八、《初學記》卷一二俱作《兗州記》，作“九”者，蓋由“兗”字之殘缺而誤，誠非荀綽有《九州記》也。

[14] 匪躬：謂盡忠而不顧身。《易·蹇》：“王臣蹇蹇，匪躬之故。”孔穎達疏：“盡忠於君，匪以私身之故而不往濟君，故曰匪躬之故。”

[15] 吏部尚書：官名。爲尚書省吏部曹長官，主管官吏銓選考課等，第三品，位居列曹尚書之上。　大司農：官名。西晉時，領太倉、籍田、導官三令、襄國都水長、東西南北護漕掾等，第三品。

評曰：夏侯、曹氏，世爲婚姻，故惇、淵、仁、洪、休、尚、真等並以親舊肺腑，貴重于時，左右勳業，咸有效勞。[1]爽德薄位尊，沈溺盈溢，此固《大易》所著，[2]道家所忌也。玄以規格局度，世稱其名，然與曹爽中外繾綣；[3]榮位如斯，曾未聞匡弼其非，援致良才。舉茲以論，焉能免之乎！

[1] 效勞：趙幼文《校箋》謂《太平御覽》卷五四〇（當作五四一）引作“勞效”。

[2] 大易：即《易》。《易·乾》上九象傳曰：“亢龍有悔，盈不可久也。”又《謙》：“謙亨，君子有終。”象傳曰：“天道虧盈而

益謙，地道變盈而流謙，鬼神害盈而福謙，人道惡盈而好謙。"

　　[3] 中外：中表親。夏侯玄爲曹爽之姑子，故爲中表親。　繾綣：形容關係密切，感情深厚。

三國志 卷一〇

魏書十

荀彧荀攸賈詡傳第十

　　荀彧字文若，潁川潁陰人也。[1]祖父淑，字季和，朗陵令。[2]當漢順、桓之間，知名當世。有子八人，號曰八龍。彧父緄，濟南相。[3]叔父爽，司空。[4]〔一〕

　　〔一〕《續漢書》曰：淑有高才，王暢、李膺皆以爲師，[5]爲朗陵侯相，號稱神君。

　　張璠《漢紀》曰：淑博學有高行，與李固、李膺同志友善，[6]拔李昭於小吏，友黃叔度于幼童。[7]以賢良方正徵，[8]對策譏切梁氏，[9]出補朗陵侯相，卒官。八子：儉、緄、靖、燾、（說）〔汪〕、爽、肅、旉。音敷。[10]爽字慈明，幼好學，年十二，通《春秋》《論語》，耽思經典，不應徵命，積十數年。董卓秉政，復徵爽，爽欲遁去，吏持之急。詔下郡，即拜平原相。[11]行至苑陵，[12]又追拜光祿勳。[13]視事三日，策拜司空。爽起自布衣，九十五日而至三公。[14]淑舊居西豪里，縣令苑康曰昔高陽氏有才子八人，[15]署其里爲高陽里。靖字叔慈，亦有至德，名幾亞爽，隱居終身。

皇甫謐《逸士傳》：[16] 或問許子將，靖與爽孰賢，子將曰：
“二人皆玉也，慈明外朗，叔慈内潤。”[17]

[1] 潁川：郡名。治所陽翟縣，在今河南禹州市。　潁陰：縣
名。治所在今河南許昌市。

[2] 朗陵：侯國名。治所在今河南確山縣西南。按，漢制，縣
爲侯國者，設置侯相一人，治理該國政事，職權與縣令、長相同，
故亦可稱爲令。而裴松之注引司馬彪《續漢書》、張璠《後漢紀》
均謂荀淑爲“朗陵侯相”。錢大昕云：“當從司馬彪《書》、張璠
《紀》作‘朗陵侯相’。”（《廿二史考異》卷一五）

[3] 濟南：王國名。治所東平陵，在今山東濟南市歷城區東。
相：官名。王國相，由朝廷直接委派，執掌王國行政大權，相當於
郡太守。

[4] 司空：官名。東漢時與太尉、司徒並爲三公，共同行使宰
相職能，而位列三公之末。本職掌國家的土木營建和水利工程等。

[5] 王暢：山陽高平（今山東微山縣西北）人，漢桓帝時曾
爲尚書，又爲南陽太守。漢靈帝初，官至司空。（見《後漢書》卷
五六《王龔附暢傳》）。　李膺：潁川襄城（今河南襄城縣）人，
漢桓帝時曾爲司隸校尉，打擊宦官黨羽之貪殘者，深爲士人所尊
崇，後遭黨錮之禍，免官歸鄉里。漢靈帝初立，外戚竇武執政，又
起用李膺爲長樂少府。後因竇武、陳蕃謀誅宦官失敗，李膺再次免
官，後又因黨事入獄，死於獄中。（見《後漢書》卷六七《李膺
傳》）

[6] 李固：漢中南鄭（今陝西漢中市東）人，漢順帝時曾爲
將作大匠、大司農。沖帝即位後，爲太尉，與梁冀參録尚書事。沖
帝與質帝死，李固皆主張立清河王，梁冀不從。桓帝即位後，爲梁
冀所誣，被殺。（見《後漢書》卷六三《李固傳》）

[7] 黃叔度：名憲，東漢末汝南慎陽（今河南正陽縣北）人。家世貧賤，係牛醫之子。道德高尚，爲士林所敬重；終身未仕宦，世人稱之"徵君"。（見《後漢書》卷五三《黃憲傳》）

[8] 賢良方正：漢代選舉制科目之一。由公卿大臣、諸侯王、郡守推薦，皇帝親自策問，中選者授予官職。

[9] 梁氏：指外戚大將軍梁冀等。

[10] 汪：各本皆作"兖"。《後漢書》卷六二《荀淑傳》謂荀淑"有子八人：儉、緄、靖、燾、汪、爽、肅、專"。盧弼《集解》云："按荀淑八子，'兖'應從范書作'汪'，或子亦名兖，若淑子名兖，或子決不名兖，可證淑子名'兖'之誤。"今從盧説據《後漢書》改。

[11] 平原：王國名，治所平原縣，在今山東平原縣西南。

[12] 苑陵：縣名。又作"菀陵"。治所在今河南新鄭市東北。

[13] 光禄勳：官名。漢代列卿之一，秩中二千石，掌衞宮殿門户。

[14] 九十五日：《後漢書·荀淑附爽傳》亦作"九十五日"，惠棟《後漢書補注》云："《荀氏譜》曰九十三日。"《通鑑》卷五九漢靈帝中平六年亦作"九十三日"。

[15] 高陽氏：即顓（zhuān）項（xū），傳説中之上古帝王。《左傳·文公十八年》："昔高陽氏有才子八人：蒼舒、隤敳、檮戠、大臨、龙降、庭堅、仲容、叔達。"

[16] 皇甫謐：西晉初安定朝那（今寧夏固原縣東南）人，博學善著述，撰有《帝王世紀》《高士傳》《逸士傳》《列女傳》《玄晏春秋》等。（見《晉書》卷五一《皇甫謐傳》）　逸士傳：沈家本《三國志注所引書目》云："《後漢書·荀淑傳》注及《御覽》並引作'高士傳'，而《御覽》三百八十及《世説》五注引作'逸士傳'，未詳孰是。"

[17] 叔慈：荀靖字叔慈。

或年少時，南陽何顒異之，[1]曰：「王佐才也。」〔一〕永漢元年，[2]舉孝廉，[3]拜守宮令。[4]董卓之亂，[5]求出補吏。[6]除亢父令，[7]遂棄官歸，謂父老曰：「潁川，四戰之地也，[8]天下有變，常爲兵衝，宜亟去之，[9]無久留。」鄉人多懷土猶豫，會冀州牧同郡韓馥遣騎迎之，[10]莫有隨者，彧獨將宗族至冀州。而袁紹已奪馥位，待彧以上賓之禮。彧弟諶及同郡辛評、郭圖，[11]皆爲紹所任。彧度紹終不能成大事，時太祖爲奮武將軍，[12]在東郡，[13]初平二年，[14]彧去紹從太祖。太祖大悅曰：[15]「吾之子房也。」[16]以爲司馬，[17]時年二十九。是時，董卓威陵天下，太祖以問彧，彧曰：「卓暴虐已甚，必以亂終，無能爲也。」卓遣李傕等出關東，[18]所過虜略，至潁川、陳留而還。[19]鄉人留者多見殺略。明年，太祖領兗州牧，[20]後爲鎮東將軍，[21]彧常以司馬從。興平元年，[22]太祖征陶謙，任彧留事。[23]會張邈、陳宮以兗州反，潛迎呂布。布既至，邈乃使劉翊告彧曰：「呂將軍來助曹使君擊陶謙，[24]宜亟供其軍食。」眾疑惑。彧知邈爲亂，即勒兵設備，馳召東郡太守夏侯惇，而兗州諸城皆應布矣。時太祖悉軍攻謙，留守兵少，而督將大吏多與邈、宮通謀。惇至，其夜誅謀叛者數十人，眾乃定。豫州刺史郭貢帥眾數萬來至城下，[25]或言與呂布同謀，眾甚懼。貢求見彧，彧將往。惇等曰：「君，一州鎮也，往必危，不可。」彧曰：「貢與邈等，分非素結也，今來速，計必未定；及其未定說之，縱不爲用，可使中立，若先疑之，彼將怒而成計。"貢見彧無懼意，謂鄄城未易攻，[26]遂引兵去。又與程昱計，使説范、東阿，[27]卒全三城，以待太祖。太祖自徐州還擊布濮陽，[28]布東走。二年夏，太祖軍乘氏，[29]大饑，人相食。

〔一〕《典略》曰：中常侍唐衡欲以女妻汝南傅公明，[30]公明不娶，轉以與彧。父緄慕衡勢，爲彧娶之。彧爲論者所譏。臣松之案：《漢紀》云唐衡以桓帝延熹七年死，[31]計彧于時年始二歲，則彧婚之日，衡之没久矣。慕勢之言爲不然也。臣松之又以爲緄八龍之一，必非苟得者也，將有逼而然，何云慕勢哉？昔鄭忽以違齊致譏，[32]雋生以拒霍見美，[33]致譏在於失援，見美嘉其慮遠，並無交至之害，故得各全其志耳。至於閹豎用事，四海屏氣；左悺、唐衡，[34]殺生在口。故于時諺云"左迴天，[35]唐獨坐"，[36]言威權莫二也。順之則六親以安，忤違則大禍立至；斯誠以存易亡，蒙恥期全之日。昔蔣詡姻于王氏，[37]無損清高之操，緄之此婚，庸何傷乎！

[1] 南陽：郡名。治所宛縣，在今河南南陽市。　何顒：早年與郭林宗等交好，顯名於太學。漢桓帝末靈帝初，因黨禁亡匿；黨禁解，任職於司空府。（見《後漢書》卷六七《何顒傳》）

[2] 永漢元年：即中平六年（189），此年四月漢靈帝死，皇子劉辯即位，改年號爲光熹，八月又改爲昭寧，九月董卓廢劉辯立獻帝劉協，又改爲永漢，十二月復稱中平六年。

[3] 孝廉：漢代選拔官吏的主要科目。孝指孝子，廉指廉潔之士。原本爲二科，後混同爲一科，也不再限於孝子和廉吏。東漢後期定制爲不滿四十歲者不得察舉；被舉者先詣公府課試，以觀其能。郡國每年要向中央推舉一至二人。

[4] 守宮令：官名。屬少府，掌皇帝的紙、筆、墨及尚書財用

諸物。漢桓帝時以宦官充任，此時復用士人。

[5]董卓之亂：趙幼文《校箋》謂《太平御覽》卷四四九引此句在"除亢父令"句下。

[6]吏：此指長吏，即縣令、長。

[7]亢父：縣名。治所在今山東濟寧市南。

[8]四戰之地：胡三省云："言其地平，四面受敵。"（《通鑑》卷六〇漢獻帝初平二年注）按，《後漢書》卷七〇《荀彧傳》亦載有不少荀彧之言論，如無內容差異，一般不作字句校勘。

[9]去之：趙幼文《校箋》謂《太平御覽》卷一五九引"去"下無"之"字。

[10]冀州：東漢末，州牧刺史治所常設鄴縣，在今河北臨漳縣西南鄴鎮東一里半。

[11]弟諶：潘眉《考證》云："後注引《荀氏家傳》云彧第四兄諶，此云弟，當誤。"

[12]奮武將軍：官名。漢雜號將軍之一。

[13]東郡：治所濮陽縣，在今河南濮陽縣西南。

[14]初平：漢獻帝劉協年號（190—193）。

[15]大悅：殿本無"大"字，百衲本、盧弼《集解》本、校點本皆有。今從百衲本等。

[16]子房：張良字子房，漢高祖劉邦之重要謀臣。（見《漢書》卷四〇《張良傳》）

[17]司馬：官名。將軍府之屬官，掌參贊軍務，管理府內武職，位僅次於長史。

[18]關東：地區名。指函谷關以東之地。

[19]陳留：郡名。治所陳留縣，在今河南開封市東南。

[20]兗州：州牧刺史治所昌邑縣，在今山東金鄉縣西北。

[21]鎮東將軍：官名。將軍名號之一，東漢末有鎮東、西、南、北將軍各一人。

[22]興平：漢獻帝劉協年號（194—195）。

［23］留事：當時荀彧與程昱同守鄄城，曹操令荀彧主持留守事。

［24］使君：對州長官之尊稱。時曹操領兗州牧，故劉翊稱之爲曹使君。

［25］豫州：刺史治所譙縣，在今安徽亳州市。

［26］鄄城：縣名。治所在今山東鄄城縣北。鄄城是當時黃河邊上一軍事重地。《水經・河水注》說它是“河上之邑，最爲峻固”。漢兗州刺史本治昌邑，曹操爲州牧，故移治於此。

［27］范：縣名。治所在今山東梁山縣西北范城。 東阿：縣名。治所在今山東陽谷縣東北阿城鎮。

［28］徐州：刺史治所本在郯縣（今山東郯城縣北），東漢末移於下邳，在今江蘇睢寧縣西北。（本吳增僅《三國郡縣表附考證》）

［29］乘氏：侯國名。治所在今山東巨野縣西南。

［30］中常侍：官名。東漢後期，以宦官充任，秩比二千石。掌侍從皇帝左右，顧問應對，贊導宮內諸事。權力極大。 唐衡：漢桓帝時之宦官，以誅梁冀功，爲中常侍，封侯。（見《後漢書》卷七八《宦者列傳》） 汝南：郡名。治所平輿縣，在今河南平輿縣北。

［31］漢紀：百衲本、殿本、盧弼《集解》本作“漢記”，校點本作“漢紀”。今從校點本。 延熹：漢桓帝劉志年號（158—167）。

［32］鄭忽：春秋時鄭莊公太子。齊侯欲以女文姜嫁之。鄭忽辭謝，人問其故，鄭忽曰：“人各有耦，齊大非吾耦也。”及北戎伐齊，齊求援於鄭，鄭派太子忽率師救之，大敗戎師。齊侯爲謝鄭忽，再請嫁女給他。鄭忽固辭，人問其故，鄭忽曰：“無事于齊，吾猶不敢。今以君命奔齊之急，而受室以歸，是以昏師也，民其謂我何？”祭仲遂勸忽曰：“必取之，君多內寵，子無大援將不立，三公子皆君也。”（見《左傳》桓公六年、十一年）

[33] 雋生：指雋不疑。西漢昭帝時雋不疑爲京兆尹，名重於朝廷。大將軍霍光欲以女嫁之，不疑固辭不肯。班固稱贊他說：“不疑膚敏，應變當理，辭霍不婚，逡遁致仕。”（見《漢書》卷七一《雋不疑傳》及卷一〇〇下《叙傳》）

[34] 左悺（guǎn）：漢桓帝時宦官，以誅梁冀功，與唐衡同爲中常侍，封侯。（見《後漢書》卷七八《宦者列傳》）

[35] 迴天：胡三省云：“迴天，言權力能迴天也。”（《通鑑》卷五四漢桓帝延熹三年注）

[36] 獨坐：《後漢書·宦者列傳》李賢注：“獨坐，言驕貴無偶也。”而《後漢書》《通鑑》均作“具獨坐”，具謂具瑗。

[37] 蔣詡：西漢末蔣詡爲兗州刺史，因廉直知名。王莽擅權，蔣詡辭職歸家。大司空王邑爲從弟奇求娶蔣詡女，盛服送之。女辭不取，唯衣青布衣，曰：“受公命不敢違。”王邑感嘆曰：“所以與賢者婚，欲爲此也。”（參盧弼《集解》引《漢書》卷七二《鮑宣傳》及《北堂書鈔》引《三輔決録》）

陶謙死，[1]太祖欲遂取徐州，還乃定布。或曰：“昔高祖保關中，[2]光武據河內，[3]皆深根固本以制天下，進足以勝敵，[4]退足以堅守，[5]故雖有困敗而終濟大業。將軍本以兗州首事，平山東之難，[6]百姓無不歸心悦服。且河、濟，[7]天下之要地也，今雖殘壞，猶易以自保，是亦將軍之關中、河內也，不可以不先定。今以破李封、薛蘭，[8]若分兵東擊陳宫，宫必不敢西顧，以其閒勒兵收熟麥，約食畜穀，一舉而布可破也。破布，然後南結揚州，[9]共討袁術，以臨淮、泗。[10]若舍布而東，多留兵則不足用，少留兵則民皆保城，不得樵採。布乘虚寇暴，民心益危，唯鄄城、范、衞可全，[11]其餘非己之有，是無兗州也。若徐州不定，將軍當安所歸乎？且陶謙雖死，徐州未易亡也。彼懲往年之敗，將懼而結親，[12]相爲表裏。今東方皆以收麥，必堅壁清野以待將軍，將軍攻之不拔，略之無獲，不出十日，則十萬之衆未戰而自困耳。〔一〕前討徐州，威罰實行，〔二〕[13]其子弟念父兄之恥，必人自爲守，無降心，就能破之，尚不可有也。夫事固有棄此取彼者，以大易小可也，以安易危可也，權一時之勢，不患本之不固可也。今三者莫利，願將軍熟慮之。”太祖乃止。大收麥，復與布戰，分兵平諸縣。布敗走，兗州遂平。

〔一〕臣松之以爲于時徐州未平，兗州又叛，而云十萬之衆，雖是抑抗之言，[14]要非寡弱之稱。益知官渡之役，不得云兵不滿萬也。

〔二〕《曹瞞傳》云：自京師遭董卓之亂，人民流移東出，多依彭城閒，[15]遇太祖至，坑殺男女數萬口於泗水，水爲不流。陶謙帥其衆軍武原，[16]太祖不得進。引軍從泗南攻取慮、睢陵、夏丘諸縣，[17]皆屠之；雞犬亦盡，墟邑無復行人。

[1] 陶謙死：謂陶謙已死。陶謙病死於興平元年（194）。

[2] 高祖保關中：漢高祖劉邦與項羽爭天下時，令蕭何保守關中。（參《通鑑》卷六一漢獻帝興平二年胡三省注）

[3] 光武據河內：漢光武帝劉秀經營河北時，令寇恂據守河內。（參《通鑑》卷六一漢獻帝興平二年胡三省注）

[4] 足以：趙幼文《校箋》謂《太平御覽》卷四五三引作“可以”，下句“足以”亦同。按，《太平御覽》卷一六〇、宋本

《册府元龜》卷七二〇引又皆作"足以"。

　　[5] 堅守：趙幼文《校箋》謂《太平御覽》卷一六〇、卷四五三引"堅"字俱作"自"。按，宋本《册府元龜》卷七二〇引又作"堅"。

　　[6] 平山東之難：指曹操在兗州破降青州黃巾軍。

　　[7] 河濟：指兗州。因古九州之兗州，東南有濟水，西北至黃河。《尚書·禹貢》："濟、河爲兗州。"孔安國傳："東南據濟，西北距河。"孔穎達疏："據，謂跨之；距，至也。"

　　[8] 以：同"已"。破李封、薛蘭事見本書卷一《武帝紀》興平二年（195）。

　　[9] 結揚州：謂聯合劉繇。當時袁術雖已據有揚州（治所壽春，在今安徽壽縣），而漢朝廷卻任命劉繇爲揚州刺史（移治所於曲阿，在今江蘇丹陽市）。

　　[10] 淮泗：河流名。古泗水發源於今山東泗水縣東蒙山南麓，西流經泗水、曲阜、兗州等縣市，折南經濟寧市南魯鎮及魚臺縣東，轉東南經江蘇沛縣及徐州市，此下略循廢黃河至淮陰市西南入淮河。

　　[11] 衛：指濮陽，因濮陽古屬衛國地。（參《通鑑》卷六一漢獻帝興平二年胡三省注）

　　[12] 結親：謂徐州各郡縣親密結合。（參《通鑑》卷六一漢獻帝興平二年胡三省注）

　　[13] 威罰實行：指興平元年曹操攻打徐州，進行大肆屠殺。

　　[14] 抑抗：盧弼《集解》本作"抑伉"，百衲本、殿本、校點本作"抑抗"。今從百衲本等。抑抗，猶言抑揚，爲偏義復詞，詞義重在"抗""揚"，誇大之義。

　　[15] 彭城：縣名。治所在今江蘇徐州市。

　　[16] 武原：縣名。治所在今江蘇邳州市西北。

　　[17] 取（qiū）廬（lǘ）：縣名。治所在今江蘇睢寧縣西南。睢陵：縣名。治所在今江蘇睢寧縣。　夏丘：縣名。治所在今安

徽泗縣。

　　建安元年,[1]太祖擊破黄巾。漢獻帝自河東還洛陽。[2]太祖議奉迎都許,[3]或以山東未平,[4]韓暹、楊奉新將天子到洛陽,北連張楊,未可卒制。或勸太祖曰:“昔〔晋文納周襄王而諸侯景從〕,[5]高祖東伐爲義帝縞素而天下歸心。[6]自天子播越,[7]將軍首唱義兵,徒以山東擾亂,未能遠赴關右,[8]然猶分遣將帥,蒙險通使,雖禦難于外,乃心無不在王室,[9]是將軍匡天下之素志也。今車駕旋軫,〔東京榛蕪〕,[10]義士有存本之思,百姓感舊而增哀。[11]誠因此時,奉主上以從民望,[12]大順也;秉至公以服雄傑,大略也;扶弘義以致英俊,[13]大德也。天下雖有逆節,必不能爲累,明矣。韓暹、楊奉其敢爲害!若不時定,四方生心,後雖慮之,無及。”太祖遂至洛陽,奉迎天子都許。天子拜太祖大將軍,[14]進或爲漢侍中,[15]守尚書令。[16]常居中持重,[一]太祖雖征伐在外,軍國事皆與或籌焉。[二][17]太祖問或:“誰能代卿爲我謀者?”或言“荀攸、鍾繇”。先是,或言策謀士,進戲志才。志才卒,又進郭嘉。太祖以或爲知人,諸所進達皆稱職,唯嚴象爲揚州,韋康爲涼州,[18]後敗亡。[三]

　　〔一〕《典略》曰:或折節下士,坐不累席。其在臺閣,[19]不以私欲撓意。或有譬從一人,才行實薄,或謂或:[20]“以君當事,不可(不)以某爲議郎邪?”[21]或笑曰:“官者所以表才也,若如來言,衆人其謂我何邪!”其持心平正皆類此。

〔二〕《典略》曰：或爲人偉美。又《平原禰衡傳》曰：[22] 衡字正平，建安初，自荆州北游許都，[23] 恃才傲逸，臧否過差，見不如己者不與語，人皆以是憎之。唯少府孔融高貴其才，[24] 上書薦之曰：[25] "淑質貞亮，英才卓礫，[26] 初涉藝文，升堂覩奥；目所一見，輒誦於口，耳所暫聞，[27] 不忘於心。性與道合，思若有神。弘羊心計，[28] 安世默識，[29] 以衡準之，誠不足怪。"衡時年二十四。是時許都雖新建，尚饒人士。衡嘗書一刺懷之，[30] 字漫滅而無所適。或問之曰："何不從陳長文、司馬伯達乎?"[31] 衡曰："卿欲使我從屠沽兒輩也!"[32] 又問曰："當今許中，誰最可者?"衡曰："大兒有孔文舉，[33] 小兒有楊德祖。"[34] 又問："曹公、荀令君、趙蕩寇皆足蓋世乎?"[35] 衡稱曹公不甚多；又見荀有儀容，趙有腹尺，[36] 因答曰："文若可借面弔喪，稚長可使監廚請客。"[37] 其意以爲荀但有貌，趙健啖肉也。於是衆人皆切齒。衡知衆不悦，將南還荆州。裝束臨發，衆人爲祖道，[38] 先設供帳於城南，自共相戒曰："衡數不遜，今因其後到，以不起報之。"及衡至，衆人皆坐不起，衡乃號咷大哭。衆人問其故，[39] 衡曰："行屍柩之間，能不悲乎?"衡南見劉表，表甚禮之。將軍黄祖屯夏口，祖子射與衡善，隨到夏口。祖嘉其才，每在坐，席有異賓，介使與衡談。後衡驕蹇，[40] 答祖言俳優饒言，[41] 祖以爲罵己也，大怒，顧伍伯捉頭出。[42] 左右遂扶以去，拉而殺之。

臣松之以本傳不稱或容貌，故載《典略》與《衡傳》以見之。又潘勗爲或碑文，[43] 稱或"瓌姿奇表"。張（衡）〔騭〕《文士傳》曰：[44] 孔融數薦衡于太祖，欲與相見，而衡疾惡之，意常憤懣。因狂疾不肯往，[45] 而數有言論。太祖聞其名，圖欲辱之，乃録爲鼓吏。[46] 後至八月朝，大宴，賓客並會。時鼓吏擊鼓過，皆當脱其故服，易着新衣。次衡，衡擊爲漁陽參撾，[47] 容態不常，[48] 音節殊妙。坐上賓客聽之，莫不慷慨。過不易衣，吏呵之，衡乃當太祖前，以次脱衣，裸身而立，徐徐乃着褌帽畢，復擊鼓參撾，而顏色不怍。[49]太祖大笑，告四坐曰：“本欲辱衡，衡反辱孤。”至今有漁陽參撾，自衡造也。融深責數衡，并宣太祖意，欲令與太祖相見。衡許之，曰：“當爲卿往。”至十月朝，融先見太祖，説“衡欲求見”。至日晏，衡着布單衣，（疏巾）〔練布〕履，[50]坐太祖營門外，以杖捶地，數罵太祖。太祖敕外廐急具精馬三匹，[51]并騎二人，謂融曰：“禰衡豎子，乃敢爾！孤殺之無異於雀鼠，顧此人素有虛名，[52]遠近所聞，今日殺之，人將謂孤不能容。今送與劉表，視卒當何如？”乃令騎以衡置馬上，兩騎扶送至南陽。[53]

《傅子》曰：衡辯于言而剋于論，見荆州牧劉表曰，所以自結于表者甚至，表悦之以爲上賓。衡稱表之美盈口，而論表左右不廢繩墨。於是左右因形而譖之，曰：“衡稱將軍之仁，西伯不過也，[54]唯以爲不能斷；終不濟者，[55]必由此也。”是言實指表智短，而非衡所言也。表不詳察，遂疏衡而逐之。衡以交絶于劉表，智窮于黄祖，身死名滅，爲天下笑者，譖之者有形也。

〔三〕《三輔決録〔注〕》曰：[56]象字文則，京兆人。[57]少聰博，有膽智。[58]以督軍御史中丞詣揚州討袁術，[59]會術病卒，因以爲揚州刺史。建安五年，爲孫策廬江太守李術所殺，[60]時年三十八。象同郡趙岐作《三輔決録》，恐時人不盡其意，故隱其書，唯以示象。

康字元將，亦京兆人。孔融與康父端書曰：“前日元將來，淵才亮茂，雅度弘毅，偉世之器也。昨日仲將又來，懿性貞實，文敏篤誠，[61]保家之主也。不意雙珠，近出老蚌，甚珍貴之。”端從涼州牧徵爲太僕，康代爲涼州刺史，時人榮之。後爲馬超所圍，堅守歷時，救軍不至，遂爲超所殺。仲將名誕，見《劉邵傳》。

[1] 建安：漢獻帝劉協年號（196—220）。

[2] 河東：郡名。治所安邑縣，在今山西夏縣西北禹王城。本

書卷一《武帝紀》、《後漢書》卷九《獻帝紀》皆謂漢獻帝從安邑至洛陽，則此“河東”爲郡名無疑。

〔3〕許：縣名。治所在今河南許昌縣東。

〔4〕山東：地區名。指崤山以東之地。

〔5〕晉文納周襄王而諸侯景從：各本皆無此句，《後漢書》卷七〇《荀彧傳》及《通鑑》卷六二漢獻帝建安元年均有，校點本即據以增補。今從之。趙幼文《校箋》謂《册府元龜》卷七二〇引亦有此句。“景”，同“影”。春秋時，周襄王與母弟王子帶有矛盾，襄王出奔鄭。狐偃謂晉文公曰：“求諸侯莫如勤王，諸侯信之，且大義也。”文公遂迎襄王返王城，並殺王子帶於隰城。由是諸侯服從，遂定霸業。（本《左傳》僖公二十四年、二十五年）

〔6〕高祖東伐爲義帝縞素：趙幼文《校箋》謂《册府元龜》卷七二〇引作“漢高爲義帝縞素”，無“祖東伐”三字。按，宋本《册府元龜》正作“高祖東伐爲義帝縞素”。由此可見明本《册府元龜》之隨意改字。當時荀彧與曹操皆漢臣，不當稱劉邦爲“漢高”。　縞素：喪服。古時喪服爲白色，故以縞素稱喪服。漢高祖劉邦入關滅秦後，依楚懷王之約當王關中，項羽因此不滿懷王，名尊懷王爲義帝，實不奉行其命，不久又派人殺義帝。劉邦既定關中，遂東渡黃河，三老董公説劉邦爲義帝發喪。劉邦遂縞素東伐，終取天下（本《漢書》卷一《高帝紀》）。

〔7〕播越：天子流亡在外稱播越。

〔8〕關右：地區名。指函谷關以西之地，故又稱關西。

〔9〕乃心無不在王室：《尚書·康王之誥》：“雖爾身在外，乃心罔不在王室。”孔安國傳訓“乃”爲“汝”，但後世引用此語時，“乃”字無義。

〔10〕東京榛蕪：各本無此句，《後漢書·荀彧傳》及《通鑑》卷六二漢獻帝建安元年均有，校點本即據以增補。今從之。趙幼文《校箋》謂《册府元龜》卷四四九、卷七二〇引亦有此句。

〔11〕百姓感舊而增哀：趙幼文《校箋》謂《太平御覽》卷四

四九引作"兆人懷感舊之哀"。按，宋本《册府元龜》卷七二〇引亦作"百姓感舊而增哀"。

　　［12］主上：殿本無"上"字，百衲本、盧弼《集解》本、校點本皆有。今從百衲本等。

　　［13］扶弘義：趙幼文《校箋》謂《太平御覽》卷四四九引"扶"字作"仗"。按，《册府元龜》卷七二〇引亦作"扶"。

　　［14］大將軍：官名。東漢時，常兼録尚書事，與太傅、太尉等共同主持政務。漢末，位在三公上。

　　［15］漢侍中：侍中，官名。秩比二千石。職掌門下衆事，侍從左右，顧問應對。漢靈帝時置侍中寺，不再隸屬少府。獻帝時定員六人，與給事黄門侍郎出入禁中，近侍帷幄，省尚書事。殿本《考證》李清植云："按：史於或官獨書'漢'，蓋原其本志，非魏純臣，與攸、詡等異。"潘眉《考證》亦云："大書'漢侍中'，是特筆。"

　　［16］尚書令：官名。東漢時爲尚書臺長官，秩千石。掌奏、下尚書曹文書衆事，選用署置官吏；總典臺中綱紀法度，無所不統。名義上仍隸少府。

　　［17］軍國事：趙幼文《校箋》謂《北堂書鈔》卷五九引"事"上有"大"字。

　　［18］爲凉州：即爲凉州刺史。漢靈帝中平後，迄於建安末，凉州刺史治所在冀縣，在今甘肅甘谷縣東。（本王先謙《續漢書·郡國志集解》引馬與龍説）

　　［19］臺閣：《後漢書》卷四九《仲長統傳》李賢注："臺閣，謂尚書也。"

　　［20］謂或：趙幼文《校箋》謂《北堂書鈔》卷三七引"或"下有"曰"字。

　　［21］不可以：各本作"不可不以"。趙幼文《校箋》謂《北堂書鈔》卷三七引"可"下無"不"字。郝經《續後漢書》同。今從趙引删"不"字。議郎：官名。郎官之一種，屬光禄勳，秩六

百石，不入直宿衛，得參預朝政議論。

[22] 平原禰衡傳：沈家本《三國志注所引書目》云：“隋、唐《志》皆不著錄。”侯康《補後漢書藝文志》云：“《禰衡別傳》，《魏志·荀彧傳》注引《平原禰衡傳》，當即《別傳》也。餘見《藝文》《御覽》，引者多與本傳同。”又按，《後漢書》卷八〇下有《禰衡傳》，所載較此詳，可參閱。

[23] 荆州：東漢末劉表爲州牧時，治所襄陽，在今湖北襄樊市。

[24] 少府：官名。漢列卿之一，秩中二千石。東漢時，掌宮中御衣、寶貨、珍膳等。

[25] 上書：《後漢書·禰衡傳》載孔融此書甚長，不作校補。

[26] 卓犖：盧弼《集解》謂《後漢書·禰衡傳》“犖”作“礫”，《文選》亦作“礫”。趙幼文《校箋》謂《文選》孔融《薦禰衡表》作“卓礫”。李善注：“卓礫，絕異也。”

[27] 暫聞：盧弼《集解》謂《後漢書·禰衡傳》“暫”作“瞥”。趙幼文《校箋》謂葛洪《抱朴子·彈禰篇》亦云“耳所瞥聞”。在《後漢書》之前。《說文·目部》：“瞥，一曰財見也。”作“瞥”字是。按，作“暫”亦通。《說文·日部》：“暫，不久也。”段玉裁注：“今俗云‘霎時間’即此字也。”又《說文·目部》：“瞥，過目也。”徐鍇《繫傳》：“瞥然暫見也。”

[28] 弘羊心計：漢武帝時，洛陽商人之子桑弘羊善於心算，爲武帝所重，十三歲即爲侍中。（見《漢書·食貨志》）

[29] 安世默識（zhì）：漢武帝時，張安世爲郎官，曾隨武帝至河東。武帝失書三篋，詢問臣下，皆不知，唯安世能記憶。後購求得書，用以校對安世所記，竟無遺漏。（見《漢書》卷五九《張湯附安世傳》）

[30] 刺：名帖，名片。詳解見本書卷九《夏侯淵傳》裴注引《世語》之注。

[31] 陳長文：陳群字長文。建安初，曹操辟爲司空西曹掾屬。

司馬伯達：司馬朗字伯達。建安初，曹操辟爲司空掾屬。

[32] 屠沽：本指屠户和賣酒者，此泛指市井人。　　也：趙幼文《校箋》謂《藝文類聚》卷二二、《太平御覽》卷四四五引作"邪"。按，二書皆作"耶"。

[33] 孔文舉：孔融字文舉。主要事迹見本書卷一二《崔琰傳》裴注引《續漢書》。

[34] 楊德祖：楊修字德祖。建安中爲郎中。主要事迹見本書卷一九《陳思王植傳》裴注引《典略》。

[35] 荀令君：建安初荀彧守尚書令，故稱令君。　　趙蕩寇：《後漢書·禰衡傳》作"趙稚長"，李賢注："趙爲蕩寇將軍，見《魏志》。"梁章鉅《旁證》引沈欽韓曰："稚長史失其名，按《金石萃編》隋《趙芬碑》載，十一世祖融字稚長，所謂荀令君、趙蕩寇云云，可證稚長名融。"

[36] 腹尺：謂大肚腹。趙幼文《校箋》謂"尺"爲"斥"字之借。《文選》曹植《七啓》"山雞斥鷃"李善注："斥與尺古字通。"斥有廣大之義。《史記》卷一一七《司馬相如列傳》"關益斥"《索隱》引張揖曰："斥，廣也。"

[37] 可使：趙幼文《校箋》謂《太平御覽》卷四四五引無"使"字。按，《藝文類聚》卷二二引又有"使"字。

[38] 祖道：餞行。

[39] 衆人：殿本作"衆又"，百衲本、盧弼《集解》本、校點本作"衆人"。今從百衲本等。

[40] 驕蹇：恣意放縱。

[41] 俳優饒言：周壽昌《注證遺》云："大約即俗言，《後漢書》衡更熟視曰：'死公，云等道。'祖大怒。蓋即此等語也。"

[42] 伍伯：又作"五百"。漢代官署的侍從小吏，官員外出時，作導引；後將行刑役卒也稱爲伍伯。（本《後漢書》卷七八《曹節傳》李賢注）

[43] 潘勗：主要事迹見本書卷二一《衛覬傳》注引《文章

志》。又按，《荀彧碑》文，《藝文類聚》卷四八有載。

　　[44] 張騭：各本皆作“張衡”。陳景雲《辨誤》謂本書卷九《曹休傳》注作“張隱”，卷一〇《荀彧傳》注作“張衡”，卷二一《王粲傳》注作“張騭”，一人之名而三異。據《王粲傳》注中，裴松之三次説到“張騭”；又《後漢書》注及《文選》李善注引《文士傳》皆作“張騭”，似當作“騭”爲正。又按，原《隋書·經籍志》的張隱《文士傳》，今校點本已校改爲張騭《文士傳》。現從陳景雲説及校點本《隋書·經籍志》，改“張衡”爲“張騭”。

　　[45] 狂疾：《世説新語·言語篇》注引此段《文士傳》作“稱疾”，較合文意。

　　[46] 乃：趙幼文《校箋》謂《世説新語·言語篇》注引“乃”下有“令”字。　鼓吏：各本皆作“鼓吏”，校點本據何焯説改爲“史”。不知何焯何據。雖然《後漢書·禰衡傳》作“鼓史”，而《世説新語·言語篇》及劉孝標注引《文士傳》皆作“鼓吏”，又《抱朴子·彈禰篇》亦作“鼓吏”，故仍從百衲本等。下同。

　　[47] 擊爲漁陽參撾（zhuā）：趙幼文《校箋》謂《太平御覽》卷三〇引“擊”下有“鼓”字。《世説新語·言語篇》注引同。漁陽參撾，鼓曲名。

　　[48] 容態不常：趙幼文《校箋》謂《太平御覽》卷三〇引上句有“蹋地來躡足歧腳”，《世説新語·言語篇》注引“來”下有“前”字，餘均同。按，《世説新語》注引實作“蹋地來前躡毃腳足”。

　　[49] 而：趙幼文《校箋》謂《太平御覽》卷三〇引“而”下有“去”字，《世説新語·言語篇》注引同。

　　[50] 練（shū）布履：各本作“疏巾履”，殿本《考證》云：“北宋本作‘疏布履’。”校點本從何焯、錢儀吉説，改爲“練布履”。今從之。練，粗葛。吳金華《校詁》則以爲“疏巾”二字似不誤，疑“履”原文作“屐”，《廣雅·釋詁》：“屐，踞也。”屐坐即箕踞，乃傲慢姿態。蓋後世“屐”字罕見，傳寫者遂改作

“履”。趙幼文《校箋》亦云：《後漢書・禰衡傳》云：“衡乃著布單衣疏巾。”《太平御覽》卷四六六引同。考本書卷三五《諸葛亮傳》注引《魏略》云：“更疏巾單衣。”蓋疏巾單衣爲漢魏貧賤者之服。北宋本疑誤。今本“巾”下當删“履”字。“疏巾”《後漢書》作“疎巾”，鄭珍《説文新附考》曰：“《類篇》‘練’下引《後漢書》‘禰衡著練巾’。傳文本作‘疎巾’，疎巾者，以疎布作巾也。‘疎’是‘疏’之俗字，改正爲糸更俗，‘練’當出六朝以降。”鄭説是也。

[51] 三匹：盧弼《集解》作“二匹”，百衲本、殿本、校點本作“三匹”。今從百衲本等。

[52] 素：盧弼《集解》本作“數”，百衲本、殿本、校點本皆作“素”。今從百衲本等。

[53] 南陽：郡名。治所宛縣，在今河南南陽市。

[54] 西伯：周文王。

[55] 終：殿本作“功”，百衲本、盧弼《集解》本、校點本均作“終”。今從百衲本等。

[56] 三輔決録注：各本均無“注”字。梁章鉅《旁證》引陳景雲説，謂應有“注”字。《三輔決録》乃趙岐所著，而嚴象敗没，在《決録》成書之後；韋康之遇害，趙岐卒已久。故爲摯虞《三輔決録注》無疑。校點本亦从陳説增“注”字。今從之。

[57] 京兆：即京兆尹，治所長安縣，在今陝西西安市西北。

[58] 膽：盧弼《集解》本作“贍”，百衲本、殿本、校點本均作“膽”。今從之。

[59] 督軍御史中丞：官名。盧弼《集解》云：“督軍御史中丞似爲兩官。《晋書》卷一《宣帝紀》云‘黃初二年罷督軍官’，祇云省督軍，不云省督軍御史中丞也。《晋書・職官志》：‘光武建武初，征伐四方，始權置督軍御史，事竟罷。’然亦非督軍御史中丞也。李祖楙曰：‘中興初，征伐四方，權置御史監軍，曰督軍御史；以他官監軍，曰監軍使者，事訖罷。至桓靈後，兵事日多，復

置之。'"如此，則督軍御史中丞，乃以御史中丞之職督軍者。

[60] 廬江：郡名。治所本在舒縣，在今廬江縣西南。建安四年劉勳移治所於皖縣，在今安徽潛山縣。

[61] 敏：百衲本、殿本、盧弼《集解》本均作"愍"，殿本《考證》盧明楷曰："按'愍'訓傷，此係孔融贊仲將之言，於義無取，疑是'懲'字，'懲'即'敏'，又與'愍'通，輾轉而訛也。"盧弼《集解》云："《御覽》引此作'敏'。"校點本正作"敏"。今從校點本。

　　自太祖之迎天子也，袁紹内懷不服。紹既并河朔，[1]天下畏其彊。太祖方東憂呂布，南拒張繡，而繡敗太祖軍於宛。[2]紹益驕，與太祖書，[3]其辭悖慢。太祖大怒，出入動靜變於常，衆皆謂以失利於張繡故也。鍾繇以問彧，彧曰："公之聰明，必不追咎往事，殆有他慮。"則見太祖問之，太祖乃以紹書示彧，曰："今將討不義，而力不敵，何如？"彧曰："古之成敗者，誠有其才，雖弱必彊，苟非其人，雖彊易弱，劉、項之存亡，[4]足以觀矣。今與公爭天下者，唯袁紹爾。紹貌外寬而内忌，任人而疑其心，公明達不拘，唯才所宜，此度勝也。紹遲重少決，失在後機，公能斷大事，應變無方，此謀勝也。紹御軍寬緩，法令不立，士卒雖衆，其實難用，公法令既明，賞罰必行，士卒雖寡，皆爭致死，此武勝也。紹憑世資，從容飾智，以收名譽，故士之寡能好問者多歸之，公以至仁待人，推誠心不爲虛美，行己謹儉，而與有功者無所恡惜，故天下忠正效實之士咸願爲用，此德勝也。夫以四勝輔天

子，扶義征伐，誰敢不從？紹之彊其何能爲？”太祖
悦。或曰：“不先取吕布，河北亦未易圖也。”太祖
曰：“然。吾所惑者，又恐紹侵擾關中，[5]亂羌、胡，
南誘蜀、漢，[6]是我獨以兖、豫抗天下六分之五也。爲
將奈何？”或曰：“關中將帥以十數，莫能相一，唯韓
遂、馬超最彊。[7]彼見山東方争，必各擁衆自保。今若
撫以恩德，遣使連和，相持雖不能久安，比公安定山
東，足以不動。鍾繇可屬以西事。則公無憂矣。”

　三年，太祖既破張繡，東禽吕布，定徐州，遂與
袁紹相拒。孔融謂或曰：“紹地廣兵彊；田豐、許攸，
智計之士也，爲之謀；審配、逢紀，盡忠之臣也，任
其事；顏良、文醜，勇冠三軍，統其兵：殆難克乎！”
或曰：“紹兵雖多而法不整。田豐剛而犯上，許攸貪而
不治。審配專而無謀，逢紀果而自用，[8]此二人留知後
事，若攸家犯其法，必不能縱也，不縱，攸必爲變。
顏良、文醜，一夫之勇耳，[9]可一戰而禽也。”五年，
與紹連戰。太祖保官渡，[10]紹圍之。太祖軍糧方盡，
書與或，議欲還許以引紹。或曰：“今軍食雖少，未若
楚、漢在滎陽、成皋閒也。[11]是時劉、項莫肯先退，
先退者勢屈也。[12]公以十分居一之衆，畫地而守之。
扼其喉而不得進，已半年矣。情見勢竭，必將有變，
此用奇之時，不可失也。”太祖乃住。遂以奇兵襲紹别
屯，斬其將淳于瓊等，紹退走。審配以許攸家不法，
收其妻子，攸怒叛紹；顏良、文醜臨陣授首；田豐以
諫見誅：皆如或所策。

六年，太祖就穀東平之安民，[13] 糧少，不足與河北相支，欲因紹新破，以其閒擊討劉表。或曰：“今紹敗，其眾離心，宜乘其困，遂定之；而背兗、豫，遠師江、漢，[14] 若紹收其餘燼，承虛以出人後，則公事去矣。”太祖復次于河上。紹病死。太祖渡河，擊紹子譚、尚，而高幹、郭援侵略河東，關右震動，鍾繇帥馬騰等擊破之。語在《繇傳》。八年，太祖錄彧前後功，表封彧爲萬歲亭侯。[一][15] 九年，太祖拔鄴，[16] 領冀州牧。或說太祖“宜復古置九州，則冀州所制者廣大，天下服矣。”太祖將從之，或言曰：“若是，則冀州當得河東、馮翊、扶風、西河、幽、并之地，[17] 所奪者眾。前日公破袁尚，禽審配，海內震駭，必人人自恐不得保其土地，守其兵眾也；今使分屬冀州，將皆動心。且人多說關右諸將以閉關之計；今聞此，以爲必以次見奪。一旦生變，雖有（善守）〔守善〕者，[18] 轉相脅爲非，則袁尚得寬其死，而袁譚懷貳，劉表遂保江、漢之間，天下未易圖也。願公急引兵先定河北，然後修復舊京，南臨荊州，責貢之不入，則天下咸知公意，人人自安。天下大定，乃議古制，此社稷長久之利也。”太祖遂寢九州議。

〔一〕《彧別傳》載太祖表曰：[19] “臣聞慮爲功首，謀爲賞本，野績不越廟堂，[20] 戰多不踰國勳。[21] 是故曲阜之錫，不後營丘，[22] 蕭何之土，先於平陽。[23] 珍策重計，古今所尚。侍中守尚書令彧，積德累行，少長無悔，遭世紛擾，懷忠念治。臣自始舉義兵，周游征伐，[24] 與彧勠力同心，左右王略，[25] 發言授策，無施不效。彧之功業，臣由以濟，用披浮雲，顯光日月。陛下幸許，彧左右機近，忠恪祗順，如履薄冰，研精極鋭，以撫庶事。天下之定，彧之功也。宜享高爵，以彰元勳。"[26]彧固辭無野戰之勞，不通太祖表。太祖與彧書曰：[27]"與君共事已來，立朝廷，君之相爲匡弼，君之相爲舉人，君之相爲建計，君之相爲密謀，亦以多矣。夫功未必皆野戰也，[28]願君勿讓。"彧乃受。

[1]并河朔：趙幼文《校箋》謂《太平御覽》卷四四九引作"兼河北"。

[2]宛：縣名。治所在今河南南陽市。張繡敗曹操事見本書卷一《武帝紀》建安二年。

[3]書：《後漢書》卷七〇《荀彧傳》李賢注謂此書即陳琳爲袁紹所作之檄書，沈家本《瑣言》則謂陳琳之書乃檄州郡，非與操者；且檄書作於建安四年（199），而此書在建安二年操敗於張繡之時，今已不傳。

[4]劉項之存亡：趙幼文《校箋》謂《太平御覽》卷四四九引無"之"字。

[5]關中：地區名。指函谷關以内之地。包括今陝西和甘肅、寧夏、内蒙古的部分地區。

[6]蜀漢：蜀郡與漢中郡，指當時統治此二郡的劉璋。蜀郡治所成都，在今四川成都市舊東西城區。漢中郡治所南鄭，在今陝西漢中市東。

[7]馬超：《通鑑》卷六二漢獻帝建安二年作"馬騰"，盧弼《集解》謂《通鑑》正確。趙幼文《校箋》謂《後漢紀》亦作"馬騰"。

[8]果而自用：猶言剛愎自用。

[9]一夫：趙幼文《校箋》謂《太平御覽》卷二七二引"一"字作"匹"。

　　〔10〕官渡：地名。在今河南中牟縣東北。

　　〔11〕滎陽：縣名。治所在今河南滎陽市東北。　　成皋：縣名。治所在今河南滎陽市西北汜水鎮。

　　〔12〕先退者勢屈：劉邦與項羽爭天下時，曾在滎陽、成皋間相持很久，後項羽與劉邦約，中分天下，鴻溝以西爲漢地，以東爲楚地，項羽因而退兵，劉邦遂乘機而進，終敗項羽。（見《漢書》卷一《高帝紀》）

　　〔13〕東平：王國名。治所無鹽縣，在今山東東平縣東。　　安民：亭名。在今山東鄆城縣東。（本謝鍾英《補三國疆域志補注》）

　　〔14〕江漢：指荆州，因其境内有江水、漢水。

　　〔15〕萬歲：亭名。在今河南新鄭市内。　　亭侯：爵名。漢制，列侯大者食縣邑，小者食鄉、亭。東漢後期遂以食鄉、亭者稱爲鄉侯、亭侯。徐紹楨《質疑》云："據《後漢書》，或封侯在建安五年，與此不同，然《後漢紀》亦作八年也。"

　　〔16〕鄴：縣名。治所在今河北臨漳縣西南鄴鎮東一里半。

　　〔17〕馮（píng）翊（yì）：郡名。即左馮翊，漢代所謂"三輔"之一。馮翊原治所在高陵縣，在今陝西高陵縣西南。東漢獻帝"建安初，關中始開，詔分馮翊西數縣爲左内史郡，治高陵；以東數縣爲本郡，治臨晋"。（見本書卷二三《裴潛傳》裴注引《魏略》）臨晋縣在今陝西大荔縣。　　扶風：郡名。即右扶風，漢代"三輔"之一，治所槐里縣，在今陝西興平市東南。　　西河：郡名。東漢永和五年（140）後，治所在離石縣，在今山西離石縣。　　幽：州名。治所薊縣，在今北京城西南部分。　　并：州名。治所晋陽縣，在今山西太原市西南古城營西古城。

　　〔18〕守善：各本皆作"善守"，校點本從何焯説改。今從之。

　　〔19〕彧别傳：即《荀彧别傳》。姚振宗《三國藝文志》云："章宗源《隋志考證》曰《荀彧别傳》見《三國志注》，亦見《太平御覽》。"

　　〔20〕野績不越廟堂：謂野戰之功績不得超過廟堂策劃之功績。

［21］戰多不踰國勳：謂戰多之功勳不得越逾出謀建國之勳。

［22］不後營丘：周武王即位，以“太公望（呂尚）爲師，周公旦爲輔”。至武王滅商，遍封功臣謀士，封呂尚於營丘，曰齊；封周公旦於曲阜，曰魯。（見《史記》卷四《周本紀》）

［23］先於平陽：漢高祖劉邦建立漢朝後，以蕭何功最大，故先封爲酇侯，再封曹參爲平陽侯。（見《漢書》卷三九《蕭何曹參傳》）

［24］周游：吳金華《校詁》謂當從《後漢紀》作“周旋”。

［25］左右：輔佐。

［26］以彰元勳：曹操此表，袁宏《後漢紀》亦載。嚴可均所輯《全三國文》，二書之表皆輯録。嚴氏於《後漢紀》表後云：“此與《別傳》之表相當，而文全異。”

［27］太祖與彧書：趙幼文《校箋》謂《藝文類聚》卷五一引“祖”下有“又”字。

［28］夫功：趙幼文《校箋》謂《藝文類聚》引“夫”字作“大”，郝經《續後漢書》同。

是時荀攸常爲謀主。彧兄衍以監軍校尉守鄴，[1]都督河北事。太祖之征袁尚也，高幹密遣兵謀襲鄴，衍逆覺，盡誅之，以功封列侯。〔一〕[2]太祖以女妻彧長子惲，後稱安陽公主。[3]彧及攸並貴重，皆謙沖節儉，禄賜散之宗族知舊，家無餘財。十二年，復增彧邑千户，合二千户。〔二〕

〔一〕《荀氏家傳》曰：[4]衍字休若，彧第三兄。彧第四兄諶，字友若，事見《袁紹傳》。陳羣與孔融論汝、潁人物，羣曰：“荀文若、公達、休若、友若、仲豫，當今並無對。”衍子紹，位至太僕。[5]紹子融，字伯雅，與王弼、鍾會俱知名，爲洛陽令，參大將軍軍事，與弼、會論《易》《老》義，傳於世。諶子閎，字仲茂，爲太子文學掾。[6]時有甲乙疑論，閎與鍾繇、王朗、袁渙議各不同。文帝與繇書曰："袁、王國士，更爲脣齒，荀閎勁悍，往來銳師，真君侯之勍敵，[7]左右之深憂也。"終黄門侍郎。[8]閎從孫（惲）〔煇〕字景文，[9]太子中庶子，[10]亦知名。與賈充共定（音）〔晉〕律，[11]又作《易集解》。[12]仲豫名悦，朗陵長儉之少子，或從父兄也。

張璠《漢紀》稱悦清虚沈静，善於著述。建安初爲秘書監、侍中，[13]被詔刪《漢書》作《漢紀》三十篇，因事以明臧否，致有典要；其書大行于世。

〔二〕《彧別傳》曰：太祖又表曰："昔袁紹侵入郊甸，[14]戰於官渡。時兵少糧盡，圖欲還許，書與彧議，彧不聽臣。建宜住之便，恢進討之規，更起臣心，易其愚慮，遂摧大逆，覆取其衆。此彧覩勝敗之機，略不世出也。及紹破敗，臣糧亦盡，以爲河北未易圖也，欲南討劉表。彧復止臣，陳其得失，臣用反斾，[15]遂吞凶族，克平四州。[16]向使臣退於官渡，紹必鼓行而前，有傾覆之形，無克捷之勢。後若南征，委棄兗、豫，利既難要，將失本據。彧之二策，以亡爲存，以禍致福，謀殊功異，臣所不及也。是以先帝貴指縱之功，[17]薄搏獲之賞；古人尚帷幄之規，[18]下攻拔之捷。前所賞録，未副彧巍巍之勳，乞重平議，疇其户邑。"[19]彧深辭讓，太祖報之曰："君之策謀，非但所表二事。前後謙沖，欲慕魯連先生乎？[20]此聖人達節者所不貴也。[21]昔介子推有言'竊人之財，猶謂之盗'。[22]況君密謀安衆，光顯於孤者以百數乎！以二事相還而復辭之，何取謙亮之多邪！"太祖欲表彧爲三公，[23]彧使荀攸深讓，至于十數，太祖乃止。

[1] 監軍校尉：官名。曹操所置，此時荀衍以此職鎮鄴，並督河北事。

[2]列侯：爵名。漢代二十級爵之最高者，金印紫綬，有封邑，食租税。功大者食縣，小者食鄉、亭。

[3]安陽：縣名。治所在今陝西城固縣東北。

[4]荀氏家傳：殿本作"零陵先賢傳"，百衲本、盧弼《集解》本、校點本皆作"荀氏家傳"。今從百衲本等。沈家本《三國志注所引書目》謂《隋書·經籍志》未著録，《舊唐書·經籍志》著録爲《荀子家傳》十卷，荀伯子撰；《新唐書·藝文志》同，而無撰人。伯子《宋書》有傳，爲官東陽太守。

[5]太僕：官名。秩中二千石。掌皇帝車馬，兼管官府畜牧業。東漢尚兼掌兵器製作、織綬等。曹魏因之，第三品。

[6]太子文學掾：官名。曹魏置，太子屬官，亦稱太子文學，員數品佚不詳。

[7]君侯：漢代對封侯者之尊稱。漢獻帝曾封鍾繇爲東武亭侯。

[8]黃門侍郎：官名。即給事黃門侍郎，東漢時，秩六百石。掌侍從左右，給事禁中，關通中外。初無員數，漢獻帝定爲六員，與侍中出入禁中，近侍帷幄，省尚書奏事。三國沿置，魏定爲五品。

[9]煇（huī）：各本皆作"惲"。殿本《考證》李龍官曰："閎，荀彧第四兄諶之子也，其從孫似不應與彧子惲同名，疑有誤。"梁章鉅《旁證》引陳景雲説，謂"惲"當作"煇"，《晉書》卷四〇《賈充傳》載賈充定新律後加禄賞之詔中有荀煇。校點本即從陳景雲《辨誤》改。今從之。

[10]太子中庶子：官名。太子屬官，秩六百石，第五品，職如侍中。晉時置四員，與中舍人共掌文翰。

[11]晉律：各本皆作"音律"。陳景雲《辨誤》謂"音"當作"晉"，見《晉書·賈充傳》。按，《晉書》之《賈充傳》與《刑法志》均謂賈充受命定法律，他與鄭沖、杜友等人撰定後，稱之爲新律。陳説有理。今從改。

[12]易集解：《隋書·經籍志》謂梁有魏散騎常侍荀煇注

《易》十卷。侯康《補三國藝文志》云：“考《釋文叙録》引張璠《集解序》稱輝爲晋太子中庶子，而《隋志》稱魏散騎常侍者，豈注《易》在仕魏時耶！”

[13] 秘書監：漢桓帝延熹二年（159）初置，秩六百石，掌典圖書秘記，校定文字，屬太常。

[14] 郊甸：國都郊外之地。

[15] 斾（pèi）：即“旆”字，旗子。反斾，指回師北伐。

[16] 四州：即指冀、青、幽、并四州。

[17] 先帝：指漢高祖劉邦。劉邦滅項羽後，論功封賞群臣，以蕭何功最大，先封爲酇侯，食邑八千户，而臣下多不服。劉邦問道：“諸君知獵乎?”答：“知之。”又問：“知獵狗乎?”答：“知之。”劉邦曰：“夫獵，追殺獸者，狗也。而發縱指示獸處者，人也。今諸君徒能走得獸耳，功，狗也。至如蕭何，發縱指示，功，人也。”（《漢書》卷三九《蕭何傳》）　縱：百衲本、殿本、盧弼《集解》本皆作“蹤”，校點本作“縱”。《後漢書》卷七〇《荀彧傳》亦作“縱”。李賢注：“‘縱’或作‘蹤’，兩通。”今從校點本。

[18] 尚帷幄之規：漢高祖劉邦既定天下，封賞功臣。張良未嘗有戰功，劉邦曰：“運籌策帷幄中，決勝千里外，子房功也。自擇齊三萬户。”張良辭讓，乃封爲留侯。（《漢書》卷四〇《張良傳》）

[19] 疇其户邑：謂封賜給荀彧之户邑，應與其功勛相稱。

[20] 魯連：即魯仲連，戰國齊人。秦圍趙都邯鄲，趙求救於魏。魏畏秦，出兵不敢進，並派辛垣衍入趙，欲使趙尊秦爲帝。適逢魯仲連遊趙，魯連遂説服辛垣衍，不尊秦爲帝。秦軍退後，趙欲封賞魯連，魯連再三辭謝。又齊將田單攻聊城歲餘，士卒多死而聊城不下，魯仲連乃以書遺燕將，燕將愧而自殺，聊城破。齊欲封賞魯連，魯連逃隱於海上。（見《史記》卷八三《魯仲連列傳》）

[21] 達節：《左傳·成公十五年》：前志有之曰：“聖達節，

次守節，下失節。"楊伯峻注："最高道德爲能進能退，能上能下，而俱合於節義。"

[22]介子推：春秋時晋文公臣，其言見《左傳·僖公二十四年》。

[23]三公：《後漢書·荀彧傳》作曹操欲授荀彧以"正司"，李賢注："彧先守尚書令，今欲正除也。"潘眉《考證》云："三公，當依《後漢書》作'正司'，彧方守尚書令，位在九卿下，不得遽表爲三公。"

太祖將伐劉表，問彧策安出，彧曰："今華夏已平，南土知困矣。可顯出宛、葉而閒行輕進，[1]以掩其不意。"太祖遂行。會表病死，太祖直趨宛、葉如彧計，表子琮以州逆降。

十七年，董昭等謂太祖宜進爵國公，[2]九錫備物，[3]以彰殊勳，密以諮彧。彧以爲太祖本興義兵以匡朝寧國，秉忠貞之誠，守退讓之實；君子愛人以德，[4]不宜如此。太祖由是心不能平。會征孫權，表請彧勞軍于譙，[5]因輒留彧，[6]以侍中、光禄大夫持節，[7]參丞相軍事。太祖軍至濡須，[8]彧疾留壽春，[9]以憂薨，[10]時年五十。[11]諡曰敬侯。[12]明年，太祖遂爲魏公矣。〔一〕

〔一〕《魏氏春秋》曰：太祖饋彧食，發之乃空器也，於是飲藥而卒。咸熙二年，[13]贈彧太尉。[14]

《彧别傳》曰：彧自爲尚書令，常以書陳事，臨薨，皆焚毀之，故奇策密謀不得盡聞也。是時征役草創，制度多所興復，彧嘗言于太祖曰："昔舜分命禹、稷、契、皋陶以揆庶績，[15]教化征

魏書十

荀彧荀攸賈詡傳第十

903

伐，並時而用。及高祖之初，[16]金革方殷，[17]猶舉民能善教訓者，叔孫通習禮儀於戎旅之間，[18]世祖有投戈講藝、息馬論道之事，[19]君子無終食之間違仁。[20]今公外定武功，內興文學，使干戈戢睦，[21]大道流行，國難方弭，六禮俱治，[22]此姬旦宰周之所以速平也。[23]既立德立功，而又兼立言，誠仲尼述作之意；[24]顯制度於當時，揚名於後世，豈不盛哉！若須武事畢而後制作，以稽治化，於事未敏。宜集天下大才通儒，考論六經，刊定傳記，存古今之學，[25]除其煩重，以一聖真，並隆禮學，漸敦教化，則王道兩濟。”或從容與太祖論治道，如此之類甚衆，太祖常嘉納之。或德行周備，[26]非正道不用心，名重天下，莫不以爲儀表，海內英儁咸宗焉。司馬宣王常稱書傳遠事，[27]吾自耳目所從聞見，逮百數十年間，賢才未有及荀令君者也。前後所舉者，命世大才，[28]邦邑則荀攸、鍾繇、陳羣，海內則司馬宣王，及引致當世知名郗慮、華歆、王朗、荀悅、杜襲、辛毗、趙儼之儔，終爲卿相，以十數人。取士不以一揆，戲志才、郭嘉等有負俗之譏，杜畿簡傲少文，皆以智策舉之，終各顯名。荀攸後爲魏尚書令，亦推賢進士。太祖曰：“二荀令之論人，久而益信，吾没世不忘。”[29]鍾繇以爲顔子既没，[30]能備九德，[31]不貳其過，[32]唯荀彧然。或問繇曰：“君雅重荀君，比之顔子，自以不及，可得聞乎？”[33]曰：“夫明君師臣，其次友之。以太祖之聰明，每有大事，常先諮之荀君，是則古師友之義也。吾等受命而行，猶或不盡，相去顧不遠邪！”[34]

《獻帝春秋》曰：董承之誅，伏后與父完書，言司空殺董承，[35]帝方爲報怨。完得書以示彧，彧惡之，久隱而不言。完以示妻弟樊普，普封以呈太祖，太祖陰爲之備。彧後恐事覺，欲自發之，因求使至鄴，勸太祖以女配帝。太祖曰：“今朝廷有伏后，吾女何得以配上，吾以微功見録，位爲宰相，豈復賴女寵乎！”或曰：“伏后無子，性又凶邪，往常與父書，言辭醜惡，可因此廢也。"太祖曰:"卿昔何不道之?"或陽驚曰:"昔已嘗爲公言也。"太祖曰:"此豈小事而吾忘之!"或又驚曰:"誠未語公邪! 昔公在官渡與袁紹相持,恐增內顧之念,故不言爾。"太祖曰:"官渡事後何以不言?"或無對,謝闕而已。太祖以此恨或,而外含容之,故世莫得知。至董昭建立魏公之議,或意不同,欲言之於太祖。及齎璽書犒軍,飲饗禮畢,或留請閒。太祖知或欲言封事,[36]揖而遣之,或遂不得言。或卒於壽春,壽春亡者告孫權,言太祖使或殺伏后,或不從,故自殺。權以露布於蜀,劉備聞之,曰:"老賊不死,禍亂未已。"

臣松之案《獻帝春秋》云或欲發伏后事而求使至鄴,而方誣太祖云"昔已嘗言"。言既無徵,迴託以官渡之虞,俛仰之閒,辭情頓屈,雖在庸人,猶不至此,何以玷累賢哲哉! 凡諸云云,皆出自鄙俚,可謂以吾儕之言而厚誣君子者矣。袁暐虛罔之類,此最爲甚也。

[1] 葉(shè):縣名。治所在今河南葉縣西南。

[2] 國公:爵名。諸侯封爵中,最高爲國王,次爲國公,次爲列侯。

[3] 九錫:古代天子賜給大臣的最高禮遇。《漢書》卷六《武帝紀》注引應劭說:"九錫者,一曰車馬,二曰衣服,三曰樂器,四曰朱戶,五曰納陛,六曰虎賁百人,七曰鈇鉞,八曰弓矢,九曰秬鬯。"

[4] 君子愛人以德:《禮記·檀弓》:曾子曰:"君子愛人也以德,細人之愛人也以姑息。"

[5] 譙:縣名。治所在今安徽亳州市。

[6] 因輒:趙幼文《校箋》謂《太平御覽》卷二四九引"因"字作"國",無"輒"字。胡三省云:"輒,言專輒也。"(《通鑑》卷六六漢獻帝建安十七年注)

　　[7] 光禄大夫：官名。秩比二千石，掌顧問應對，無常事，屬光禄勳。　持節：漢末三國時，皇帝授予出征或出鎮的軍事長官的一種權力。至晉代，此種權力明確爲可殺無官位人，若軍事，可殺二千石以下官員。如皇帝派遣大臣出巡或祭吊等，加持節，則表示權力和尊崇。

　　[8] 濡須：地名。在今安徽無爲縣東北。

　　[9] 壽春：縣名。治所在今安徽壽縣。

　　[10] 以憂薨：趙幼文《校箋》謂《文選集注・三國名臣傳》引《鈔》作“以夏憂薨”。

　　[11] 年五十：潘眉《考證》謂荀彧初平二年（191）年二十九，卒年五十，則在建安十七年（212），而曹操至濡須及爲魏公，皆在建安十八年，則此傳所云“太祖軍至濡須”，乃將往，非實至。

　　[12] 敬侯：殿本無“侯”字，百衲本、盧弼《集解》本、校點本皆有。今從百衲本等。

　　[13] 咸熙：魏元帝曹奐年號（264—265）。

　　[14] 太尉：官名。東漢時，與司徒、司空並爲三公，共同行使宰相職能，而位列三公之首，名位甚重，或與太傅並録尚書事，綜理全國軍政事務。

　　[15] 舜：虞舜，傳説中之上古帝王。　禹稷契（xiè）皋陶（yáo）：四人皆輔助虞舜治理天下。禹分管水利，后稷管農業，契管教化，皋陶管刑獄。（見《史記》卷一《五帝本紀》）　揆：度量。此爲掌管、執掌之義。

　　[16] 高祖：漢高祖劉邦。

　　[17] 金革：指戰爭。金，兵器。革，甲胄。

　　[18] 叔孫通：秦時爲博士，後投劉邦。劉邦初定天下，叔孫通説劉邦徵魯諸生共定朝儀，劉邦許之。魯有兩生曰：“今天下初定，死者未葬，傷者未起，又欲起禮樂？禮樂所由起，百年積德而後可興也。”通笑曰：“若真鄙儒，不知時變。”遂與所徵三十人西入關，定禮儀。（見《漢書》卷四三《叔孫通傳》）

［19］世祖：漢光武帝劉秀。《後漢書》卷一下《光武帝紀》謂光武帝“在兵間久，厭武事，且知天下疲耗，思樂息肩，自隴、蜀平後，非儌急，未嘗復言軍旅。……每旦視朝，日側乃罷，數引公卿郎將，講論經理，夜分乃寐。……退功臣而進文吏，戢弓矢而散馬牛，雖道未方古，斯亦止戈之武焉”。

［20］君子無終食之間違仁：此語見《論語·里仁》。

［21］戢睦：停止。

［22］六禮：指衆禮制。《禮記·王制》：“六禮：冠、昏、喪、祭、鄉、相見。”

［23］姬旦：周公旦，周武王之弟，曾助武王滅商。武王死後，成王年幼，周公攝政，平定了武庚及商舊屬之叛亂，鞏固了周王朝統治。（見《史記》卷三三《魯周公世家》）又按，西周、春秋時期，貴族階層，女子稱姓，男子稱氏，區別井然。（參見顧炎武《亭林文集》卷二《原姓》）周人是姬姓，但周公旦是男子，不能稱爲“姬旦”，先秦古書中從未有稱周公爲“姬旦”者。秦漢以後，不復存在姓氏之別，後人囿於當時稱謂之習慣，而不明古制，遂有“姬旦”之誤稱。

［24］誠：百衲本作“成”，殿本、盧弼《集解》本、校點本作“誠”。今從殿本等。　仲尼：孔子名丘，字仲尼。

［25］古今之學：謂漢代的古文經學與今文經學。

［26］彧德行周備：趙幼文《校箋》謂《藝文類聚》卷二一、《太平御覽》卷四〇三引此爲《荀氏家傳》文。

［27］司馬宣王：即司馬懿。其子司馬昭爲晋王後，追尊他爲宣王。

［28］前後所舉者命世大才：趙幼文《校箋》謂《群書治要》卷二五引作“前後所舉佐命大才”。

［29］不忘：趙幼文《校箋》謂《群書治要》引“忘”下有“也”字，《北堂書鈔》卷五九此同。

［30］顏子：即顏回，孔子弟子，以德行著稱。

[31] 備九德：謂具備很高的德行。

[32] 不貳其過：《論語·雍也》：哀公問："弟子孰爲好學?"孔子對曰："有顏回者好學，不遷怒，不貳過。"貳，重複。趙幼文《校箋》謂《太平御覽》卷四〇三引作"不貳過者"，又下句"然"字作"乎"。

[33] 可得聞乎：趙幼文《校箋》謂《太平御覽》引"可"上有"其"字，下句"曰"上有"繇"字。

[34] 相去顧不遠邪：趙幼文《校箋》謂《太平御覽》引"顧"字作"固"。按《太平御覽》此句引作"去固遠耶"。

[35] 司空：指曹操。曹操時爲司空。

[36] 封事：指曹操封魏公加九錫之事。

子惲，嗣侯，官至虎賁中郎將。[1] 初，文帝與平原侯植並有擬論，[2] 文帝曲禮事彧。及彧卒，惲又與植善，而與夏侯尚不穆，[3] 文帝深恨惲。惲早卒，子甝、霬，音翼。以外甥故猶寵待。惲弟俁，御史中丞，[4] 俁弟詵，大將軍從事中郎，[5] 皆知名，早卒。〔一〕詵弟顗，咸熙中爲司空。〔二〕惲子甝嗣，爲散騎常侍，[6] 進爵廣陽鄉侯，[7] 年三十薨，子頵嗣。〔三〕霬官至中領軍，[8] 薨，諡曰貞侯，追贈驃騎將軍。[9] 子愷嗣。霬妻，司馬景王、文王之妹也，[10] 二王皆與親善。咸熙中，開建五等，[11] 霬以著勳前朝，改封愷南頓子。〔四〕[12]

〔一〕《荀氏家傳》曰：惲字長倩，俁字叔倩，詵字曼倩，俁子（寓）〔寓〕，[13] 字景伯。《世語》曰：（寓）〔寓〕少與裴楷、王戎、杜默俱有名京邑，[14] 仕晉，位至尚書，[15] 名見顯著。[16] 子羽嗣，位至尚書。

〔二〕《晉陽秋》曰：顗字景倩，幼爲姊夫陳羣所異。博學洽聞，意思愼密。司馬宣王見顗，奇之，曰："荀令君之子也。近見袁侃，[17]亦曜卿之子也。"[18]擢拜散騎侍郎。[19]顗佐命晉室，位至太尉，封臨淮康公。[20]嘗難鍾會"《易》無互體"，[21]見稱於世。顗弟粲，字奉倩。何劭爲粲傳曰：[22]粲字奉倩。粲諸兄並以儒術論議，而粲獨好言道，常以爲子貢稱夫子之言性與天道，[23]不可得聞，然則六籍雖存，固聖人之糠秕。粲兄俁難曰："《易》亦云聖人立象以盡意，繫辭焉以盡言，則微言胡爲不可得而聞見哉？"粲答曰："蓋理之微者，非物象之所舉也。今稱立象以盡意，此非通于意外者也，繫辭焉以盡言，此非言乎繫表者也；斯則象外之意，繫表之言，固蘊而不出矣。"及當時能言者不能屈也。又論父彧不如從兄攸。彧立德高整，軌儀以訓物，而攸不治外形，愼密自居而已。粲以此言善攸，諸兄怒而不能迴也。太和初，[24]到京邑與傅嘏談。嘏善名理而粲尚玄遠，宗致雖同，倉卒時或有格而不相得意。裴徽通彼我之懷，爲二家騎驛，[25]頃之，粲與嘏善。夏侯玄亦親。常謂嘏、玄曰："子等在世塗間，功名必勝我，但識劣我耳！"嘏難曰："能盛功名者，識也。天下孰有本不足而末有餘者邪？"粲曰："功名者，志局之所獎也。[26]然則志局自一物耳，固非識之所獨濟也。我以能使子等爲貴，然未必齊子等所爲也。"粲常以婦人者，[27]才智不足論，自宜以色爲主。驃騎將軍曹洪女有美色，[28]粲於是娉焉，容服帷帳甚麗，專房歡宴。[29]歷年後，婦病亡，未殯，傅嘏往喭粲；[30]粲不哭而神傷。嘏問曰："婦人才色並茂爲難。子之娶也，遺才而好色。[31]此自易遇，今何哀之甚？"粲曰："佳人難再得！顧逝者不能有傾國之色，然未可謂之易遇。"痛悼不能已，歲餘亦亡，時年二十九。粲簡貴，[32]不能與常人交接，所交皆一時俊傑。[33]至葬夕，赴者裁十餘人，皆同時知名士也，哭之，感慟路人。[34]

〔三〕《荀氏家傳》曰：顗字溫伯，爲羽林右監，[35]早卒。顗子崧，字景猷。《晉陽秋》稱崧少有志操，雅好文學，孝義和愛，在朝恪勤，位至左右光祿大夫、開府儀同三司。[36] 崧子羨，字令則，清和有才。尚公主，少歷顯位，年二十八爲北中郎將，[37] 徐、兗二州刺史，假節都督徐、兗、青三州諸軍事。[38] 在任十年，遇疾解職，卒於家，追贈驃騎將軍。羨孫伯子，今御史中丞也。

〔四〕《荀氏家傳》曰：愷，晉武帝時爲侍中。

干寶《晉紀》曰：武帝使侍中荀顗、和嶠俱至東宮，觀察太子。顗還稱太子德識進茂，而嶠云聖質如初。孫盛曰"遣荀勖"，其餘語則同。

臣松之案和嶠爲侍中，荀顗亡没久矣。荀勖位亞台司，[39] 不與嶠同班，無緣方稱侍中。二書所云，皆爲非也。考其時位，愷寔當之。愷位至征西大將軍。[40] 愷兄憺，少府。弟悝，護軍將軍，[41] 追贈車騎大將軍。[42]

[1] 虎賁中郎將：官名。屬光祿勳，秩比二千石，掌虎賁宿衛。魏晉沿之，第五品。

[2] 平原：侯國名。治所在今山東平原縣西南。曹植曾封爲平原侯。 並有擬論：謂曹丕、曹植都有資格作世子之議論。

[3] 夏侯尚：夏侯淵從子，與曹丕親善。 穆：通"睦"，和睦。

[4] 御史中丞：官名。秩千石，第四品，爲御史臺長官，掌監察、執法。

[5] 大將軍從事中郎：官名。大將軍之屬官，職掌參謀議論。

[6] 散騎常侍：官名。秩比二千石，第三品，爲門下重職，侍從皇帝左右，諫諍得失，應對顧問，與侍中等共平尚書奏事，有異議得駁奏。

[7] 廣陽：縣名。治所在今北京房山區東北。 鄉侯：爵名。漢制，列侯大者食縣、邑，小者食鄉、亭。東漢後期，遂以食鄉、

亭者稱爲鄉侯、亭侯。曹魏因之。

〔8〕中領軍：官名。第三品。掌禁兵，主五校、中壘、武衛三營。

〔9〕驃（piào）騎將軍：官名。第二品。東漢時位比三公，地位尊崇。魏、晉沿置，居諸名號將軍之首，僅作爲軍府名號，加授大臣、重要州郡長官，無具體職掌，二品。開府者位從公，一品。

〔10〕司馬景王、文王：司馬師與司馬昭。

〔11〕五等：公、侯、伯、子、男五等封爵。

〔12〕南頓：縣名。治所在今河南項城市西南南頓集。

〔13〕寓：各本皆作“寓”。《世説新語·排調篇》劉孝標注引《世語》作“寓”。劉孝標又注引《荀氏譜》“寓字景伯”，與裴松之注引《荀氏家傳》“俁子寓，字景伯”合。而余嘉錫《世説新語箋疏》引李慈銘曰：“《三國志·荀彧傳》‘子俁御史中丞’注引《荀氏家傳》曰‘俁字叔倩，子寓，字景伯，又引《世語》云云，與此同。”然則李慈銘所見之《三國志》皆作“寓”。又《晉書·刑法志》載裴頠上表，謂元康四年“免太常荀寓”。《通鑑》卷八三晉惠帝元康九年載裴頠上表亦作“荀寓”。是西晉有“荀寓”無“荀寓”，故均從劉孝標注改。

〔14〕裴楷：冀州刺史裴徽之子，見本書卷二三《裴潛傳》裴注引荀綽《冀州記》，又見《晉書》卷三五《裴秀附楷傳》。　王戎：涼州刺史王渾之子，見本書卷二四《崔林傳》裴注引《王氏譜》，又見《晉書》卷四三《王戎傳》。　杜默：侍御史杜友之子，見本書卷二八《毌丘儉傳》裴注引《世語》。

〔15〕尚書：官名。西晉初，置吏部、三公、客曹、駕部、屯田、度支六曹尚書，秩皆六百石，第三品。其中吏部職要任重，徑稱吏部尚書，其餘諸曹均稱尚書。

〔16〕名見：趙幼文《校箋》謂《册府元龜》卷七八三引“見”字作“甚”。按，宋本《册府元龜》亦作“見”。

〔17〕偘：同“侃”。

［18］曜卿：袁煥字曜卿。

［19］散騎侍郎：官名。曹魏置，第五品。與散騎常侍、侍中、黃門侍郎等侍從皇帝左右，顧問應對，諫諍拾遺，共平尚書奏事。西晉沿置。

［20］臨淮：國名。治所盱眙縣，在今江蘇盱眙縣東北。又按荀顗之封爵為臨淮公，“康”乃謚號。

［21］易無互體：鍾會曾撰《周易無互體論》三卷。見《隋書·經籍志》。

［22］何劭：何夔之孫，見本書卷一二《何夔傳》裴注引《晉諸公贊》，又見《晉書》卷三三《何曾附劭傳》。此傳謂何劭撰有《荀粲傳》與《王弼傳》，而《隋書·經籍志》等未著録。

［23］常：趙幼文《校箋》謂《册府元龜》卷八二九引作“嘗”。按，宋本《册府元龜》亦作“常”。古“常”通“嘗”。夫子之言性與天道：《論語·公冶長》子貢曰：“夫子之文章，可得而聞也。夫子之言性與天道，不可得而聞也。”

［24］太和：魏明帝曹叡年號（227—233）。

［25］爲二家騎驛：《世説新語·文學篇》劉孝標注引《粲別傳》“騎驛”作“釋”。按，傅嘏與荀粲都是崇尚老、莊的玄學家，所以説“宗致雖同”，但傅嘏側重用辨名析理的方法闡述自己的論點（即“善名理”），而荀粲則喜歡用抽象凌空的方式説理（即“尚玄遠”），所以他們二人談論時，常發生隔閡。裴徽則能體會二人之説加以溝通，故謂“爲二家騎驛”。

［26］志局：謂人的志向、器量。　獎：成。

［27］婦人者：趙幼文《校箋》謂《世説新語·溺惑篇》注引“人”下無“者”字。按，《世説》注引爲《粲別傳》。

［28］美色：趙幼文《校箋》謂《世説新語》注引《粲別傳》無“美”字。

［29］歡宴：趙幼文《校箋》謂《世説新語》注引《粲別傳》作“燕婉”。

〔30〕嗒：殿本作"啳"，百衲本、盧弼《集解》本、校點本作"嗒"。潘眉《考證》謂"嗒"與"啳"通。今從百衲本等。

〔31〕好色：趙幼文《校箋》謂《世説新語·溺惑篇》注引《粲別傳》"好"字作"存"。

〔32〕簡貴：趙幼文《校箋》謂《太平御覽》卷五五四引"貴"字作"實"。

〔33〕皆：趙幼文《校箋》謂毛氏汲古閣本作"者"，《太平御覽》卷四〇九、卷五五四引同。《世説新語·溺惑篇》注引亦同。按，《太平御覽》卷四〇九引"者"下有"皆"字。

〔34〕慟：盧弼《集解》本、校點本作"動"，百衲本、殿本作"慟"。今從百衲本等。

〔35〕羽林右監：官名。秩六百石，第五品，主羽林右騎。（本洪飴孫《三國職官表》）

〔36〕左右光禄大夫：官名。秩比二千石，第三品，西晉初置，位在諸卿上，無具體職掌，多授予年老有病的致仕官員。又按，《晉書》卷七五《荀崧傳》謂崧爲右光禄大夫。　開府：開設府署，辟置僚屬。漢代，祗許三公、大將軍開府。魏晉以後範圍擴大，同一官銜而開府者，地位較高。　儀同三司：官非三公，而授予儀制同於三司（三公）的待遇。

〔37〕北中郎將：官名。東漢靈帝時所置四中郎將之一，主率軍征伐。魏晉沿置。多有較固定的轄區和治所。西晉時多鎮鄴。

〔38〕假節：漢末三國時期，皇帝賜予臣下的一種權力，至晉代，此種權力明確爲因軍事可殺犯軍令者。　都督：官名。魏文帝黃初中（220—226），置都督諸州軍事，或兼領刺史，或統領所督州之軍事，無固定品級，多帶將軍名號。晉代沿置。　青：青州，刺史治所臨菑縣，在今山東淄博市東北臨淄鎮北。

〔39〕台司：指三公之位。

〔40〕征西大將軍：官名。魏征西將軍秩二千石，第二品。位次三公，多授予都督雍、涼二州諸軍事，領兵屯駐長安。資深者爲

征西大將軍。

[41] 護軍將軍：官名。掌禁兵，主武官選舉，隸屬領軍。資重者稱護軍將軍，資輕者稱中護軍。（本《宋書·百官志》）

[42] 車騎大將軍：官名。魏、晋時，驃騎、車騎、衛將軍皆爲重號將軍，高於諸名號將軍，本不須加“大”。其後將軍名號愈授愈濫，遂增置此號，多加權臣元老，以示尊崇。一品，開府置僚屬，不領兵。

荀攸字公達，彧從子也。祖父曇，廣陵太守。〔一〕[1]攸少孤。及曇卒，故吏張權求守曇墓。攸年十三，疑之，謂叔父衢曰：“此吏有非常之色，殆將有姦！”衢寤，乃推問，果殺人亡命。由是異之。〔二〕何進秉政，[2]徵海内名士攸等二十餘人。攸到，拜黄門侍郎。[3]董卓之亂，關東兵起，卓徙都長安。攸與議郎鄭泰、何顒、侍中种輯、越騎校尉伍瓊等謀曰：[4]“董卓無道，甚於桀、紂，天下皆怨之，雖資彊兵，實一匹夫耳。今直刺殺之以謝百姓，然後據殽、函，[5]輔王命，以號令天下，此桓、文之舉也。”[6]事垂就而覺，收顒、攸繫獄，顒憂懼自殺，〔三〕攸言語飲食自若，[7]會卓死，得免。〔四〕棄官歸，復辟公府，舉高第，[8]遷任城相，[9]不行。攸以蜀、漢險固，人民殷盛，乃求爲蜀郡太守，道絶不得至，駐荆州。

〔一〕《荀氏家傳》曰：曇字元智。兄昱，字伯脩。[10]張璠《漢紀》稱昱、曇並傑俊有殊才。昱與李膺、王暢、杜密等號爲八俊，位至沛相。[11]攸父彝，州從事。[12]彝於或爲從祖兄弟。

〔二〕《魏書》曰：攸年七八歲，衢曾醉，[13]誤傷攸耳，而攸出入遊戲，常避護不欲令衢見。衢後聞之，乃驚其夙智如此。

《荀氏家傳》曰：衢子祈，[14]字伯旗，與族父惲俱著名。祈與孔融論肉刑，[15]惲與孔融論聖人優劣，[16]並在《融集》。[17]祈位至濟陰太守；[18]惲後徵有道，[19]至丞相祭酒。[20]

〔三〕張璠《漢紀》曰：顒字伯求，少與郭泰、賈彪等遊學洛陽，[21]泰等與同風好。顒顯名太學，於是中朝名臣太傅陳蕃、司隸李膺等皆深接之。[22]及黨事起，顒亦名在其中，乃變名姓亡匿汝南間，[23]所至皆交結其豪桀。顒既奇太祖而知荀彧，袁紹慕之，與爲奔走之友。是時天下士大夫多遇黨難，顒常歲再三私入洛陽，從紹計議，爲諸窮窘之士解釋患禍。而袁術亦豪俠，與紹爭名。顒未常造術，術深恨之。

《漢末名士錄》曰：術嘗於眾坐數顒三罪，[24]曰：“王德彌先覺雋老，[25]名德高亮，而伯求疏之，是一罪也。許子遠凶淫之人，[26]性行不純，而伯求親之，是二罪也。郭、賈寒窶，[27]無他資業，而伯求肥馬輕裘，光曜道路，[28]是三罪也。”陶丘洪曰：[29]“王德彌大賢而短於濟時，許子遠雖不純而赴難不憚濡足。伯求舉善則以德彌爲首，濟難則以子遠爲宗。且伯求嘗爲虞偉高手刃復仇，[30]義名奮發。其怨家積財巨萬，文馬百駟，[31]而欲使伯求羸牛疲馬，頓伏道路，此爲披其胸而假仇敵之刃也。”術意猶不平。後與南陽宗承會於闕下，[32]術發怒曰：“何伯求，凶德也，吾當殺之。”承曰：“何生英俊之士，足下善遇之，使延令名於天下。”術乃止。後黨禁除解，辟司空府。每三府掾屬會議，[33]顒策謀有餘，議者皆自以爲不及。遷北軍中候，[34]董卓以爲長史。[35]後荀彧爲尚書令，遣人迎叔父司空爽喪，使并置顒尸，而葬之於爽冢傍。

〔四〕《魏書》云攸使人說卓得免，與此不同。

[1] 廣陵：郡名。東漢時治所廣陵縣，在今江蘇揚州市西北蜀

岡上。

[2] 何進：漢靈帝何皇后之兄，中平（184—189）初爲大將軍。中平六年靈帝去世，皇子劉辯即位，何太后臨朝，何進秉政。（見《後漢書》卷六九《何進傳》）

[3] 黃門侍郎：官名。即給事黃門侍郎。東漢時，秩六百石。掌侍從左右，給事禁中，關通中外。初無員數，漢獻帝定爲六員，與侍中出入禁中，近侍帷幄，省尚書奏事。三國沿置，魏定爲五品。

[4] 越騎校尉：官名。秩比二千石，掌京師宿衛兵。 伍瓊等謀：《通鑑考異》云：“《魏志》云攸與何顒、伍瓊同謀。按顒、瓊死已久，恐誤。”（見《通鑑》卷六〇漢獻帝初平三年）按，本書卷六《董卓傳》與《後漢書》卷七二《董卓傳》，伍瓊之被董卓殺害，在遷都長安之前，此謂遷都之後與荀攸同謀者有伍瓊，《通鑑考異》之疑誤有理。而何顒之死，當在遷都之後。《後漢書》卷六七《何顒傳》云：“董卓秉政，逼顒爲長史，託疾不就，乃與司空荀爽、司徒王允等共謀卓。會爽薨，顒以它事爲卓所繫，憂憤而卒。”而荀爽之卒，在遷都長安之後。《後漢書》卷六二《荀淑附爽傳》云：“爽自被徵命及登台司，九十五日，因從遷都長安。爽見董卓忍暴滋甚，必危社稷，其所辟舉皆才略之士，將共圖之，亦與司徒王允及卓長史何顒等爲内謀。會病薨。”則何顒實參與謀刺董卓之事。又本傳下云“事垂就而覺”，恐當從上引之《何顒傳》與《荀爽傳》，因荀爽之死，其謀遂止；何顒之被收繫，亦由它事，非因謀被發覺。盧弼《集解》引黃山説，以董卓之殘暴，如謀被發覺，諸人立被殺無疑，何暇下獄乎！

[5] 殽函：殽山與函谷關的合稱。相當於今陝西潼關以東至河南新安縣一帶。此處高峰絶谷，峻阪迂迴，形勢險要。

[6] 桓文：指春秋時期的齊桓公、晋文公，爲春秋五霸之二。

[7] 言語：殿本作“言論”，百衲本、盧弼《集解》本、校點本作“言語”。今從百衲本等。

[8] 高第：官吏考課成績第一者，稱高第。《後漢書》卷一五

《鄧晨傳》："晨好樂郡職，由是復拜爲中山太守，吏民稱之，常爲冀州高第。"李賢注："中山屬冀州，於冀州所部課常爲第一也。"

〔9〕任城：王國名。治所任城縣，在今山東微山縣西北。相：官名。王國之相，由朝廷直接委派，執掌王國行政大權，相當於郡太守。

〔10〕伯脩：《後漢書·荀淑傳》云："淑兄子昱字伯條。"惠棟《後漢書補注》謂《荀氏家傳》作"伯脩"，亦應改作"伯條"。

〔11〕沛：王國名。治所相縣，在今安徽濉溪縣西北。

〔12〕從事：官名。漢代州牧刺史的佐吏，有別駕從事史、治中從事史、兵曹從事史、部從事史等，均可簡稱爲從事。

〔13〕衢：趙幼文《校箋》謂《藝文類聚》卷一七、《太平御覽》卷五一二引"衢"上有"父"字。按，《太平御覽》所引乃《魏志》，引文即本傳攷"謂叔父衢曰"一段。

〔14〕祈：趙一清《注補》云："'祈'當作'旂'，晉有樂安孫旂，亦字伯旗，可證。"

〔15〕論肉刑：孔融《肉刑論》亦載《後漢書》卷七〇《孔融傳》。

〔16〕論聖人優劣：盧弼《集解》謂孔融《聖人優劣論》，亦載《藝文類聚》卷二〇、《初學記》卷一七。

〔17〕融集：《隋書·經籍志》著錄後漢少府《孔融集》九卷，梁十卷，錄一卷。今流傳有《孔少府集》《孔北海集》《孔文舉集》各一卷。

〔18〕濟陰：郡名。治所定陶縣，在今山東定陶縣西北。

〔19〕有道：漢代選舉人才科目之一。

〔20〕丞相祭酒：官名。即丞相軍師祭酒，丞相府之僚屬，曹操於建安十三年（208）爲丞相時置。參掌戎律，位在左、右軍師之下。後來晉人避諱，稱爲"軍祭酒""軍謀祭酒"，或簡稱"祭酒"。

〔21〕郭泰：范曄《後漢書》避家諱，作"郭太"，字林宗，東

漢末人，有高名，未仕宦。傳見《後漢書》卷六八。　賈彪：東漢末人，少與荀爽齊名。爲縣長，甚有治績。傳見《後漢書》卷六七。

[22] 太傅：官名。東漢太傅位上公，掌善導，無常職，多爲加銜。　司隸：即司隸校尉，官名。秩比二千石，掌糾察京師百官違法者；並治所轄各郡，相當於州刺史。

[23] 汝南：郡名。治所平輿縣，在今河南平輿縣北。《後漢書·何顒傳》亦與此同，謂"亡匿汝南間，所至皆親其豪傑"，其下多一句"有聲荆豫之域"。王先謙《後漢書集解》引劉攽曰："按文，'間'字下又云'有聲荆豫之域'，若祇在汝南，則無用'間'字，不當云'荆'，蓋漏'南郡'兩字也，南郡則屬荆州。"

[24] 嘗：校點本作"常"，百衲本、殿本、盧弼《集解》本作"嘗"。今從百衲本等。

[25] 王德彌：漢末名士。事迹未詳。

[26] 許子遠：許攸字子遠。主要事迹見本書卷一二《崔琰傳》裴注引《魏略》。

[27] 郭賈：郭泰、賈彪。

[28] 曜：校點本作"耀"，百衲本、殿本、盧弼《集解》本作"曜"。今從百衲本等。

[29] 陶丘洪：見本書卷一三《華歆傳》、卷四九《劉繇傳》、卷一二《崔琰傳》注引《續漢書》。

[30] 虞偉高：《後漢書·何顒傳》云："友人虞偉高有父讎未報，而篤病將終，顒往候之，偉高泣而訴。顒感其義，爲復讎，以頭醊其墓。"

[31] 百駟：四百匹馬。古代一車駕四馬，後世因稱四匹馬爲一駟。

[32] 宗承：漢末名士。他事未詳。

[33] 三府：三公府。

[34] 北軍中候：官名。東漢置，秩六百石。掌監警衛京師的屯騎、越騎、步兵、長水、射聲等校尉所領的北軍五營。

[35] 長史：官名。漢代三公府設有長史，以輔佐三公。秩千石。董卓入京後，曾爲司空、太尉、相國，故設有長史。

太祖迎天子都許，遺攸書曰：“方今天下大亂，智士勞心之時也，而顧觀變蜀、漢，不已久乎！”於是徵攸爲汝南太守，入爲尚書。太祖素聞攸名，與語大悦，謂荀彧、鍾繇曰：“公達，非常人也，吾得與之計事，天下當何憂哉！”以爲軍師。[1]建安三年，[2]從征張繡。攸言於太祖曰：“繡與劉表相恃爲彊，然繡以遊軍仰食於表，表不能供也，勢必離。不如緩軍以待之，可誘而致也；若急之，其勢必相救。”太祖不從，遂進軍之穰，[3]與戰。繡急，表果救之。軍不利，太祖謂攸曰：“不用君言至是。”乃設奇兵復戰，大破之。

是歲，太祖自宛征呂布，〔一〕至下邳，[4]布敗退固守，攻之不拔，連戰，士卒疲，太祖欲還。攸與郭嘉説曰：“呂布勇而無謀，今三戰皆北，其鋭氣衰矣。[5]三軍以將爲主，主衰則軍無奮意。夫陳宮有智而遲，今及布氣之未復，宮謀之未定，進急攻之，布可拔也。”乃引沂、泗灌城，[6]城潰，生禽布。

〔一〕《魏書》曰：議者云表、繡在後而遠襲呂布，[7]其危必也。攸以爲表、繡新破，勢不敢動。布驍猛，又恃袁術，若縱橫淮、泗間，豪傑必應之。今乘其初叛，衆心未一，[8]往可破也。太祖曰：“善。”比行，布以敗劉備，而臧霸等應之。

[1] 軍師：官名。建安三年（198）曹操爲司空時置，職掌參

與主持軍事謀議等。

　　[2] 三年：殿本作“二年”，百衲本、盧弼《集解》本、校點本作“三年”。趙一清《注補》云：“按《武紀》，‘二’當作‘三’。”今從百衲本等。

　　[3] 穰（ráng）：縣名。治所在今河南鄧州市。

　　[4] 下邳：縣名。治所在今江蘇睢寧縣西北。

　　[5] 衰：趙幼文《校箋》謂《册府元龜》卷三〇八引作“索”。

　　[6] 沂泗：二河流名。沂水即今山東南部、江蘇北部之沂河，惟下游古今略有變遷。古沂水在今江蘇邳州市西南入泗水。曹操引沂、泗水灌下邳城，即指流經今江蘇睢寧縣西北古邳鎮附近的沂、泗故道之水。

　　[7] 遠襲：殿本、盧弼《集解》本、校點本均作“還襲”，百衲本作“遠襲”。盧弼《集解》云：“馮本‘還’作‘遠’，《通鑑》引此亦作‘遠’。”吳金華《校詁》亦謂由宛至下邳，不下千二百里，實爲遠距離，當據馮本、《通鑑》作“遠”。今從百衲本。

　　[8] 一：殿本作“附”，百衲本、盧弼《集解》本、校點本作“一”。今從百衲本等。

　　後從救劉延於白馬，[1]收畫策斬顏良。語在《武紀》。太祖拔白馬還，遣輜重循河而西。袁紹渡河追，卒與太祖遇。諸將皆恐，説太祖還保營，攸曰：“此所以禽敵，奈何去之！”太祖目攸而笑。遂以輜重餌賊，賊競奔之，陳亂。乃縱步騎擊，大破之，斬其騎將文醜，太祖遂與紹相拒於官渡。軍食方盡，攸言於太祖曰：“紹運車旦暮至，其將韓莫鋭而輕敵，[2]擊可破也。”〔一〕太祖曰：“誰可使？”攸曰：“徐晃可。”乃遣

晃及史渙邀擊，破走之，燒其輜重。會許攸來降，言
紹遣淳于瓊等將萬餘兵迎運糧，將驕卒惰，可要擊也。
衆皆疑，唯攸與賈詡勸太祖。太祖乃留攸及曹洪守。
太祖自將攻破之，盡斬瓊等。紹將張郃、高覽燒攻櫓
降，[3]紹遂棄軍走。郃之來，洪疑不敢受，攸謂洪曰：
"郃計不用，怒而來，君何疑？"乃受之。

〔一〕臣松之案諸書，韓莫或作韓猛，或云韓若，未詳孰是。

[1] 白馬：縣名。治所在今河南滑縣東南城關鎮東。
[2] 韓莫（xún）：本書卷九《曹仁傳》袁紹又有別將"韓
荀"。洪頤煊《諸史考異》卷一云："莫"即"荀"字異文。
[3] 櫓：頂部沒有覆蓋的望樓，用以探望射擊敵營。

七年，從討袁譚、尚於黎陽。[1]明年，太祖方征劉
表，譚、尚爭冀州。譚遣辛毗乞降請救，太祖將許之，
以問羣下。羣下多以爲表彊，宜先平之，譚、尚不足
憂也。攸曰："天下方有事，而劉表坐保江、漢之間，
其無四方志可知矣。袁氏據四州之地，帶甲十萬，[2]紹
以寬厚得衆，借使二子和睦以守其成業，則天下之難
未息也。今兄弟遘惡，[3]其勢不兩全。[4]若有所并則力
專，力專則難圖也。及其亂而取之，天下定矣，此時
不可失也。"太祖曰："善"。乃許譚和親，遂還擊破
尚。其後譚叛，從斬譚於南皮。[5]冀州平，太祖表封攸
曰："軍師荀攸，自初佐臣，無征不從，前後克敵，皆
攸之謀也。"於是封陵樹亭侯。[6]十二年，下令大論功

行封，太祖曰："忠正密謀，撫寧内外，文若是也。公達其次也。"增邑四百，并前七百户，[一]轉爲中軍師。[7]魏國初建，爲尚書令。

〔一〕《魏書》曰：太祖自柳城還，[8]過攸舍，稱述攸前後謀謨勞勳，曰："今天下事略已定矣，孤願與賢士大夫共饗其勞。昔高祖使張子房自擇邑三萬户，[9]今孤亦欲君自擇所封焉。"

[1] 黎陽：縣名。治所在今河南浚縣東北。

[2] 十萬：殿本作"數萬"，百衲本、盧弼《集解》本、校點本作"十萬"。殿本《考證》云："毛本作'百萬'，何焯校本作'十萬'。"今從百衲本等。

[3] 遘：通"構"，構成。

[4] 其：百衲本、盧弼《集解》本作"其"，郝經《續後漢書》卷三一《荀攸傳》亦作"其"。殿本、校點本作"此"。盧弼《集解》云："元本、馮本、監本'其'作'此'。"今從百衲本等。

[5] 南皮：縣名。治所在今河北南皮縣東北。

[6] 陵樹：亭名。在今河南尉氏縣東北三十五里。（本盧弼《集解》引《讀史方輿紀要》）

[7] 中軍師：官名。曹操所置，後爲丞相府之重要僚屬，位在前、左、右軍師之上。參謀軍國大事，並典刑獄。

[8] 柳城：西漢縣名。西漢時屬遼西郡，東漢省。治所在今遼寧朝陽市西南十二臺營子。（本《〈中國歷史地圖集〉釋文匯編（東北卷）》）

[9] 邑：趙幼文《校箋》謂《北堂書鈔》卷四七、《藝文類聚》卷五一、《太平御覽》卷二〇〇引俱作"齊"，疑是。

攸深密有智防，[1]自從太祖征伐，常謀謨帷幄，時人及子弟莫知其所言。〔一〕太祖每稱曰：“公達外愚内智，外怯内勇，外弱内彊，不伐善，無施勞，[2]智可及，愚不可及，雖顔子、甯武不能過也。”[3]文帝在東宫，太祖謂曰：“荀公達，人之師表也，汝當盡禮敬之。”攸曾病，[4]世子問病，獨拜牀下，其見尊異如此。攸與鍾繇善，繇言：“我每有所行，反覆思惟，自謂無以易；以咨公達，輒復過人意。”公達前後凡畫奇策十二，唯繇知之，繇撰集未就，會薨，故世不得盡聞也。〔二〕攸從征孫權，道薨。太祖言則流涕。〔三〕

〔一〕《魏書》曰：攸姑子辛韜曾問攸説太祖取冀州時事。攸曰：“佐治爲袁譚乞降，[5]王師自往平之，吾何知焉？”自是韜及内外莫敢復問軍國事也。

〔二〕臣松之案：攸亡後十六年，鍾繇乃卒，撰攸奇策，亦有何難？而年造八十，猶云未就，遂使攸從征機策之謀不傳於世，惜哉！

〔三〕《魏書》曰：時建安十九年，攸年五十八。計其年大或六歳。

《魏書》載太祖令曰：“孤與荀公達周（游）〔旋〕二十餘年，[6]無毫毛可非者。”又曰：“荀公達真賢人也，所謂‘温良恭儉讓以得之’。[7]孔子稱‘晏平仲善與人交，[8]久而敬之’，公達即其人也。”

《傅子》曰：或問近世大賢君子，答曰：“荀令君之仁，荀軍師之智，斯可謂近世大賢君子矣。荀令君仁以立德，明以舉賢，行無諂黷，謀能應機。孟軻稱‘五百年而有王者興，其間必有命世者’，[9]其荀令君乎！太祖稱‘荀令君之進善，不進不休，荀軍師之去惡，不去不止’也。”

　　[1] 智防：吳金華《校詁》云："此謂防患之智計也。"

　　[2] 施勞：表白功勞。《論語·公冶長》顏淵曰："願無伐善，無施勞。"楊伯峻注："《禮記·祭統注》云：'施猶著也。'即表白的意思。"（《論語譯注》）

　　[3] 甯武：春秋時衛國大夫。《論語·公冶長》子曰："甯武子，邦有道，則知；邦無道，則愚。其知可及也，其愚不可及也。"楊伯峻注："愚，孔安國以爲這'愚'是'佯愚似實'，故譯爲'裝傻'。"（《論語譯注》）

　　[4] 曾：趙幼文《校箋》謂《初學記》卷一八引作"嘗"，郝經《續後漢書》同。

　　[5] 佐治：辛毗字佐治。袁尚攻袁譚，袁譚遣辛毗向曹操求和。見本書卷二五《辛毗傳》。

　　[6] 周旋：各本作"周游"。吳金華《校詁》云："'周游'疑爲'周旋'之訛。'周旋'亦魏晋常語，指交往共事而言。"趙幼文《校箋》謂《太平御覽》卷四〇六引"游"字作"旋"。按，本書《郭嘉傳》裴注引《傅子》載曹操追傷郭嘉與荀彧書亦有"相與周旋十一年"之語。今據《太平御覽》改。

　　[7] 温良恭儉讓以得之：《論語·學而》：子禽問於子貢曰："夫子至于是邦也，必聞其政，求之與？抑與之與？"子貢曰："夫子温良恭儉讓以得之。"

　　[8] 晏平仲：春秋時齊國的賢大夫，名嬰。《論語·公冶長》子曰："晏平仲善與人交，久而敬之。"

　　[9] 其間必有命世者：此語見《孟子·公孫丑下》。命世，趙一清《注補》云："'命'當作'名'。"吳金華《校詁》引黃生《義府》下，謂"名""命"二字古通用。

　　長子緝，有攸風，早没。次子適嗣，無子，絶。

黃初中，紹封攸孫彪爲陵樹亭侯，邑三百户，後轉封丘陽亭侯。[1]正始中，[2]追謚攸曰敬侯。

[1] 丘陽：趙一清《注補》云："疑是陽丘，《漢書·王子侯表》有陽丘恭侯安。《方輿紀要》三十一，陽丘城在濟南府章丘縣東南十里。"章丘縣，即今山東章丘市。

[2] 正始：魏少帝齊王曹芳年號（240—249）。

賈詡字文和，武威姑臧人也。[1]少時人莫知，唯漢陽閻忠異之，[2]謂詡有良、平之奇。[一][3]察孝廉爲郎，[4]疾病去官，西還至汧，[5]道遇叛氐，同行數十人皆爲所執。詡曰："我段公外孫也。[6]汝別埋我，我家必厚贖之。"時太尉段熲，[7]昔久爲邊將，威震西土，故詡假以懼氐。氐果不敢害，與盟而送之，其餘悉死。詡實非段甥，權以濟事，咸此類也。

[一]《九州春秋》曰：中平元年，[8]車騎將軍皇甫嵩既破黄巾，威震天下。閻忠時罷信都令，[9]説嵩曰："夫難得而易失者時也，時至而不旋踵者機也，故聖人常順時而動，智者必因機以發。今將軍遭難得之運，蹈易解之機，[10]而踐運不撫，臨機不發，將何以享大名乎？"[11]嵩曰："何謂也？"忠曰："天道無親，百姓與能，故有高人之功者，不受庸主之賞。今將軍授鉞於初春，[12]收功於末冬，兵動若神，謀不再計，旬月之間，[13]神兵電掃，攻堅易於折枯，摧敵甚於湯雪，[14]七州席卷，[15]屠三十六（萬）方，[16]夷黄巾之師，除邪害之患，或封户刻石，[17]南向以報德，威震本朝，風馳海外。[18]是以羣雄迴首，百姓企踵，雖湯武之舉，未有高於將軍者。身建高人之功，北面以事庸主，將何以圖安？"

嵩曰："心不忘忠，何爲不安？"忠曰："不然。昔韓信不忍一餐之遇，而棄三分之利，拒蒯通之忠，[19]忽鼎跱之勢，利劍已揣其喉，乃歎息而悔，所以見烹於兒女也。今主勢弱於劉、項，將軍權重於淮陰，指麾可以振風雲，叱咤足以興雷電，赫然奮發，因危抵頹，崇恩以綏前附，振武以臨後服；微冀方之士，動七州之衆，羽檄先馳於前，大軍震響於後，蹈蹟漳河，[20]飲馬孟津，[21]舉天網以網羅京都，[22]誅閹宦之罪，[23]除羣怨之積忿，解久危之倒懸。如此則攻守無堅城，[24]不招必影從，雖兒童可使奮空拳以致力，女子可使其褰裳以用命，況屬智能之士，因迅風之勢，則大功不足合，八方不足同也。功業已就，天下已順，乃燎于上帝，告以天命，混齊六合，南面以制，移神器于己家，推亡漢以定祚，實神機之至決，風發之良時也。夫木朽不彫，世衰難佐，將軍雖欲委忠難佐之朝，彫畫朽敗之木，猶逆坂而走丸，必不可也。方今權宦羣居，同惡如市，主上不自由，詔命出左右。如有至聰不察，[25]機事不先，必嬰後悔，亦無及矣。"嵩不從，忠乃亡去。

《英雄記》曰：涼州賊王國等起兵，共劫忠爲主，統三十六部，號車騎將軍。忠感慨發病而死。

[1] 武威：郡名。治所姑臧縣，在今甘肅武威市。

[2] 漢陽：郡名。治所冀縣，在今甘肅甘谷縣東南。

[3] 良平之奇：殿本《考證》云："《太平御覽》作'良、平之計'。"良、平，張良與陳平。

[4] 郎：郎官的泛稱。西漢光禄勳的屬官郎中、中郎、侍郎、議郎等皆可稱爲郎，無定員，多至千餘人；東漢於光禄勳下又設有五官、左、右中郎將署，合稱三署，主管諸中郎、侍郎、郎中等，亦無定員，多達二千餘人；又尚書、黃門等機構亦設專職郎官。光禄勳下之郎官，掌守衛皇宮殿廊門户，出充車騎扈從，備顧問應對，守衛陵園寢廟等，任滿一定期限，即可遷補內外官職，故郎官

機構，實爲儲備官吏的機構。東漢時，舉孝廉者多爲郎官。

〔5〕汧（qiān）：縣名。治所在今陝西隴縣南。

〔6〕段：百衲本、殿本作"叚"，盧弼《集解》本、校點本作"段"。今從《集解》本等。

〔7〕段熲（jiǒng）：武威姑臧人，漢桓帝時長期任護羌校尉，以武力威服羌人。漢靈帝初，爲破羌將軍，後又兩度爲太尉。（見《後漢書》卷六五《段熲傳》）

〔8〕中平：漢靈帝劉宏年號（184—189）。

〔9〕信都：縣名。治所在今河北冀州市。

〔10〕蹈易解之機：潘眉《考證》云："《後漢書·皇甫嵩傳》作'蹈易駭之機'。"

〔11〕享：《後漢書》卷七一《皇甫嵩傳》作"保"。

〔12〕授鉞於初春：潘眉《考證》云："當從《皇甫嵩傳》作'受鉞於暮春'。考黃巾以中平元年二月起兵，嵩以三月討之，此作'初春'者誤也。"

〔13〕月：殿本作"日"，百衲本、盧弼《集解》本、校點本作"月"。今從百衲本等。

〔14〕湯雪：用沸水澆雪。比喻事情容易解決。

〔15〕七州：《後漢書·皇甫嵩傳》謂當時黃巾軍席捲青、徐、幽、冀、荊、揚、兗、豫等八州。

〔16〕三十六方：各本均作"三十六萬方"，殿本《考證》云："何焯曰：'萬'字疑衍，想因下'方'字而妄增也。"潘眉《考證》亦云："'萬'字當衍，黃巾置三十六方，猶將軍號也，大方萬餘人，小方六七千人。"校點本即從何焯說刪"萬"字。今從之。

〔17〕封戶：《後漢書·皇甫嵩傳》作"封尸"。盧弼《集解》引黃山曰："封尸本《左傳》'築武軍而封晉尸'，若以封侯爲封戶，語殊費解。"

〔18〕風馳海外：上三句《後漢書·皇甫嵩傳》作"南向以報，威德震本朝，風聲馳海外"。

　　[19] 拒蒯通之忠：《史記》卷九二《淮陰侯列傳》謂當漢王劉邦與楚王項羽對峙於滎陽時，韓信已平齊地，並得立爲齊王。齊人蒯通見當時形勢，韓信實處舉足輕重之地位，遂往説韓信，建議他既不爲漢，也不助楚，保持中立，則可三分天下，鼎足而立。韓信不采納，説："漢王遇我甚厚，載我以其車，衣我以其衣，食我以其食。吾聞之，乘人之車者載人之患，衣人之衣者懷人之憂，食人之食者死人之事，吾豈可以鄉（向）利倍義乎！"蒯通又舉了一些爲了利益不顧情分的事例，韓信終不從蒯説。後來劉邦消滅項羽，建立了漢王朝。韓信終被懷疑，削了王位，封爲淮陰侯。韓信因而不滿，後結陳豨謀反，又被吕后所擒。他將被斬殺時乃慨歎曰："吾悔不用蒯通之計，乃爲兒女子所詐，豈非天哉！"

　　[20] 漳河：古漳河流經今河北臨漳縣東北。

　　[21] 孟津：津渡名。在今河南孟津縣東北的黄河上。東漢末又於此地置關隘，爲河南八關之一。

　　[22] 天網：百衲本作"天綱"，殿本、盧弼《集解》本、校點本作"天網"。今從殿本等。

　　[23] 宦：百衲本作"官"，殿本、盧弼《集解》本、校點本作"宦"。今從殿本等。

　　[24] 攻守：吴金華《校詁》云："進擊敵方城壘，謂之'攻'，因未能急下而守候之，謂之'守'。"

　　[25] 至：殿本作"主"，百衲本、盧弼《集解》本、校點本作"至"。今從百衲本等。

　　董卓之入洛陽，詡以太尉掾爲平津都尉，[1]遷討虜校尉。[2]卓壻中郎將牛輔屯陝，[3]詡在輔軍。卓敗，輔又死，衆恐懼，校尉李傕、郭汜、張濟等欲解散，間行歸鄉里。詡曰："聞長安中議欲盡誅涼州人，而諸君棄衆單行，即一亭長能束君矣。[4]不如率衆而西，所在

收兵，以攻長安，爲董公報仇，幸而事濟，奉國家以
征天下，[5]若不濟，走未後也。”衆以爲然。催乃西攻
長安。語在《卓傳》。[一]後詡爲左馮翊，催等欲以功侯
之。詡曰：“此救命之計，何功之有！”固辭不受。又
以爲尚書僕射，[6]詡曰：“尚書僕射，官之師長，天下
所望，詡名不素重，非所以服人也。縱詡昧于榮利，
奈國朝何！”乃更拜詡尚書，典選舉，多所匡濟，催等
親而憚之。[二]會母喪去官，拜光禄大夫。催、汜等鬭
長安中，[三]催復請詡爲宣義將軍。[四][7]催等和，出天
子，祐護大臣，詡有力焉。[五]天子既出，詡上還印綬。
是時將軍段煨屯華陰，[六][8]與詡同郡，遂去催託煨。
詡素知名，爲煨軍所望。煨内恐其見奪，而外奉詡禮
甚備，詡愈不自安。

〔一〕臣松之以爲《傳》稱“仁人之言，其利博哉”！[9]然則
不仁之言，理必反是。夫仁功難著，而亂源易成，是故有禍機一
發而殃流百世者矣。當是時，元惡既梟，天地始開，致使屬階重
結，大梗殷流，邦國遘殄悴之哀，黎民嬰周餘之酷，豈不由賈詡
片言乎？詡之罪也，一何大哉！自古兆亂，未有如此之甚。

〔二〕《獻帝紀》曰：[10]郭汜、樊稠與催互相違戾，[11]欲鬭者
數矣。詡輒以道理責之，[12]頗受詡言。

《魏書》曰：詡典選舉，多選舊名以爲令僕，[13]論者以
此多詡。

〔三〕《獻帝紀》曰：催等與詡議，迎天子置其營中。詡曰：
“不可。脅天子，非義也。”催不聽。張繡謂詡曰：“此中不可久
處，君胡不去？”詡曰：“吾受國恩，義不可背。卿自行，我不
能也。”

〔四〕《獻帝紀》曰：傕時召羌、胡數千人，先以御物繒綵與之，又許以宮人婦女，欲令攻郭汜。羌、胡來闚省門，曰：“天子在中邪！李將軍許我宮人美女，今皆安在？”帝患之，使詡爲之方計。詡乃密呼羌、胡大帥飲食之，許以封爵重寶，[14]於是皆引去。傕由此衰弱。

〔五〕《獻帝紀》曰：天子既東，而李傕來追，王師敗績。司徒趙温、太常王偉、衞尉周忠、司隸榮邵皆爲傕所嫌，[15]欲殺之。詡謂傕曰：“此皆天子大臣，卿奈何害之？”傕乃止。

〔六〕《典略》稱煨在華陰時，脩農事，不虜略。天子東還，煨迎道貢遺周急。

《獻帝紀》曰：後以煨爲大鴻臚、光禄大夫，[16]建安十四年，以壽終。

[1] 掾：官名。屬官之統稱。漢代三公府及其他重要官府皆置掾，分曹治事，掾爲曹長。　平津：即小平津，爲古黄河的重要渡口，在今河南鞏義市西北的黄河上。漢靈帝中平元年（184）爲了阻擋黄巾軍進攻洛陽，在津上置關戍守，爲河南八關之一。　都尉：官名。西漢時郡置都尉，輔佐郡守並掌本郡軍事。東漢廢除，僅在邊郡或關塞之地置都尉及屬國都尉，並漸漸分縣治民，職如太守。漢靈帝中平元年，“自函谷、大谷、廣城、伊闕、轘轅、旋門、孟津、小平津諸關，並置都尉”。（見《後漢書》卷七一《皇甫嵩傳》）

[2] 討虜校尉：官名。校尉，軍職之稱，東漢末，位次中郎將，討虜爲其稱號。賈詡爲此官，隸中郎將牛輔。

[3] 中郎將：官名。東漢統兵將領之一，位次將軍，秩比二千石。　陝：縣名。治所在今河南陝縣。

[4] 亭長：地方官名。漢代地方十里設一亭，置亭長一人，由縣令、長任命，掌地方治安，巡捕盜賊。

［5］國家：皇帝之代稱。

［6］尚書僕射（yè）：官名。東漢爲尚書臺次官，秩六百石，職權重，若公爲之，增秩至二千石。職掌拆閱封緘章奏文書，參議政事，諫諍駁議，監察百官。令不在，則代理其職。漢獻帝建安四年（199）分置左右。

［7］宣義將軍：官名。李傕於此時所置。

［8］華陰：縣名。治所在今陝西華陰市東南。

［9］博：百衲本、盧弼《集解》本作“博”，殿本、校點本作“溥”。按，裴松之所引此二語，見《左傳·昭公三年》：“君子曰：‘仁人之言，其利博哉！’”今從百衲本等。

［10］獻帝紀：百衲本、殿本作“獻帝記”，下三條亦同；盧弼《集解》此作“獻帝紀”，下有兩條作“獻帝記”，一條作“獻帝紀”。校點本皆作“獻帝紀”。今從之。

［11］互：殿本作“等”，百衲本、盧弼《集解》本、校點本作“互”。今從百衲本等。

［12］詡：殿本無“詡”字，百衲本、盧弼《集解》本、校點本皆有。今從百衲本等。

［13］名：趙幼文《校箋》謂謂郝經《續後漢書》作“臣”。

［14］寶：趙幼文《校箋》謂郝經《續後漢書》作“賞”。

［15］司徒：官名。東漢時，號稱萬石。與太尉、司空並爲三公，共同行使宰相職能，位次太尉。本職掌民政。　太常：官名。漢列卿之一，秩中二千石，掌禮儀祭祀，選試博士。　衛尉：官名。漢列卿之一，秩中二千石，掌宮門警衛。

［16］大鴻臚：官名。漢列卿之一，秩中二千石。掌少數族君長、諸侯王、列侯之迎送、接待、安排朝會、封授、襲爵及奪爵削土之典禮；諸侯王死，則奉詔護理喪事，宣讀誄策謚號；百官朝會，掌贊襄引導；兼管京都之郡國邸舍及郡國上計吏之接待；又兼管少數族之朝貢使節及侍子。

　　張繡在南陽，詡陰結繡，繡遣人迎詡。詡將行，或謂詡曰：“煥待君厚矣，君安去之？”詡曰：“煥性多疑，有忌詡意，禮雖厚，不可恃，久將爲所圖。我去必喜，又望吾結大援於外，必厚吾妻子。繡無謀主，亦願得詡，則家與身必俱全矣。”詡遂往，繡執子孫禮，煥果善視其家。詡説繡與劉表連和。[一]太祖比征之，一朝引軍退，繡自追之。詡謂繡曰：“不可追也，追必敗。”繡不從，進兵交戰，大敗而還。詡謂繡曰：“促更追之，更戰必勝。”繡謝曰：“不用公言，以至於此。今已敗，奈何復追？”詡曰：“兵勢有變，亟往必利。”繡信之，遂收散卒赴追，大戰，果以勝還。問詡曰：“繡以精兵追退軍，而公曰必敗；退以敗卒擊勝兵，[1]而公曰必剋。[2]悉如公言，何其反而皆驗也？”[3]詡曰：“此易知耳。將軍雖善用兵，非曹公敵也。軍雖新退，[4]曹公必自斷後；追兵雖精，將既不敵，彼士亦鋭，故知必敗。曹公攻將軍無失策，力未盡而退，必國内有故；已破將軍，必輕軍速進，縱留諸將斷後，[5]諸將雖勇，亦非將軍敵，故雖用敗兵而戰必勝也。”繡乃服。[6]是後，太祖拒袁紹於官渡，紹遣人招繡，并與詡書結援。繡欲許之，詡顯於繡坐上謂紹使曰：“歸謝袁本初，兄弟不能相容，[7]而能容天下國士乎？”繡驚懼曰：“何至於此！”竊謂詡曰：“若此，當何歸？”詡曰：“不如從曹公。”繡曰：“袁彊曹弱，又與曹爲讎，[8]從之如何？”詡曰：“此乃所以宜從也。夫曹公奉天子以令天下，其宜從一也。紹彊盛，我以少衆從

之，必不以我爲重，曹公衆弱，其得我必喜，其宜從
二也；夫有霸王之志者，固將釋私怨以明德於四海，
其宜從三也。願將軍無疑！”繡從之，率衆歸太祖。太
祖見之，喜，執詡手曰：“使我信重於天下者，子
也。”表詡爲執金吾，[9]封都亭侯，[10]遷冀州牧。冀州
未平，留參司空軍事。袁紹圍太祖於官渡，太祖糧方
盡，問詡計焉出，詡曰：“公明勝紹，勇勝紹，用人勝
紹，決機勝紹，有此四勝而半年不定者，但顧萬全故
也。必決其機，須臾可定也。”太祖曰：“善。”乃并
兵出，圍擊紹三十餘里營，破之。紹軍大潰，河北平。
太祖領冀州牧，徙詡爲太中大夫。[11]建安十三年，太
祖破荊州，欲順江東下。詡諫曰：“明公昔破袁氏，今
收漢南，[12]威名遠著，軍勢既大；若乘舊楚之饒，[13]
以饗吏士，撫安百姓，使安土樂業，則可不勞衆而江
東稽服矣。”[14]太祖不從，軍遂無利。〔二〕太祖後與韓
遂、馬超戰於渭南，[15]超等索割地以和，并求任子。
詡以爲可僞許之。又問詡計策，詡曰：“離之而已。”
太祖曰：“解。”一承用詡謀。語在《武紀》。卒破遂、
超，詡本謀也。

〔一〕《傅子》曰：詡南見劉表，表以客禮待之。詡曰：[16]
“表，平世三公才也；不見事變，多疑無決，無能爲也。”

〔二〕臣松之以爲詡之此謀，[17]未合當時之宜。于時韓、馬
之徒尚狼顧關右，[18]魏武不得安坐鄴都以威懷吳、會，[19]亦已明
矣。彼荊州者，孫、劉之所必争也。荊人服劉主之雄姿，憚孫權
之武略，爲日既久，誠非曹氏諸將所能抗禦。故曹仁守江陵，敗

不旋踵，何撫安之得行，稽服之可期？將此既新平江漢，威懾揚越，[20]資劉表水戰之具，藉荆楚楫櫂之手，實震蕩之良會，廓定之大機。不乘此取吴，將安俟哉？至於赤壁之敗，[21]蓋有運數。實由疾疫大興，以損淩屬之鋒，[22]凱風自南，[23]用成焚如之勢。[24]天實爲之，豈人事哉？然則魏武之東下，非失算也。詡之此規，爲無當矣。魏武後克平張魯，蜀中一日數十驚，劉備雖斬之而不能止，[25]由不用劉曄之計，以失席卷之會，斤石既差，悔無所及，即亦此事之類也。世咸謂劉計爲是，即愈見賈言之非也。

[1] 退：趙幼文《校箋》謂《通典·兵七》引作“及”。

[2] 剋：趙幼文《校箋》謂《通典》引作“勝”。

[3] 反而皆驗：趙幼文《校箋》謂《通典》引無“反而”二字。

[4] 軍雖新退：趙幼文《校箋》謂《通典》引無“雖”字。

[5] 縱留諸將：趙幼文《校箋》謂《通典》引無“縱”字。

[6] 乃服：趙幼文《校箋》謂《通典》引“乃”字作“大”。

[7] 兄弟不能相容：胡三省云：“謂與袁術有隙，各結黨與以相圖也。”（《通鑑》卷六三漢獻帝建安四年注）

[8] 與曹爲讎：胡三省云：“謂淯水之戰，殺其子也。”（《通鑑》卷六三漢獻帝建安四年注）

[9] 執金吾：官名。秩中二千石，掌宫外及京都警衛，皇帝出行，則充護衛及儀仗。

[10] 都亭侯：爵名。位在鄉侯下，食禄於都亭。都亭，城郭附近之亭。

[11] 太中大夫：秩千石，掌顧問應對，參謀議政。

[12] 漢南：地區名。泛指漢水以南地區。

[13] 舊楚：荆州在周代爲楚國之地，故稱荆州爲舊楚。

[14] 江東：地區名。長江自西向東流，流至今安徽境，則偏

北斜流，至江蘇省鎮江市又東流而下，古稱這段江路東岸之地爲江東（即今長江以南的蘇、浙、皖一帶），西岸之地爲江西（即今皖北和淮河下游一帶）。

〔15〕渭南：地區名。指渭水以南之地。

〔16〕詡曰：趙幼文《校箋》謂郝經《續後漢書》作"詡歸與繡曰"。

〔17〕此謀：殿本無"此"字，百衲本、盧弼《集解》本、校點本皆有。今從百衲本等。

〔18〕韓馬：指韓遂、馬超。

〔19〕郢都：指江陵，春秋時楚國曾建都於此，稱郢。在今湖北荆州市江陵區。 吳、會：指江東。吳郡與會稽郡爲江東之主要二郡。吳郡治所吳縣，在今江蘇蘇州市。會稽郡治所山陰縣，在今浙江紹興市。

〔20〕揚越：亦指江東。江東爲古揚州越人所居之地。

〔21〕赤壁：山名。在今湖北赤壁市西北長江邊。詳解見本書《武帝紀》建安十三年注。

〔22〕淩厲：謂勇往直前，氣勢猛烈。

〔23〕凱風：南風。《詩·邶風·凱風》："凱風自南，吹彼棘心。"後世因稱南風爲凱風。潘眉《考證》云："松之此句，足證唐人東風之誤。"

〔24〕焚如：謂火焰熾盛。

〔25〕而不能止：殿本無"而"字，百衲本、盧弼《集解》本、校點本皆有。今從百衲本等。

是時，文帝爲五官將，[1]而臨菑侯植才名方盛，各有黨與，有奪宗之議。[2]文帝使人問詡自固之術，詡曰："願將軍恢崇德度，躬素士之業，朝夕孜孜，不違子道。如此而已。"文帝從之，深自砥礪。太祖又嘗屏除左右問詡，詡嘿然不對。太祖曰：“與卿言而不答，何也？”詡曰：“屬適有所思，故不即對耳。”太祖曰：“何思？”詡曰：“思袁本初、劉景升父子也。”[3]太祖大笑，於是太子遂定。詡自以非太祖舊臣，而策謀深長，懼見猜嫌，[4]闔門自守，退無私交，男女嫁娶，不結高門，天下之論智計者歸之。

文帝即位，以詡爲太尉，〔一〕進爵魏壽鄉侯，[5]增邑三百，并前八百户。又分邑二百，封小子訪爲列侯。以長子穆爲駙馬都尉。[6]帝問詡曰：“吾欲伐不從命以一天下，吳、蜀何先？”對曰：“攻取者先兵權，建本者尚德化。陛下應期受禪，撫臨率土，若綏之以文德而俟其變，則平之不難矣。吳、蜀雖蕞爾小國，依阻山水，劉備有雄才，諸葛亮善治國，孫權識虛實，陸議見兵勢，[7]據險守要，汎舟江湖，皆難卒謀也。用兵之道，先勝後戰，量敵論將，故舉無遺策。臣竊料羣臣，無備、權對，雖以天威臨之，未見萬全之勢也。昔舜舞干戚而有苗服，[8]臣以爲當今宜先文後武。”文帝不納。後興江陵之役，士卒多死。詡年七十七，薨，謚曰肅侯。子穆嗣，歷位郡守。穆薨，子模嗣。〔二〕

〔一〕《魏略》曰：文帝得詡之對太祖，[9]故即位首登上司。[10]

《荀勖別傳》曰：晉司徒闕，武帝問其人於勖。答曰：“三公，具瞻所歸，[11]不可用非其人。昔魏文帝用賈詡爲三公，[12]孫權笑之。”

〔二〕《世語》曰：模，晉惠帝時爲散騎常侍、護軍將軍，模子胤，胤弟鬷，從弟疋，皆至大官，並顯於晋也。

[1] 五官將：官名。即五官中郎將，在漢代主管五官郎，屬光禄勳，不置官屬，秩比二千石。漢末曹丕爲此官，置官屬，並爲丞相之副。

[2] 議：趙幼文《校箋》謂《册府元龜》卷五二六引作"思"。按，宋本《册府元龜》亦作"議"。

[3] 劉景升：劉表字景升。

[4] 嫌：校點本作"疑"，百衲本、殿本、盧弼《集解》本作"嫌"，郝經《續後漢書》卷三一《賈詡傳》同。今從百衲本等。

[5] 魏壽：縣名。趙一清《注補》謂曹魏改"漢壽"爲"魏壽"，在今湖南常德市東北。

[6] 駙馬都尉：官名。秩比二千石，第六品，掌皇帝副車之馬，無定員，或爲加官。

[7] 陸議：陸遜本名議。

[8] 舜舞干戚而有苗服：干，盾。戚，斧。《韓非子·五蠹》云："當舜之時，有苗不服，禹將伐之。舜曰：'不可。上德不厚而行武，非道也。'乃修教三年，執干戚舞，有苗乃服。"意謂舜偃武修文，將干戚用爲舞具而不用於戰爭，以修德教而感化有苗，有苗乃服。

[9] 得：殿本作"德"，今從百衲本、盧弼《集解》本、校點本作"得"。趙一清《注補》云："得即德也，古通也。"

[10] 上司：漢朝稱大司馬爲上司。大司馬掌軍事，東漢改稱太尉，故太尉亦稱上司。

[11] 具瞻：爲衆人所瞻仰。《詩·小雅·節南山》："赫赫師尹，民具爾瞻。"毛傳："具，俱。瞻，視。"鄭箋："此言尹氏，女居三公之位，天下之民俱視女之所爲。"

[12] 三公：趙幼文《校箋》謂《太平御覽》卷二〇八、卷三九一引無"三"字。

評曰："荀彧清秀通雅，有王佐之風，然機鑒先識，未能充其志也。[一]荀攸、賈詡，庶乎算無遺策，經達權變，其良、平之亞歟！[二]

〔一〕世之論者，[1]多譏彧協規魏氏，以傾漢祚；君臣易位，實彧之由。雖晚節立異，無救運移；功既違義，識亦疚焉。陳氏此評，蓋亦同乎斯識。臣松之以爲斯言之作，誠未得其遠大者也。或豈不知魏武之志氣，非衰漢之貞臣哉？良以于時王道既微，橫流已及，[2]雄豪虎視，人懷異心，不有撥亂之資，杖順之略，[3]則漢室之亡忽諸，[4]黔首之類殄矣。夫欲翼讚時英，一匡屯運，[5]非斯人之與而誰與哉？是故經綸急病，若救身首，用能動于嶮中，至于大亨，蒼生蒙舟航之接，[6]劉宗延二紀之祚，[7]豈非荀生之本圖，仁恕之遠致乎？及至霸業既隆，翦漢迹著，然後亡身殉節，以申素情，[8]全大正於當年，布誠心於百代，可謂任重道遠，志行義立。謂之未充，其殆誣歟！

〔二〕臣松之以爲列傳之體，以事類相從。張子房青雲之士，誠非陳平之倫。然漢之謀臣，良、平而已。若不共列，則餘無所附，故前史合之，蓋其宜也。魏氏如詡之儔，其比幸多。詡不編程、郭之篇，[9]而與二荀并列，失其類矣。且攸、詡之爲人，其猶夜光之與蒸燭乎！[10]其照雖均，質則異焉。今荀、賈之評，共同一稱，尤失區別之宜也。

[1] 世之論者：陳景雲《辨疑》謂"世之論者"上當有書名或人名，今脱落。趙幼文《校箋》謂郝經《續後漢書》荀宗道注引句上有"裴松之曰"四字，疑此脱"臣松之案"四字。

[2] 橫流：比喻動蕩的局勢。　及：百衲本、盧弼《集解》本作"及"，殿本、校點本作"極"。中華再造善本影宋本亦作

"及"，今從百衲本等。

　　〔３〕杖：盧弼《集解》本、校點本作"仗"，百衲本、殿本作"杖"。按二字通。今從百衲本等。

　　〔４〕忽諸：忽然，言其很快。

　　〔５〕屯運：艱難之時運。屯，《易》卦名，有萬物始生，艱險難進之象。《易·屯》象傳云："屯，剛柔始交而難生，動乎險中。"

　　〔６〕航：趙幼文《校箋》謂郝經《續後漢書》苟宗道注引作"船"。

　　〔７〕紀：十二年爲一紀。建安整二十四年，故云二紀。

　　〔８〕情：趙幼文《校箋》謂郝經《續後漢書》苟宗道注引作"志"。

　　〔９〕程郭：指程昱、郭嘉。

　　〔１０〕蒸燭：以麻、竹等所製之燭。《廣雅·釋器》："蒸，炬也。"王念孫《疏證》："凡析麻稭及竹木爲炬，皆謂之蒸。"

三國志 卷一一

魏書十一

袁張涼國田王邴管傳第十一

袁渙字曜卿,[1]陳郡扶樂人也。[2]父滂,爲漢司徒。[一][3]當時諸公子多越法度,而渙清靜,舉動必以禮。郡命爲功曹,[4]郡中姦吏皆自引去。後辟公府,舉高第,[5]遷侍御史。[6]除譙令,[7]不就。劉備之爲豫州,[8]舉渙茂才。[9]後避地江、淮間,爲袁術所命。術每有所咨訪,渙常正議,術不能抗,[10]然敬之不敢不禮也。頃之,呂布擊術於阜陵,[11]渙往從之,遂復爲布所拘留。布初與劉備和親,後離隙。布欲使渙作書詈辱備,[12]渙不可,再三彊之,不許。布大怒,以兵脅渙曰:“爲之則生,不爲則死。”渙顏色不變,笑而應之曰:“渙聞唯德可以辱人,不聞以罵。使彼固君子邪,且不恥將軍之言;[13]彼誠小人邪,將復將軍之意,則辱在此不在於彼。且渙他日之事劉將軍,猶今日之事將軍也,如一旦去此,復罵將軍,可乎?”布慚

而止。^[14]

〔一〕袁宏《漢紀》曰：滂字公熙，^[15]純素寡欲，終不言人之短。當權寵之盛，或以同異致禍，滂獨中立於朝，故愛憎不及焉。

[1] 涣：王鳴盛云："義門何氏（焯）校云'涣當作煥，今太康縣有魏袁煥碑'。案：北平黃叔璥玉圃輯《中州金石考》，陳州府扶溝縣有魏袁涣碑，此縣又有漢國三老袁良碑。《方輿紀要》云'《金石林》載入太康縣'，何氏因此遂以爲在太康，但作'涣'甚明，不知何以云當作'煥'。惟是《蜀書·許靖傳》云靖'與陳郡袁煥親善'，且其字曰曜卿，則又似從火爲合；且其父名滂，不應涣亦從水，未知其審。"（《十七史商榷》卷四〇"袁涣"）按，本書卷三八《許靖傳》殿本作"袁煥"，而百衲本作"袁涣"。趙幼文《校箋》又謂《文選集注·三國名臣贊》引《鈔》"涣"作"煥"。《太平御覽》卷六三三、《册府元龜》卷六七六引同。又《鈔》引"曜"字作"耀"。《太平御覽》卷一九〇、卷六三三、《册府元龜》卷六二〇、《通志》引同。按，宋本《册府元龜》卷六二〇、卷六七六、《太平御覽》卷一九〇引"涣"字俱作"涣"。

[2] 陳郡：東漢中爲陳國，漢末陳王寵被袁紹所殺，國除爲郡。（本《元和郡縣志》）治所陳縣，在今河南淮陽縣。 扶樂：縣名。治所在今河南太康縣西北。

[3] 司徒：官名。東漢時，與太尉、司空並爲三公，共同行使宰相職能，位次太尉。本職掌民政。

[4] 功曹：官名。漢代郡太守下設功曹史，簡稱功曹，爲郡太守之佐吏，除分掌人事外，並得參與一郡之政務。

[5] 高第：官吏考課成績爲第一，稱高第。《後漢書》卷一五《鄧晨傳》："晨好樂郡職，由是復拜爲中山太守，吏民稱之，常爲

942

今注本二十四史 三國志

冀州高第。"李賢注："中山屬冀州，於冀州所部課常爲第一也。"

[6]侍御史：官名。秩六百石，掌察舉非法，受公卿群吏奏事，有違失者則舉劾。

[7]譙：縣名。治所在今安徽亳州市。

[8]爲豫州：爲豫州刺史。治所即譙縣。

[9]茂才：即秀才，東漢人避光武帝劉秀諱改，爲漢代選舉人才科目之一。東漢之制，州牧刺史歲舉一人。三國沿之，或稱秀才。

[10]抗：盧弼《集解》云："錢儀吉曰'抗疑悦之訛'。弼按'抗'對'正議'言，不誤。"趙幼文《校箋》則云："本志《鮑勛傳》云：'勛前在東宫，守正不撓，太子固不悦。'上言守正，下云不能悦，與此語正相類，足徵字誤也。盧君説疑未審，當從錢氏爲得。"

[11]阜陵：縣名。治所在今安徽全椒縣東南。

[12]詈辱：吴金華《校詁》謂"詈辱"疑原作"罵辱"。袁宏《後漢紀》卷二九、《文選》卷四七袁宏《三國名臣序贊》注引《魏志》、《群書治要》卷二五、《通典》卷五四均作"罵辱"。

[13]且：趙幼文《校箋》謂《册府元龜》卷八二〇引作"正"。

[14]布慚而止：殿本作"布乃止"，百衲本、盧弼《集解》本、校點本作"布慚而止"。今從百衲本等。

[15]公熙：潘眉《考證》云："袁滂以光和元年爲司徒，二年免。章懷云：滂字公喜。"按，此見《後漢書》卷八《靈帝紀》光和元年李賢注。趙幼文《校箋》云："考'熙''喜'古通，《尚書·堯典》'庶績咸熙'漢膠東令王君碑作'庶績咸喜'，是其證。"

　　布誅，[1]乃得歸太祖。[一][2]渙言曰：[3]"夫兵者，凶器也，不得已而用之。鼓之以道德，征之以仁義，[4]

兼撫其民而除其害。夫然，故可與之死而可與之生。自大亂以來十數年矣，民之欲安，甚於倒懸，然而暴亂未息者，何也？意者政失其道歟！渙聞明君善于救世，故世亂則齊之以義，時僞則鎮之以樸；世異事變，治國不同，不可不察也。夫制度損益，此古今之不必同者也。若夫兼愛天下而反之於正，雖以武平亂而濟之以德，誠百王不易之道也。公明哲超世，古之所以得其民者，公既勤之矣，今之所以失其民者，公既戒之矣，海內賴公，得免於危亡之禍，然而民未知義，其惟公所以訓之，則天下幸甚！”太祖深納焉。拜爲沛南部都尉。[5]

〔一〕《袁氏世紀》曰：[6]布之破也，陳羣父子時亦在布之軍，[7]見太祖皆拜。渙獨高揖不爲禮，太祖甚嚴憚之。時太祖又給衆官車各數乘，使取布軍中物，唯其所欲。衆人皆重載，唯渙取書數百卷，資糧而已。衆人聞之，大慚。渙謂所親曰：“脫我以行陳，[8]令軍發足以爲行糧而已，不以此爲我有。由是屬名也，大悔恨之。”太祖益以此重焉。

[1] 誅：殿本作“破”，百衲本、盧弼《集解》本、校點本作“誅”。今從百衲本等。
[2] 乃：百衲本作“乃”，殿本、盧弼《集解》本、校點本作“渙”。今從百衲本。
[3] 渙言曰：趙幼文《校箋》云：“此句語義不完。考《後漢紀》作‘渙説操曰’。《通志》作‘渙言於太祖曰’，《季漢書》同。則此脫‘於太祖’三字，似應據補。”
[4] 征：趙幼文《校箋》謂《文選集注》引《鈔》作“正”。

[5] 沛：王國名。治所相縣，在今安徽濉溪縣西北。 都尉：官名。西漢時郡置都尉，輔佐郡守並掌本郡軍事。東漢廢除，僅在邊郡或關塞之地置都尉及屬國都尉，並漸漸分縣治民，職如太守。沛國雖非邊郡，蓋爲大國，於漢末動亂之際，特在南部置都尉以加強統治。

[6] 袁氏世紀：書名。沈家本《三國志注所引書目》謂隋、唐《志》皆未著錄，《世説新語‧文學篇》亦引之。

[7] 布之軍：趙一清《注補》云：“之”字衍。趙幼文《校箋》謂《册府元龜》卷七八一引無“之”字，“軍”下有“中”字，《通志》亦無“之”字，趙一清説是。

[8] 脱：倘若，如果。

是時新募民開屯田，民不樂，多逃亡，涣白太祖曰：“夫民安土重遷，不可卒變，易以順行，難以逆動，宜順其意，樂之者乃取，不欲者勿彊。”太祖從之，百姓大悦。[1]遷爲梁相。[2]涣每敕諸縣：“務存鰥寡高年，表異孝子貞婦。[3]常談曰‘世治則禮詳，世亂則禮簡’，全在斟酌之閒耳。方今雖擾攘，難以禮化，然在吾所以爲之。”爲政崇教訓，恕思而後行，外溫柔而内能斷。[一]以病去官，百姓思之。後徵爲諫議大夫、丞相軍祭酒。[4]前後得賜甚多，皆散盡之，家無所儲，終不問産業，乏則取之於人，不爲皦察之行，[5]然時人服其清。

〔一〕《魏書》曰：毅熟長呂岐善朱淵、爰津，[6]遣使行學還，召用之，與相見，出署淵師友祭酒，[7]津決疑祭酒。淵等因各歸家，不受署。岐大怒，將吏民收淵等，皆杖殺之，議者多非焉。

渙教勿劾，主簿孫徽等以爲"淵等罪不足死，[8]長吏無專殺之義，[9]孔子稱'唯器與名，[10]不可以假人'。謂之師友而加大戮，刑名相伐，不可以訓"。渙教曰："主簿以不請爲罪，此則然矣。謂淵等罪不足死，則非也。夫師友之名，古今有之。然有君之師友，有士大夫之師友。夫君置師友之官者，所以敬其臣也；有罪加於刑焉，國之法也。今不論其罪而謂之戮師友，斯失之矣。主簿取弟子戮師之名，而加君誅臣之實，非其類也。夫聖哲之治，觀時而動，故不必循常，將有權也。閒者世亂，民陵其上，雖務尊君卑臣，猶或未也，而反長世之過，不亦謬乎！"遂不劾。

[1] 大：百衲本作"太"，殿本、盧弼《集解》本、校點本作"大"。今從殿本等。

[2] 梁：王國名。治所睢陽縣，在今河南商丘市睢陽區南。相：官名。王國的相，由朝廷直接委派，執掌王國行政大權，相當於郡太守。

[3] 表異孝子貞婦：趙幼文《校箋》謂《北堂書鈔》卷七四引作"旌表異行孝子貞婦"。

[4] 諫議大夫：官名。秩六百石，屬光禄勳，掌議論，無定員。　丞相軍祭酒：官名。即丞相軍師祭酒，丞相府之僚屬，曹操建安十三年爲丞相時置。參掌戎律，位在左、右軍師之下。後來晋人避諱，稱爲"軍祭酒""軍謀祭酒"，或簡稱"祭酒"。

[5] 皦：趙幼文《校箋》謂《文選集注》引《鈔》作"激"，陸善經注引同。玄應《一切經音義》卷二引《埤蒼》："皦，明也，净也。"皦察，謂極端明察，亦即苛求之義。

[6] 穀熟：縣名。治所在今河南商丘市睢陽區東南。　爰：百衲本、校點本作"爰"，殿本、盧弼《集解》本作"袁"。今從百衲本等。

[7] 師友祭酒：官名。漢代郡、縣，除選拔一些人才擔任具體

職務外，還對郡縣内一些德行高尚或才能出衆而又不願擔任具體職務的人，以無具體職事的散吏名義聘養在府中，待以師友之禮。其中地位最高者稱爲祭酒，師友祭酒即其中之一；再如決疑祭酒、東閣祭酒等等亦是。後世或沿襲。

[8] 主簿：官名。漢代中央及州郡縣官府皆置此官，以典領文書、辦理事務。

[9] 長吏：指縣令、長。

[10] 孔子稱：孔子此語，見《左傳·成公二年》。器，指禮器等。名，指爵號。

魏國初建，爲郎中令，[1]行御史大夫事。[2]涣言於太祖曰："今天下大難已除，文武並用，長久之道也。以爲可大收篇籍，明先聖之教，以易民視聽，使海内斐然向風，則遠人不服可以文德來之。"太祖善其言。時有傳劉備死者，羣臣皆賀；涣以嘗爲備舉吏，獨不賀。居官數年卒，太祖爲之流涕，賜穀二千斛，[3]一教"以太倉穀千斛賜郎中令（之）家"，[4]一教"以垣下穀千斛與曜卿家"，[5]外不解其意。教曰："以太倉穀者，官法也；以垣下穀者，親舊也。"文帝聞涣昔拒呂布之事，[6]問涣從弟敏："涣勇怯何如？"敏對曰："涣貌似和柔，然其臨大節，處危難，雖賁、育不過也。"[7]涣子侃，亦清粹閒素，有父風，歷位郡守、尚書。〔一〕[8]

〔一〕《袁氏世紀》曰：涣有四子，侃、寓、奥、準。[9]侃字公然，論議清當，柔而不犯，善與人交。在廢興之間，[10]人之所趣務者，常謙退不爲也。時人以是稱之。歷位黄門、選部郎，[11]

号爲清平。稍遷至尚書，早卒。寓字宣厚，精辯有機理，好道家之言，少被病，未官而卒。奥字公榮，行足以屬俗，言約而理當，終於光禄勳。準字孝尼，忠信公正，不恥下問，唯恐人之不勝己。[12]以世事多險，故常治退而不敢求進。[13]著書十餘萬言，[14]論治世之務，爲《易》《周官》《詩》傳，及論五經滯義，聖人之微言，以傳於世。此準之自序也。

　　荀綽《九州記》稱準有儁才，[15]泰始中爲給事中。[16]袁氏子孫世有名位，貴達至今。

　　[1] 郎中令：官名。秦朝置郎中令，漢初沿置，漢武帝時改稱光禄勳，爲列卿之一，秩中二千石，掌宿衛宮殿門户及侍從左右。建安十八年（213）曹操爲魏公建魏國，又置郎中令，黄初元年（220）又改稱光禄勳，第三品。

　　[2] 御史大夫：官名。建安十八年魏國初建時置御史大夫，黄初元年改稱司空，掌水土事，與太尉、司徒並爲三公，第一品。

　　[3] 斛：量器名。十斗爲一斛。

　　[4] 太倉：京城中的國家糧倉。　郎中令家：各本皆作“郎中令之家”。趙幼文《校箋》謂《藝文類聚》卷八五、《太平御覽》卷二四八、卷六三三、卷八二七（當作八三七）、《册府元龜》卷七一一引“令”下俱無“之”字，《通志》同。今從趙引刪“之”字。

　　[5] 垣下：趙一清《注補》云：“《水經·阪水注》：倉垣城即大梁之倉垣亭也。”則“垣”指倉垣城，在今河南開封市境内。趙幼文《校箋》則謂《南史》卷四九《劉善明傳》：“高帝聞其清貧，賜滁家葛塘屯穀五百斛。曰‘葛屯亦吾之垣下也’。令其後世知其見異。”疑垣下蓋曹操之私業也。以親舊，故以私粟饋遺之，以示其見異耳。

　　[6] 文帝：百衲本、殿本、校點本均作“又帝”，盧弼《集解》本作“文帝”；盧氏注云：“各本‘文’作‘又’誤，何焯曰‘北宋
今注本二十四史　三國志
948

本作文’。"按，本書中陳壽未稱曹操爲"帝"，今從《集解》本。

[7] 賁（bēn）育：指孟賁、夏育，皆古代之勇士。

[8] 尚書：官名。曹魏置吏部、左民、客曹、五兵、度支等五曹尚書，秩皆六百石，第三品。其中吏部職要任重，徑稱爲吏部尚書，其餘諸曹均稱尚書。

[9] 寓：盧弼《集解》本、校點本作"寓"，百衲本、殿本作"寓"（百衲本下文又作"寓"）。盧弼云："《唐書·宰相世系表》'寓'作'寓'"。今從百衲本等，下文同此。

[10] 廢興：盧弼《集解》本作"興廢"，百衲本、殿本、校點本作"廢興"。今從百衲本等。

[11] 黄門：指黄門郎，亦即給事黄門侍郎之省稱。秩六百石，第五品。掌侍從左右，關通中外，與侍中俱出入宮中，近侍帷幄，省尚書奏事。　選部郎：趙幼文《校箋》謂《册府元龜》卷六三七引"郎"下有"中"字。按，郎亦稱郎中。選部郎，係魏晉間尚書吏部郎之别稱。曹魏吏部尚書下置吏部郎，秩四百石，第六品。主管官吏選任銓叙調動事務。

[12] 人之不勝己：趙幼文《校箋》謂《世說新語·文學篇》注引"人"下無"之"字，"己"下有"也"字。又按，"己"，百衲本作"巳"，殿本、校點本作"已"，盧弼《集解》本作"己"。今從《集解》本。

[13] 治：百衲本作"治"，殿本、盧弼《集解》本、校點本作"恬"。趙幼文《校箋》謂《世說新語·文學篇》注引作"治"。治退與求進義相承。《墨子·經上》："治，求得也。"按，趙說是，今從百衲本。

[14] 著書十餘萬言：《隋書·經籍志》著録《袁子正論》十九卷，袁準撰；梁又有《袁子正書》二十五卷，袁準撰。《舊唐書·經籍志》著録爲《袁子正論》二十卷，袁準撰；《袁子正書》二十五卷，袁準撰。

[15] 荀綽：字彦舒。晉懷帝永嘉（307—313）末，爲司空從

事中郎，後被石勒所俘，任爲參軍。撰有《晋後書》十五篇。（見《晋書》卷三九《荀勖傳》）　　九州記：沈家本《三國志注所引書目》謂《隋書》《舊唐書》之《經籍志》、《新唐書·藝文志》皆不著録。稱九州者，有如司馬彪之《九州春秋》，本於建安十八年曾詔并十四州爲九州。見於《三國志》裴注引者，還有荀綽《冀州記》《兖州記》，是其又分州爲記。又本書卷四二《譙周傳》中裴注引有荀綽《評》，而所評者譙周之事，其爲《九州記》之評可知，但不知益州當屬何州，以《禹貢》言當屬梁州。惜可考見者祇二州。趙幼文《〈三國志集解〉辨證》則謂此"九州記"，"九"字當作"兖"字。《世説新語·文學》劉孝標注引與裴注所引正同，作"兖州記"。《初學記》卷一二、《藝文類聚》卷四八亦作"兖州記"，足證"九"字爲"兖"字之殘誤。

[16] 泰始：晋武帝司馬炎年號（265—274）。　　給事中：官名。第五品。位在散騎常侍下，給事黃門侍郎上，或爲加官，或爲正官，無定員。

　　初，涣從弟霸，公恪有功幹，魏初爲大司農，[1]及同郡何夔並知名於時。而霸子亮，夔子曾，與侃復齊聲友善。亮貞固有學行，疾何晏、鄧颺等，著論以譏切之，位至河南尹、尚書。[一][2]霸弟徽，以儒素稱。遭天下亂，避難交州。[3]司徒辟，不至。[二]徽弟敏，有武藝而好水功，官至河隄謁者。[4]

〔一〕《晋諸公贊》曰：亮子粲，字儀祖，文學博識，累爲儒官，至尚書。

〔二〕袁宏《漢紀》曰：初，天下將亂，涣慨然歎曰："漢室陵遲，亂無日矣。苟天下擾攘，逃將安之？若天未喪道，民以義存，唯彊而有禮，可以庇身乎！"徽曰："古人有言，'知機其神乎’！[5]見機而作，君子所以元吉也。天理盛衰，漢其亡矣！夫有大功必有大事，此又君子之所深識，退藏於密者也。且兵革既興，外患必衆，徽將遠迹山海，以求免身。”及亂作，各行其志。

[1] 大司農：官名。秩中二千石，第三品。掌國家的財政收支及諸郡縣管理屯田之典農官。

[2] 河南尹：官名。秩二千石。東漢建都洛陽，將京都附近二十一縣合爲一行政區，稱河南尹。相當於一郡；河南尹的長官亦稱河南尹，地區名與官名相同。曹魏因之，第三品。

[3] 交州：建安十五年（210），刺史治所番禺縣，在今廣東廣州市。

[4] 河隄謁者：官名。曹魏時，爲都水使者屬官，隸都水臺，置五員，分部巡視天下河渠，第七品。

[5] 機：百衲本、校點本作“機”，殿本、盧弼《集解》本作“幾”。按，二字通，今從百衲本等。《易·繫辭下》子曰：“知幾其神乎！君子上交不諂，下交不瀆。其知幾乎！幾者，動之微，吉之先見者也。”

張範，字公儀，河內脩武人也。[1]祖父歆，爲漢司徒。父延，爲太尉。[2]太傅袁隗欲以女妻範，[3]範辭不受。性恬静樂道，忽於榮利，徵命無所就。弟承，字公先，亦知名，[4]以方正徵，[5]拜議郎，[6]遷伊闕都尉。[7]董卓作亂，承欲合徒衆與天下共誅卓。承弟昭時爲議郎，適從長安來，謂承曰：“今欲誅卓，衆寡不敵，且起一朝之謀，戰阡陌之民，士不素撫，兵不練習，難以成功。卓阻兵而無義，固不能久；不若擇所歸附，[8]待時而動，然後可以如志。”承然之，乃解印綏間行歸家，與範避地揚州。[9]袁術備禮招請，範稱疾不往，術不彊屈也。遣承與相見，術問曰：“昔周室陵遲，則有桓、文之霸；秦失其政，漢接而用之。[10]今孤以土地之廣，士民之衆，欲徼福齊桓，[11]擬迹高祖，何如？”承對曰：“在德不在彊。夫能用德以同天下之欲，[12]雖由匹夫之資，而興霸王之功，不足爲難。若苟僭擬，[13]干時而動，衆之所棄，誰能興之？”[14]術不悅。是時，太祖將征冀州，[15]術復問曰：“今曹公欲以弊兵數千，敵十萬之衆，可謂不量力矣！子以爲何如？”承乃曰：“漢德雖衰，天命未改，今曹公挾天子以令天下，雖敵百萬之衆可也。”術作色不懌，承去之。

太祖平冀州，遣使迎範。範以疾留彭城，[16]遣承詣太祖，太祖表以爲諫議大夫。範子陵及承子戩爲山東賊所得，[17]範直詣賊請二子，賊以陵還範。範謝曰：“諸君相還兒厚矣。夫人情雖愛其子，然吾憐戩之小，請以陵易之。”賊義其言，[18]悉以還範。太祖自荊州還，範得見於陳，以爲議郎，參丞相軍事，甚見敬重。太祖征伐，常令範及邴原留，與世子居守。[19]太祖謂文帝：[20]“舉動必諮此二人。”世子執子孫禮。救恤窮乏，家無所餘，中外孤寡皆歸焉。贈遺無所逆，亦終不用，及去，皆以還之。建安十七年卒。[21]魏國初建，承以丞相參軍祭酒領趙郡太守，[22]政化大行。太祖將西征，徵承參軍事，至長安，病卒。〔一〕

〔一〕《魏書》曰：文帝即位，以範子參爲郎中。[23]承孫邵，晋中護軍,[24]與舅楊駿俱被誅。事見《晋書》。[25]

　　[1] 河内：郡名。治所懷縣，在今河南武陟縣西南。　脩武：縣名。治所在今河南獲嘉縣。

　　[2] 太尉：官名。東漢時，與司徒、司空並爲三公，共同行使宰相職能，而位列三公之首，名位甚重，或與太傅並録尚書事，綜理全國軍政事務。

　　[3] 太傅：官名。東漢太傅位上公，掌善導，無常職，多爲加銜。

　　[4] 亦：趙幼文《校箋》謂《北堂書鈔》卷五六引作"少"。

　　[5] 方正：漢代選舉人才科目之一，多與賢良並稱爲賢良方正。

　　[6] 議郎：官名。郎官之一種，屬光禄勳，秩六百石，不入直宿衛，得參與朝政議論。

　　[7] 伊闕都尉：官名。漢靈帝中平元年（184），爲阻擋黄巾軍進攻洛陽，所設八關都尉之一。伊闕，關塞名。在今河南洛陽市南伊闕山上。

　　[8] 歸附：趙幼文《校箋》謂《册府元龜》卷七八九引無"附"字。按，宋本《册府元龜》有"附"字。

　　[9] 揚州：東漢末刺史治所在壽春，在今安徽壽縣。

　　[10] 漢接而用之：趙幼文《校箋》謂《太平御覽》卷四二七引作"則高祖接而用之"，無"漢"字。下文"擬迹高祖，何如"，正承此而言，當據删。按，趙説有理，但嫌其孤證，又郝經《續後漢書》卷九《袁術傳》亦作"漢接而用之"，故暫不改。

　　[11] 徼（yāo）福：求福。

　　[12] 同：趙幼文《校箋》謂《太平御覽》卷四二七作"從"。

　　[13] 僭（jiàn）擬：超越本分。此謂超越本分，自比於皇帝。

　　[14] 興之：百衲本作"異之"，殿本、盧弼《集解》本、校點本作"興之"，《太平御覽》卷四二七引亦作"興之"。今從殿本等。

　　〔15〕冀州：東漢末，刺史治所常設在鄴縣，在今河北臨漳縣西南鄴鎮東一里半。

　　〔16〕彭城：縣名。治所在今江蘇徐州市。

　　〔17〕山東賊：趙幼文《校箋》謂《太平御覽》卷五一二引"山"下無"東"字。

　　〔18〕言：趙幼文《校箋》謂《太平御覽》引作"志"。

　　〔19〕世子：諸侯王之嫡子。此指曹丕。

　　〔20〕太祖謂文帝：趙幼文《校箋》謂《太平御覽》卷二四九引作"太祖常謂文帝曰"。

　　〔21〕建安：漢獻帝劉協年號（196—220）。

　　〔22〕丞相參軍祭酒：官名。曹操爲丞相時丞相府所置的僚屬，以參軍久者爲之。　趙郡：治所邯鄲縣，在今河北邯鄲市西南。

　　〔23〕郎中：官名。東漢時，秩比三百石，分隸五官、左、右三署中郎將，名義上備宿衛，實爲後備官吏人材。魏、晉雖罷五官、左、右三署中郎將，仍置郎中，州郡所舉秀才、孝廉，多先授郎中，再出補長吏。

　　〔24〕中護軍：官名。第四品。掌禁兵，總統諸將任，主武官選舉，隸領軍。資重者爲護軍將軍，資輕者爲中護軍。

　　〔25〕晋書：此《晋書》或指晉王隱《晋書》、虞預《晋書》、朱鳳《晋書》等等，今傳本唐人《晋書》卷四〇《楊駿傳》亦載有駿甥張邵事。

　　涼茂字伯方，山陽昌邑人也。[1]少好學，論議常據經典，[2]以處是非。太祖辟爲司空掾，[3]舉高第，補侍御史。時泰山多盜賊，以茂爲泰山太守，[4]旬月之間，繦負而至者千餘家。[一]轉爲樂浪太守。[5]公孫度在遼東，[6]擅留茂，不遣之官，然茂終不爲屈。度謂茂及諸將曰："聞曹公遠征，鄴無守備，今吾欲以步卒三萬，

騎萬匹，直指鄴，誰能禦之？”諸將皆曰：“然。”〔二〕
又顧謂茂曰：“於君意何如？”茂答曰：“比者海內大
亂，社稷將傾，將軍擁十萬之衆，安坐而觀成敗，夫
爲人臣者，固若是邪！曹公憂國家之危敗，愍百姓之
苦毒，率義兵爲天下誅殘賊，功高而德廣，可謂無二
矣。以海內初定，民始安集，故未責將軍之罪耳！而
將軍乃欲稱兵西向，則存亡之效，不崇朝而決。[7]將軍
其勉之！”諸將聞茂言，皆震動。良久，度曰：“涼君
言是也。”後徵還爲魏郡太守、甘陵相，[8]所在有績。
文帝爲五官將，[9]茂以選爲長史，[10]遷左軍師。[11]魏國
初建，遷尚書僕射，[12]後爲中尉、奉常。[13]文帝在東
宮，茂復爲太子太傅，[14]甚見敬禮。卒官。〔三〕

〔一〕《博物記》曰：緥，織縷爲之，廣八寸，長尺二，以約
小兒於背上，負之而行。

〔二〕臣松之案此傳云公孫度聞曹公遠征，鄴無守備，則太
祖定鄴後也。案《度傳》，度以建安九年卒，太祖亦以此年定鄴，
自後遠征，唯有北征柳城耳。征柳城之年，度已不復在矣。

〔三〕《英雄記》曰：茂名在八友中。[15]

[1] 山陽：郡名。治所昌邑縣，在今山東金鄉縣西北。

[2] 常據：百衲本、殿本、盧弼《集解》本、校點本皆作
“常據”。殿本《考證》云：“常據”，北宋本作“多據”。

[3] 司空掾：官名。司空府之屬吏。東漢司空府掾屬二
十九人。

[4] 泰山：郡名。治所奉高縣，在今山東泰安市東。

[5] 樂浪：郡名。治所朝鮮縣，在今朝鮮平壤市西南。

［6］遼東：郡名。治所襄平縣，在今遼寧遼陽市老城區。

［7］崇朝：從黎明到早飯之間。言其時間短暫。

［8］還：校點本作“遷”，百衲本、殿本、盧弼《集解》本作“還”。今從百衲本等。 魏郡：治所鄴縣，在今河北臨漳縣西南鄴鎮東一里半。 甘陵：王國名。治所甘陵縣，在今山東臨漳市東。

［9］五官將：官名。即五官中郎將。在東漢，五官中郎將主管五官郎，屬光禄勳，不置官屬，秩比二千石。曹丕爲五官中郎將，置官屬，並爲丞相之副。

［10］長史：官名。漢代，三公府設有長史，以輔助三公。將軍府之屬官亦有長史，以總理幕府。曹丕爲五官中郎將，置官屬，故亦有長史。

［11］左軍師：官名。曹操爲丞相後，丞相府屬官有左軍師一人，參議軍國大事。

［12］尚書僕射（yè）：官名。魏、晋時爲尚書省次官，秩六百石，第三品。或單置，或並置左、右。左、右並置時，左僕射居右僕射上。輔助尚書令執行政務，參議大政，諫諍得失，監察糾彈百官，可封還詔旨，常受命主管官吏選舉。

［13］中尉：官名。漢代諸侯王國的軍事長官，秩二千石。掌王國治安，督察軍吏，典領軍隊。建安十八年（213）魏國亦置。
奉常：官名。秦朝置奉常，漢代改稱太常，建安二十一年又復稱奉常，爲列卿之首，秩中二千石，掌禮儀祭祀。

［14］太子太傅：官名。東漢時，秩中二千石，掌輔導太子，不領東宮官屬及庶務，諸屬官由太子少傅主之。太子對太傅執弟子之禮，太傅不稱臣。曹魏時，二傅並攝東宮事務，與尚書東曹並掌太子、諸侯官屬之選舉。爲第三品。

［15］八友：周壽昌《注證遺》云：“按《後漢書》及本志《劉表傳》注引《漢末名士録》，八友中俱無涼茂名。”沈家本《瑣言》説亦同。

　　國淵字子尼，樂安蓋人也。[1]師事鄭玄。〔一〕[2]後與邴原、管寧等避亂遼東。〔二〕既還舊土，太祖辟爲司空掾屬，每於公朝論議，常直言正色，退無私焉。太祖欲廣置屯田，使淵典其事。淵屢陳損益，相土處民，計民置吏，明功課之法，五年中倉廩豐實，百姓競勸樂業。太祖征關中，[3]以淵爲居府長史，統留事。田銀、蘇伯反河間，[4]銀等既破，後有餘黨，皆應伏法。淵以爲非首惡，請不行刑。太祖從之，賴淵得生者千餘人。破賊文書，舊以一爲十，及淵上首級，如其實數。太祖問其故，淵曰："夫征討外寇，多其斬獲之數者，欲以大武功，且示民聽也。河間在封域之內，銀等叛逆，雖克捷有功，淵竊恥之。"太祖大悅，遷魏郡太守。

　　〔一〕《玄別傳》曰：淵始未知名，玄稱之曰："國子尼，美才也，吾觀其人，必爲國器。"

　　〔二〕《魏書》曰：淵篤學好古，在遼東，常講學於山巖，士人多推慕之，由此知名。

　　[1] 樂安：郡名。東漢質帝時改樂安國置，治所高苑縣，在今山東鄒平縣東北苑城鎮。　蓋：縣名。錢大昕云："'蓋'縣屬泰山，不屬樂安，'蓋'當爲'益'字之訛。"（《廿二史考異》卷一五）謝鍾英《補三國疆域志補注》亦有同説。吳增僅《三國郡縣表附考證》亦謂漢獻帝建安中，樂安郡中祇有益縣，而至曹魏時，則將泰山郡之蓋縣劃屬樂安郡。據此，國淵之籍貫，陳壽蓋以魏郡言之。故不改原文。蓋縣治所，在今山東沂源縣東南。益侯國治所，在今山東壽光市南。

　　[2] 鄭玄：字康成，漢末之大經學家。傳見《後漢書》卷三五。

　　[3] 關中：地區名。指函谷關以内之地，包括今陝西和甘肅、寧夏、内蒙的部分地區。曹操征關中，在建安十六年（211）。見本書卷一《武帝紀》。

　　[4] 河間：王國名。治所樂成縣，在今河北獻縣東南。　田銀、蘇伯事，見本書卷二三《常林傳》、卷一四《程昱傳》裴注引《魏書》。

　　時有投書誹謗者，[1]太祖疾之，欲必知其主。淵請留其本書，而不宣露。其書多引《二京賦》，[2]淵勑功曹曰：“此郡既大，今在都輦，而少學問者。其簡開解年少，欲遣就師。”功曹差三人，臨遣引見，訓以“所學未及，《二京賦》，博物之書也，世人忽略，少有其師，可求能讀者從受之。”又密喻旨。旬日得能讀者，遂往受業。吏因請使作箋，比方其書，與投書人同手。收攝案問，具得情理。遷太僕。[3]居列卿位，布衣蔬食，[4]禄賜散之舊故宗族，以恭儉自守，[5]卒官。〔一〕

　　〔一〕《魏書》曰：太祖以其子泰爲郎。[6]

　　[1] 誹謗者：殿本無“者”字，百衲本、盧弼《集解》本、校點本有。今從百衲本等。

　　[2] 二京賦：指張衡《西京賦》與《東京賦》。

　　[3] 太僕：官名。秩中二千石。掌皇帝車馬，兼管官府畜牧業，東漢尚兼掌兵器製作、織綬等。曹魏因之，三品。

　　[4] 布衣：趙幼文《校箋》謂《北堂書鈔》卷三八引“布”上有“常”字，疑此脫。

　　[5] 以恭儉：殿本無“以”字，百衲本、盧弼《集解》本、校點本皆有。今從百衲本等。

　　[6] 郎：郎官的泛稱。西漢光禄勳的屬官郎中、中郎、侍郎、議郎等皆可稱爲郎，無定員，多至千餘人；東漢於光禄勳下又設有五官、左、右中郎將署，合稱三署，主管諸中郎、侍郎、郎中等，亦無定員，多達二千餘人；又尚書、黃門等機構亦設專職郎官。光禄勳下之郎官，掌守衛皇宮殿廊門户，出充車騎扈從，備顧問應對，守衛陵園寢廟等，任滿一定期限，即可遷補內外官職，故郎官機構，實爲儲備官吏的機構。東漢時，舉孝廉者多爲郎官。

　　田疇字子泰，[1] 右北平無終人也。[2] 好讀書，善擊劍。[3] 初平元年，[4] 義兵起，董卓遷帝于長安。幽州牧劉虞歎曰：[5]“賊臣作亂，朝廷播蕩，四海俄然，[6] 莫有固志。身備宗室遺老，不得自同於衆。今欲奉使展效臣節，安得不辱命之士乎？”衆議咸曰：“田疇雖年少，多稱其奇。”疇時年二十二矣。虞乃備禮請與相見，[7] 大悅之，遂署爲從事，[8] 具其車騎。將行，疇曰：“今道路阻絕，寇虜縱橫，稱官奉使，爲衆所指名。願以私行，期於得達而已。”虞從之。疇乃歸，自選其家客與年少之勇壯慕從者二十騎俱往。[9] 虞自出祖而遣之。[一][10] 既取道，疇乃更上西關，[11] 出塞，傍北山，[12] 直趣朔方，[13] 循間徑去，遂至長安致命。詔拜騎都尉。[14] 疇以爲天子方蒙塵未安，不可以荷佩榮寵，固辭不受。朝廷高其義。三府並辟，皆不就。得報，馳還，未至，虞已爲公孫瓚所害。疇至，謁祭虞墓，陳發章表，[15]哭泣而去。瓚聞之大怒，購求獲疇，謂曰："汝何自哭劉虞墓，而不送章報於我也？"疇答曰："漢室衰穨，人懷異心，唯劉公不失忠節。章報所言，於將軍未美，恐非所樂聞，故不進也。且將軍方舉大事以求所欲，既滅無罪之君，又讎守義之臣，誠行此事，則燕、趙之士將皆蹈東海而死耳，[16]豈忍有從將軍者乎！"[17]瓚壯其對，釋不誅也。拘之軍下，禁其故人莫得與通。或説瓚曰："田疇義士，君弗能禮，而又囚之，恐失衆心。"瓚乃縱遣疇。

〔一〕《先賢行狀》曰：疇將行，引虞密與議。疇因説虞曰："今帝主幼弱，姦臣擅命，表上須報，懼失事機。且公孫瓚阻兵安忍，[18]不早圖之，必有後悔。"虞不聽。

[1] 子泰：各本皆作"子泰"。趙一清《注補》云："《後漢書·劉虞傳》注引《魏志》云'字子春'。"王鳴盛則云："陶潛《擬古詩》云：'辭家夙嚴駕，當往至無終。聞有田子春，節義爲士雄。''春'字下注云'一作泰'。予所據者，從友人朱奐文遊，借得宋紹熙壬子冬贛川曾集刻本，觀此則知或作'子泰'，或作'子春'，宋人已不能定，然畢竟以'春'爲正也。"（《十七史商榷》卷四〇）但本傳中所載曹操令，又稱之爲"子泰"，疑不能決，故仍作"子泰"不改。

[2] 右北平：郡名。東漢時治所土垠縣，在今河北豐潤縣東南。　無終：縣名。治所在今天津市薊縣。

[3] 善擊劍：百衲本無"善"字，殿本、盧弼《集解》本、校點本有。殿本《考證》云："宋本無'善'字。"盧弼《集解》又云："何焯校本，北宋本有'善'字。"今從殿本等。

[4] 初平：漢獻帝劉協年號（190—193）。

[5] 幽州：刺史治所薊縣，在今北京城西南部分。

[6] 四海俄然：徐紹楨《質疑》云：《詩·賓之初延》"側弁之俄"鄭箋："俄，傾貌。"此云"四海俄然"，蓋謂四海傾動，莫能自安也。

[7] 相見：百衲本無"相"字，殿本、盧弼《集解》本、校點本有。殿本《考證》云："宋本無'相'字。"盧弼《集解》云："何校云北宋本有之。"今從殿本等。

[8] 從事：官名。漢代州牧刺史的佐吏，有別駕從事史、治中從事史、兵曹從事史、部從事史等，均可簡稱爲從事。

[9] 家客：依附豪強者。 慕：殿本作"募"，百衲本、盧弼《集解》本、校點本作"慕"。今從百衲本等。

[10] 祖：祖道，餞行。

[11] 西關：即居庸關，在今北京昌平區西北。

[12] 北山：即陰山。

[13] 朔方：郡名。治所臨戎縣，在今內蒙古磴口縣北之黃河東岸。

[14] 騎都尉：官名。秩比二千石，屬光禄勳，掌監羽林騎兵。

[15] 章表：胡三省云："當依下文作'章報'。"（《通鑑》卷六〇漢獻帝初平四年注）

[16] 燕趙：指幽州。幽州爲古燕、趙二國之地。

[17] 忍有：趙幼文《校箋》謂《後漢紀》作"有思"。

[18] 阻兵安忍：語出《左傳·隱公四年》。阻兵，謂依仗兵力以求勝。安忍，謂安於殘殺之事。

疇得北歸，率舉宗族他附從數百人，[1]掃地而盟曰："君仇不報，吾不可以立於世！"遂入徐無山中，[2]營深險平敞地而居，躬耕以養父母。百姓歸之，數年閒至五千餘家。疇謂其父老曰：“諸君不以疇不肖，遠來相就。衆成都邑，而莫相統一，恐非久安之道，願推擇其賢長者以爲之主。”[3]皆曰：“善。”同僉推疇。疇曰：“今來在此，非苟安而已，將圖大事，復怨雪恥。竊恐未得其志，而輕薄之徒自相侵侮，偷快一時，無深計遠慮。疇有愚計，願與諸君共施之，可乎？”皆曰：“可。”疇乃爲約束相殺傷、犯盜、諍訟之法，法重者至死，其次抵罪，二十餘條。又制爲婚姻嫁娶之禮，興舉學校講授之業，班行其衆，衆皆便之，至道不拾遺。北邊翕然服其威信，烏丸、鮮卑並各遣譯使致貢遺，疇悉撫納，令不爲寇。袁紹數遣使招命，又即授將軍印，因安輯所統，疇皆拒不當。[4]紹死，其子尚又辟焉，疇終不行。

疇常忿烏丸昔多賊殺其郡冠蓋，[5]有欲討之意而力未能。建安十二年，太祖北征烏丸，未至，先遣使辟疇，又命田豫喻指。[6]疇戒其門下趣治嚴。[7]門人謂曰：[8]“昔袁公慕君，禮命五至，君義不屈；今曹公使一來而君若恐弗及者，何也？”疇笑而應之曰：“此非君所識也。”遂隨使者到軍，署司空戶曹掾，[9]引見諮議。明日出令曰：“田子泰非吾所宜吏者。”即舉茂才，拜爲蓨令，[10]不之官，隨軍次無終。時方夏水雨，[11]而濱海洿下，[12]濘滯不通，虜亦遮守蹊要，軍不得進。太祖患之，以問疇。疇曰：“此道，秋夏每常有水，淺不通車馬，深不載舟船，爲難久矣。舊北平郡治在平岡，[13]道出盧龍，[14]達于柳城；[15]自建武以

來，[16]陷壞斷絕，[17]垂二百載，而尚有微徑可從。今
虜將以大軍當由無終，不得進而退，懈弛無備。若嘿
回軍，從盧龍口越白檀之險，[18]出空虛之地，路近而
便，掩其不備，蹋頓之首可不戰而禽也。"[19]太祖曰：
"善。"乃引軍還，而署大木表于水側路傍曰："方今
暑夏，[20]道路不通，且俟秋冬，乃復進軍。"虜候騎見
之，誠以爲大軍去也。太祖令疇將其衆爲鄉導，上徐
無山，出盧龍，歷平岡，登白狼堆，[21]去柳城二百餘
里，虜乃驚覺。單于身自臨陣，太祖與交戰，遂大斬
獲，追奔逐北，至柳城。軍還入塞，論功行封，封疇
亭侯，[22]邑五百户。〔一〕疇自以始爲（居）〔君〕難，[23]
率衆遁逃，志義不立，反以爲利，非本意也，固讓。
太祖知其至心，[24]許而不奪。〔二〕

〔一〕《先賢行狀》載太祖表論疇功曰："文雅優備，忠武又
著，和於撫下，慎於事上，量時度理，進退合義。幽州始擾，胡、
漢交革，[25]蕩析離居，靡所依懷。疇率宗人避難於無終山，[26]北
拒盧龍，南守要害，清静隱約，耕而後食，人民化從，咸共資奉。
及袁紹父子威力加於朔野，遠結烏丸，與爲首尾，前後召疇，終
不陷撓。[27]後臣奉命，軍次易縣，[28]疇長驅自到，陳討胡之勢，
猶廣武之建燕策，[29]薛公之度淮南。[30]又使部曲持臣露布，[31]出
誘胡衆，漢民或因亡來，烏丸聞之震蕩。王旅出塞，塗由山中九
百餘里，疇帥兵五百，啓導山谷，遂滅烏丸，蕩平塞表。疇文武
有効，節義可嘉，誠應寵賞，以旌其美。"

〔二〕《魏書》載太祖令曰："昔伯成棄國，[32]夏后不奪，將
欲使高尚之士，優賢之主，不止於一世也。其聽疇所執。"

[1] 舉宗族：趙幼文《校箋》謂《册府元龜》卷八〇二、卷八四九引無"舉"字。按《册府元龜》卷八〇六引又有"舉"字。

[2] 徐無山：在今河北玉田縣東北。

[3] 推擇：殿本無"推"字，百衲本、盧弼《集解》本、校點本皆有。今從百衲本等。

[4] 不當：百衲本、盧弼《集解》作"不當"；殿本作"不留"，其《考證》謂毛本作"不當"，元本作"不受"。校點本則從何焯説作"不受"。趙幼文《校箋》謂疑作"當"字是。《吕氏春秋·無義篇》"魏使公子卬將而當之"高誘注："當，應也。"按趙説是，今從百衲本等。

[5] 冠蓋：指士大夫。

[6] 田豫：百衲本、殿本、盧弼《集解》本作"田預"；殿本《考證》云："'預'北宋本作'豫'。"盧弼《集解》謂《通鑑》作"田豫"，本書卷二六《田豫傳》亦同。校點本即作"田豫"。今從之。

[7] 趣（cù）：急速。 治嚴：即治裝，整理行裝，收拾行李。東漢人避漢明帝劉莊諱改"裝"爲"嚴"。

[8] 門人：門客，依附者。

[9] 司空户曹掾：官名。曹操所置司空府之屬吏，秩比三百石，主田户、祠祀、農桑等。曹魏時第三品。

[10] 蓨（tiáo）：縣名。治所在今河北景縣南。

[11] 水雨：盧弼《集解》引劉家立曰："應作'雨水'。"趙幼文《校箋》謂《册府元龜》卷八四九引"水雨"二字乙，劉説是也。按，宋本《册府元龜》亦作"水雨"。

[12] 洿（wū）下：低下。

[13] 平岡：即"平剛"，西漢縣名。西漢時，爲右北平郡治所，東漢省。在今遼寧凌源市西南。

[14] 盧龍：即盧龍塞。在今河北遷西縣北喜峰口附近一帶。土色黑，山形似龍，故名盧龍。古時有塞道，自今天津薊縣東北，

經遵化，循灤河（古名濡水）河谷出塞，折東趨大凌河流域。是河北平原通向東北塞外之交通要道。

[15] 柳城：西漢縣名。西漢時屬遼西郡，東漢省。治所在今遼寧朝陽市西南十二臺營子。（本《〈中國歷史地圖集〉釋文匯編（東北卷）》）

[16] 建武：漢光武帝劉秀年號（25—56）。

[17] 陷壞斷絶：潘眉《考證》云："平岡縣後漢廢，故云陷壞斷絶。"

[18] 白檀：西漢縣名。西漢屬漁陽郡，東漢省。治所在今河北灤平縣東北。

[19] 蹋頓：三郡烏丸王。見本書卷三〇《烏丸鮮卑東夷傳》。

[20] 暑夏：盧弼《集解》云："《通鑑》作'夏暑'。郝經《續後漢書》作'暑雨'。"趙幼文《校箋》謂蕭常《續後漢書》作"夏暑"，與《通鑑》同，疑是。

[21] 白狼堆：即白狼山。亦即今遼寧喀喇沁左翼東三十里之白鹿山。（本盧弼《集解》説）

[22] 亭侯：爵名。漢制，列侯大者食縣邑，小者食鄉、亭。東漢後期遂以食鄉、亭者稱爲鄉侯、亭侯。

[23] 君難：各本皆作"居難"。錢大昕云："'居'當作'君'。"（《廿二史考異》卷一五）此君即前文"掃地而盟曰君仇不報"之君，即指劉虞。趙幼文《校箋》亦謂《通志》作"自以爲始救君難"。郝經《續後漢書》作"始爲劉公報仇"。據二書則君即劉公，謂劉虞也。作"君"字是。"居""君"蓋形近而誤。錢説是也。今從錢、趙説改。

[24] 至心：趙幼文《校箋》謂《册府元龜》卷八四九引"至"字作"志"，是也。按，宋本《册府元龜》亦作"至"。"至""志"古通。《論語·泰伯》子曰："三年學，不至於穀，不易得也。"楊伯峻注：這"至"字"指意念之所至"。（《論語譯注》）又《荀子·儒效》："行法至堅，不以私欲亂所聞。"王先謙

《集解》："荀書‘至’‘志’通借。"

[25] 萃：通"悴"，憂傷，困苦。

[26] 無終山：盧弼《集解》云：按傳文，疇居徐無山，非無終山也。無終山在今天津薊縣北。

[27] 終不陷撓：意謂，田疇終不屈於袁紹之召，而免使自己陷於不義。

[28] 易縣：治所在今河北雄縣西北。

[29] 廣武之建燕策：漢高祖劉邦三年（前 204），韓信破趙後，欲北攻燕，問計於廣武君李左車。廣武君建議按甲休兵，遣使至燕，燕必不敢不聽。韓信遂用廣武君策，發使至燕，燕從風而靡。（見《漢書》卷三四《韓信傳》）

[30] 薛公之度淮南：漢高祖劉邦十一年秋七月，淮南王黥布反，劉邦問計於諸將。滕公言故楚令尹薛公有籌策。劉邦遂召見薛公，薛公言黥布形勢，劉邦甚贊賞，封薛公千戶。終破黥布。（詳《漢書》卷一下《高帝紀》）

[31] 露布：布告、通告之類文書。

[32] 伯成棄國：《莊子・天地》云："堯治天下，伯成子高立爲諸侯。堯授舜，舜授禹，伯成子高辭爲諸侯而耕。禹往見之……曰：'昔堯治天下，吾子立爲諸侯。堯授舜，舜授予，而吾子辭爲諸侯而耕，敢問，何故也？'子高曰：'昔堯治天下，不賞而民勸，不罰而民畏。今子賞罰而民且不仁，德自此衰，刑自此立，後世之亂，自此始矣。夫子闔行邪？無落吾事！'俋俋耕而不顧。"

遼東斬送袁尚首，令"三軍敢有哭之者斬"。疇以嘗爲尚所辟，乃往弔祭。太祖亦不問。[一]疇盡將其家屬及宗人三百餘家居鄴。太祖賜疇車馬穀帛，皆散之宗族知舊。從征荆州還，太祖追念疇功殊美，恨前聽疇之讓，曰："是成一人之志，而虧王法大制也。"於

是乃復以前爵封疇。[二]疇上疏陳誠，以死自誓。太祖
不聽，欲引拜之，至于數四，終不受。有司劾疇狷介
違道，[1]苟立小節，宜免官加刑。太祖重其事，依違者
久之。乃下世子及大臣博議，[2]世子以疇同於子文辭
禄，[3]申胥逃賞，[4]宜勿奪以優其節。尚書令荀彧、司
隸校尉鍾繇亦以爲可聽。[三][5]太祖猶欲侯之。疇素與
夏侯惇善，太祖語惇曰：“且往以情喻之，自從君所
言，無告吾意也。”惇就疇宿，如太祖所戒。疇揣知其
指，不復發言。惇臨去，乃拊疇背曰：“田君，主意殷
勤，曾不能顧乎！”疇答曰：“是何言之過也！疇，負
義逃竄之人耳，蒙恩全活，爲幸多矣。豈可賣盧龍之
塞，以易賞禄哉？縱國私疇，[6]疇獨不愧於心乎？將軍
雅知疇者，猶復如此，若必不得已，請願效死刎首於
前。”言未卒，涕泣橫流。惇具答太祖。太祖喟然知不
可屈，乃拜爲議郎。年四十六卒。子又早死。文帝踐
阼，高疇德義，賜疇從孫續爵關內侯，[7]以奉其嗣。

[一] 臣松之以爲田疇不應袁紹父子之命，以其非正也。故
盡規魏祖，建盧龍之策。致使袁尚奔迸，授首遼東，皆疇之由也。
既以明其爲賊，胡爲復弔祭其首乎？若以嘗被辟命，義在其中，
則不應爲人設謀，使其至此也。疇此舉止，良爲進退無當，與王
脩哭袁譚，[8]貌同而心異也。

[二] 《先賢行狀》載太祖令曰：[9]“蓨令田疇，志節高
尚，[10]遭值州里戎夏交亂，引身深山，研精味道，百姓從之，以
成都邑。袁賊之盛，命召不屈。慷慨守志，以徼真主。及孤奉詔
征定河北，遂服幽都，將定胡寇，時加禮命。[11]疇即受署，陳建

攻胡蹊路所由，率齊山民，一時向化，開塞導道，[12]供承使役，路近而便，令虜不意。斬蹋頓于白狼，遂長驅于柳城，疇有力焉。及軍入塞，將圖其功，表封亭侯，食邑五百，而疇懇惻，前後辭賞。出入三載，歷年未賜，此爲成一人之高，甚違王典，失之多矣。宜從表封，無久留吾過。”

〔三〕《魏書》載世子議曰：“昔蓮敖逃禄，[13]傳載其美，所以激濁世，勵貪夫，賢於尸禄素餐之人也。[14]故可得而小，不可得而毀。至于田疇，方斯近矣。免官加刑，於法爲重。”

《魏略》載教曰：“昔夷、齊棄爵而譏武王，[15]可謂愚闇，孔子猶以爲‘求仁得仁’。[16]疇之所守，雖不合道，但欲清高耳。使天下悉如疇志，即墨翟兼愛尚同之事，[17]而老聃使民結繩之道也。[18]外議雖善，爲復使令司隸以決之。”[19]

《魏書》載荀彧議，以爲“君子之道，或出或處，期于爲善而已。故匹夫守志，聖人各因而成之”。鍾繇以爲“原思辭粟，[20]仲尼不與，子路拒牛，謂之止善，雖可以激清勵濁，猶不足多也。疇雖不合大義，有益推讓之風，宜如世子議。”

臣松之案《吕氏春秋》：[21]“魯國之法，魯人有爲臣妾於諸侯，有能贖之者取其金於府。子貢贖人而辭不取金，[22]孔子曰：‘賜失之矣。自今以來魯人不贖矣。’子路拯溺者，其人拜之以牛，子路受之。孔子曰：‘魯人必拯溺矣。’”案此語不與繇所引者相應，未詳爲繇之事誤邪，而事將別有所出〔耳〕？[23]

[1] 狷介：此謂狹隘自守，不明大道。

[2] 世子及大臣：殿本無“及”字，百衲本、盧弼《集解》本、校點本皆有。今從百衲本等。

[3] 子文辭禄：《國語·楚語下》：“昔鬭子文三舍令尹，無一日之積，恤民之故也。成王聞子文之朝不及夕也，於是乎每朝設脯一束，糗一筐，以羞子文。至於今秩之。成王每出子文之禄，必

逃，王止而後復。人謂子文曰：‘人生求富，而子逃之，何也？’對曰：‘夫從政者，以庇民也。民多曠者，而我富焉，是勤民以自封也，死無日也矣。我逃死，非逃富也。’”（參趙幼文《〈三國志集解〉辨證》）

[4] 申胥：即申包胥，春秋楚人。吳國伐楚，攻入郢都，楚昭王出奔，申包胥入秦乞師。秦哀公不肯出兵，申包胥遂立於秦庭哭泣，七日七夜不絕聲。秦哀公爲之感動，出兵救楚。吳兵退後，楚昭王返郢都，封賞有功者，申包胥曰：“吾爲君也，非爲身也。”遂逃賞。（見《左傳》定公三、四、五年）

[5] 尚書令：官名。東漢時爲尚書臺長官，秩千石。掌奏、下尚書曹文書衆事，選用署置官吏；總典臺中綱紀法度，無所不統。名義上仍隸少府。　司隸校尉：官名。秩比二千石。掌糾察京師百官違法者，並治所轄各郡，相當於州刺史。

[6] 私：謂獨加恩寵。

[7] 關內侯：爵名。漢制二十級爵之第十九級，次於列侯，衹有封户收取租税而無封地。魏文帝定爵制爲十等，關內侯在亭侯下，仍爲虚封，無食邑。

[8] 王脩哭袁譚：此事見本卷《王脩傳》。

[9] 令：殿本、校點本作“命”，百衲本、盧弼《集解》本作“令”。今從百衲本等。

[10] 志節：殿本、校點本作“至節”；百衲本、盧弼《集解》本作“志節”。今從百衲本等。

[11] 時：百衲本作“特”，殿本、盧弼《集解》本、校點本作“時”。今從殿本等。

[12] 導道：殿本、校點本作“導送”，百衲本、盧弼《集解》本作“導道”。今從百衲本等。

[13] 蔿（wěi）敖逃禄：“蔿”即“蔦”，楚國貴族之姓。蔿敖，即楚臣屈建，字子木。曾爲莫敖（掌軍政領兵官）。《左傳·襄公二十五年》：“楚子以滅舒鳩賞子木。辭曰：‘先大夫蔦子之功

也。'以與蔿掩。"杜預注："往年楚子將伐舒鳩，蔿子馮請退師以須其叛，楚子從之，卒獲舒鳩。故子木辭賞，以與其子。"趙幼文《校箋》則謂蒍敖即傳文中之子文。但子文乃鬬穀於菟，因其爲令尹，又稱之爲令尹子文，未見有蒍敖之説。

[14] 尸禄：祇食禄不盡職。　素餐：無功而食禄。

[15] 夷齊：即伯夷、叔齊，殷商末孤竹君之子。孤竹君將死，欲立叔齊，及死，叔齊遜讓伯夷。伯夷曰："父命也。"遂逃去。叔齊亦不肯立而走。國人乃立其中子。伯夷、叔齊聞西伯善養老，遂往歸附。及至，西伯死，武王載木主東伐紂。伯夷、叔齊叩馬而諫曰："父死不葬，爰及干戈，可謂孝乎？以臣弑君，可謂仁乎？"（《史記》卷六一《伯夷列傳》）

[16] 求仁得仁：孔子此語見《論語·述而》。

[17] 墨翟（dí）：即墨子。在《墨子》書中，有《兼愛》《尚同》兩篇闡述兼愛尚同的學說。

[18] 老聃："聃"同"聃"，即老子。《老子》有云："小國寡民，使民有什伯之器而不用，使民重死而遠徙。雖有舟輿，無所乘之；雖有甲兵，無所陳之。使人復結繩而用之。"

[19] 外議雖善爲復使令司隸以決之：殿本、盧弼《集解》本、校點本皆如此，百衲本作"外議欲爲復使令司隸決之"。張元濟《校勘記》云："'雖善'二字殊不似當時口吻。"按，百衲本"欲"字下又缺一字。故暫從殿本等。

[20] 原思：即原憲，孔子弟子，字子思。《論語·雍也》："原思爲之宰，與之粟九百，辭。子曰：'毋！以與爾鄰里鄉黨乎！'"朱熹注："孔子爲魯國司寇時，以思爲宰。粟，宰之禄也。"

[21] 呂氏春秋：裴松之所引此段《呂氏春秋》，見《先識覽·察微》篇，文字略有出入。

[22] 不取金：百衲本作"不受金"，殿本、盧弼《集解》本、校點本作"不取金"，《呂氏春秋》亦作"不取金"。今從殿本等。

[23] 出耳：各本皆無"耳"字。盧弼《集解》云："何焯校

本云‘北宋本出下有耳字’。”校點本即據何焯説增“耳”字。今
從之。

　　王脩字叔治，北海營陵人也。[1]年七歲喪母。母以
社日亡。[2]來歲鄰里社，脩感念母，哀甚。[3]鄰里聞
之，爲之罷社。年二十，游學南陽，[4]止張奉舍。奉舉
家得疾病，無相視者，脩親隱恤之，[5]病愈乃去。初平
中，北海〔相〕孔融召以爲主簿，[6]守高密令。[7]高密
孫氏素豪俠，人客數犯法。民有相劫者，[8]賊入孫氏，
吏不能執。[9]脩將吏民圍之，孫氏拒守，吏民畏憚不敢
近。脩令吏民：“敢有不攻者，與同罪！”孫氏懼，乃
出賊。由是豪强慴服。舉孝廉，[10]脩讓邴原，融不
聽。〔一〕時天下亂，[11]遂不行。頃之，郡中有反者。脩
聞融有難，夜往奔融。賊初發，融謂左右曰：“能冒難
來〔者〕，[12]唯王脩耳！”言終而脩至。復署功曹。時
膠東多賊寇，[13]復令脩守膠東令。膠東人公沙盧宗彊，
自爲營塹，不肯應發調。[14]脩獨將數騎徑入其門，斬
盧兄弟，公沙氏驚愕莫敢動。脩撫慰其餘，由是寇少
止。融每有難，脩雖休歸在家，[15]無不至。融常賴脩
以免。

　　〔一〕《融集》有融答脩教曰：[16]“原之賢也，吾已知之矣。
昔高陽氏有才子八人，[17]堯不能用，[18]舜實舉之。原可謂不患無
位之士。[19]以遺後賢，不亦可乎！”脩重辭，融答曰：“掾清身絜
己，歷試諸難，謀而鮮過，惠訓不倦。余嘉乃勳，應乃懿德，用
升爾于王庭，其可辭乎！”

[1] 北海：王國名。治所劇縣，在今山東昌樂縣西。　營陵：縣名。治所在今山東昌樂縣東南。

[2] 社日：祭祀社神（土地神）之日。古代地方皆祭祀社神，漢代以後，一般有春社與秋社，即春秋二季各祭祀一次，間或也有四時祭祀者。

[3] 哀甚：趙幼文《校箋》謂《藝文類聚》卷五、《太平御覽》卷三〇引“哀”上有“悲”字，“甚”作“其”。

[4] 南陽：郡名。治所宛縣，在今河南南陽市。

[5] 隱恤：哀憐照顧。

[6] 北海相：各本皆無“相”字。趙幼文《校箋》謂《册府元龜》卷七二六引有“相”字，《通志》同。按，孔融爲北海相，非北海人。今據趙引增“相”字。　主簿：官名。漢代中央及州郡縣官府皆置此官，以典領文書，辦理事務。當時孔融爲北海相，故亦設主簿。

[7] 高密：侯國名。治所在今山東高密市西南。　令：高密爲侯國，本應稱相，而相與令職務相同，故可稱令。

[8] 相劫：趙幼文《校箋》謂蕭常《續後漢書》“相”字作“被”，是也。按，“相”亦有被義。如《史記·鄒陽列傳》有云：“臣聞明月之珠，夜光之璧，以闇投人於道路，人無不按劍相眄者。”

[9] 吏不能執：各本皆如此。殿本《考證》云：“《太平御覽》作‘吏不能得’。”

[10] 孝廉：漢代選拔官吏的主要科目。孝指孝子，廉指廉潔之士。原本爲二科，後混同爲一科，也不再限於孝子和廉吏。東漢後期定制爲不滿四十歲者不得察舉；被舉者先詣公府課試，以觀其能。郡國每年要向中央推舉一至二人。

[11] 天下亂：百衲本、殿本、盧弼《集解》本、校點本皆作“天下亂”，盧氏注謂北宋本作“天下大亂”。

[12] 來者：各本皆無“者”字。趙幼文《校箋》謂《册府元

龔》卷八〇二引"來"下有"者"字，此脱，當據補，語意乃足。今從趙說補。

[13] 膠東：侯國名。治所在今山東平度市。

[14] 發調：謂調民爲兵，亦即徵兵。

[15] 在家：殿本無"在"字，百衲本、盧弼《集解》本、校點本皆有。今從百衲本等。

[16] 融集：《後漢書》卷七〇《孔融傳》謂孔融"所著詩、頌、碑文、論議、六言、策文、表、檄、教令、書記凡二十五篇"。《隋書·經籍志》著録《孔融集》九卷，並謂梁有十卷，録一卷。《舊唐書·經籍志》謂《孔融集》十卷，《新唐書·藝文志》同。今所傳《孔少府集》《孔北海集》《孔文舉集》各一卷，皆後人所輯。

[17] 高陽氏：《史記》卷一《五帝本紀》謂"昔高陽氏有才子八人，世得其利，謂之'八愷'……至於堯，堯未能舉。舜舉八愷，使主后土，以揆百事，莫不時序"。

[18] 不：盧弼《集解》云：何焯校改"不"作"弗"。

[19] 士：盧弼《集解》本作"德"，百衲本、殿本、校點本皆作"士"。今從百衲本等。

袁譚在青州，[1]辟脩爲治中從事，[2]別駕劉獻數毀短脩。[3]後獻以事當死，脩理之，得免。時人益以此多焉。[4]袁紹又辟脩除即墨令，[5]後復爲譚別駕。紹死，譚、尚有隙。尚攻譚，譚軍敗，脩率吏民往救譚。譚喜曰："成吾軍者，王別駕也。"譚之敗，劉詢起兵漯陰，[6]諸城皆應。譚歎息曰："今舉州皆叛，[7]豈孤之不德邪！"脩曰："東萊太守管統雖在海表，[8]此人不反，必來。"後十餘日，統果棄其妻子來赴譚，妻子爲賊所殺，譚更以統爲樂安太守。譚復欲攻尚，脩諫曰：

"兄弟還相攻擊，是敗亡之道也。"譚不悅，然知其忠節。[9]後又問脩："計安出?"脩曰："夫兄弟者，左右手也。譬人將鬭而斷其右手，而曰'我必勝'，若是者可乎? 夫棄兄弟而不親，天下其誰親之! 屬有讒人，固將交鬭其間，以求一朝之利，願明使君塞耳勿聽也。[10]若斬佞臣數人，復相親睦，以禦四方，可以橫行天下。"譚不聽，遂與尚相攻擊，請救於太祖。太祖既破冀州，譚又叛。太祖遂引軍攻譚于南皮。[11]脩時運糧在樂安，聞譚急，將所領兵及諸從事數十人往赴譚。至高密，聞譚死，[12]下馬號哭曰："無君焉歸?"遂詣太祖，乞收葬譚屍。太祖欲觀脩意，默然不應。脩復曰："受袁氏厚恩，[13]若得收斂譚屍，然後就戮，無所恨。"太祖嘉其義，聽之。〔一〕以脩爲督軍糧，[14]還樂安。譚之破，諸城皆服，唯管統以樂安不從命。太祖命脩取統首，脩以統亡國之忠臣，因解其縛，使詣太祖。太祖悅而赦之。袁氏政寬，在職勢者多畜聚。太祖破鄴，籍没審配等家財物貲以萬數。[15]及破南皮，閱脩家，穀不滿十斛，有書數百卷。太祖歎曰："士不妄有名。"乃禮辟爲司空掾，[16]行司金中郎將，[17]遷魏郡太守。爲治，抑彊扶弱，明賞罰，百姓稱之。〔二〕魏國既建，爲大（司）農、郎中令。[18]太祖議行肉刑，脩以爲時未可行，太祖採其議。徙爲奉常。[19]其後嚴才反，與其徒屬數十人攻掖門。脩聞變，召車馬未至，便將官屬步至宮門。太祖在銅爵臺望見之，[20]曰："彼來者必王叔治也。"相國鍾繇謂脩：[21]"舊京城有變，九卿各居其府。"脩曰:"食其祿,焉避其難?居府雖舊,[22]非赴難之義。"[23]頃之,病卒官。子忠,官至東萊太守、散騎常侍。[24]初,脩識高柔于弱冠,異王基于幼童,[25]終皆遠至,世稱其知人。[三]

〔一〕《傅子》曰:太祖既誅袁譚,梟其首,令曰:"敢哭之者戮及妻子。"[26]于是王叔治、田子泰相謂曰:"生受辟命,亡而不哭,非義也。畏死忘義,[27]何以立世?"遂造其首而哭之,哀動三軍。軍正白行其戮,[28]太祖曰:"義士也。"赦之。

臣松之案《田疇傳》,疇爲袁尚所辟,不被譚命。《傅子》合而言之,有違事實。

〔二〕《魏略》曰:脩爲司金中郎將,[29]陳黃白異議,因奏記曰:"脩聞枳棘之(林)〔材〕,[30]無梁柱之質;涓流之水,無洪波之勢。是以在職七年,忠讜不昭於時,[31]功業不見於事,欣於所受,俯慚不報,未嘗不長夜起坐,中飯釋餐。何者?力少任重,[32]不堪而懼也。[33]謹貢所議如左。"太祖甚然之,乃與脩書曰:"君澡身浴德,流聲本州,忠能成績,爲世美談,名實相副,過人甚遠。孤以心知君,至深至熟,非徒耳目而已也。察觀先賢之論,多以鹽鐵之利,足贍軍國之用。昔孤初立司金之官,念非屈君,餘無可者。故與君教曰:'昔逷父陶正,[34]民賴其器用,及子媯滿,[35]建侯于陳;近桑弘羊,[36]位至三公。此君元龜之兆先告者也',是孤用君之本言也,[37]或恐衆人未曉此意。自是以來,在朝之士,每得一顯選,常舉君爲首,及聞袁軍師衆賢之議,[38]以爲不宜越君。然孤執心將有所底,[39]以軍師之職,間於司金,[40]至於建功,重於軍師。孤之精誠,足以達君;君之察孤,足以不疑。但恐傍人淺見,以蠡測海,[41]爲蛇畫足,將言前後百選,輒不用之,而使此君沉滯冶官。張甲李乙,尚猶先之,此主人意待之不優之效也。孤懼有此空聲冒實,淫鼃亂耳。[42]假有斯事，亦庶鍾期不失聽也；[43]若其無也，過備何害？昔宣帝察少府蕭望之才任宰相，[44]故復出之，令爲馮翊。[45]從正卿往，[46]似於左遷。[47]上使侍中宣意曰：‘君守平原日淺，[48]故復試君三輔，非有所間也。’[49]孤揆先主中宗之意，[50]誠備此事。既君崇勳業以副孤意。[51]公叔文子與臣俱升，[52]獨何人哉！”後無幾而遷魏郡太守。

〔三〕王隱《晋書》曰：[53]脩一子，名儀，字朱表，[54]高亮雅直。司馬文王爲安東，[55]儀爲司馬。[56]東關之敗，[57]文王曰：“近日之事，誰任其咎？”儀曰：“責在軍帥。”文王怒曰：“司馬欲委罪於孤邪？”遂殺之。子袤，[58]字偉元。少立操尚，非禮不動。身長八尺四寸，[59]容貌絕異。痛父不以命終，絕世不仕。立屋墓側，以教授爲務。旦夕常至墓前拜，輒悲號斷絕。墓前有一柏樹，[60]袤常所攀援，涕泣所著，樹色與凡樹不同。讀《詩》至“哀哀父母，[61]生我勞悴”，未嘗不反覆流涕，[62]泣下沾襟。家貧躬耕，計口而田，度身而蠶。諸生有密爲袤刈麥者，袤遂棄之；自是莫敢復佐刈者。袤門人爲本縣所役，求袤爲屬，袤曰：“卿學不足以庇身，吾德薄不足以蔭卿，屬之何益？且吾不捉筆已四十年。”[63]乃步擔乾飯，兒負鹽豉，門徒從者千餘人。[64]安丘令以爲見己，[65]整衣出迎之於門。袤乃下道至土牛，[66]磬折而立。云：“門生爲縣所役，故來送別。”執手涕泣而去。令即放遣諸生，一縣以爲恥。同縣管彦，少有才力，未知名，袤獨以爲當自達，常友愛之；男女各始生，共許爲婚。彦果爲西夷校尉。[67]袤後更以女嫁人，彦弟馥問袤，袤曰：“吾薄志畢願，山藪自處，姊妹皆遠，吉凶斷絕，以此自誓。賢兄子葬父於帝都，[68]此則洛陽之人也，豈吾欲婚之本指邪？”馥曰：“嫂，齊人也。當還臨淄。”[69]袤曰：“安有葬父河南，隨（妻）〔母〕還齊！[70]用意如此，何婚之有？”遂不婚。

郄春者，根矩之後也。[71]少立志操，寒苦自居，負笈游學，身不停家，鄉邑翕然，以爲能係其先也。[72]袁以爲春性險狹，[73]慕名意多，終必不成，及後春果無學業，流離遠外，有識以此歸之。袁常以爲人所行，其當歸於善道，[74]不可以己所能而責人所不能也。有致遺者，皆不受。及洛都傾覆，寇賊蠢起，袁宗親悉欲移江東，袁戀墳壠。賊大盛，乃南達泰山郡。[75]袁思土不肯去，賊害之。

《漢晋春秋》曰：袁與濟南劉兆字延世，俱以不仕顯名。袁以父爲文王所濫殺，終身不應徵聘，未嘗西向坐，[76]以示不臣於晋也。

《魏略·純固傳》以脂習、王脩、龐淯、文聘、成公英、郭憲、單固七人爲一傳。其脩、淯、聘三人自各有傳，成公英別見《張旣傳》，單固見《王淩傳》，餘習、憲二人列于《脩傳》後也。

脂習字元升，京兆人也。[77]中平中仕郡，[78]公府辟，舉高第，除太醫令。[79]天子西遷及東詣許昌，[80]習常隨從。與少府孔融親善。[81]太祖爲司空，威德日盛，而融故以舊意，書疏倨傲。習常責融，欲令改節，融不從。會融被誅，當時許中百官先與融親善者，莫敢收恤，而習獨往撫而哭之曰：“文舉，[82]卿捨我死，我當復與誰語者？”哀歎無已。太祖聞之，收習，欲理之，尋以其事直見原，徙許東土橋下。習後見太祖，陳謝前愆。太祖呼其字曰：“元升，卿故慷慨！”因問其居處，以新移徙，賜穀百斛。至黄初，[83]詔欲用之，以其年老，然嘉其敦舊，有欒布之節，[84]賜拜中散大夫。[85]還家，年八十餘卒。

郭憲字幼簡，西平人，[86]爲其郡右姓。[87]建安中爲郡功曹，州辟不就，以仁篤爲一郡所歸。至十七年，韓約失衆，[88]從羌中還，依憲。衆人多欲取約以徼功，而憲皆責怒之，言：“人窮來歸我，云何欲危之？”遂擁護厚遇之。其後約病死，而田樂、陽（逵）〔達〕等就斬約頭，[89]當送之。（逵）〔達〕等欲條疏憲名，[90]憲不肯在名中，言我尚不忍生圖之，[91]豈忍取死人以要功乎？（遼）〔達〕等乃止。時太祖方攻漢中，[92]在武都，[93]而（遼）〔達〕等送約首到。太祖宿聞憲名，及視條疏，[94]怪不在中，以問（遼）〔達〕等，（遼）〔達〕具以情對。太祖歎其志義，乃并表列與（遼）〔達〕等並賜爵關內侯，由是名震隴右。[95]黃初元年病亡。正始初，[96]國家追嘉其事，復賜其子爵關內侯。

[1] 青州：刺史治所臨菑縣，在今山東淄博市東北臨淄鎮北。

[2] 治中從事：官名。州牧刺史的主要屬吏，居中治事，主衆曹文書。

[3] 別駕：官名。別駕從事史之簡稱，爲州牧刺史之主要屬吏，州牧刺史巡行各地時，別乘傳車從行，故名別駕。

[4] 多：贊許，稱贊。

[5] 即墨：侯國名。治所在今山東平度市東南。

[6] 漯陰：縣名。《續漢書·郡國志》作“濕陰”。治所在今山東臨邑縣西。

[7] 皆叛：百衲本、盧弼《集解》本作“皆叛”，殿本、校點本作“背叛”。趙幼文《校箋》謂《册府元龜》卷八〇二引作“皆叛”，《通志》同。今從百衲本等。

[8] 東萊：郡名。治所黃縣，在今山東龍口市東南舊黃縣東黃城集。

[9] 忠節：盧弼《集解》本、校點本作“志節”，百衲本、殿本作“忠節”。今從百衲本等。

[10] 明使君：對州長官之尊稱。　塞耳勿聽：趙幼文《校箋》謂《群書治要》（卷二五）引“勿”上有“而”字。

[11] 南皮：縣名。治所在今河北南皮縣東北。

[12] 聞譚死：趙幼文《校箋》謂《群書治要》引“死”上有“已”字，《通志》同。

[13] 袁氏厚恩：趙幼文《校箋》謂《册府元龜》卷八〇二引
"氏"字作"君"，"厚恩"作"恩厚"。

[14] 督軍糧：官名之簡稱。曹魏置有督軍糧執法一人，第六
品；督軍糧御史一人，第七品，皆出征時置。掌督運軍糧，隸
御史臺。

[15] 貲：殿本、盧弼《集解》作"貨"，百衲本、校點本作
"貲"。今從百衲本等。

[16] 禮辟：趙幼文《校箋》謂《群書治要》（卷二五）引無
"禮"字。　司空掾：官名。司空府之屬吏，東漢司空府有掾屬二
十九人。曹操爲司空時置有西曹掾、東曹掾、户曹掾、倉曹掾等。
單稱掾者，未知何曹。

[17] 司金中郎將：官名。秩比二千石，建安中曹操所置，掌
冶金等事，典作農戰之具。

[18] 大農：各本皆作"大司農"。洪飴孫《三國職官表》據
《文選》左思《魏都賦》李善注，謂建安十八年（213）魏國初置
大農；又本書卷二《文帝紀》黃初元年（220）明言改"大農爲大
司農"；吳金華《校詁》謂《藝文類聚》卷二〇引《魏志》云：
"王脩爲大農、郎中令。"趙幼文《校箋》亦謂《藝文類聚》卷二
〇、《太平御覽》卷四一七引"大"下無"司"字。今從以上諸
説，改"大司農"爲"大農"。

[19] 奉常：百衲本、殿本、盧弼《集解》本皆作"奉常"，
校點本誤作"奉尚"。今從百衲本等。

[20] 銅爵臺：又作"銅雀臺"，在鄴城，臺高十丈，有屋一
百間，在樓頂鑄有一丈五尺高的大銅雀。遺址在今河北臨漳縣西。

[21] 相國：官名。建安十八年魏國建，置丞相，至二十一年改
爲相國。職掌不變。　謂脩：趙幼文《校箋》謂《藝文類聚》卷二
〇、《太平御覽》卷四一七引"脩"下有"曰"字，《通志》同。

[22] 雖舊：趙幼文《校箋》謂蕭常《續後漢書》"舊"下有
"制"字。

［23］義：趙幼文《校箋》謂《藝文類聚》卷二〇、《太平御覽》卷四一七引“義”下有“也”字。

［24］散騎常侍：官名。秩比二千石，第三品。爲門下重職，應對顧問，侍從皇帝左右，諫諍得失，與侍中等共平尚書奏事，有異議得駁奏。

［25］幼童：百衲本、殿本、盧弼《集解》本皆作“童幼”，盧氏注云：“北宋本作‘幼童’。”校點本即作“幼童”。今從之。

［26］敢哭：趙幼文《校箋》謂《太平御覽》卷四三（當作四二一）引“敢”下有“有”字。

［27］忘義：殿本作“亡義”，百衲本、盧弼《集解》本、校點本作“忘義”。今從百衲本等。

［28］軍正：官名。軍中司法官。

［29］脩爲司金中郎將：殿本《考證》云：《太平御覽》作“河北始開冶，以脩爲司金中郎將”，多“河北”下六字。

［30］枳（zhǐ）棘：枳與棘皆爲叢生的小灌木。 材：各本作“林”。趙幼文《校箋》謂《太平御覽》卷二四一引作“材”，是也。今從趙説改。

［31］讜：趙幼文《校箋》謂《太平御覽》引作“謹”。

［32］力少：盧弼《集解》本作“力小”，百衲本、殿本、校點本皆作“力少”。今從百衲本等。

［33］而：趙幼文《校箋》謂《太平御覽》卷二四一引作“爲”。

［34］遏父：又作“閼父”，虞舜之後。《左傳·襄公二十五年》：“鄭子產獻捷于晉，戎服將事。晉人問陳之罪。對曰：‘昔虞閼父爲周陶正，以服事我先王。我先王賴其利器用也，與其神明之後也，庸以元女大姬配胡公，而封諸陳，以備三恪。”陶正，掌製用陶器之官。

［35］嬀（guī）滿：即遏父之子胡公滿。《史記》卷三六《陳杞世家》云：“陳胡公滿者，虞帝舜之後也。昔舜爲庶人時，堯妻

之二女，居於嬀汭，其後因爲氏姓，姓嬀氏。……至於周武王克殷紂，乃復求舜後，得嬀滿，封之於陳”。

[36] 桑弘羊：西漢人，洛陽商人子。漢武帝時曾任治粟都尉、大司農；昭帝時又爲御史大夫，與霍光、金日磾共同輔政。（見《漢書》卷七《昭帝紀》與卷二四下《食貨志》）

[37] 本言：吳金華《校詁》謂《魏武帝集》作“本意”，或“意”“言”草書形近致誤。

[38] 袁軍師：沈家本《瑣言》云：袁軍師蓋謂袁渙，《渙傳》云爲丞相軍祭酒。

[39] 厎（zhǐ）：殿本、盧弼《集解》本作“底”，百衲本、校點本作“厎”。今從百衲本等。

[40] 司金：即司金中郎將所典之事。

[41] 以蠡（lǐ）測海：用瓠瓢測量海水。比喻淺薄不瞭解高深。

[42] 淫鼃（wā）：不合雅樂的俗樂聲。《漢書》卷一〇〇《叙傳》：“淫鼃而不可聽者，非《韶》《夏》之樂也。”顔師古注：“淫鼃，非正之聲也。”

[43] 鍾期：又稱鍾子期，春秋楚人，精於音律，善解琴意。伯牙鼓琴，鍾子期聽之，伯牙意在高山或流水，鍾子期都能聽出。鍾期死，伯牙謂世無知音者，乃絶弦破琴，終身不復鼓琴。（見《呂氏春秋·孝行覽·本味》）

[44] 宣帝：指漢宣帝。此事見《漢書》卷七八《蕭望之傳》。

[45] 馮（píng）翊（yì）：官名。即左馮翊。漢武帝太初元年（前104），分右内史置京兆尹、右扶風，改左内史爲左馮翊，合稱三輔。左馮翊治所在長安（今陝西西安市西北），轄境約相當於今陝西渭河以北、涇河以東洛河中、下游地區。左馮翊長官亦稱左馮翊，官名與地區名同，職務相當於郡太守。

[46] 正卿：按三國吳韋昭《辨釋名》的説法，漢代有正卿、外卿之分。《辨釋名》云：“漢正卿九：一曰太常，二曰光禄勳，

三曰衛尉，四曰太僕，五曰廷尉，六曰鴻臚，七曰宗正，八曰司農，九曰少府，是爲正卿。執金吾本爲中尉，掌徼巡宮外，司執奸邪，至武帝更名執金吾，爲外卿。"蕭望之從少府調爲馮翊，故云"從正卿往"。

[47] 左遷：古以右爲尊，左爲卑。左遷即降職。少府秩中二千石，西漢左馮翊秩亦中二千石，而少府乃正卿，故謂左遷。

[48] 平原：郡名。西漢時治所平原縣，在今山東平原縣南。蕭望之在入朝爲少府前，任平原太守。

[49] 所間：《漢書·蕭望之傳》作"所聞"。顏師古注："所聞，謂聞其短失。"

[50] 主：盧弼《集解》云：疑作"帝"。 中宗：漢平帝元始四年（前4）尊宣帝廟號爲中宗。（見《漢書》卷一二《平帝紀》）

[51] 既：盧弼《集解》云：應作"冀"。

[52] 公叔文子：春秋時衛國大夫。他曾推薦其家臣大夫僎和他一道做了衛國的大臣，得到孔子的贊揚。《論語·憲問》："公叔文子之臣大夫僎與文子同升諸公。子聞之，曰：'可以爲文矣。'"臣：校點本作"君"，百衲本、殿本、盧弼《集解》本作"臣"。今從百衲本等。

[53] 王隱：東晉初曾爲著作郎，受命撰晉史。後被虞預排擠歸家；又依靠庾亮之資助，撰成《晉書》。但"其書次第可觀者，皆其父所撰；文體混漫義不可解者，隱之作也"。（《晉書》卷八二《王隱傳》）《隋書·經籍志》著録王隱《晉書》爲八十六卷，謂"本九十三卷，今殘缺"；《舊唐書·經籍志》《新唐書·藝文志》則著録爲八十九卷。後散佚，今有湯球輯本十一卷。

[54] 朱：趙幼文《校箋》謂蕭常《續後漢書》作"文"。

[55] 司馬文王：即司馬昭。 安東：即安東將軍。爲出鎮地方的軍事長官，或爲州刺史兼軍務的加官。魏、晉皆三品。

[56] 司馬：官名。將軍軍府之屬官，掌參贊軍務，管理府內

武職，位僅次於長史。

[57] 東關：地名。在今安徽巢湖市東南裕溪河東岸。詳解見本書卷四《三少帝紀》齊王芳嘉平四年“東關”注。

[58] 袞：殿本作“袞”，《晉書》卷八八《王袞傳》亦作“袞”。百衲本、盧弼《集解》本、校點本作“褒”。今從殿本。下皆同。

[59] 尺：漢代一尺，相當於今市尺六寸九分，合 0.23 米。

[60] 有一柏樹：趙幼文《校箋》謂《藝文類聚》卷八八、《太平御覽》卷五五六引無“有”字。

[61] 讀詩：殿本《考證》云：“北宋本‘讀詩’上多一‘每’字。”按，此《詩》指《詩·小雅·蓼莪》。

[62] 未嘗：百衲本、盧弼《集解》本作“未曾”。殿本、校點本作“未嘗”。今從殿本等。

[63] 四十年：趙幼文《校箋》謂《冊府元龜》卷六〇〇引“年”下有“矣”字，《晉書·王袞傳》同。

[64] 門徒：《晉書·王袞傳》“門徒”上有“送所役生到縣”六字，文意較明確。

[65] 安丘：縣名。治所在今山東安丘市西南。因王儀墓在安丘縣，王袞居墓側，故屬安丘縣。

[66] 土牛：土製之牛。古代立春之日，郡縣官皆要立土牛於府門外，表示春耕將到，勸民耕種。

[67] 西夷校尉：官名。晉武帝太康三年（282）置，治寧州（治所在今雲南晉寧縣東北），持節統兵，掌少數民族事務。又按，《晉書·王袞傳》在“西夷校尉”下有“卒而葬於洛陽”六字，文意更明確。

[68] 帝都：趙幼文《校箋》謂《白孔六帖》卷一七、《太平御覽》卷五四一引“帝都”作“洛陽”，《晉書》同。

[69] 臨淄：縣名。治所在今山東淄博市東北臨淄區北。臨淄乃齊國治所，故上稱“齊人”。

　　[70] 隨母：各本皆作"隨妻"，《晋書·王裒傳》作"隨母"。盧弼《集解》引沈家本曰："此'妻'字誤也。上文云'賢兄子葬父於帝都'，是管彦卒而彦子葬之洛陽。馥爲彦弟，則馥之嫂彦之妻，而彦子之母也，故云隨母還齊。此注文上奪'卒而葬於洛陽'句，又訛'母'爲'妻'，遂不可通，當從《晋書》改正。"又謂吳士鑒《晋書斠注》云"當作'妻'"説誤。趙幼文《校箋》則云："《白帖》卷一七引'兄'下無'子'字，'母'作'妻'。又卷六五引亦無'子'字，《御覽》卷五四一引同，疑是也。此謂彦葬父於洛陽，而隨其妻還臨淄，語意本明，因'兄'下衍'子'字，'妻'字遂不可通，乃改'妻'爲'母'，以彌縫之，蓋未得也！疑是吳説爲允。"按，王裒與管彦之約婚，乃爲其子女所約，王裒之悔婚更嫁其女，是管彦死後之事，而管彦死葬洛陽，《晋書》有明文記載，管馥所説"嫂齊人也，當還臨淄"，自然指其侄子當隨母還臨淄。故"兄"下無"子"字之記載，何嘗不可疑其奪"子"字，且《太平御覽》卷五四一引"兄"下雖無"子"字，其下又作"隨母還臨淄"。故校點本從《晋書·王裒傳》作"隨母"。今從之。

　　[71] 根矩：邴原字根矩。

　　[72] 係：盧弼《集解》云："吳本'係'作'繼'。"趙幼文《校箋》謂《爾雅·釋詁》："係，繼也。"《一切經音義》卷一："係古文作繫、繼二形。"是"係"即"繼"。

　　[73] 狹：百衲本作"狓"，殿本、盧弼《集解》本、校點本作"狹"。今從殿本等。

　　[74] 其：趙幼文《校箋》謂《晋書》、郝經《續後漢書》《通志》作"期"。

　　[75] 乃南達泰山郡：《晋書·王裒傳》無此句，於"賊大盛"下作"方行，猶思慕不能進，遂爲賊所害"。文意較順。

　　[76] 西向：王裒居於安丘，西晋朝廷洛陽，在安丘之西，故王裒"未嘗西向坐"。

〔77〕京兆：東漢稱京兆尹，曹魏改稱京兆郡。治所長安縣，在今陝西西安市西北。

〔78〕中平：漢靈帝劉宏年號（184—189）。

〔79〕太醫令：官名。秩六百石，掌諸醫，屬少府。

〔80〕許昌：縣名。治所在今河南許昌縣東。按，此當云“許”，漢獻帝所都之地爲許縣，魏文帝即位後始改名許昌。

〔81〕少府：官名。漢列卿之一，秩中二千石。東漢時，掌宮中御衣、寶貨、珍膳等。

〔82〕文舉：孔融字文舉。

〔83〕黄初：魏文帝曹丕年號（220—226）。趙幼文《校箋》謂《太平御覽》卷二二九引《魏書》“黄初”下有“中”字。

〔84〕欒布：西漢初人，早年與彭越相交，漢初，彭越爲梁王，請欒布爲大夫，並遣布出使齊。而欒布未返時，彭越已被誅殺，懸其首於洛陽，詔有收視者輒捕之。欒布還，奏事於彭越頭下，祭而哭之。（見《漢書》卷三七《欒布傳》）

〔85〕中散大夫：官名。東漢時隸屬光禄勳，秩六百石，掌應對顧問，無常事。

〔86〕西平：郡名。漢獻帝建安中分金城郡置，又分臨羌縣置西都縣，爲其治所，在今青海西寧市。

〔87〕其郡：殿本《考證》云：北宋本無“其”字。

〔88〕韓約：即韓遂。

〔89〕陽達：各本皆作“陽逵”。殿本《考證》云：“逵”北宋本作“達”。趙幼文《校箋》謂《白孔六帖》卷二六、《太平御覽》卷四二二、《册府元龜》卷八〇二引“逵”字俱作“達”應據以訂正。今從趙説改。下同。

〔90〕條疏：趙幼文《校箋》謂《太平御覽》引“疏”下有“着”字。

〔91〕尚：趙幼文《校箋》謂《太平御覽》引作“常”。

〔92〕漢中：郡名。治所南鄭縣，在今陝西漢中市東。

　　[93] 武都：郡名。治所下辯縣，在今甘肅成縣西。

　　[94] 條疏：趙幼文《校箋》謂"條"字蒙上而衍，《群書治要》卷二五、《白孔六帖》卷二六引俱無"條"字。

　　[95] 隴右：地區名。指隴山以西之地。約當今甘肅隴山、六盤山以西和黃河以東一帶。

　　[96] 正始：魏少帝齊王曹芳年號（240—249）。

　　邴原字根矩，北海朱虛人也。[1]少與管寧俱以操尚稱，州府辟命皆不就。黃巾起，原將家屬入海，住鬱洲山中。[2]時孔融爲北海相，舉原有道。[3]原以黃巾方盛，遂至遼東，與同郡劉政俱有勇略雄氣。遼東太守公孫度畏惡欲殺之，盡收捕其家，政得脫。度告諸縣：[4]"敢有藏政者與同罪。"政窘急，往投原，〔一〕原匿之月餘，時東萊太史慈當歸，原因以政付之。既而謂度曰："將軍前日欲殺劉政，以其爲己害。今政已去，君之害豈不除哉！"度曰："然。"原曰："君之畏政者，以其有智也。今政已免，智將用矣，尚奚拘政之家？不若赦之，無重怨。"度乃出之。原又資送政家，皆得歸故郡。原在遼東，一年中往歸原居者數百家，游學之士，教授之聲，不絕。

　　〔一〕《魏氏春秋》曰：政投原曰："窮鳥入懷。"原曰："安知斯懷之可入邪？"[5]

　　[1] 朱虛：縣名。治所在今山東臨朐縣東南。
　　[2] 鬱洲山：島名。在今江蘇連雲港市東雲臺一帶。古時在海中，爲小島。後因海岸擴張，遂與陸地相連。

［3］有道：漢代選舉人才科目之一。

［4］諸縣：盧弼《集解》本作“州縣”，百衲本、殿本、校點本作“諸縣”。今從百衲本等。

［5］斯：百衲本作“此”，殿本、盧弼《集解》本、校點本作“斯”，《藝文類聚》卷八三引《邴原別傳》亦作“斯”。今從殿本等。

後得歸，太祖辟爲司空掾。原女早亡，時太祖愛子倉舒亦没，[1]太祖欲求合葬，原辭曰：“合葬，非禮也。原之所以自容於明公，[2]公之所以待原者，以能守訓典而不易也。若聽明公之命，則是凡庸也，明公焉以爲哉？”太祖乃止，徙署丞相徵事。〔一〕[3]崔琰爲東曹掾，[4]記讓曰：[5]“徵事邴原、議郎張範，皆秉德純懿，志行忠方，清静足以厲俗，貞固足以幹事，所謂龍翰鳳翼，國之重寶。舉而用之，不仁者遠。”代涼茂爲五官將長史，[6]閉門自守，非公事不出。太祖征吴，原從行，卒。〔二〕

〔一〕《獻帝起居注》曰：建安十五年，初置徵事二人，原與平原王烈俱以選補。

〔二〕《原別傳》曰：[7]原十一而喪父，[8]家貧，早孤。鄰有書舍，原過其旁而泣。師問曰：“童子何悲？”[9]原曰：“孤者易傷，貧者易感。夫書者，[10]必皆具有父（兄）〔母〕者，[11]一則羨其不孤，[12]二則羨其得學，心中惻然而爲涕零也。”師亦哀原之言而爲之泣曰：“欲書可耳！”答曰：“無錢資。”師曰：“童子苟有志，我徒相教，不求資也。”[13]於是遂就書。一冬之間，誦《孝經》《論語》。自在童亂之中，嶷然有異。及長，金玉其行。

欲遠游學，詣安丘孫崧。[14]崧辭曰："君鄉里鄭君，[15]君知之乎?"原答曰："然。"崧曰："鄭君學覽古今，博聞彊識，[16]鉤深致遠，誠學者之師模也。君乃舍之，躧屣千里，所謂以鄭爲東家丘者也。[17]君似不知而曰然者，何?"原曰："先生之説，誠可謂苦藥良鍼矣；然猶未達僕之微趣也。人各有志，所規不同，故乃有登山而採玉者，有入海而採珠者，豈可謂登山者不知海之深，入海者不知山之高哉! 君謂僕以鄭爲東家丘，君以僕爲西家愚夫邪?"[18]崧辭謝焉。又曰："兗、豫之士，[19]吾多所識，未有若君者；當以書相〔分〕〔介〕。"[20]原重其意，難辭之，持書而别。原心以爲求師啓學，志高者通，非若交游待〔分〕〔介〕而成也。書何爲哉? 乃藏書於家而行。原舊能飲酒，自行之後，八九年間，酒不向口。單步負笈，苦身持力，至陳留則師韓子助，[21]潁川則宗陳仲弓，[22]汝南則交范孟博，[23]涿郡則親盧子幹。[24]臨别，師友以原不飲酒，會米肉送原。原曰："本能飲酒，但以荒思廢業，故斷之耳。今當遠别，因見餞餞，[25]可一飲燕。"[26]於是共坐飲酒，終日不醉。歸以書還孫崧，解不致書之意。後爲郡所召，署功曹、主簿。時魯國孔融在郡，教選計當任公卿之才，[27]乃以鄭玄爲計掾，[28]彭璆爲計吏，[29]原爲計佐。[30]融有所愛一人，常盛嗟歎之。後忿望，欲殺之，朝吏皆請。[31]時其人亦在坐，叩頭流血，而融意不解。原獨不爲請。融謂原曰："衆皆請而君何獨不?"原對曰："明府於某，[32]本不薄也，常言歲終當舉之，此所謂'吾一子'也。如是，朝吏受恩未有在某前者矣，而今乃欲殺之。明府愛之，則引而方之於子，憎之，則推之欲危其身。原恩，不知明府以何愛之? 以何惡之?"融曰："某生于微門，吾成就其兄弟，拔擢而用之；某今孤負恩施。[33]夫善則進之，惡則誅之，固君道也。往者應仲遠爲泰山太守，[34]舉一孝廉，旬月之間而殺之。夫君人者，厚薄何常之有!"原對曰："仲遠舉孝廉，殺之，其義焉在? 夫孝廉，國之俊選也。舉之若是，則殺之非也；若殺之是，則舉之非也。《詩》云：'彼己之子，[35]不遂其媾。'蓋譏之也。《語》云：[36]'愛之欲其生，惡之欲其死。既欲其生，又欲其死，是惑也。'仲遠之惑甚矣。明府奚取焉？"融乃大笑曰："吾但戲耳！"[37]原又曰："君子於其言，出乎身，加乎民；言行，君子之樞機也。安有欲殺人而可以爲戲者哉？"融無以答。是時漢朝陵遲，政以賄成，原乃將家人入鬱洲山中。郡舉有道，融書喻原曰："脩性保真，[38]清虛守高，危邦不入，久潛樂土。王室多難，西遷鎬京。[39]聖朝勞謙，疇咨雋義。我祖求定，策命懇惻。國之將隕，蔘不恤緯，[40]家之將亡，緹縈跋涉，[41]彼匹婦也，猶執此義。實望根矩，仁爲己任，授手援溺，振民於難。乃或晏晏居息，[42]莫我肯顧，謂之君子，固如此乎！根矩，根矩，可以來矣！"原遂到遼東。[43]遼東多虎，原之邑落獨無虎患。原嘗行而得遺錢，拾以繫樹枝，此錢既不見取，而繫錢者愈多。問其故，[44]答者謂之神樹。[45]原惡其由己而成淫祀，乃辨之，於是里中遂斂其錢以爲社供。後原欲歸鄉里，止於三山。[46]孔融書曰："隨會在秦，[47]賈季在翟，[48]諮仰靡所，歎息增懷。頃知來至，近在三山。《詩》不云乎，'來歸自鎬，我行永久'。[49]今遣五官掾，[50]奉問榜人舟楫之勞，禍福動靜告慰。亂階未已，阻兵之雄，若棊弈爭梟。"[51]原於是遂復反還。[52]積十餘年，後乃遁還。南行已數日，而度甫覺。[53]度知原之不可復追也，因曰："邴君所謂雲中白鶴，非鶉鷃之網所能羅矣。[54]又吾自遣之，勿復求也。"遂免危難。自反國土，原於是講述禮樂，吟咏詩書，門徒數百，服道數十。時鄭玄博學洽聞，注解典籍，故儒雅之士集焉。原亦自以高遠清白，頤志澹泊，口無擇言，身無擇行，故英偉之士向焉。是時海內清議，云青州有邴、鄭之學。魏太祖爲司空，辟原署東閣祭酒。[55]太祖北伐三郡單于，[56]還住昌國，[57]燕士大夫，酒酣，太祖曰："孤反，鄴守諸君必將來迎，今日明旦，度皆至矣。其不來者，獨有邴祭酒耳！"[58]言訖未久，而原先至。門下通謁，太祖大驚喜，摯履而起，遠出迎原曰："賢者誠難測度！孤謂君將不能來，而遠自屈，誠副饑虛之心。"謁訖而出，軍中士大夫詣原者數百人。太祖怪而問之，時荀文若在坐，[59]對曰："獨可省問邴原耳！"太祖曰："此君名重，乃亦傾士大夫心？"文若曰："此一世異人，士之精藻，公宜盡禮以待之。"太祖曰："固孤之宿心也。"自是之後，見敬益重。原雖在軍歷署，常以病疾，高枕里巷，終不當事，又希會見。河内張範，名公之子也，其志行有與原符，甚相親敬。令曰："邴原名高德大，清規邈世，魁然而峙，不爲孤用。聞張子頗欲學之，吾恐造之者富，隨之者貧也。"魏太子爲五官中郎將，天下向慕，賓客如雲，而原獨守道持常，自非公事不妄舉動。太祖微使人從容問之，原曰："吾聞國危不事冢宰，君老不奉世子，此典制也。"於是乃轉五官長史，令曰："子弱不才，懼其難正，貪欲相屈，以匡勵之。雖云利賢，能不恧恧！"[60]太子燕會，眾賓百數十人，太子建議曰："君父各有篤疾，有藥一丸，可救一人，當救君邪，父邪？"眾人紛紜，或父或君。時原在坐，不與此論。太子諮之于原，原悖然對曰："父也。"太子亦不復難之。

[1] 倉舒：本書卷二〇《武文世王公傳》謂"鄧哀王沖字倉舒"。

[2] 自：趙幼文《校箋》謂《北堂書鈔》卷六八引作"見"。

[3] 丞相徵事：官名。西漢丞相府屬吏即有徵事，《漢儀注》謂秩比六百石。漢獻帝建安十五年（210），亦置二員。

[4] 東曹掾：官名。丞相府屬吏，秩比四百石，掌二千石長吏遷除及軍吏。

[5] 記：指奏記。

[6] 代：盧弼《集解》云："代"字上疑有脫字。

[7] 原別傳：沈家本《三國志注所引書目》謂《邴原別傳》，隋、唐《志》皆不著錄。

　[8]　原十一：趙幼文《校箋》謂《册府元龜》卷七七三引"原"下有"年"字。按，宋本《册府元龜》亦無"年"字。

　[9]　悲：趙幼文《校箋》謂《白孔六帖》卷八八引作"泣"，《世説新語·賞譽篇》注引同。句下有"也"字。

　[10]　書：趙幼文《校箋》謂《白孔六帖》卷八八、《太平御覽》卷三八七引作"學"。吴金華《校詁》云：書猶學也。

　[11]　父母：各本作"父兄"。趙幼文《校箋》謂《白孔六帖》、《太平御覽》卷三八七、卷七四七引"兄"字俱作"母"，應據改。今從趙説改。

　[12]　羨：趙幼文《校箋》謂《太平御覽》卷三八五、卷四八五引作"願"，《世説新語》注引同。

　[13]　資：趙幼文《校箋》謂《太平御覽》卷三八五、卷三八七、卷六一一引作"費"。

　[14]　孫崧：《後漢書》卷三五《鄭玄傳》、卷六四《趙岐傳》作"孫嵩"，字賓石。亦即本書卷一八《閻温傳》裴注引《魏略》之孫賓碩。

　[15]　鄭君：指漢末大經學家鄭玄。鄭玄爲北海高密人，與邴原同郡，故云鄉里。

　[16]　聞：殿本作"文"，百衲本、盧弼《集解》本、校點本作"聞"。今從百衲本等。

　[17]　鄭：趙幼文《校箋》謂《册府元龜》卷八一一引"鄭"下有"君"字。《文選》陳琳《爲曹洪與魏文帝書》李善注、《草堂詩箋》卷二引同。按，宋本《册府元龜》亦無"君"字。　　東家丘：傳説孔丘的西家有愚夫，不知孔丘是大學者，直稱之爲東家丘。（見《孔子家語》）

　[18]　君：趙幼文《校箋》謂《白孔六帖》卷八八引作"亦"。

　[19]　兖：州名。治所昌邑縣，在今山東金鄉縣西北。

　[20]　相介：各本皆作"相分"。殿本《考證》盧明楷云："按'分'字，於文義晦。《册府》作'介'。蓋謂孫崧以兖、豫士多相

識，欲以書爲介紹，而先容之。下文'非若交游之待分而成也'，亦當作'介'。其誤同。"潘眉《考證》亦謂"分"當作"禾"，即"介"字。今從盧、潘之説改。

〔21〕陳留：郡名。治所陳留縣，在今河南開封市東南。

〔22〕潁川：郡名。治所陽翟縣，在今河南禹州市。　陳仲弓：陳寔字仲弓。見本書卷二二《陳群傳》及裴注引《魏書》。

〔23〕汝南：郡名。治所平輿縣，在今河南平輿縣北。　范孟博：范滂字孟博。傳見《後漢書》卷六七。

〔24〕涿郡：治所涿縣，在今河北涿州市。　盧子幹：盧植字子幹。傳見《後漢書》卷六四。

〔25〕貺（kuàng）：賜與。

〔26〕可一：趙幼文《校箋》謂《太平御覽》卷四〇四、《册府元龜》卷八一一引"一"上有"以"字；《太平御覽》卷八四三引"一"字作"以"。

〔27〕計：指計吏、計掾等官吏。

〔28〕計掾：官名。即上計掾，漢代的郡國，在年終遣官吏至京都向朝廷呈上計簿，彙報本郡國的户口、錢糧、獄訟、盜賊等情況，稱爲上計。所遣之官吏稱爲上計掾或上計吏。

〔29〕計吏：地位稍次於計掾。

〔30〕計佐：計掾、計吏之助手。

〔31〕朝吏：此指郡國官吏。

〔32〕明府：漢代人稱郡太守爲府君，亦稱明府君，簡稱明府。孔融雖爲北海相，而王國相同於郡太守，故稱之爲明府。

〔33〕孤負：辜負。

〔34〕應仲遠：應劭字仲遠。傳見《後漢書》卷四八。

〔35〕彼己（jǐ）之子：此《詩》見《詩·曹風·候人》。今傳《詩經》"己"作"其"，皆虚詞，無義。

〔36〕語：即《論語》，見《論語·顔淵》。

〔37〕但：百衲本作"但"，盧弼《集解》本作"乃"，殿本、

校點本作"直"。趙幼文《校箋》謂《册府元龜》卷八三一、卷九〇一引作"但"。今從百衲本。

［38］真：百衲本、殿本、盧弼《集解》本皆作"真"。盧氏注云："'真'一作'貞'。"校點本即作"貞"。今從百衲本等。

［39］鎬京：地名。在今陝西西安市西南。周武王滅商後都於此，又稱爲宗周或西都。此即指西京長安。

［40］嫠（lí）：百衲本、盧弼《集解》本作"釐"，殿本、校點本作"嫠"。錢大昕謂"釐"，古"嫠"字，《說文》無"嫠"。（《廿二史考異》卷一五）今從殿本等。《左傳·昭公二十四年》："嫠不恤其緯，而憂宗周之隕，爲將及焉。"杜預注："嫠，寡婦也。織者常苦緯少，寡婦所宜憂。"亦即謂寡婦不擔憂其絲綫之少，而憂慮國亡禍及於己。

［41］緹（tí）縈：漢文帝時人，齊國太倉令淳于公之小女。淳于公有罪，當受肉刑，被押往長安服刑。緹縈悲傷不已，乃隨父至長安，上書朝廷，請没己爲官奴婢，以代父刑。文帝見書後，甚爲憐憫，遂下詔廢除肉刑。（見《漢書》卷二三《刑法志》）

［42］晏晏：和悦的樣子。

［43］遂到：趙幼文《校箋》謂《北堂書鈔》卷八七、《太平御覽》卷五三二、卷八三六引俱作"避地"。

［44］問其故：趙幼文《校箋》謂《太平御覽》卷五三二、卷八三六、《事類賦》卷一〇引"問"上俱有"原"字。

［45］神樹：趙幼文《校箋》謂《太平御覽》卷五三二引"神"字作"社"，疑作"社"字是也。

［46］三山：山名。當在朱虚縣境，即今山東臨朐縣東南一帶。（本謝鍾英《補三國疆域志補注》）

［47］隨會：又稱士會、士季、隨武子等，與賈季皆春秋晉臣。《左傳·文公十三年》："晉人患秦之用士會也，夏，六卿相見于諸浮。趙宣子曰：'隨會在秦，賈季在狄，難日至矣，若之何？'"

［48］翟（dí）：通"狄"。

　　〔49〕來歸自鎬我行永久：見《詩·小雅·六月》。

　　〔50〕今：盧弼《集解》本作"故"，百衲本、殿本、校點本皆作"今"。今從百衲本等。　　五官掾：官名。漢代郡國之屬吏，地位僅次於功曹，祭祀時居諸吏之首，無固定職掌，凡功曹及諸曹吏出缺，即代理其職務。

　　〔51〕梟：古博戲之采名。

　　〔52〕於是：盧弼《集解》本"於"作"亦"，百衲本、殿本、校點本作"於"。今從百衲本等。

　　〔53〕度：指遼東太守公孫度。

　　〔54〕鶉（chún）鷃（yàn）：兩種不善高飛的鳥。

　　〔55〕東閤祭酒：官名。司空府之僚屬，曹操爲司空時置。

　　〔56〕三郡：指遼西、遼東、右北平三郡。

　　〔57〕昌國：縣名。治所在今山東淄博市東南。

　　〔58〕獨有：趙幼文《校箋》謂《太平御覽》卷四六七引無"有"字。

　　〔59〕荀文若：荀彧字文若。

　　〔60〕恧（nǜ）恧：慚愧。

　　是後大鴻臚鉅鹿張泰、河南尹扶風龐迪以清賢稱，〔一〕[1]永寧太僕東郡張閣以簡質聞。〔二〕[2]

　　〔一〕荀綽《冀州記》曰：鉅鹿張貔，字邵虎。祖父泰，字伯陽，有名於魏。父邈，字叔遼，遼東太守。著名《自然好學論》，在《嵇康集》。爲人弘深有遠識，恢恢然，使求之者莫之能測也。宦歷二（官）〔宮〕，[3]元康初爲城陽太守，[4]未行而卒。

　　〔二〕杜恕著《家戒》稱閣曰：[5]"張子臺，視之似鄙樸人，然其心中不知天地間何者爲美，何者爲好，敦然似如與陰陽合德者。[6]作人如此，自可不富貴，然而患禍當何從而來？世有高亮如子臺者，[7]皆多力慕，體之不如也。"

[1] 大鴻臚：官名。漢列卿之一，秩中二千石。掌少數族君長、諸侯王、列侯之迎送、接待、安排朝會、封授、襲爵及奪爵削土之典禮；諸侯王死，則奉詔護理喪事，宣讀誄策謚號；百官朝會，掌贊襄引導；兼管京都之郡國邸舍及郡國上計吏之接待；又兼管少數族之朝貢使節及侍子。三國沿之，魏爲三品。　鉅鹿：郡名。治所廮陶縣，在今河北寧晉縣西南。　扶風：郡名。即右扶風，治所槐里縣，在今陝西興平市東南。　龐迪：百衲本作"龐迡"，殿本、盧弼《集解》本、校點本作"龐迪"。殿本《考證》云："何焯校本作'龐迡'。"盧弼《集解》又謂本書《張既傳》有"扶風龐延"，未知"延"即"迪"字之誤否。今從殿本等。

[2] 永寧太僕：官名。曹魏置，爲齊王芳時郭太后永寧宮三卿之一，掌太后宮車馬。　東郡：治所濮陽縣，在今河南濮陽縣西南。

[3] 二宮：各本皆作"二官"，陳景雲《辨誤》謂當作"二宮"。校點本即據《辨誤》改。今從之。宦歷二宮，謂作過朝官與東宮官。

[4] 元康：西晉惠帝司馬衷年號（291—299）。

[5] 杜恕著家戒稱閻曰：此及以下文字，百衲本、殿本、盧弼《集解》本皆作爲《邴原傳》之正文。李慈銘《札記》謂"杜恕家戒"以下，蓋裴氏之注誤爲正文。陳氏史裁簡質，其文亦與傳體不類；且此傳所附張泰、龐迪、張閻三人，事同一例，何得於"閻"下獨著杜恕《家戒》云云，明傳文"以簡直聞"句止，可無疑也。校點本即將此段作爲裴松之注文。今從校點本。

[6] 敦然似如：趙幼文《校箋》謂《太平御覽》卷五九三引無"似"字，《金樓子·戒子篇》引同。《册府元龜》卷七九一引無"如"字，有"似"字。按，宋本《册府元龜》亦作"敦然似如"。

[7] 如子臺者：殿本無"者"字，百衲本、盧弼《集解》本、

校點本皆有。今從百衲本等。

　　管寧字幼安，北海朱虛人也。[一]年十六喪父，中表愍其孤貧，咸共贈賵，[1]悉辭不受，稱財以送終。長八尺，美須眉。與平原華歆、同縣邴原相友，[2]俱游學於異國，[3]並敬善陳仲弓。天下大亂，聞公孫度令行於海外，遂與原及平原王烈等至于遼東。度虛館以候之。[4]既往見度，乃廬於山谷。時避難者多居郡南，而寧居北，示無遷志，後漸來從之。太祖爲司空，辟寧，度子康絕命不宣。[二]

　　〔一〕《傅子》曰：齊相管仲之後也。昔田氏有齊而管氏去之，或適魯，或適楚。漢興有管少卿爲燕令，[5]始家朱虛，世有名節，九世而生寧。

　　〔二〕《傅子》曰：寧往見度，語唯經典，[6]不及世事。還乃因山爲廬，鑿坏爲室。[7]越海避難者，皆來就之而居，旬月而成邑。遂講《詩》《書》，陳俎豆，[8]飾威儀，明禮讓，非學者無見也。由是度安其賢，民化其德。邴原性剛直，清議以格物，[9]度已下心不安之。寧謂原曰："潛龍以不見成德，[10]言非其時，皆招禍之道也。"密遣令西還。度庶子康代居郡，[11]外以將軍太守爲號，而內實有王心，卑己崇禮，欲官寧以自鎮輔，而終莫敢發言，其敬憚如此。

　　皇甫謐《高士傳》曰：[12]寧所居屯落，會井汲者，[13]或男女雜錯，或爭井鬭鬩。[14]寧患之，乃多買器，[15]分置井傍，汲以待之，又不使知。來者得而怪之，聞知寧所爲，[16]乃各相責，不復鬭訟。鄰有牛暴寧田者，[17]寧爲牽牛著涼處，自爲飲食，過於牛主。牛主得牛，大慙，若犯嚴刑。是以左右無鬭訟之聲，禮讓移于海表。

[1] 贈賵（fèng）：贈送喪葬所用車馬束帛財物等。

[2] 平原：王國名。治所平原縣，在今山東平原縣西南。

[3] 異國：本郡國以外之郡國。《世說新語·德行》載有管寧、華歆同學之事。

[4] 候：盧弼《集解》謂北宋本作"俟"。趙幼文《校箋》謂《藝文類聚》卷六四引作"俟"。俟，待也。

[5] 燕：縣名。治所在今河南延津縣東北。

[6] 唯：校點本作"惟"，百衲本、殿本、盧弼《集解》本作"唯"。今從百衲本等。

[7] 坏（pī）：祇有一個山包的土丘。

[8] 俎（zǔ）豆：古代祭祀、設宴用的禮器。俎，置肉之几。豆，盛乾肉等食物的器皿。

[9] 清議：評論人物。　格物：糾正人物之不合道義者。

[10] 潛龍：《易·文言》："初九曰'潛龍勿用'，何謂也？子曰：'龍德而隱者也。不易乎世，不成乎名，遁世無悶，不見是而無悶，樂則行之，憂則違之。確乎其不可拔，潛龍也。'"

[11] 度庶子：百衲本"庶"字作"無"，殿本、盧弼《集解》本、校點本作"庶"。今從殿本等。又趙幼文《校箋》謂《册府元龜》卷八〇六引"度"下有"庶"字。按，宋本《册府元龜》作"度亡子"。

[12] 皇甫謐：魏晉人。博覽羣書，不願爲官，自號玄晏先生。著有《帝王世紀》《高士傳》等。傳見《晋書》卷五一。《隋書·經籍志》著録皇甫謐《高士傳》六卷，《舊唐書·經籍志》著録爲七卷，《新唐書·藝文志》又著録爲十卷。今傳本有三卷。沈家本《三國志注所引書目》謂今本蓋非其舊。

[13] 井汲者：趙幼文《校箋》謂《白孔六帖》卷九、《事類賦》卷八引無"井"字。

［14］鬩鬩（xì）：爭鬥。

［15］多買器：趙幼文《校箋》謂《事類賦》卷八引"買"下有"汲"字。

［16］聞：百衲本作"聞"，盧弼《集解》謂北宋本亦作"聞"。殿本、盧弼《集解》本、校點本作"問"。今從百衲本。

［17］暴：糟蹋。

王烈者，字彥考，[1]於時名聞在原、寧之右，辭公孫度長史，商賈自穢。[2]太祖命爲丞相掾，[3]徵事，未至，卒於海表。〔一〕

〔一〕《先賢行狀》曰：烈通識達道，秉義不回。以潁川陳太丘爲師，[4]二子爲友。[5]時潁川荀慈明、賈偉節、李元禮、韓元長皆就陳君學，[6]見烈器業過人，歎服所履，亦與相親。由是英名著於海內。道成德立，還歸舊廬，遂遭父喪，泣淚三年。遇歲饑饉，路有餓殍，烈乃分釜庚之儲，[7]以救邑里之命。是以宗族稱孝，鄉黨歸仁。以典籍娛心，育人爲務，遂建學校，敦崇庠序。其誘人也，皆不因其性氣，[8]誨之以道，使之從善遠惡。益者不自覺，而大化隆行，[9]皆成寶器。門人出入，容止可觀，時在市井，行步有異，人皆別之。州閭成風，咸競爲善。時國中有盜牛者，牛主得之。盜者曰："我邂逅迷惑，從今已後將爲改過。子既已赦宥，[10]幸無使王烈聞之。"人有以告烈者，烈以布一端遺之。[11]或問："此人既爲盜，畏君聞之，反與之布，[12]何也？"烈曰："昔秦穆公，人盜其駿馬食之，乃賜之酒。盜者不愛其死，以救穆公之難。[13]今此盜人能悔其過，懼吾聞之，是知恥惡。知恥惡，則善心將生，故與布勸爲善也。"閒年之中，行路老父擔重，人代擔行數十里，欲至家，置而去，問姓名，不以告。頃之，老父復行，失劍於路。有人行而遇之，欲置而去，懼後人得之，劍主於是永失，欲取而購募，或恐差錯，遂守之。至暮，劍主還見之，前者代擔人也。[14]老父擎其袂，問曰：“子前者代吾擔，不得姓名，今子復守吾劍于路，未有若子之仁，請子告吾姓名，吾將以告王烈。”乃語之而去。老父以告烈，烈曰：“世有仁人，吾未之見。”遂使人推之，乃昔時盜牛人也。烈歎曰：“韶樂九成，[15]虞賓以和；[16]人能有感，乃至於斯也！”遂使國人表其閭而異之。時人或訟曲直，將質於烈，或至塗而反，或望廬而還，皆相推以直，不敢使烈聞之。時國主皆親騶乘適烈私館，[17]疇諮政令。察孝廉，三府並辟，皆不就。會董卓作亂，避地遼東，躬秉農器，編於四民，布衣蔬食，不改其樂。東域之人，奉之若君。時衰世弊，識真者少，朋黨之人，互相讒謗。自避世在東國者，多為人所害，烈居之歷年，未嘗有患。使遼東強不陵弱，[18]眾不暴寡，商賈之人，市不二價。太祖累徵召，遼東為解而不遣。以建安二十三年寢疾，年七十八而終。

[1] 彥考：殿本、盧弼《集解》本、校點本作“彥方”，百衲本作“彥考”。《後漢書》卷八一《王烈傳》“王烈字彥方”李賢注：“《魏志》烈字彥考。”何焯云：“本為‘彥考’，《後漢書注》可據。‘方’字寡學者所定也。北宋本正作‘考’。”（《義門讀書記》卷二六《三國志·魏志》）今從百衲本。

[2] 商賈（gǔ）自穢：漢制，商賈不得仕宦為吏。（本《史記》卷三〇《平準書》）

[3] 丞相掾：官名。丞相府之屬吏。丞相府設有諸曹，掾即分曹治事，如有東曹掾、户曹掾、金曹掾、兵曹掾等等。不知烈屬於何曹。

[4] 陳太丘：即陳寔，因曾為太丘長，故人稱為陳太丘。（見本書卷二二《陳群傳》裴注引《魏書》）

[5] 二子：指陳寔二子陳紀、陳諶。

[6] 荀慈明：荀爽字慈明。見本書卷一〇《荀彧傳》裴注引張璠《漢紀》。　賈偉節：賈彪字偉節。傳見《後漢書》卷六七。　李元禮：李膺字元禮。傳見《後漢書》卷六七。　韓元長：韓融字元長。傳見《後漢書》卷六二《韓韶傳》。

[7] 釜庾：盛糧之容器。古代六斗四升爲一釜，十六斗爲一庾。（本《論語·雍也》何晏《集解》與《左傳·昭公二十六年》杜預注）

[8] 皆不因其性氣：吳金華《〈三國志校詁〉及〈外編〉訂補》謂按文義，"不"是"必"的形誤。"必"跟"不"形近易亂，古書常見。

[9] 隆行：吳金華《校詁》疑"隆"爲"陰"之形誤。

[10] 已：殿本、盧弼《集解》本作"以"，百衲本、校點本作"已"。今從百衲本等。

[11] 端：度量名。《左傳·昭公二十六年》"以幣錦二兩"杜預注："二丈爲一端，二端爲一兩，所謂匹也。"

[12] 反與之布：趙幼文《校箋》謂《册府元龜》卷八〇六引無"之"字。

[13] 救穆公之難：秦穆公曾失善馬，岐下人得而食之者三百餘人。官吏追捕得食馬者，將加懲治。秦穆公曰："君子不以畜産害人。吾聞食善馬肉不飲酒，傷人。"於是，不僅不懲治食馬者，還賜與酒。後來秦穆公與晋惠公戰，被晋軍包圍。食馬肉的三百人得知後，即冒死攻晋軍，解了穆公之圍，並虜獲晋君。（見《史記》卷五《秦本紀》）

[14] 前者：趙幼文《校箋》謂《册府元龜》卷八〇六引"前"上有"乃"字。按，宋本《册府元龜》無。

[15] 韶樂：相傳爲虞舜所作之樂曲。《尚書·益稷》："簫韶九成，鳳皇來儀。"孔傳："韶，舜樂名。"

[16] 虞賓：古史以堯禪讓於舜，舜待堯子丹朱以賓禮，故稱丹朱爲虞賓。《尚書·益稷》："虞賓在位，群后德讓。"孔傳："丹

朱爲王者後，故稱賓。"

[17] 國主：盧弼《集解》云：郡國之守相也。

[18] 陵：百衲本、盧弼《集解》本作"陵"，殿本作"淩"，校點本作"淩"。今從百衲本等。

中國少安，客人皆還，唯寧晏然若將終焉。黃初四年，詔公卿舉獨行君子，[1] 司徒華歆薦寧，文帝即（位）徵。[2] 寧遂將家屬浮海還郡，公孫恭送之南郊，加贈服物。自寧之東也，度、康、恭前後所資遺，皆受而藏諸。已西渡，[3] 盡封還之。〔一〕詔以寧爲太中大夫，[4] 固辭不受。〔二〕明帝即位，太尉華歆遜位讓寧，〔三〕遂下詔曰："太中大夫管寧，耽懷道德，服膺六藝，清虛足以侔古，廉白可以當世。曩遭王道衰缺，浮海遁居，大魏受命，則襁負而至，斯蓋應龍潛升之道，[5] 聖賢用舍之義。[6] 而黃初以來，徵命屢下，每輒辭疾，拒違不至。豈朝廷之政與生殊趣，[7] 將安樂山林，往而不能反乎？夫以姬公之聖，[8] 而耇德不降，[9] 則鳴鳥弗聞。〔四〕以秦穆之賢，猶思詢乎黃髮。[10] 況朕寡德，曷能不願聞道于子大夫哉！今以寧爲光禄勳。[11] 禮有大倫，君臣之道，不可廢也。望必速至，稱朕意焉。"又詔青州刺史曰："寧抱道懷真，潛翳海隅，比下徵書，違命不至，盤桓利居，高尚其事。雖有素履幽人之貞，[12] 而失考父茲恭之義，[13] 使朕虛心引領歷年，其何謂邪？徒欲懷安，必肆其志，不惟古人亦有翻然改節以隆斯民乎！日逝月除，時方已過，澡身浴德，將以曷爲？仲尼有言：'吾非斯人之徒與而誰與哉！'[14] 其命別駕從事、郡丞、掾，[15] 奉詔以禮發遣寧詣行在所，給安車、吏從、茵蓐、道上廚食，[16]上道先奏。”寧稱草莽臣上疏曰：[17]“臣海濱孤微，罷農無伍，[18]禄運幸厚。横蒙陛下纂承洪緒，德侔三皇，化溢有唐。久荷渥澤，積祀一紀，[19]不能仰答陛下恩養之福。沈委篤痾，寢疾彌留，逋違臣隸顛倒之節，[20]夙宵戰怖，無地自厝。臣元年十一月被公車司馬令所下州郡，[21]八月甲申詔書徵臣，更賜安車、衣被、茵蓐，以禮發遣。光寵並臻，優命屢至，怔營竦息，[22]悼心失圖。思自陳聞，申展愚情，而明詔抑割，不令稍脩章表，是以鬱滯，訖于今日。誠謂乾覆，[23]恩有紀極，不意靈潤，彌以隆赫。奉今年二月被州郡所下三年十二月辛酉詔書，重賜安車、衣服，别駕從事與郡功曹以禮發遣。又特被璽書，以臣爲光禄勳，躬秉勞謙，引喻周、秦，損上益下。受詔之日，精魄飛散，靡所投死。臣重自省揆，德非園、綺而蒙安車之榮，[24]功無竇融而蒙璽封之寵，[25]棨棁駑下，[26]荷棟梁之任，垂没之命，獲九棘之位，[27]懼有朱博鼓妖之眚。[28]又年疾日侵，有加無損，不任扶輿進路以塞元責。望慕閶闔，[29]徘徊闕庭，謹拜章陳情，乞蒙哀省，抑恩聽放，無令骸骨填于衢路。”自黄初至于青龍，[30]徵命相仍，常以八月賜牛酒。詔書問青州刺史程喜：“寧爲守節高乎，審老疾尪頓邪？”[31]喜上言：“寧有族人管貢爲州吏，與寧鄰比，[32]臣常使經營消息。貢説：‘寧常著皁帽、布襦袴、布裙，隨時單複，出入閨庭，能自任杖，[33]不須扶持。四時祠祭，輒自力强，改加衣服，著絮巾，故在遼東所有白布單衣，親薦饌饋，跪拜成禮。寧少而喪母，不識形象，常特加觴，泫然流涕。又居宅離水七八十步，夏時詣水中澡灑手足，闚於園圃。'臣揆寧前後辭讓之意，獨自以生長潛逸，耆艾智衰，[34]是以棲遲，每執謙退。此寧志行所欲必全，不爲守高。"〔五〕

〔一〕《傅子》曰：是時康又已死，嫡子不立而立弟恭，恭懦弱，而康孽子淵有雋才。寧曰："廢嫡立庶，下有異心，亂之所由起也。"乃將家屬乘海即受徵。寧在遼東，積三十七年乃歸，其後淵果襲奪恭位，叛國家而南連吳，僭號稱王，明帝使相國宣文侯征滅之。[35]遼東之死者以萬計，如寧所籌。寧之歸也，海中遇暴風，船皆没，[36]唯寧乘船自若。時夜風晦冥，船人盡惑，莫知所泊。望見有火光，[37]輒趣之，得島。島無居人，又無火爐，行人咸異焉，以爲神光之祐也。皇甫謐曰："積善之應也。"

〔二〕《傅子》曰：寧上書天子，且以疾辭，曰："臣聞傅説發夢，[38]以感殷宗，吕尚啓兆，[39]以動周文，以通神之才悟於聖主，用能匡佐帝業，克成大勳。臣之器朽，實非其人。雖貪清時，釋體蟬蜕。内省頑病，日薄西山。唯陛下聽野人山藪之願，使一老者得盡微命。"書奏，帝親覽焉。

〔三〕《傅子》曰：司空陳羣又薦寧曰："臣聞王者顯善以消惡，故湯舉伊尹，不仁者遠。伏見徵士北海管寧，行爲世表，學任人師，清儉足以激濁，貞正足以矯時。前雖徵命，禮未優備。昔司空荀爽，家拜光禄，[40]先儒鄭玄，即授司農，[41]若加備禮，庶必可致。至延西序，[42]坐而論道，必能昭明古今，有益大化。"

〔四〕《尚書‧君奭》曰："耇造德不降，我則鳴鳥不聞，矧日其有能格。"鄭玄曰："耇，老也。造，成也。詩云：'小子有造。'老成德之人，不降志與我並在位，則鳴鳥之聲不得聞，況乃日有能德格於天者乎！言必無也。鳴鳥謂鳳也。"

　　〔五〕《高士傳》曰：管寧自越海及歸，常坐一木榻，積五十餘年，未嘗箕股，[43] 其榻上當膝處皆穿。[44]

　　［1］獨行君子：漢代舉人才的特別科目，以詔令特舉志節高尚之人，不常設。曹魏亦沿襲。

　　［2］文帝即徵：各本皆作“文帝即位徵”。徐紹楨《質疑》云：“文帝以延康元年即位改元黃初。此傳書文帝即位於黃初四年之下，前後不合，‘位’字蓋衍文。”按，徐説甚是。本書卷一三《華歆傳》謂華歆，“文帝即王位，拜相國，封安樂鄉侯。及踐阼，改爲司徒”。是華歆爲司徒亦在黃初元年（220）。今從徐説刪“位”字。

　　［3］已：殿本、盧弼《集解》本、校點本作“既已”，百衲本無“既”字，殿本《考證》亦云：“宋本無‘既’字。”郝經《續後漢書》卷六九中《管寧傳》亦無“既”字。今從百衲本。

　　［4］太中大夫：官名。秩千石，第七品。掌顧問應對，無常事。

　　［5］龍：比喻聖賢君子。世有道則騰升，世無道則潛藏。《論語·衛靈公》子曰：“君子哉蘧伯玉！邦有道，則仕；邦無道，則可卷而懷之。”

　　［6］用舍之義：被任用，則力行；不被任用，則潛藏。《論語·述而》：“子謂顏淵曰：‘用之則行，舍之則藏，惟我與爾有是夫！’”

　　［7］生：先生。《史記》卷一二一《儒林列傳》“言禮自魯高堂生”《索隱》引謝承説，云“生”者，自漢以來儒者皆號“生”，亦“先生”省字呼之耳。

　　［8］姬公：即周公。按，西周、春秋時期，貴族階層，女子稱姓，男子稱氏，區別井然。（見顧炎武《亭林文集》卷二《原姓》）周人姬姓，但周公是男子，不能稱姓。此因秦漢以後，不復存在姓

氏之別，後人囿於當時稱謂之習慣，而不明古制，遂有"姬公"之誤稱。

[9] 耇（gǒu）：老年。

[10] 黃髮：指老年人。因老人頭髮先白，白久則黃，故以稱之。《史記·秦本紀》謂秦穆公三十二年（前628）有鄭國人出賣鄭國，請秦軍襲擊鄭。秦穆公問老臣蹇叔、百里奚，皆以爲不可。穆公不聽，遂遣百里奚子孟明視、蹇叔子西乞術及白乙丙統兵襲鄭。蹇叔、百里奚哭泣送之。穆公三十三年秦軍滅滑後至殽，被晉國軍截擊，全軍覆沒，孟明視等三將被俘。賴晉文公夫人之救，三將得以返秦。秦穆公哭泣謂三將曰："孤以不用百里奚、蹇叔言以辱三子，三子何罪乎？子其悉心雪恥，毋怠。"不但恢復三人的官秩，還更加重用。穆公三十六年，又遣孟明視等統兵攻晉國，大敗晉軍。晉人皆守城不敢出。穆公遂渡河至殽，埋葬以前秦軍之尸骨，爲之發喪，哭泣三日，乃於軍中誓曰："嗟士卒！聽無譁，余誓告汝。古之人謀黃髮番番，則無過。"（《正義》云："字當作'皤'。皤，白頭貌。言髮白而更黃，故云黃髮番番，謂蹇叔、百里奚也。"）

[11] 光祿勳：官名。秩中二千石，第三品。掌宿衛宮殿門戶，朝會則皆禁止，及主諸郎之在殿中侍衛者。

[12] 素履幽人之貞：《易·履卦》："初九，素履，往無咎。"謂安心居於下位，不被富貴誘惑，仍然按平素之志向前進，故不會有過失。又同卦"九二，履道坦坦；幽人貞吉"。謂所履之道雖然坦易，但也要幽靜安恬之人，才能貞固而吉。（俱本《伊川易傳》）

[13] 考父：即正考父，宋國之臣，孔子之祖。孔子之祖先弗父何，本應繼宋湣公爲君，卻讓與宋厲公。至正考父，先後輔佐了宋戴公、武公、宣公，最後做了上卿。每次晉升，正考父都更加恭敬，爲上卿後之恭敬就更勝於前。（見《左傳·昭公七年》） 茲：殿本《考證》云："'茲'當作'滋'。"按"茲"同"滋"，《左傳》即作"茲"。

[14] “吾非”句：孔子此言見《論語·微子》。

[15] 郡丞：官名。郡之副長官，佐太守掌衆事，秩六百石，第八品。由朝廷任命。 掾：官名。曹魏郡國仍有諸曹掾史，如功曹掾，五官掾、上計掾等等，皆郡國府之屬吏。

[16] 安車：可以坐乘的小車。古人乘車爲立乘，此爲坐乘，故稱安車。爲婦女及老人所用。 茵蓐：車上的坐墊。

[17] 草莽臣：《孟子·萬章下》孟子曰：“在國曰市井之臣，在野曰草莽之臣，皆謂庶人。”

[18] 罷（pí）：通“疲”。衰弱。

[19] 一紀：十二年。

[20] 逋違臣隸顛倒之節：謂違背君召臣即應之節。《詩·齊風·東方未明》：“東方未明，顛倒衣裳。顛之倒之，自公召之。”毛傳：“上曰衣，下曰裳。”鄭箋：“東方未明，而以爲明，故群臣促遽顛倒衣裳。……群臣顛倒衣裳而朝，人又從君所來而召之。”

[21] 元年：指魏明帝青龍元年（233）。 公車司馬令：官名。秩六百石，第六品。掌皇宮南闕門，凡吏民上章，四方貢獻及徵詣公車者，均由公車司馬令呈達。

[22] 怔（zhēng）營竦息：惶恐不安狀。

[23] 乾：《易》卦名。指天、君主。《易·説卦》：“乾爲天，爲圜，爲君，爲父。”

[24] 園綺：指西漢初之東園公、綺里季。東園公、綺里季與夏黃公、角（lù）里先生，合稱“商山四皓”，皆八十歲以上的高德隱居者。漢高祖劉邦晚年，想以趙王如意易代太子盈。吕后請張良謀，用安車厚禮請得商山四皓。四皓本爲劉邦所敬重，但未能招致。見四皓跟從太子盈，甚爲驚異，因而不再改易太子。太子即後來之漢惠帝。（見《史記》卷五五《留侯世家》與《漢書》卷四〇《張良傳》及顏師古注）

[25] 竇融：東漢初人。累世爲河西官吏。新莽末，赤眉、綠林起兵後，曾爲劉玄張掖屬國都尉。劉玄敗，融聯合酒泉、敦煌等

郡，割據河西，代行河西五郡大將軍事。後歸漢光武帝劉秀，協助攻滅隗囂，以功封安豐侯，任大司空。（見《後漢書》卷二三《竇融傳》）

〔26〕窊（jié）梲（zhuó）：柱頭之斗拱與梁上之短柱。比喻人之才小。

〔27〕九棘：指九卿。相傳古代朝臣在外，立棘以標其位。《周禮·秋官·朝士》："左九棘，孤、卿、大夫位焉，群士在其後；右九棘，公、侯、伯、子、男位焉，群吏在其後。"鄭玄注："樹棘以爲立者，取其赤心而外刺，象以赤心三刺也。"後世因以九棘指九卿。

〔28〕朱博：西漢哀帝建平二年（前5）四月初一，朱博從御史大夫爲丞相，當受策命時，空中忽有大聲如鐘鳴。哀帝即問揚雄、李尋。李尋以爲"《洪範》所謂鼓妖者也"，"宜退丞相、御史，以應天變。然雖不退，不出期年，其人自蒙其咎"。（見《漢書·五行志》） 眚（shěng）：災異。

〔29〕閶（chāng）闔（hé）：皇宮之正門。

〔30〕青龍：魏明帝曹叡年號（233—237）。

〔31〕尩（wāng）頓：衰弱而停留。趙幼文《校箋》謂《一切經音義》引《通俗文》："短小曰尩，羸也。"

〔32〕鄰比：趙幼文《校箋》謂《册府元龜》卷七七八"鄰比"二字乙，《通志》同。按，宋本《册府元龜》仍作"鄰比"。

〔33〕任杖：趙幼文《校箋》謂《太平御覽》卷五二六、卷六八九、《事類賦》卷一二引"任"字作"杖"。按，《册府元龜》卷七七八引又作"任"。

〔34〕耆艾：年老。《禮記·曲禮》謂人年五十曰艾，六十曰耆。

〔35〕相國宣文侯：潘眉《考證》云："司馬懿初謚文貞，改謚文宣，此作'宣文侯'，字倒誤也。宣王未爲相國，此亦《傅子》之誤。"按，潘氏所言，係據殿本《晉書·宣帝紀》，今校點

本《晉書·宣帝紀》已據《廿二史考異》將司馬懿之謚改爲"謚曰文，後改謚宣文"。又《晉書》卷一《宣帝紀》謂司馬懿去世後"追贈相國、郡公"。《傅子》蓋以追贈之官稱之。

[36] 船皆没：趙幼文《校箋》謂《太平御覽》卷八六九引《傅子》作"餘船皆波"，《事類賦》卷八引作"餘船皆没"。疑此"船"上脱"餘"字，"波"字爲"没"字之形誤。

[37] 望見有火光：趙幼文《校箋》謂《册府元龜》卷八一五、《事類賦》卷八引無"有"字。

[38] 傅説（yuè）：殷高宗武丁之相。《史記》卷三《殷本紀》云："武丁夜夢得聖人，名曰説。以夢所見視群臣百吏，皆非也。於是乃使百工營求之野，得説於傅險（亦作"巖"）中。是時説爲胥靡，築於傅險。見於武丁，武丁曰是也。得而與之語，果聖人，舉以爲相，殷國大治。"

[39] 呂尚：周文王在商紂時爲西伯。《史記》卷三二《齊太公世家》謂呂尚釣魚於渭濱，西伯將出獵，作占卜，兆謂所獲非龍非虎，"所獲霸王之輔"。西伯遂出獵，果遇呂尚於渭水之北，與之語，大説，曰："自吾先君太公曰'當有聖人適周，周以興'。子真是邪？吾太公望子久矣。"故號呂尚爲"太公望"，立爲師。後來呂尚輔佐周武王滅商，建立了周王朝。

[40] 家拜光禄：本書卷一〇《荀彧傳》裴注引張璠《漢紀》及《後漢書》卷六二《荀淑附爽傳》皆謂董卓秉政徵召荀爽，爽行至苑陵又追拜光禄勳。

[41] 即授司農：《後漢書》卷三五《鄭玄傳》謂漢獻帝建安初，徵召鄭玄爲大司農，"給安車一乘，所過長吏送迎。玄乃以病自乞還家"。

[42] 西序：指國家學校。《禮記·王制》："夏后氏養國老於東序，養庶老於西序。"鄭玄注謂"皆學名也"，"東序、東膠亦大學，在國中王宮之東。西序、虞庠亦小學也。西序在西郊"。

[43] 箕股：即箕踞而坐。其姿勢爲臀部着地，兩腿平直，與

上身成直角，形如箕。

[44] 當膝處皆穿：古人的坐姿是：兩膝着地（或坐具），兩
腳腳背向下，臀部落在腳踵上。故管寧常坐五十餘年的木榻，當膝
處皆穿。

正始二年，太僕陶丘一、永寧衛尉孟觀、侍中孫
邕、中書侍郎王基薦寧曰：[1]

臣聞龍鳳隱耀，應德而臻，明哲潛遁，俟時
而動。是以鷟鷟鳴岐，[2]周道隆興，[3]四皓爲佐，
漢帝用康。[4]伏見太中大夫管寧，應二儀之中
和，[5]總九德之純懿，[6]含章素質，冰絜淵清，玄
虛澹泊，與道逍遥；娛心黃老，游志六藝，升堂
入室，[7]究其閫奧，[8]韜古今於胸懷，包道德之機
要。中平之際，黃巾陸梁，[9]華夏傾蕩，王綱弛
頓。遂避時難，乘桴越海，羈旅遼東三十餘年。
在乾之姤，[10]匿景藏光，嘉遁養浩，韜韞儒墨，
潛化傍流，暢于殊俗。

黃初四年，高祖文皇帝疇諮羣公，思求雋乂，
故司徒華歆舉寧應選，公車特徵，振翼遐裔，翻
然來翔。行遇屯厄，[11]遭罹疾病，即拜太中大夫。
烈祖明皇帝嘉美其德，登爲光禄勳。寧疾彌留，
未能進道。今寧舊疾已瘳，行年八十，志無衰倦。
環堵篳門，偃息窮巷，飯鬻糊口，并日而食，吟
咏《詩》《書》，不改其樂。困而能通，遭難必
濟，經危蹈險，不易其節，金聲玉色，久而彌彰。
揆其終始，殆天所祚，當贊大魏，輔亮雍熙。[12]

衮職有闕，[13] 羣下屬望。昔高宗刻象，[14] 營求賢哲，周文啓龜，以卜良佐。況寧前朝所表，名德已著，而久棲遲，未時引致，非所以奉遵明訓，繼成前志也。陛下踐阼，纂承洪緒。聖敬日躋，超越周成。每發德音，動諮師傅。若繼二祖招賢故典，賓禮儁邁，以廣緝熙，[15] 濟濟之化，侔于前代。

寧清高恬泊，擬跡前軌，德行卓絶，海内無偶。歷觀前世玉帛所命，申公、枚乘、周黨、樊英之儔，[16] 測其淵源，覽其清濁，未有屬俗獨行若寧者也。誠宜束帛加璧，備禮徵聘，仍授几仗，延登東序，敷陳墳素，[17] 坐而論道，[18] 上正璇璣，[19] 協和皇極，下阜羣生，彝倫攸敘，[20] 必有可觀，光益大化。若寧固執匪石，[21] 守志箕山，[22] 追迹洪崖，[23] 參蹤巢、許。[24] 斯亦聖朝同符唐、虞，優賢揚歷，垂聲千載。〔一〕雖出處殊塗，俯仰異體，至於興治美俗，其揆一也。

〔一〕《今文尚書》曰“優賢揚歷”，[25] 謂揚其所歷試。左思《魏都賦》曰“優賢著于揚歷”也。

[1] 永寧衛尉：官名。曹魏置，爲少帝齊王曹芳時郭太后永寧宮三卿之一，掌太后宮禁衛。　侍中：官名。曹魏時，第三品。爲門下侍中寺長官。職掌門下衆事，侍從左右，顧問應對，拾遺補闕，與散騎常侍、黃門侍郎等共平尚書奏事。晋沿置，爲門下省長官。　中書侍郎：官名。魏文帝黃初初，置中書監、令，下設通事

郎掌詔草，後又增設中書侍郎，又稱中書郎，亦掌詔草。第五品。

[2] 鸑（yuè）鷟（zhuó）：校點本 1959 年 12 月第 1 版誤作"鶑鷟"，1982 年 7 月第 2 版已改正。《國語・周語上》："周之興也，鸑鷟鳴於岐山。"韋昭注："鸑鷟，鳳之別名。"

[3] 隆興：盧弼《集解》本作"興隆"，百衲本、殿本、校點本作"隆興"。今從百衲本等。

[4] 漢帝：指漢惠帝。見前"園、綺"注。

[5] 二儀：即兩儀，指天地。《易・繫辭上》："是故易有太極，是生兩儀。"孔穎達疏："不言天地而言兩儀者，指其物體，下與四象相對，故曰兩儀，謂兩體容儀也。"

[6] 九德：古人對九德有數説。《逸周書・常訓解》云："八政不逆，九德純恪。九德，忠、信、敬、剛、柔、和、固、貞、順。"

[7] 升堂入室：謂學問造詣精深。《論語・先進》子曰："由也升堂矣，未入於室也。"楊伯峻注："這是比喻話。'堂'是正廳，'室'是內室。先入門，次升堂，最後入室，表示做學問的幾個階段。"（《論語譯注》）

[8] 閫（kǔn）奧：內室深隱之處。比喻隱微深奧之學問。

[9] 陸梁：猖獗。

[10] 在乾之姤：《易》巽下乾上爲姤卦。該卦辭云："姤，女壯，勿用取女。"《彖傳》："姤，遇也。柔遇剛也。勿用取女，不可與長也。"此重在"勿用"之意。故"匿景藏光"，隱遁不出。

[11] 屯厄：灾難。《易・屯》彖傳云："屯，剛柔始交而難生。"

[12] 雍熙：和協而歡樂。

[13] 袞職：三公之職。

[14] 高宗刻象：高宗，即殷高宗武丁。高宗夢傅説事已見前注。僞古文《尚書・説命上》謂高宗夢説後，"乃審厥象，俾以形，旁求于天下"。僞孔傳云："審所夢之人，刻其形象，以四方旁

求之于民間。"

[15] 緝熙：《詩·大雅·文王》："穆穆文王，於緝熙敬止。"毛傳："緝熙，光明也。"

[16] 申公：西漢初魯國（治所今山東曲阜市）人，以《詩經》教學，弟子千餘人。漢武帝初，"使使束帛加璧，安車以蒲裹輪，駕駟迎申公"。及至，武帝問治亂之事，並以爲太中大夫。（見《漢書》卷八八《申公傳》）　枚乘：西漢初，曾爲吳王濞郎中。吳王謀逆，乘上書諫阻。吳王不聽，乘乃去吳投梁孝王。漢景帝即位後，吳楚七國等反，乘又爲書勸説吳王。吳王仍不聽，終於敗亡。漢武帝即位後，枚乘已年老，"乃以安車蒲輪徵乘，道死"。（見《漢書》卷五一《枚乘傳》）　周黨：東漢初人。漢光武帝即位後，徵召黨爲議郎，以病去職。後又被徵，不得已而至。及見光武帝，陳述不願仕宦之志，得到允許。而博士范升卻上書毀謗周黨，光武帝非但不聽，還賜黨帛四十匹。（見《後漢書》卷八三《逸民周黨傳》）　樊英：東漢安帝、順帝時人。明《五經》，善星算圖緯等。漢安帝初，徵英爲博士，不至。漢順帝初，又策書備禮徵之，仍固辭不至。後不得已到京，仍稱病不起。順帝怒責之，英不爲屈；因其名望，遂使就太醫養疾。後順帝又爲英設壇席，賜几杖，待以師傅之禮，拜爲五官中郎將。數月後，樊英又稱病重，詔以爲光禄大夫，賜告歸。（見《後漢書》卷八二上《樊英傳》）

[17] 墳素：百衲本、盧弼《集解》本、校點本作"墳素"，殿本作"墳索"。今從百衲本等。按，作"墳索""墳素"皆可。劉熙《釋名·釋典藝》："八索，索，素也。著素王之法，若孔子者，聖而不王。制此法者，有八也。"畢沅《疏證》云："昭十二《左傳》曰：'是能讀三墳、五典、八索、九丘。'賈逵注云：'三墳，三皇之書；五典，五帝之典；八索，八王之法；九丘，九州亡國之戒。'"

[18] 論道：盧弼《集解》本作"問道"，百衲本、殿本、校點本作"論道"。今從百衲本等。

［19］璇璣：本指北斗星或北極星，此泛指天象。《楚辭》王逸《九思·怨上》："謠吟兮中壄，上察兮璇璣。"洪興祖補注："北斗魁四星爲璇璣。"《晋書·天文志上》云："魁四星爲琁璣，杓三星爲玉衡。"又《續漢書·天文志上》："天地設位，星辰之象備矣。"劉昭注："琁璣者，謂北極星也。"

［20］彝倫：《尚書·洪範》："我不知其彝倫攸叙。"顧炎武云："彝倫者，天地人之常道。"（《日知録》卷二《彝倫》）

［21］匪石：喻意志堅定。《詩·邶風·柏舟》："我心匪石，不可轉也；我心非席，不可捲也。"毛傳："石雖堅，尚可轉；席雖平，尚可捲。"鄭箋："言己心志堅平，過于石、席。"

［22］箕山：指隱居不仕。《史記》卷六一《伯夷列傳》："堯讓天下於許由，許由不受，耻之逃隱。"《正義》引皇甫謐《高士傳》云："許由字武仲。堯聞致天下而讓焉，乃退而遁於中岳潁水之陽，箕山之下隱。"

［23］洪崖：傳説中的仙人名。乃黄帝臣伶倫之仙號，堯時已三千歲。蔡邕《郭有道林宗碑》："將蹈洪崖之遐迹，紹巢許之絶軌。"

［24］巢許：即巢父、許由。《太平御覽》卷五〇六引皇甫謐《高士傳》云："巢父，堯時隱人，年老，以樹爲巢而寢其上，故時人號曰巢父。堯之讓許由也，由以告巢父。巢父曰：'汝何不隱汝形，藏汝光？若非吾友也。'擊其膺而下之，悵然不自得。"

［25］今文尚書：西漢初，秦博士伏生在齊、魯間傳授《尚書》二十八篇，後門徒相傳，形成西漢的歐陽氏、大夏侯氏、小夏侯氏三家《尚書》之學。在漢武帝至漢宣帝時，皆先後列於學官。這些列於學官的《尚書》，是用當時通行的隸書體書寫的。西漢中後期，又出現了用古代大篆體書寫的《尚書》。於是就稱用隸書體書寫的爲"今文尚書"，大篆體書寫的爲"古文尚書"。 優賢揚歷：按，此句不見今傳本《尚書》。《文選》左思《魏都賦》"優賢著於揚歷"張載注："《尚書·盤庚》曰'優賢揚歷'，歷，試也。"

於是特具安車蒲輪，[1]束帛加璧聘焉。會寧卒，時年八十四。拜子邈郎中，後爲博士。[2]初，寧妻先卒，知故勸更娶，寧曰：“每省曾子、王駿之言，[3]意常嘉之，豈自遭之而違本心哉?”〔一〕

〔一〕《傅子》曰：寧以衰亂之時，世多妄變氏族者，違聖人之制，非禮命姓之意，故著《氏姓論》以原本世系，[4]文多不載。每所居姻親、知舊、鄰里有困窮者，家儲雖不盈擔石，必分以贍救之。與人子言，教以孝；與人弟言，訓以悌；[5]言及人臣，誨以忠。貌甚恭，言甚順，觀其行，邈然若不可及，即之熙熙然，[6]甚柔而溫，因其事而導之於善，是以漸之者無不化焉。寧之亡，天下知與不知，聞之無不嗟歎。醇德之所感若此，不亦至乎!

[1]蒲輪：用蒲草包裹車輪，行駛時車身更加安穩。

[2]博士：官名。魏太學博士秩比六百石，第五品，掌以五經教諸弟子。

[3]曾子：孔子弟子，名參，字子輿。（見《史記》卷六七《仲尼弟子列傳》）　王駿：西漢人，王吉之子，漢成帝時曾爲少府。《漢書》卷七二《王吉傳》云：“駿爲少府時，妻死，因不復娶，或問之，駿曰：‘德非曾參，子非華、元，亦何敢娶?’”顔師古注引如淳曰：“華與元，曾參之二子也。《韓詩外傳》曰曾參喪妻不更娶，人問其故，曾子曰：‘以華、元善人也。’”

[4]氏姓論：盧弼《集解》本作“氏姓歌”，百衲本、殿本、校點本作“氏姓論”。今從百衲本等。

[5]訓：盧弼《集解》本作“教”，百衲本、殿本、校點本作“訓”。今從百衲本等。

[6] 熙熙然：温和歡樂的樣子。

　　時鉅鹿張臶，字子明，潁川胡昭，字孔明，亦養志不仕。臶少游太學，學兼内外，[1]後歸鄉里。袁紹前後辟命，不應，移居上黨。[2]并州牧高幹表除樂平令，[3]不就，徙遁常山，[4]門徒且數百人，遷居任縣。[5]太祖爲丞相，辟，不詣。太和中，[6]詔求隱學之士能消災復異者，郡累上臶，發遣，老病不行。廣平太守盧毓到官三日，[7]綱紀白承前致版謁臶。[8]毓教曰：“張先生所謂上不事天子，下不友諸侯者也。豈此版謁所可光飾哉！”[9]但遣主簿奉書致羊酒之禮。青龍四年辛亥詔書：[10]“張掖郡玄川溢涌，[11]激波奮蕩，寶石負圖，狀像靈龜，宅于川西，[12]巋然磐峙，倉質素章，麟鳳龍馬，焕炳成形，文字告命，粲然著明。太史令高堂隆上言：[13]古皇聖帝所未嘗蒙，實有魏之禎命，東序之世寶。”〔一〕事頒天下。任令于綽連齎以問臶，[14]臶密謂綽曰：“夫神以知來，不追已往，禎祥先見而後廢興從之。漢已久亡，魏已得之，何所追興徵祥乎！此石，當今之變異而將來之禎瑞也。”正始元年，戴鵀之鳥，[15]巢臶門陰，臶告門人曰：“夫戴鵀陽鳥，而巢門陰，此凶祥也。”乃援琴歌詠，作詩二篇，旬日而卒，時年一百五歲。是歲，廣平太守王肅至官，教下縣曰：“前在京都，聞張子明，來至問之，會其已亡，致痛惜之。此君篤學隱居，不與時競，以道樂身。昔絳縣老人屈在泥塗，趙孟升之，[16]諸侯用睦。愍其耄勤好道，而不蒙榮寵，書到，遣吏勞問其家，顯題門户，務加殊異，以慰既往，以勸將來。”

〔一〕《尚書·顧命篇》曰："大玉、夷玉、天球、《河圖》在東序。"注曰："《河圖》，圖出於河，帝王聖者之所受。"

[1] 學兼内外：此"内外"，指讖緯之學與經學。《後漢書》卷八二上《方術傳序》"自是習爲内學"李賢注："内學，謂圖讖之書也。其事秘密，故稱内。"

[2] 上黨：郡名。治所本在長子縣，在今山西長子縣西南。董卓之亂，移治所於壺關縣，在今山西長治市北。

[3] 樂平：縣名。漢獻帝建安中置，治所在今山西昔陽縣。

[4] 常山：王國名。治所元氏縣，在今河北元氏縣西北。

[5] 任縣：治所在今河北任縣東南。

[6] 太和：魏明帝曹叡年號（227—233）。

[7] 廣平：郡名。魏黄初二年（221）置，治所曲梁縣，在今河北永年縣東南。

[8] 綱紀：對郡府主要屬吏功曹、主簿等之别稱。

[9] 豈此：盧弼《集解》本、校點本作"此豈"，百衲本、殿本作"豈此"。今從百衲本等。

[10] 四年：錢大昭《辨疑》云："'四年'下有日無月，史脱文。《宋書·符瑞志》作'三年'。"沈家本《瑣言》亦云："明帝青龍三年注引《魏氏春秋》，亦言是'三年'，與《宋志》合。"

[11] 張掖郡：治所觻（lù）得縣，在今甘肅張掖市西北。

[12] 宅于川西：吴金華《〈三國志〉待質録》謂本書《明帝紀》注引《魏氏春秋》與《宋書·符瑞志》載此事，"宅"作"立"，較爲可取。

[13] 太史令：官名。秩六百石，第六品。掌天時、星曆、歲終奏新曆，國祭、喪、嫁娶奏良日及時節禁忌，有瑞應、災異則記之。

[14] 連：趙幼文《〈三國志集解〉辨證》謂"連"讀如

“輦”。《周禮·鄉師》鄭司農注：“故書‘輦’作‘連’。”《文選·東京賦》薛綜注：“輦，人挽車。”

[15] 戴鵀（rén）：鳥名。又作“戴勝”“戴任”。狀似雀，頭有冠，五色，如方勝，故名。《爾雅·釋鳥》“戴鵀”郭璞注：“鵀即頭上勝，今亦呼爲戴勝。”

[16] 趙孟：即趙武，趙文子，春秋晋臣。《左傳·襄公三十年》載，晋悼公夫人賜食給築城的役卒，發現其中有一絳縣老人因無子被徵做了役卒。問其年齡，已七十三歲了。按法規，六十五歲以上就不該服役。晋國執政趙孟很抱歉地對老人説：“武不才，任君之大事，以晋國之多虞，不能由吾子，使吾子辱在泥塗久矣，武之罪也。”遂任之以官，使助執政。老人以年老辭謝。又與之地，使其主宰免役之務，任絳縣師。當時魯國使者在晋國，回國後告諸大夫。季武子謂晋有如此之正卿趙孟，不可輕視，應盡力與晋和好。

胡昭始避地冀州，亦辭袁紹之命，遁還鄉里。太祖爲司空、丞相，頻加禮辟。昭往應命，既至，自陳一介野生，無軍國之用，歸誠求去。太祖曰：“人各有志，出處異趣，勉卒雅尚，義不相屈。”昭乃轉居陸渾山中，[1]躬耕樂道，以經籍自娛。閭里敬而愛之。〔一〕建安二十三年，陸渾長張固被書調丁夫，當給漢中。百姓惡憚遠役，並懷擾擾。民孫狼等因興兵殺縣主簿，[2]作爲叛亂，縣邑殘破。固率將十餘吏卒，依昭住止，招集遺民，安復社稷。狼等遂南附關羽。羽授印給兵，還爲寇賊，到陸渾南長樂亭，自相約誓，言：“胡居士賢者也，一不得犯其部落。”一川賴昭，咸無怵惕。天下安輯，徙宅宜陽。〔二〕〔3〕正始中，驃騎將軍趙儼、尚書黄休、郭彝、散騎常侍荀顗、鍾毓、太僕庾嶷、〔三〕弘農太守何楨等〔四〕遞薦昭曰：〔4〕“天真高絜，老而彌篤。玄虚静素，有夷、皓之節。〔5〕宜蒙徵命，以勵風俗。”〔五〕至嘉平二年，〔6〕公車特徵，會卒，年八十九。拜子纂郎中。初，昭善史書，〔7〕與鍾繇、邯鄲淳、衞覬、韋誕並有名，〔8〕尺牘之迹，動見模楷焉。〔六〕

〔一〕《高士傳》曰：初，晋宣帝爲布衣時，與昭有舊。同郡周生等謀害帝，〔9〕昭聞而步陟險，〔10〕邀生于嶧、灉之間，〔11〕止生，生不肯。昭泣與結誠，〔12〕生感其義，乃止。昭因與斫棗樹共盟而别。昭雖有陰德於帝，口終不言，人莫知之。信行著於鄉黨。〔13〕建安十六年，百姓聞馬超叛，避兵入山者千餘家，飢乏，漸相劫略，昭常遜辭以解之，是以寇難消息，衆咸宗焉。故其所居部落中，三百里無相侵暴者。

〔二〕《高士傳》曰：幽州刺史杜恕嘗過昭所居草廬之中，言事論理〔14〕，辭意謙敬，〔15〕恕甚重焉。太尉蔣濟辟，不就。

〔三〕案《庾氏譜》：嶷字劭然，潁川人。子黀字玄默，晋尚書、陽翟子。〔16〕嶷弟遁，字德先，太中大夫。遁胤嗣克昌，爲世盛門。侍中峻、河南尹純，皆遁之子，豫州牧長史敳，〔17〕遁之孫，太尉文康公亮、司空冰皆遁之曾孫，〔18〕貴達至今。

〔四〕《文士傳》曰：楨字元幹，廬江人，〔19〕有文學器幹，容貌甚偉。歷幽州刺史、廷尉，〔20〕入晋爲尚書、光禄大夫。〔21〕楨子龕，後將軍；〔22〕勖，車騎將軍；〔23〕惲，豫州刺史；其餘多至大官。自後累世昌阜，司空文穆公充，〔24〕惲之孫也，貴達至今。

〔五〕《高士傳》曰：朝廷以戎車未息，徵命之事，且須後之，昭以故不即徵。後顗、休復與庾嶷薦昭，有詔訪於本州評議。侍中韋誕駮曰：“禮賢徵士，王政之所重也，古者考行於鄉。今顗等位皆常伯納言，[25]巘爲卿佐，[26]足以取信。附下罔上，忠臣之所不行也。昭宿德者艾，遺逸山林，[27]誠宜嘉異。"乃從誕議也。

〔六〕《傅子》曰：胡徵君怡怡無不愛也，[28]雖僕隸，必加禮焉。外同乎俗，內秉純絜，心非其好，王公不能屈，年八十而不倦於書籍者，吾於胡徵君見之矣。

時有隱者焦先，河東人也。[29]《魏略》曰：先字孝然。中平末，白波賊起。[30]時先年二十餘，與同郡侯武陽相隨。武陽年小，有母，先與相扶接，避白波，東客揚州取婦。建安初來西還，武陽詣大陽占户，[31]先留陝界。[32]至十六年，關中亂。先失家屬，獨竄於河渚間，食草飲水，無衣履。時大陽長朱南望見之，謂爲亡士，欲遣船捕取。武陽語縣："此狂癡人耳！"遂注其籍。給廩，日五升。後有疫病，人多死者，縣常使埋藏，童兒豎子皆輕易之。然其行不踐邪徑，必循阡陌；及其捃拾，不取大穗；飢不苟食，寒不苟衣，結草以爲裳，科頭徒跣。[33]每出，見婦人則隱翳，須去乃出。自作一瓜牛廬，[34]淨掃其中。營木爲牀，布草蓐其上。至天寒時，攝火以自炙，[35]呻吟獨語。飢則出爲人客作，[36]飽食而已，不取其直。又出於道中，邂逅與人相遇，輒下道藏匿。或問其故，常言"草茅之人，與狐兔同羣"。不肯妄語。太和、青龍中，嘗持一杖南渡淺河水，輒獨云未可也，由是人頗疑其不狂。至嘉平中，太守賈穆初之官，故過其廬。先見穆再拜。穆與語，不應；與食，不食。穆謂之曰："國家使我來爲卿作君，我食卿，卿不肯食，我與卿語，卿不應我，如是，我不中爲卿作君，當去耳！"先乃曰："寧有是邪？"遂不復語。其明年，大發卒將伐吳。有竊問先："今討吳何如？"先不肯應，而謬歌曰："祝衂祝衂，非魚非肉，更相追逐，本心爲當殺羣羊，[37]更殺其羖䍽邪！"[38]郡人不知其謂。會諸軍敗，好事者乃推其意，疑羣羊謂吳，羖䍽謂魏，於是後人僉謂之隱者也。議郎河東董經特嘉異節，與先非故人，密往觀之。經到，乃奮其白鬚，爲如與之有舊者，謂曰：

"阿先闊乎！念共避白波時不？"先熟視而不言。經素知其昔受武陽恩，因復曰："念武陽不邪？"先乃曰："已報之矣。"經又復挑欲與語，遂不肯復應。後歲餘病亡，時年八十九矣。

《高士傳》曰：世莫知先所出。或言生乎漢末，自陝居大陽，無父母兄弟妻子。見漢室衰，乃自絶不言。及魏受禪，常結草爲廬於河之湄，獨止其中。冬夏恒不著衣，[39]臥不設席，又無草蓐，以身親土，其體垢污皆如泥漆，[40]五形盡露，不行人間。或數日一食，欲食則爲人賃作，人以衣衣之，乃使限功受直，足得一食輒去，人欲多與，終不肯取，亦有數日不食時。行不由邪徑，目不與女子逆視。口未嘗言，雖有驚急，不與人語。遺以食物皆不受。河東太守杜恕嘗以衣服迎見，而不與語。司馬景王聞而使安定太守董經因事過視，[41]又不肯語，經以爲大賢。其後野火燒其廬，先因露寢。遭冬雪大至，先袒臥不移，人以爲死，就視如故，[42]不以爲病，人莫能審其意。度年可百歲餘乃卒。或問皇甫謐曰："焦先何人？"曰："吾不足以知之也。考之於表，可略而言矣。夫世之所常趣者榮味也，形之所不可釋者衣裳也，身之所不可離者室宅也，口之所不能已者言語也，心之不可絶者親戚也。今焦先棄榮味，釋衣服，離室宅，絶親戚，閉口不言，曠然以天地爲棟宇，闇然合至道之前，出群形之表，入玄寂之幽，一世之人不足以挂其意，四海之廣不能以回其顧，妙乎與夫三皇之先者同矣。結繩已來，未及其至也，豈羣言之所能髣髴，常心之所得測量哉！彼行人所不能行，堪人所不能堪，犯寒暑不以傷其性，居曠野不以恐其形，遭驚急不以迫其慮，離榮愛不以累其心，捐視聽不以汙其耳目，[43]舍足於不損之地，居身於獨立之處，延年歷百，壽越期頤，[44]雖上識不能尚也。自羲皇已來，一人而已矣！"

《魏氏春秋》曰：故梁州刺史耿黼以先爲"仙人也"，[45]北地傅玄謂之"性同禽獸"，[46]並爲之傳，而莫能測之。

《魏略》又載扈累及寒貧者。累字伯重，京兆人也。初平中，山東人有青牛先生者，字正方，客三輔。[47]曉知星曆、風角、鳥情。[48]常食青葙、芫華，[49]年似如五六十者，人或親識之，謂其已百餘歲矣。初，累年四十餘，隨正方遊學，人謂之得其術。有婦，無子。建安十六年，三輔亂，又隨正方南入漢中。漢中壞，正方入蜀，[50]累與相失，隨徙民詣鄴，[51]遭疾疫喪其婦。至黃初元年，又徙詣洛陽，遂不復娶婦。獨居道側，以甌瓵爲障，[52]施一廚牀，食宿其中。晝日潛思，夜則仰視星宿，吟詠內書。人或問之，閉口不肯言。至嘉平中，年八九十，裁若四五十者。縣官以其孤老，給廩日五升。五升不足食，頗行傭作以裨糧，糧盡復出，人與不取。食不求美，衣弊縕，[53]故後一二年病亡。[54]寒貧者，本姓石，字德林，安定人也。建安初，客三輔。是時長安有宿儒欒文博者，門徒數千，[55]德林亦就學，始精《詩》《書》。後好內事，於眾輩中最玄默。至十六年，關中亂，南入漢中。初不治產業，[56]不畜妻孥，常讀《老子》五千文及諸內書，晝夜吟詠。到二十五年，漢中破，隨眾還長安，遂癡愚不復識人。食不求味，冬夏常衣弊布連結衣。體如無所勝，目如無所見。獨居窮巷小屋，無親里。人與之衣食，不肯取。郡縣以其鰥窮，給廩日五升，食不足，頗行乞，乞不取多。人問其姓字，[57]口不肯言，[58]故因號之曰寒貧也。或素有與相知者，往存恤之，輒拜跪，由是人謂其不癡。[59]車騎將軍郭淮以意氣呼之，[60]問其所欲，亦不肯言。淮因與脯糒及衣，[61]不取其衣，[62]取其脯一朐、糒一升而止。[63]

臣松之案《魏略》云：焦先及楊沛，並作瓜牛廬，止其中。以爲瓜當作蝸；蝸牛，螺蟲之有角者也，俗或呼爲黃犢。先等作圜舍，形如蝸牛蔽，故謂之蝸牛廬。[64]《莊子》曰："有國於蝸之左角者曰觸氏，有國於右角者曰蠻氏，時相與爭地而戰，伏尸數萬，逐北旬有五日而後反。"謂此物也。

［1］陸渾：縣名。治所在今河南嵩山縣東北。

［2］縣主簿：官名。縣府的主要屬吏，位僅次於功曹，但與令、長更爲親近。

［3］宜陽：縣名。治所在今河南宜陽縣西福昌鎮。

［4］驃騎將軍：官名。東漢時位比三公，地位尊崇。魏、晉沿置，居諸名號將軍之首，僅作爲軍府名號，加授大臣、重要州郡長官，無具體職掌，二品。開府者位從公，一品。　弘農：郡名。治所弘農縣，在今河南靈寶縣東北。

［5］夷皓：伯夷與商山四皓。

［6］嘉平：殿本誤作“熹平”，百衲本等不誤。嘉平，魏少帝齊王曹芳年號（249—254）。

［7］史書：潘眉《考證》云：“史籀所作大篆，謂之‘史書’。”

［8］衛覬：校點本1982年7月第2版作“衛顗”，百衲本、殿本、盧弼《集解》本、校點本1959年12月第1版皆作“衛覬”。按，魏晋時無衛顗，今從百衲本等。

［9］周生：趙幼文《校箋》謂《太平御覽》卷四〇三、卷四八〇、《事類賦》卷二六引“生”字作“士”，下同。

［10］步陟險：趙幼文《校箋》謂《太平御覽》卷四〇三、卷四八〇引作“涉險”。《册府元龜》卷八七〇引“陟”作“涉”。按，《太平御覽》卷四八〇作“步險”。

［11］崤：山名。在今河南洛寧縣北，西北接陝縣，東接澠池縣界。故崤山地區又可稱“崤澠”。漢澠池縣在今河南澠池縣西。

［12］昭泣與結誠：趙幼文《校箋》謂《太平御覽》卷四〇三、卷四八〇、《事類賦》卷二六引作“昭泣以示誠”。

［13］鄉黨：殿本、盧弼《集解》本作“鄉鄰”，百衲本、校點本作“鄉黨”。今從百衲本等。

［14］論理：百衲本作“倫理”，殿本、盧弼《集解》本、校點本作“論理”。今從殿本等。

［15］辭意：百衲本作“辭義”，殿本等作“辭意”。今從

殿本等。

[16] 尚書：官名。西晉初，置吏部、三公、客曹、駕部、屯田、度支六曹尚書，秩皆六百石，第三品。其中吏部職要任重，徑稱吏部尚書，其餘諸曹均稱尚書。　陽翟：縣名。治所在今河南禹州市。　子：爵名。魏晉所實行王、公、侯、伯、子、男六等爵之第五等。

[17] 豫州牧長史：官名。按，州牧刺史不置長史，此爲特置。《宋書·百官志》云：“晉東海王越爲豫州牧，牧置長史、參軍，庾敳爲長史，謝鯤爲參軍，此爲牧者則無也。”　敳：殿本、盧弼《集解》本、校點本作“顗”，百衲本作“敳”，《晉書》卷五〇《庾峻傳》作“敳”。今從百衲本。

[18] 文康：諡號。《晉書》卷七三《庾亮傳》云：“（亮）咸康六年（340）薨，時年五十二。追贈太尉，諡曰文康。”

[19] 廬江：郡名。曹魏前期治所陽泉縣，在今安徽霍邱縣東北。曹魏後期治所六安縣，在今安徽六安縣北。（本吳增僅《三國郡縣表附考證》）

[20] 廷尉：官名。秩中二千石，第三品。掌司法刑獄。

[21] 光禄大夫：官名。秩比二千石，第三品，位次三公。無定員，無固定職守，相當於顧問。

[22] 後將軍：官名。東漢時位如上卿，與前、左、右將軍掌京師兵衛與邊防屯警。魏晉亦置，第三品。權位漸低，略高於一般雜號將軍，不典禁兵，不與朝政，僅領兵征戰。

[23] 車騎將軍。官名。東漢時位比三公，常以貴戚充任。出掌征伐，入參朝政，漢靈帝時常作贈官。魏、晉時位次驃騎將軍，在諸名號將軍上，多作爲軍府名號，加授大臣、重要州郡長官，無具體職掌，二品。開府者位從公，一品。

[24] 文穆：諡號。《晉書》卷七七《何充傳》云：“（充）永和二年（346）卒，時年五十五。贈司空，諡曰文穆。”

[25] 常伯：周代官名。從諸侯中選拔，常侍天子左右。秦漢

時因別稱侍中爲常伯。　　納言：古官名。《尚書·舜典》“命汝作納言”孔傳：“納言，喉舌之官，聽下言納於上，受上言宣於下。”後世因作爲侍中之別稱。

［26］卿佐：輔佐國君的大臣。趙幼文《校箋》謂《册府元龜》卷八七〇引“佐”字作“士”，疑作“士”爲是。嶷爲太僕，居九卿之列，不得云卿佐也。

［27］山林：殿本、盧弼《集解》本“山林”下有“世所高尚”四字，百衲本、校點本無。殿本《考證》亦云：“宋本無‘世所高尚’四字。”今從百衲本等。

［28］胡徵君：即胡昭。徵君，對不就朝廷徵聘之士的敬稱。怡怡：和順的樣子。

［29］河東：郡名。治所安邑縣，在今山西夏縣西北禹王城。

［30］白波賊：黃巾軍起義失敗後，餘部又在西河白波谷（今山西襄汾縣西南）起義，稱爲白波軍。

［31］大陽：縣名。治所在今山西平陸縣西南。

［32］陝：縣名。治所在今河南陝縣。

［33］科頭：結髮不戴冠。

［34］瓜牛廬：即蝸牛廬。見後裴松之説。

［35］搆：同“構”。潘眉《考證》謂“構”通“篝”。《史記》卷四八《陳涉世家》之“篝火”，《漢書》作“構火”。

［36］客作：傭工，爲人作工。

［37］牂（zāng）羊：母羊。

［38］羖（gǔ）䍽（lì）：趙幼文云：顔師古《急就篇注》：“牂，吳羊之牝也。羖，夏羊之牝也。”《本草衍義》：“羖羊出陝西河東，謂之羖䍽。”焦先蓋以夏羊喻魏，吳羊喻吳。不言羖而言羖䍽，焦先河東人，從其方言耳。（見《〈三國志集解〉辨證》）

［39］冬夏恒不著衣：盧弼《集解》本、校點本“著”作“着”，百衲本、殿本作“著”。按，二字義同，今從百衲本等。趙幼文《校箋》謂《藝文類聚》卷六四引作“冬夏祖露”，《太平御

覽》卷五〇九引"恒"字作"袒",《博物志》作"裸而不衣"。"裸""袒"義近,疑當作"袒"。

[40] 泥漆:趙幼文《校箋》謂《太平御覽》五〇九引"漆"字作"淬"。

[41] 司馬景王:司馬師。　安定:郡名。治所臨涇縣,在今甘肅鎮原縣東南。

[42] 就視如故:盧弼《集解》本作"就視知生",百衲本、殿本、校點本作"就視如故"。殿本《考證》云:"宋本作'就視如故',今改正。"今從百衲本等。

[43] 捐:百衲本作"捐",殿本、盧弼《集解》本、校點本作"損"。趙幼文《校箋》謂《册府元龜》卷八〇九引作"捐",郝經《續後漢書》同,作"捐"字是。捐,棄也。按,趙説是,今從百衲本。

[44] 期頤:人百歲稱期頤。《禮記·曲禮上》:"百年曰期頤。"

[45] 梁州:魏元帝景元四年(263)分益州置,刺史治所沔陽縣(今陝西勉縣東舊州鋪)。晋武帝太康三年(282)移治所於南鄭縣(今陝西漢中市東)。其後治所屢有遷徙,先後治西城縣(今陝西安康市西北漢江北岸)、苞中縣(今陝西漢中市西北大鐘寺)、城固縣(今陝西城固縣東)等。

[46] 北地:郡名。西晋時治所泥陽縣,在今陝西耀縣南。

[47] 三輔:地區名。西漢都城在長安,遂以長安爲中心置京兆尹、右扶風、左馮翊,合稱三輔。東漢定都洛陽,以三輔陵廟所在,不改其號,仍稱三輔。轄區在今陝西渭水流域一帶。

[48] 風角:一種占候術。《後漢書》卷三〇下《郎顗傳》"善風角、星算"李賢注:"風角,謂候四方四隅之風,以占吉凶也。"鳥情:蓋即後世之鳥占,即以鳥的飛鳴占卜吉凶。《新唐書》卷九三《李靖李勣傳贊》:"世言靖精風角、鳥占。"

[49] 青葙(xiāng):草本植物。亦稱青相子。初春生於田野,

嫩苗可食。長老後，莖、葉、子均可入藥。其子有明目功效，與決明子同，故又稱草決明。　芫華：草本植物。即芫花，其根可毒魚。顏師古《急就篇注》："芫華，一名魚毒，漁者煮之，以投水中，魚則死而浮出，故以爲名。其根曰蜀桑，其華可以爲藥。"

［50］蜀：郡名。治所成都縣，在今四川成都市舊東西城區。

［51］鄴：縣名。治所在今河北臨漳縣西南鄴鎮東一里半。

［52］甋（lù）甎：狹長形之磚。

［53］緼：亂麻。

［54］故後：校點本無"故"字，百衲本、殿本、盧弼《集解》本皆有。今從百衲本等。盧弼《集解》云："故字疑衍。"

［55］千：趙幼文《校箋》謂郝經《續後漢書》作"十"。

［56］初：完全。

［57］姓字：趙幼文《校箋》謂《太平御覽》卷七三九引"字"作"名"，《通志》同。

［58］口：殿本、校點本作"又"，百衲本、盧弼《集解》本作"口"。今從百衲本等。

［59］人謂其：趙幼文《校箋》謂《太平御覽》卷七三九引"人"下有"復"字。

［60］意氣：吳金華《校詁》云："意氣"猶言情意、感情，指接人待物之友好態度。

［61］脯：乾肉。　糒（bèi）：乾飯。

［62］不取其衣：趙幼文《校箋》謂《太平御覽》卷八六〇引無此四字，《通志》同。

［63］朐（qú）：彎屈的乾肉。《說文·肉部》："朐，脯挺也。"段玉裁注："挺，即脡也。何注《公羊》曰：屈曰朐，申曰脡。"

［64］形如蝸牛蔽故謂之蝸牛廬：殿本、盧弼《集解》本、校點本皆如此，百衲本作"形如蝸牛廬"。殿本《考證》亦云："宋本作'形如蝸牛廬'，無'蔽'字及'故謂之蝸牛'五字。"盧弼

《集解》又謂“何焯校本云北宋本有之”。今從殿本等。

評曰：袁渙、邴原、張範躬履清蹈，[1] 進退以
道，[一] 蓋是貢禹、兩龔之匹。[2] 涼茂、國淵亦其次也。
張承名行亞範，可謂能弟矣。田疇抗節，王脩忠貞，
足以矯俗；管寧淵雅高尚，確然不拔；張臶、胡昭闔
門守靜，不營當世：故并録焉。

〔一〕臣松之以爲蹈猶履也，“躬履清蹈”，近非言乎！

[1] 清蹈：謂清高之操行。
[2] 貢禹：西漢琅邪郡（治所在今山東諸城市）人。漢元帝
時曾爲諫大夫、光禄大夫、御史大夫。每在位多言時政得失，對節
省政府開支，減輕人民徭役，多有建議。（見《漢書》卷七二《貢
禹傳》）　兩龔：指龔勝、龔舍，皆西漢楚國（治所在今江蘇徐州
市）人，世稱楚兩龔。漢哀帝時龔勝以德行高徵爲諫大夫、光禄大
夫，多言百姓疾苦，刑賦深重，後與當政不睦，辭官歸。龔舍亦被
徵召爲諫大夫、博士、光禄大夫，以病告歸。（見《漢書》卷七二
《兩龔傳》）